海外中国
研究丛书

刘 东 主编

[英] 王斯福 著

赵旭东 译

帝国的隐喻

中国民间宗教

THE IMPERIAL METAPHOR

Popular Religion in China

江苏人民出版社

图书在版编目(CIP)数据

帝国的隐喻:中国民间宗教/[英]王斯福著;赵旭东译.
一南京:江苏人民出版社,2009(2021.11 重印)
(海外中国研究系列/刘东主编)
ISBN 978 - 7 - 214 - 05709 - 9

Ⅰ.帝... Ⅱ.①王...②赵... Ⅲ.宗教-研究-中国
Ⅳ.B928.2

中国版本图书馆 CIP 数据核字(2009)第 048257 号

江苏省版权局著作权合同登记:图字 10 - 2008 - 119

书   名 帝国的隐喻:中国民间宗教
著   者 [英]王斯福
译   者 赵旭东
责 任 编 辑 张晓薇
装 帧 设 计 陈 婕
责 任 监 制 王 娟
出 版 发 行 江苏人民出版社
地   址 南京市湖南路 1 号 A 楼,邮编:210009
照   排 江苏凤凰制版有限公司
印   刷 江苏凤凰通达印刷有限公司
开   本 652 毫米×960 毫米 1/16
印   张 26.5 插页 4
字   数 312 千字
版   次 2009 年 5 月第 1 版
印   次 2021 年 11 月第 5 次印刷
标 准 书 号 ISBN 978 - 7 - 214 - 05709 - 9
定   价 75.00 元

(江苏人民出版社图书凡印装错误可向承印厂调换)

序"海外中国研究丛书"

　　中国曾经遗忘过世界,但世界却并未因此而遗忘中国。令人嗟讶的是,20世纪60年代以后,就在中国越来越闭锁的同时,世界各国的中国研究却得到了越来越富于成果的发展。而到了中国门户重开的今天,这种发展就把国内学界逼到了如此的窘境:我们不仅必须放眼海外去认识世界,还必须放眼海外来重新认识中国;不仅必须向国内读者迻译海外的西学,还必须向他们系统地介绍海外的中学。

　　这个系列不可避免地会加深我们150年以来一直怀有的危机感和失落感,因为单是它的学术水准也足以提醒我们,中国文明在现时代所面对的绝不再是某个粗蛮不文的、很快就将被自己同化的、马背上的战胜者,而是一个高度发展了的、必将对自己的根本价值取向大大触动的文明。可正因为这样,借别人的眼光去获得自知之明,又正是摆在我们面前的紧迫历史使命,因为只要不跳出自家的文化圈子去透过强烈的反差反观自身,中华文明就找不到进入其现代形态的入口。

当然，既是本着这样的目的，我们就不能只从各家学说中筛选那些我们可以或者乐于接受的东西，否则我们的"筛子"本身就可能使读者失去选择、挑剔和批判的广阔天地。我们的译介毕竟还只是初步的尝试，而我们所努力去做的，毕竟也只是和读者一起去反复思索这些奉献给大家的东西。

刘　东

目　录

译者的话

王斯福(Stephan Feuchtwang)教授 1937 年 11 月 8 日出生于柏林，为英国国籍，是著名的汉学人类学家。1961 年获得牛津大学学士学位，1964 年获得伦敦经济学院人类学硕士学位，1974 年获得伦敦大学人类学博士学位。1968—1973 年任职于伦敦大学东方非洲学院。1973—1998 年任职于伦敦城市大学，曾任 lecturer，reader，professor 等职。现为伦敦经济学院人类学系研究教授及东方非洲学院中国研究中心研究教授。学术专著有：《帝国的隐喻》[*Popular Religion in China：The Imperial Metaphor* (new edition, with a new chapter on contemporary China)，Richmond：Curzon Press，2000]；《中国的草根克里斯玛》(*Grassroots Charisma in China*，London and New York：Routledge，2001)，与王铭铭合著；《一项中国人风水的人类学分析》[*An Anthropological Analysis of Chinese Geomancy* (new edition with a new chapter on the history of Chinese geomancy)，Bangkok，White Lotus，2002]。并有多篇在汉学人类学领域有重大影响的论文发表，部分篇目收录在《帝国的隐喻》的中文翻译版的附录之中。

《帝国的隐喻》初版于 1992 年，2000 年再次修订并增加了第八章，本次翻译便是依据 2000 年的这一新修订版完成的。1992 年的版本主要内容是作者 20 世纪 60 年代中后期在中国台湾郊区石碇乡为撰写博士论文的田野调查,因此材料主要是关于那个地区的,2000 年新版增加的第八章,主要是王斯福教授依据后来在中国大陆所从事的村落调查而写成的,尤其集中于福建安溪、江苏吴江以及河北赵县的民间信仰。此书为海外中国民间宗教研究领域的经典著作,大凡研究中国民间宗教并企图从社会学与人类学视角研究和审视者必是无法避开此书的问题和讨论。

在书中,王斯福教授关怀的一个核心问题是,民间宗教组织如何将分散开来的个人组织在一起。他避开了汉学人类学在对社会组织加以研究时所经常提到的宗族研究的范式,径直从民间宗教当中来理解中国社会的组织形式,这是汉学人类学的社会组织研究所未曾过多涉及的领域。另外,本书更加关注的是在民间社会的生活实践中,人们是如何通过隐喻的修辞学途径来模仿帝国的行政、贸易和惩罚体系的,并且他相信,在这种模仿之中,意义会发生逆转,而不是一模一样的复制。他通过引证诸多大家习以为常的民俗生活的例子,如烧冥币、灶神传说、城隍庙的崇拜等,向我们逐步揭示了这些习俗背后隐含着的帝国隐喻的逻辑。对此,王斯福的回答就是,民间社会可能有着极强的模仿能力,但这种模仿不是通过一一对应,而是通过具有象征意义的隐喻来实现,即所谓神似而非形似。隐喻式模仿的逻辑,一直是中华帝国与民间社会之间能够进行沟通的主要途径。通过这种模仿的实践,帝国的运作逻辑得到了民间的认可并发生了转化。否则,民间如果缺少了这种能力,或者说是通过一种强制力而试图扼杀掉这种能力,那么民间与帝国之间的沟通或许就变得不大可能了。模仿的过程显然是一个再创造的过程,甚至有时是一个颠覆和创新的过程。当然,帝国的隐喻并不是帝国的复制,进一步说,它不是帝国科层制的翻版。今天,帝国的科层结构改变了,但是民间帝国的隐喻依然在起作用。另外,在帝国那里通过仪式建构的权威,到了民间宗教那里,就被改写成一种具有威胁性并且如魔鬼一般的控制力,在这里,帝国权威的隐喻逆转而成为民间社会对权力的再定义。

　　本书在海外学界的影响是毋庸置疑的，即便如此，此书也并非没有瑕疵，比如在论述的风格上，作者采取了非同一般人类学家讲故事的做法，而是直接讨论一些理论的问题，这些问题的背景恰恰又被放置到了一种从《礼记》为开端的中国历史的典籍以及文本之中，从而使得此书并非容易为一般读者所读懂，这之前需要具备一些有关中国道教的知识以及历史典籍的知识。更为重要的是，读者还需要了解王斯福在细致入微的阐述中所不断强调的社会统一与分裂之间相互关系的辩证法。对于这一前提，读者不可不提前有所觉知。

有关汉语术语和姓名翻译的说明

　　除了有两个姓名之外，所有的中国人的姓名都用标准的汉语拼音来拼写。甚至是属于某一地方的方言土语，比如闽南、广东以及中国其他地方的语言，我亦将其转变成普通话来称谓。这样可以避免相互混淆，也会使地方性的实践与信仰之间有相互参照。

　　我在直接转述文献中，使用了另外的拼写体系，通常是威妥玛（Wade-Giles）体系，这属于例外的情况。其他与类似的书写没有什么明显的区别时，我就保留了原初的拼写，同时又在威妥玛拼写方法之后加上了汉语拼音。另一项例外就是，我直接引用了在台湾也说的闽南或者说厦门方言。保留这一方言体系发音特征的系统由伯德曼（Bodman）所创，它记录的是厦门方言的口语。为了使解释变得更加清晰，我将对闽南话附加普通话拼音。

中文版序

　　"帝国的隐喻"是帝国统治的一种表象,其与作为集体表象的诗意般的实际生活、政治以及历史事件保持着联系。这是仪式性的以及戏剧表演式的一种景象,其被构筑并描绘在庙宇中,刻画和装扮在塑像上。这表象存在于所有时代,包括帝国或者王朝统治的时代以及最近共和国的政治历史时期。有些读者把我的这种表述误解成跟一种帝国科层统治相平行的结构与印证。但事实并非如此。相反,本书要表明的是,帝国隐喻的表演与表象,完全不同于那种对地点和权力的呈现,这种呈现不过是正统统治的一种陪衬而已,期间虽是紧密相关,却完全不同。与平行与印证性结构的说法的分歧之处就在于,这种隐喻定会随着政府结构的变化而变化。事实上,政治的性质在经历了世纪沧桑之后会发生一种有规律的巨变,但这种改变与地方性的对神与神像的崇拜相去甚远。朝代的更替属于巨变,同时每一个朝代的统治者又都宣称自己与其先辈以及神圣统治者的盛世前后相联,但实际上,他们各自的统治范围和性质都已经发生了改变。其中最大的巨变就是发生在 20 世纪的中国,这是一个革命的世纪。不过在整个 20 世纪中,帝国隐喻的表象并没有随之发生改变。

地方崇拜(local cults)①的帝国表象,其建立的时代是在一个和平的年代,恰如统治王朝的合法性主张,其建立也是在和平的年代里一样。这是一种传统上的而非历史上的时代。当然传统本身也有一种历史。地方崇拜的产生和消失都有它们自己的动力,这种动力受到政府的制约,但是这种动力并非仅仅是反映或者强化了政府的制约,也不是使政府的主张成为一种没有时间的传统。还有一点在20世纪里可以最为明显地看出来,在那个时代里,帝国王朝统治的和谐观已经被废除,而地方崇拜的那些信条却一直保留下来。

所以,我确实不认为,地方崇拜的宗教,反映的是对政府统治的强化。相反我认为,我已经能够表明,即使是在帝国统治的世纪,在地域性的崇拜(territorial cults)中所展示的宇宙观,也不是那种政府的与中央集权的行政,而是一种对鬼的命令和控制的多元中心的组织。同样一种鬼的宇宙观能够创生出一种千年禧的运动,但这并非是地域性的崇拜如何运作的根本。其中嵌入了地方感及其历史。换言之,这里既有一种正统,也有一种异端,或者说与地方崇拜的宇宙观在派别上的分离,而这些相对于统治上的正统而言,都属于是异端。田海(Barend ter Haar 1996)所谓"魔鬼论范式"(demonological paradigm),就是从把宇宙看成一个地点这样的观念开始的,在这里,魔鬼需要受到控制,它们的力量最需要受

---

① 关于这里的"地方崇拜"(local cults)与下文的"地域性的崇拜"(territorial cults)这两个术语,在整部书中都会经常碰到。不过有关二者之间的区别,原作者并没有专门给出解释,因而译者去信询问,原作者王斯福教授的回信对此区分给出了他自己的解释,译者将其翻译出来,希望能够有助于读者对于后文的理解:"'地方'(local)与'中心'(central)相区分。可以有许多地方崇拜(local cults)存在,但其中并非全部都是地域性的崇拜。而且,可以有由中心组织起来的地域性的崇拜(territorial cults),比如国家崇拜(state cults),以及地方上组织起来的地域性的崇拜,比如本书所讨论的诸多内容,另外还包括土地公的崇拜。因此本书是有关地方的地域性的崇拜(local territorial cults)。但是,'地方'与'地域'这两个词之间亦有所重叠,因为'地方'肯定是指一个地点或者一个区域,并且是一个能够给予界定的区域。但是'地域性的'崇拜就是那些其仪式(节庆)造就了地域性的场所(territorial places)的崇拜。通过创造一个聚集的中心以及各种活动场景,这些地域性的场所得到创造,原因仅仅是由于大家居住于此并聚集在一起,即使这些仪式并没有划分出地域性场所的边界。"(节译自2001年1月21日的私人通信。)——译者

到约束,正像地方崇拜的宇宙观所做的那样。但是,在异端的模式中,追随者欢迎的是一位宣称有某种神秘力量附体的领袖,这种神秘的力量,在一个假想的魔鬼力量角逐的世界中,能够拯救他们或者赋予他们以力量。通过梦、虚幻或者灵魂附体而启示给领袖一种神秘的力量,由此能够带来一种新的秩序。这随后导致了一种教派的运动,而并非像地域性的崇拜那样,导致的是一种历史的凝固以及地点场所的固化。简言之,我认为,中华帝国的时代,并非是一个完全自明的以及不容置辩的实践世界,它以等级制来划分地点、人口以及时代,并且将其不满表述为由语言、神话以及仪式所强化的同样的秩序与等级,即布尔迪厄(Pierre Bourdieu)所说的"信念"(doxa)(1977:164—168)。相反,存在着一种正统与异端之间的交互影响,二者是相互平行的,每一个都会映射到另一个上面,并局限在一定的范围内,这本身并未受到挑战,一直到晚清王朝遭遇到那些工业资本主义的国家时为止。

然而,一个历史学的问题仍然存在,即有关本书所涉及的材料的问题。这些都根基于自己田野研究的观察以及依据20世纪60年代中期以来自己以及他人的历史研究。但是这一历史研究所涉及的地方档案与方志的年代,则包括了从宋到清的帝国时代,也包括20世纪在内。我是将它们放置在一起来构建一种制度的存在,即是指中国的地方性仪式与崇拜的存在。这一制度一定会随着时间的迁移而发生巨大的改变。

在本书中我所要完成的任务更多的是给予结构化,即要提出地方性的仪式和崇拜与政府及其正统之间的关系是什么,而不在于撰写这一制度的历史。我能够补充的并非是想从地域性崇拜的军事化特征中看一种强烈的标志存在,这种标志常常被称之为"巡"。另外,从王铭铭(Wang 1995)对泉州到处都有的邻里崇拜的历史考察中可以看到,作为地域单位的界定,有时是从明朝军事要塞或民团组织开始的。这些帝国统治的单位,随之转变成了一种地方性的神话以及集中在它们上面的一套仪式与崇拜。但是,我略能补充更多一些的是有关中国地域性的崇拜制度的朝代史。

地方崇拜所经历的改变将是本书所讨论的一个重要话题。首先，第一章将尽可能地对我所要描述的这一民间宗教制度的术语加以厘清。第一章提出了一个争论，这是历史学家与社会科学家们都感兴趣的争论，那就是，你自己对异文化的诸神没有信仰，又对那里人们的言行完全信赖，那你如何描述这些人对诸神的信仰？

我简述了一些基本的政治与历史视角，通过这些视角，可以对诸神有更好的理解，同时还描述了认同与表征的运作，诸神属于这些运作的范例。我还引入了中国人有关神和鬼的表象以及求助于神鬼的那些仪式。这一章一开始便讨论它们是如何构成一种具有超越性而又古老的隐喻，接下来提出了一种宗教的概念，这是一种更有效度的概念。对此，在第五章的结论部分将给出最后的结论。

第二到第七章描述了地方崇拜的制度，描述了它们在帝国与民国时期的政治与宗教背景下的节庆及其诸神。帝国的官方崇拜，即帝国统治的特征与意识形态，在第二章和第三章中有专门的讨论。第二章表明，仪式权威是帝国统治的一部分，并且这种权威的民间看法是将其转换成一种带有威胁性的以及像魔鬼一般的权威。第三章是在帝国的权威以及地域性的地方崇拜之间建立起一种联系。第六章论及道教以及为庆祝一座新的庙宇落成或者重新修缮一座庙宇而举行的盛大的醮祭。帝国崇拜与道教是地方崇拜的最直接的宗教背景，因而相互也是最为紧密相关的，在这样的一种背景中所产生出来的地方崇拜的独特性，也是争议最多的。

第四章和第五章则详细描述了地方性庙宇和节庆自身的政治文化。其中我既提到了帝国式的统治，也提到了共和式的统治，正是在这些统治之下，地方性庙宇和节庆曾经得到过蓬勃的发展。第四章是有关地方节庆与庙会组织的详细描述，是根据我自己在台湾的实地观察而得。接下来的一章是谈论在中国这种地域崇拜及其节庆的独特性，我希望这一章也能够顾及到其他的地域,特别是华北,彼此可以相互参照。

在第五到第七章中,主要讨论了仪式表征的表象与操作。我希望在这里,有关地方节庆以及地域崇拜的制度的独特性能够得到展现。并且这里还论及了一种魔鬼力量的表征。有关"魔鬼力量"及其表征的含义,在第七章的结尾处有更清楚的表述。

在这一新版中,除了对每一章有详细的修改并对各章的主要观点给予廓清之外,我还新增加了篇幅很长的一章,内容涉及政治与经济转型,这种转型对大陆和台湾的民间宗教都产生过影响。有关大陆,我接续讨论这样的问题,即在共产党和毛泽东思想领导下的大众运动的政治,能否将其最恰当地描述为"宗教"? 仪式与宗教总是密切相联的,特别是以一种人文科学而非神学的视角来对其进行解释和分析的时候。但是我认为,对毛崇拜的最恰当术语便是"政治仪式"。它是指与一群人的重大命运相联系的一种自我塑造。本章的一个主要论题就是大众运动仪式的效应,这种效应取代了、压制了或者摧毁了所有宗教的仪式。不过,其中讨论最多的还是大众运动的政治结束以后地方崇拜的复兴,即本章最后一部分内容。这些复兴,在多大程度上包含有先前政治仪式的影响?这一章还包含有跟台湾发展状况的比较。在台湾以及在大陆,都有一种我称之为聚会式宗教(congregational religion)及其宗教仪式活动的迅猛发展,这种仪式活动关注的是个体的生活与期望。这些仪式活动并不固定在一个地方,但是它们跟很传统的地方崇拜是共存的。在这两个世俗化的世界中,各自都有多种多样的宗教生活。在其转型之中,宗教传统与新的宗教已经变成社区发展、文化、旅游以及制造文化遗产的政治对象。

在 20 世纪的历史结束之际,本书包含更多的则是地方性的地域崇拜,尽管更多是从制度的观点来着手分析的。在我提及台湾及大陆的政治变迁之处,我已经描述了带有地域性特征的地方崇拜是如何标记它们自身的,还有就是,如何能够把地域性的崇拜看成是政治与军事组织的基础。但是对这一新的中文版而言,我们(译者和我)已经走得更远,另外增加了两篇在我完成了《帝国的隐喻》一书之后写下的文章。我在这两篇文章中,要比在本书中更加细致地探讨了一种用来思考地域性地方崇拜转变的历史与政治背景。在其中一篇文章中,我提出了是否在一种现代民族国家的背景下,持续不断的地方崇拜使得它们有了一个公共的空间,在这一空间中的狂欢式表演,能够成为对最近的政治历史的讽喻。在第二篇文章中我暗示了,地方崇拜的复兴是一种对地方认同感的深邃的宣言,这里有着其自己的神话与历史,有着相对于国家的神话和行政以及集体式政府制度的自主性。这里强调的是,作为典范式领袖神话一部分的神的故事的重要性,并且它们也是一种传统,在这种传统中,实际的卡里斯玛式的地方领袖得到塑造,并找到了一个位置。

这两篇文章,都包含有一种很强的思考,即有关现代国家制度对于地域性的崇拜影响。帝国的正统与异端的戏剧,已经为一种有关地方传统与驱鬼以及节庆的仪式所取代。它们已经变成了文化与文化再生的一种政治资源。与此同时,社会与地理空间的流动的快速增加以及电子传媒的便利获得,打破了居住地与市场的地域单位的社区边界。它们让地点的界定更为"古旧"。地点还是由庙宇及其节庆来界定,但却是作为一种怀旧的形式。仪式和节庆的驱鬼部分,转而进入到了荣耀地方性传统的表演中来。在这上面添加的并非是地方崇拜、宗教和意识形态,这里的每一个人都从地域性的崇拜的表演者和组织者那里激荡出一种反思性的回应。头面人物、预测未来以及道德力量的资源,这些可以直面的命运和历史之维,已经交织在一起了。但是人们所坚守的地方崇拜,仍然是一种让人浮现出一种历史地方感的资源。

附录中最后还包括一份我早期的出版物(附录三),这是有关台北市三个主要庙宇的人类学研究,这座城市从晚清的府城沦为一个日本人的殖民地,之后又成为了国民党政府的首府。这是一项有关各种精英人物的研究,特别是在中央政府施加不同的国家崇拜时,他们如何在与不同

的政府以及跟他们一样的市民以及起源地点的关系中规范自身。就民
国时期的政体而言,我探察到的是一种半官方的国家崇拜,尽管并没有
那样的清晰可鉴。

王斯福

2003 年 3 月于伦敦

致　谢

　　我自己在台湾的地方性研究(1966—1968)，是通过现在已经取消的"伦敦-康乃尔计划"而得到纽费尔德和福特基金的资助。1988 年我对北京、厦门和泉州的短暂而富有成果的访问，是由英国经济与社会委员会、英国科学院以及中国社会科学院的中英交流项目给予资助的，这里还有斯帕尔德福利基金会(Spalding Trust)的资助。1990 年和 1992 年选择大陆五个省的一些村子做调查由英国经济与社会研究协会资助，而 1995 年重访我的第一个田野地点则由蒋经国基金会资助。我要对以上机构表示感谢。

　　我对其他有关中国仪式与宗教的地方性研究和分析所欠下的人情债，会在书中适当的地方加以感谢。而对欠我的老师们的人情债，则一定要在这里表示感谢：已故的弗里德曼(Maurice Freedman)，他是我的授业恩师，我们两人之间虽在观点上存在明显的差异，但这并不妨碍相互的情感与尊敬；施坚雅(G. William Skinner)的地方性体系模型，对任何试图概括中国社会的尝试都具有意义和启发性，也包括我这项研究在内，虽然我对此并未有太多的笔墨述及；另外，他对我有关中国宗教文章发表上的鼓励，更是无价的。我还要感谢武雅士(Arthur Wolf)介绍我去台湾，感谢施舟人(Rick Schipper)在道教方面的指导和洞见。我一生的发展都曾受益于他们。

另一类在学术思想上要提出感谢的就是，多年来我与比沃里·布朗（Beverley Brown）、马克·康馨思（Mark Cousins）、保罗·贺斯特（Paul Hirst）和霍米·巴巴（Homi Bhabha）等人的讨论和领悟。确切地说，我在这本书中得益于他们的，不大可能是专业上的，但我会毫不迟疑地说，我欠下了他们的人情。此外，我要感激詹姆斯·汉密尔顿-帕特森（James Hamilton-Paterson）所给予我的鼓励，并希望热情地与他会上一面。

对于石碇乡的高明国家族以及高医生，还有许多人都成了我一生的朋友，对他们最初的好客以及后来的热情欢迎表示感谢。对于陈正雄，我要特别感谢他在石淀调查中所做的称职的助手工作。我还记得，在沿着盘山路去台北的路上，他坐在我的本田五十摩托车后座上，颠上颠下，尖下巴就顶在我的肩膀上。

第一章　历史、认同与信仰

在人的生命历程中,总会有机会参加各类仪式性的与传统上的庆典。人们在举办这些仪式的过程中找寻到的历史感是什么? 在他们自己一生中,这些集体场景又占有什么样的位置?

有些仪式大可以不去理会,但其他的仪式则多是一种社会义务,其中有些人们还会全身心地投入。每一次做仪式,都会从心理上产生一种依赖感,这属于个人的事情,但仪式的情境及其参照物也在建立一种历史认同的社会周期。在中国的任何地方,人们都能够经验到不同系统的仪式情境,这些情境在影响着他们的生活。其中,每一个系统所展示出来的又是一种不同的历史感。

从历史包容范围的极至而言,一个人可以被确认为:一个中国人,一个民族主义者,一个社会主义者,一个基督徒,一个回教徒,一个佛教徒,一个道教徒,一个儒家,或这些人中的某些人。每一种中国人的属性都可以由仪式场景和庆典来表现,比如建立了共和国、成为了革命领袖、预言家以及奠基人等等。并且每一种又都直接与完善的文本传统联系在一起,比如国父孙中山所写的《三民主义》,被称为"毛泽东思想"的那些著作以及马克思、恩格斯和列宁的著作,它们确立了人民共和国的基本意识形态;还有启示性的著作(如《古兰经》《圣经》);佛教各个教派的语录;道教仪规中的祭拜仪式;儒家经典及其原则以及对上述这些深怀崇敬而写下的注解。对这些东西能给出最恰当名称的便是"经典"这一词汇。对有关中国特性的讨论,无一例外都是相对于它们而言的。马克思主义者的无神论的经典传统及其在中国的翻版、各种的基督教教义、各种的伊斯兰教教义、佛教、道教以及儒家的教育,通常都是描述中国历史及其制度所要引述的材料,由此而将其包容进一个更为宏大的历史中去。

经典及其所涉及的背景,往往都是学者考证和质疑要涉及的内容。这些内容依赖的是书写和文字。

除了上述对经典的这种认同之外,中国人也知道,并且有责任和家人一起参加纪念直系祖先诞辰与祭日的仪式,或者通过春节以及小的节日,大家聚在一起相互交流,共祝家庭团圆。这些形式含有另外一种历史感、另外一种节律以及时间分割,这是一种家的脉络与世系的历史。它们可以和某些经典叙事及其仪式情境相契合。但是它们并不依赖于书写,而是依赖于仪式以及用以标明其情境的物品。

再者,每个人生于斯、长于斯的地方,都会有自己独特的情境、突变以及为此而设置的专门仪式性补救措施。定期的节庆或集会、戏剧表演以及其他类型的表演和故事,都是在纪念这些情境。其中包括全国范围内定期举行的地方性年度节庆的变化,如春节,或七月份的鬼节。但是也包括那些并非在哪里都会庆祝的节日,比如,崇拜某个特定的神以及当地少数信徒所庆祝的节日。一种崇拜创立的时刻,往往就是其在突发事件或者一个超乎寻常的个人身上的表现,并与其他起源有着渊源上的联系。不论是年度性的还是每隔五年一次的重复,无论怎么说这都属于一种对起源的重复,就如对一位祖先或是一种历史的起源的纪念一样。这些情境并没有什么可资信赖的书写下来的权威。而在家庭仪式之上,这种仪式性的重复本身,往往是一种对起源及其创新的铭刻。不过,有关他们为之举办庆典的故事，大多是戏剧以及故事讲述者的民间叙述的一部分。

在这种节律中，一种地方性的历史与认同，即与毗邻地方之间的差异便会表现出来。从一点到另一点的生命时间的过渡中，除了由其他的框架所激发出来的认同之外，一个个体可以和许多这类地方性的以及历史的认同联系在一起。

我所谓的历史认同，是指这样三种情境中的一种，即经典的、家庭的以及地方的，它们区分出了一种时间维度，还有一种包容与排斥的维度。时间维度是指重复与（再）组织的节律。它是与年度、时代这样的周期性记忆类似的一种属性。每一次重复都使记忆以及一种有关起源叙事的年度标记得以恢复。另外在这里，重复的意义就在于，被一种新的周期性的时刻及其记忆重新证实或验证，这是指欢乐和痛苦的日子以及插入其中的某个时段。除了这种时间节律之外，在仪式情境的广度和范围上，还有其名称以及所庆祝的是什么上，都存在有包容与排斥这一维度，由于这一点，才能够使个体对此一情境予以认同。比如，对于民国的建立而言，它就是指在 10 月 10 日这一天举行庆祝活动，这包含了民国的所有公民，而不管他们是否愿意认同这一节日。这一天，过往的宾客，新来的移民，还有敌对者，是被排除在外的。庆祝本身便是对其主权地域及其根基的记忆恢复，这种记忆会留存于人民的头脑中，同时为政府的表征所接纳（或拒绝）。再举另一个例子，作为一种农历年度的恢复，春节是在庆祝中国人的传统，其范围包括出生在或婚嫁到中国人家庭中的那些人。而这个节日所排斥的是外来的客人以及满足于外在表演的那些非中国人，如在香港、伦敦或旧金山等那些相对边缘地方的华人，表演在于标定此一时刻的到来。

作为一个中国人，在其容纳最广的认同中，有以地域和政治来区分的、有以家庭和民族来区分的，这些都是有限制的包容。这包括宗族中以及清明节扫墓这类祭祖庆典中对姓氏和祖先的认同，还有在春节年关之时,自己在家里的祭祀。也包括地方性的、地域性的崇拜中那些诸神庆典。这些便是本书所关注的主题,现在我就来谈这些问题。

历史的意义

在中国人的地方节庆中,所敬拜以及所刻画的都是实际的历史人物。我们可以笼统地称他们为英雄人物。理论上,从历史文献中是能够找出有关这些人物的真实记录的。大多数情况下都能做到。

我们也可以称他们为圣人。但是,这些圣人中也包括殉道者,他们一般都是为了某种忠诚信念而献身的历史人物。对他们的怀念,便是对那一忠诚的强调,同时也是对一种特定传记的说法以及那种忠诚的特殊性的强调。在基督教圣灵崇拜中,圣餐以及他们自己本身作为神圣的圣物都占据有一个特殊的地位,而在中国人的崇拜中,这显然是缺少的。在中国人的男女英雄的美德方面,并不伴随有一种对终极真理的信仰,也不具有对他们身体是一种圣物的信仰。他们往往是殉道者,但却是为了一种忠诚而不是为了一种信仰,这是对朋友的忠诚、对行为原则的忠诚、对皇帝或朝廷的忠诚、对家族及其荣誉的忠诚。

除了这些重要的固有含义之外,"圣"这个字也用来指"英雄和巾帼英雄"。这是因为,就像圣者一样,中国人信奉的是当下的灵验。这并不是一种信仰的灵验或者是向救世主做祈祷的灵验,而是由持有控制邪恶与失常状态权力的神及其属下所构成的一种等级结构中的裁决。理论上讲,能够从历史上找到这些神的原型。对此,我会循序渐进地加以厘清。另外还要介绍民间崇拜中拟人化的宇宙观。不过,我这里实际关心的是赋予民间崇拜以特征的拟人化本身的问题。

在基督教的欧洲,类似的对圣者的崇拜也是极为丰富的。让我们来引证一些结论,并像称谓"中国地方神崇拜"一样来称谓它们。

"一旦基督教建立起来之后,每个地方便开始有了恩佑他们的圣者。

他们开始履行地方神或起监护作用的神灵的职责,在世界的各个地方,这些地方神或神灵都能够看到。"保护便是:

> 通过年度性的圣者节庆来表述和重新表述……庆典通常包括官方与非官方的专门仪式,以此来荣耀圣者。这是一个要在村落地域内有意义的地点之间行进的队列,并常常以此来标定村落的边界,而在这个游行队列中,都要带上圣物[在中国是神像和香]。同时安排有全体居民都要参加的宴席,接下来便是尽情地娱乐。

通过在神龛前的许愿和发誓而从圣者自身的力量那里寻求病愈、驱魔以及运气的转变。"另外,附带地会对人们所求恩惠的未能加以落实的圣者施以惩罚,显示了许愿的'魔力'以及其不成熟的特征,并有讨价还价和相互交易之类要素的存在。"人们还相信,圣者既能治愈疾病,也能引发疾病,因而,人们要怀着恐惧的期望以及感激之情来还愿。

除了因为有他们自身的力量而受人敬佩之外,圣者常常被看做是:

> 在一丝不苟的神圣法官面前陈述理由的辩护者、调解者、中间人、天庭的搞阴谋诡计者或幕后操纵者,这些全部都是隐喻。而有意义的也正在于,圣者是按等级排列的。在礼拜仪式和正式的图解中,圣母玛利亚是主要的调解者,其他圣者的请求都要通过她而获致解决。(Wilson 1983:22—29)

在中国,有慈悲为怀的观世音以及其他担负调解的神,但并不存在一个首席的调解人。因为中国民间宗教的诸神都有有历史可查的传记,所以对他们的崇拜可能仅仅是纪念性的,即选取任何对庆祝者而言有历史意义的传记来加以庆祝。确实,正由于坚持认为他们的神都只是历史上的人物,因而,帝国与民国政权中的国家官员,都对民间崇拜持怀疑的态度。但这反倒把人们的注意力引向眼下的灵验上去,凭借这种灵验,民间崇拜的神得到了人们的信赖。正如威尔逊论及对圣者的崇拜时所说的,他们:

被看成是属于"人民"而反对僧侣[在中国就是持有正统经典的官员与文人]的"民间"宗教的一种重要组合,或者是属于地方而排斥外面的世界及其控制力。并且,正如我们的证据所暗示的那种偏好一样,在欧洲中世纪[中国是后唐]之后,由于面对要使特定区域以及特定人口边缘化的变迁倾向,这一特征似乎就变得越来越明显了。(Wilson 1983:40)

假定我们把崇拜看成一种历史化,这便与官方所说的档案馆里的档案有所不同。在此假定之下,民间崇拜就成为政治关系的一部分而变得可以理解。这样一种命题,引出了政治关系的形式与民间仪式的运作之间存在差异的事实。这恰如芮马丁(Emily Martin Ahern)所指出的,后者似乎成了前者的类比与复述(Ahern 1981a)。但是,也正如她所言,它们之间的区别,即便不是对立的,也是至关重要的。

崇拜指一种历史意义的过程及其效力。正史、野史以及神话,民间诸神的节庆、戏剧以及仪式,这些都公开地被解释成历史意义及其庆典的实际操演。

制造某种不再现的过去,那就是赋予过去以历史意义。但这完全是一种模棱两可的运作。当为了意义而强调意义的时候,意义便成为当前某种有价值的东西了。然而,当历史的意义受到强调时,它就又被划分到另一时间上去了。列文森(Levenson 1965:87)在他的经典解说中,将绝对的历史与相对的即他所谓的现代的历史,对立起来。但这两者实际都是对历史意义运作的操纵。相对主义者的历史是以运动的语言来撰述,而不是以固定化的语言来撰述的。

"现代的儒家是把儒家思想单单与中国历史联系在一起,而现代反儒家的人,又把它单单与早期的历史联系在一起"(Levenson 1965:95)。然而,托付给一种不是现在的过去,那仍然是将其放在一种既是过去又是现在的运动中,尽管这并非是一种固定化。这就告诉我们,"特定的人民在一个主流进程的某个特定时段是如何制造历史的"(Levenson 1965:

100)。在与儒家拉上关系之后,主流进程(master-process)就是一种人民的历史。现代的历史化,也许指明的是一种全部包容进来的主流进程,一种进化的动力或者生产与社会形成的法则。其在特点上,与前现代保持对立,它更多地不是依赖于是否要去唤醒这样一种超越性的主流进程。但一种主流进程其可能性的存在,确实能够让人深切地感受到一种连续的进程,在这样的进程中,凭借的是过去,但仍是以某种现代的形式来表现的。而且,这恰是赋予历史化以特征的那种连续性进程的前提假设。把现代的历史化与绝对主义者的历史化区分开来的东西,就是对历史研究对象的多元认同。这种托付,即刻就变成是一种对过去的划分,并选择有意义的事件安插到这一划分之上。在这种划分之上,又是指哪里?是在过去还是在现在?是在它们之间的边缘上?还是在过去、未来以及未来的过去之间的边缘上呢?"人民"是连续不断的,人民的纪念物就是指其过去。

这里,重要的一点就是,所制造的是某种过去,由此而赋予其某种意义。意义的选择包含有一种确认,这是一个核心,权威的主张由此而被制造出来。现代的历史化,包括人民的时代,包括在一种人性史中的集体化的人类主体的时代。绝对的历史化,是确认一个中心以及一种具有等级以及朝贡边界的权威。

"当这个世界(从中国来看)是一个中国人的世界的时候,儒家的文明便是一种抽象的文明,而不是一种与其他的文明共处于一个世界之中的文明"(Levenson 1965:108)。由官员们和地方文人所撰写的帝国与地方的历史,其所包括的是传记、地理以及其他一些有关舆地沿革的事实分类。这在时间上可以将其描述成永远处于分裂状态之中,而在空间秩序以及和谐上则处于混乱的状态之中。编史的工作就是要把有序和无序的事件一一罗列起来,还有就是对一种地方性特征给予详细描述。这便是编年史的记载。除了罗列之外,也有对旧的舆地保护或破坏的评述。那种绝对宇宙的观念,包含有各种各样不同的看法,诸如过去是一个黄金时代的那种向后看的观点,或者是一种能够通过求解和超越而成为一种永恒知识的进步观,还有就是一种偶然取得并能够保持下去的理想国家的观念。

正如列文森所指出的,帝国认可的历史,便是绝对主义的历史。"绝对主义就是只顾眼前的狭隘主义,就是把一个人自己的时间与永恒相混淆"。官方的以及其他儒家的历史学家,都是那种永久性的"自我证据的后裔"。他们并非赋予历史以一种传统。相反,他们赞同它,以抵御侵犯或忽视。过去就是同一秩序的其他年份,即一系列君主以及他们的称号,每一位君主都是接续前一位君主,并又从"某一位"君主开始。它也确实会记述下来那种秩序的恢复,但那只是永恒秩序之外不言而喻的君位的禅让。但是,正史只对秩序的恢复与稳固给予评述。它是"固有的经典式条件学习,是从历史记载中对人们一般如何制造全部历史的那些规范进行神圣化的训练"。正规的记载,就是中国周朝后期(公元前400年—前200年)的那些东西,它们是独立的并成为一种思想上的渊源,其原则因此提升而成为其他原则的权威,百家争鸣的氛围也就因此而受挫(Levenson 1965:87—101)。

对一种"只顾眼前的狭隘主义"而言,什么又是"过去"呢? 历史学家就成了他所记载的东西的继承人。过去作为其超越性存在的祖先而划定出现在。过去是一位祖先,而历史就是他的谱系。

过去与现在区分开来,过去被当做一种教条而倍受尊敬,目的是要借助仪式或者其他的观察和知识,重新认识到过去的那些失败,并加以改进。撰写历史,便成了对过去以及对失败的评述。通过衡量过去来纠正现在,并且更直接的是,过去的失败能够在现在得到改进,这是通过纪念不该忘记的事情、通过重新制造过去来实现的。

这是官方历史,或者说渴望成为官方历史的历史。过去是良好行为的样板。过去是对圣贤的记载及其追随者行迹的典范式记述。偏离道路的人,则成为了反面典型。这是正面人物经受反面统治的煎熬,最后得到昭雪的故事。历史意义在这里就是一种运作,通过这种运作,现在便从过去那里转借来一种权威,由此也保持了一种前后秩序的连续。过去得到划分,而这种过去的性质本身也得到认可。同一个"圣"字在英文中既可译成"sage"(圣贤)又可译成"sacred"(神圣的),而在民间信仰中,它指的则是眼下的灵验。

　　一种与绝对主义者的历史同时存在的有争议的历史,其恢复和保持的能力往往是在掌管统治的朝廷以外的地方。恢复与保持是渴望官方认可的正史与野史的共同意义标准。否则,意见不同就变成无政府、反历史或者基督千年转世的臆说。

　　但是,一种全新的历史化可以造成秩序的颠倒以及一种明显的新秩序的到来,就如前仆后继的革命史一样。这会制造出许多"过去",并区分成有着不同成员以及它们自身意义的不同的秩序。解读一种持不同意见的历史,这是可能的,这种历史深嵌在晚期中华帝国民间宗教的神话与仪式当中。它仅仅是一种意见不一致,还是官方永恒历史的竞争对手?它是完全另类的历史化形式吗?

　　在下面,我们将会看到这一点。但是,如果我要把仪式当做一种历史来描述,那就必须首先记述其客体和情景的神圣性。

灵媒信仰

　　我要描述的仪式,既是宗教的又是巫术的,它们指的是有应验的神灵。所以在描述中,我并不假定在宗教与巫术之间存在一种根本性的区别,我也不需要用此种区分,来对我所描述的东西加以分析和解释。

　　在仪式描述中,一般的做法都是把神灵、诸神或者祖先说成好像它们真的存在似的。比如,历史学家和观察者常常会在他们描述"生者与死者之间的关系"时,自然地就把供品理解成是"捎给死者的食品"。在读这类描述时(观察者用英语写的),我们会期望假定,这一描述翻译出了当时的参与者曾经讲述过的东西,参与者相信或者至少暂时放弃了对他们自己所讲述的仪式关系的不相信。死者和诸神并非是显而易见的。仅仅对观察者眼前出现的东西过度相信,那会变得漫无目标,因为,这会忽略掉其所描述的活动的前因后果。其还会忽略掉供品或香火所祈求的或者神像所表征的东西。但问题是,我们应该如何翻译这种表征呢?天真但错误的做法往往是,在述及神灵时,好像它们跟参与者的行动是一致的。但这通常会带来无法获得解答的问题。

什么与什么等同呢?如何用"宛若"的句式来完成一项描述,而这项描述又与参与者的活动和陈述极为相像,同时又与对它们进行翻译的那种语言中的概念和解释性话语相一致呢?当我们把神灵与诸神,当成我们所要认识和描述的对话者或者是行动的代理人将它们吸纳进来的时候,我们归因到参与者身上的东西究竟是什么?作为我们翻译的生产者,我们对他们又做怎样的归因?

中国以及其他所谓崇尚礼仪的文化,似乎提供了一种避开此类问题的途径。在这些文化中,强调的是仪式上准确而又标准的操作。把这一点与强调个人信仰的宗教作一对照之后,华琛(James Watson)便主张:

> 以一种既定程序的仪式上的正确操作来确切相信谁是或者不相信谁是完全的"中国人",这一点最为重要。换言之,操作先于信仰,一旦各项仪式操作得当,对死亡或者身后之事的信仰便无关紧要了。(Watson & Rawski 1988:4)

所以,信仰的问题很容易通过搁置表征并集中于仪式和文本陈述本身而加以避免。这会受到参与者自身文化优先性的保证。但是,信仰与操作之间的区分是否可能,而且,如果可能,这两者之间的区分,对于中国人的仪式和文化就一定是真实的吗?

重视操作,就可能会去描述标准化与控制的过程。而这些又都是政治的文化与文化的政治的过程。它们是以权威来建立权威与认同。在中国,一个行为端正的中国人的认同以及为了倡导这种认同而确定下来的权威手段,在那种坚持一种教条的一统政治的长久历史中是很少见到的。从坚持一种教条式命题的意义上而言,凡是所主张的都是正确的,"信仰"便成为现代欧洲西方宗教、神学和哲学的一个核心问题。这在中国的哲学和宗教的权威以及判断中则并非是核心的。但是,对帝国的或者古代的正统仪式权威的接受便是对一种井然有序的宇宙的接受。而中国人的观念,即一种没有创造者也没有外在创造意志的有机宇宙的统合或调和的观念,常常被认为是与其他的宇宙观和历史观区分开来的核心特征(对于中国人有关时间观与历史观的总结可参阅:Needham 1965)。

在中国,矫正与排他性的权威所关心的是社会关系的秩序、秩序的维持以及考察礼仪正确与否。在任何活动中,都存在着"正"与"邪"、"安平"与"乱"或者说"和平"与"冲"这样的观念。特别是在仪式上与陈述中,这些词汇便成为中国人的权威与对那种权威的认同(属于地方的或帝国的某个社区)诸问题的核心。崇拜与文本,二者都共同关注这种合乎礼仪的行为本身。

中国的权威并非由一套终极的命题来授予,如在基督教的教义中才会发现的那种不可能性或者神秘性的真理。直到最近,它也并非体现在产生出可能真理的命题的那种推理能力上。而且直到最近,它也没有在个人信仰的神圣性情感与作为中国人政治文化特征的仪式与制度之间进行过区分。远离这一点的好处是,我们能够将信仰搁置在一旁,但是这是一种对于仪式操作与信仰不加区分的一种认可。这就意味着,把信仰从操作中分离开来是不妥当的。

糟糕的是,坚持这样的一种区分,就掩盖了翻译中的一个重大问题,即在用一种欧洲的宗教语言来对中国人的宗教加以描述时,到处充斥着这种信仰与操作、意识与行动、神灵与个人之间不恰当的区分。

从另一方面而言,如果"信仰"就如"意义"一样含混不清,那么全部的解释工作都必须要接受这样一种普遍性的前提,即任何被看做是人类社会关系的事情,特别是在具有象征意义的行动和陈述中,它们都包含有"信仰"。

在这里,求助于把中国人的宗教看成是一种仪式化类型的观念并没有多少裨益。这里有必要把活动当成宗教或仪式、当成表征一样的东西来加以对待。它们都是用来指示的。它们表征的是什么以及以什么样的一套相似和对比(简言之,是以哪种范畴)来加以表征呢?任何的描述都得要回答这些问题。描述必定是一种解释性的话语,而且,若不是以另外一种语言,那也是以另外的一种表达来描述。其适切性有必要通过建立起一种描述来加以衡量。所以,我们又得回到指涉神灵的那种"宛若"的表征这一问题上来。

当我写到人们为某个神制作供品时,我所描述的是一种令人敬畏的仪式,这种仪式有一个确定的客体,我能够通过提供给我的名称,来翻译这一客体,或者是通过描述其向我所显示的规则或形象来给出翻译。但是我的含义实际上又比较宽泛,我被迫要对此有较为详细的交代,而这是命名以及图片本身所要间接指出的。当然,成为不可知论,并不是很好的事情。这是从后门把一神或诸神请进来,当做是因果意义上的或者真实表征的客体存在。

在对这一问题加以讨论时,即我们应该使用什么样的语汇来描述中国人的仪式活动,芮马丁提供了一个不可知论的富有启发性的例子。她明确指出,恰如其分的词汇就是人情世故与交易的词汇,那是中国参与者如何思考他们仪式的词汇。因为中国人的仪式,在许多方面都与服从、行贿以及与政治官员及其幕僚的交易行动相类似,而且参与者行动的信仰就是,他们的行动会有跟官僚机构类似的灵验,因而把它们描述成交易与人情世故之类的行为是恰如其分的(Ahern 1981a:4—11)。

当我们考虑到宗教仪式的组织以及对参与者给予排序这类仪式时,将它们描述成社会关系与位置是最为恰当的,位置上的人是社会人,更为具体而言是政治人。在那一具体个案中,芮马丁所主张的观点是可以接受的。但是,诸神以及其他神灵的"存在"也都能用这一"词汇"来概括吗?

对它们不能概括许多的原因。第一个原因就是,这正如她所承认的,参与者自己做出了一种区分,即在他们作为个人而活动的社会世界与诸神作为个人的彼岸世界之间的区分。她是从比喻的角度来进行描述的。

在许多中国人的仪式中,"就像日常的交往一样,要发出命令、给出道理、拿出证明、划定交往范围、引起注意等等"(Ahern 1981a:14)。因此,她完全认可了参与者自己所做的区分,即哲学人类学习惯上所做的那种人跟非人的媒介物之间的区分。她对参与者自己解释的详细描述,在找到一种类比的选择之后,便极为有意义。在这里,给诸神做仪式时,就像是给慈父慈母一般照看我们需求的高高在上而且正直的官员做仪式一样(Ahern 1981a:99)。但是,她避而不谈仪式上所指明的"存在"这一中介中也有此类似的信仰。相反,她将这一事实当成一种表演性的划界(a demarcation of performances),因为二者类似,具有同样的表演性。

一方面是指出,帝国科层制或者民国官员以及他们之间还有他们所控制东西的那种实实在在的政治人物的表演,即交往、训诫、周旋以及设绊等等。另一方面就是实际的个人与假想的个人之间的一种表演。她把这些实际的与假想的个人之间的表演,当成对实际的个人之间的表演是什么的一种学习,这或多或少是对精确知识以及对于实际个人之间所能表演的东西的一种复述。这多少是一种理想化的,潜在具有批判性的,因而是处在了一种参与者在其中进行表演的实际的、当下的政治之外。

由于将它们都当成表演来处理,芮马丁便能够证明以及区分出相似的东西,以此来显示仪式性表演就如政治的表演一样,并因此才可能会有政治的意义和功能。但是她避开了类似制度的讨论。她不问其是如何工作的、如何构成的。要回答这样的问题,就需面对她要加以区分的非人媒介物中的信仰问题。与此相反,她使用的却是表演这样一种不可知论的语汇(an agnostic vocabulary of performatives)。

这一词汇是由约翰·斯科拉普斯基(John Skorupski 1976)的著作而来。芮马丁(Ahern 1981a:11,13—14)用此概念来描述表演跟权威及作为一种"操作性的行动"(operative acts)的反应性之间仪式意义上的雷同。

她首次提到(第93页)这一概念就是斯科拉普斯基那本书的第一章第一页所讲到的这一概念。操作性的行动意在产生出某种重大影响的庆典(习俗的和正式的)活动(第93—94页)。这种重大影响产生与否取决于表演,这种表演是指由适当的人所确立的适当的行为方式。因而,它们是指在两种地位之间进行过渡的就任典礼,如登基典礼、就职典礼等等。这些庆典赋予了权威或者建立起新的权威地位。

斯科拉普斯基从后门引入的有神论观点,从哲学上来说极为简单。在界定"操作性的行动"这一范畴时,斯科拉普斯基将权威化等同于一种社会事实,把宗教仪式等同于对它的操作。权威就是仪式性的,并且可能包括对一种非人的媒介物的再认(第102页)。要注意的是,操作行动并非仅仅是重复。对它们的"操作,建立起了新的规则模式。因此我们也能够说,它们能够树立起人们新的地位和规则"(第99页)。但是现在要注意,他是如何建立起这种范畴的。这是全部产生重大影响行动的分类中诸多范畴中的一种。一种操作性行动的表演及其所引发的东西,并非仅仅是实际的条件以及其他原则或者自然原因的效应。这些都是这套分类中的其他范畴。与任何其他有重大影响的行动一样,一种操作性行动的结果,一定是由一种媒介——在这里就是由个人——所导致的。"如果我们要处理一种操作性的行动,情况一定是这样:不可能有一种操作行动,其不会从某个人或某个人群中的权威那里……直接或间接地获得其操作性的力量"(第102页)。

这便是他从后门把诸神引入进来的地方，因为他说，这些个人并非必然是人类，也并非自然而然地呈现。比如，斯科拉普斯基所描述的，作为一种操作性行动的例子，石鲁克（Shilluk）皇帝的就职典礼，借助的就是神的权威，而没有人作为行动者（第108页）。斯科拉普斯基的操作性行动的分类，迫使他要考虑非人媒介物的操作性力量，尽管后来他是用"直接的或间接的"这样的特性来逃避此类问题。

当我们翻到芮马丁所提到的这一概念的另一页时（第153页），我们会发现，她所提出的那种犹豫不定的建议就是，巫术行动的运作借助的是象征性的认同与传染式的转化，由此，行动直接作用于所表征客体的一部分上面，这样便能够将其包容进"操作性行动"的范围中来了。

再翻过去（第155页）我们还会看到，这对斯科拉普斯基意味着什么。这种象征性的巫术包括：

> 行动者所期望的通过一种非人的媒介物的调解而产生出一种结果的行动，其具有理解和行动的能力。……这里所需的首要观念便是……一种对世界的理解和行动方式的观念，其根本的合理化概念就是能动者的观念。这是人类学家曾经研究过的对那些传统的或者原始文化的一种解释框架。（第155页）

把"宗教性"称作是这样一种解释性的宇宙观，那就必须要设想"假定的中介者与信仰者之间的道德与情感关系"（第155页）。

把宗教的中介者描述成"假定的"和"要再认的"，这种人类学和哲学的词汇，似乎建立了一种阐释学的距离。这也是把假想的中介者认作是社会的行动者。

我如何能够做得更好一点？与许多在我之前的人一样，我将从涂尔干（Durkheim）和莫斯（Mauss）的集体表征这一概念入手。[1] 崇拜的行动

---

[1] 集体表征的概念由涂尔干和莫斯提出，并在他们许多的著作中加以使用，特别参阅：涂尔干（Durkheim 1982）和莫斯（Mauss 1979）的著作。

和信仰的表述,对天上的客体加以排位或者用地上的灵验来贬低地上的事物,或者用现在的效验来排列过去的生活,这些都是某种特殊的集体表征。对于那些了解此概念虽经受批评但依然颇具影响力的人而言,这似乎有些多此一举。即便如此,摆脱其错误假设的困扰,仍是必不可少的。

涂尔干和莫斯说,宗教以及其他象征性行动和客体,存在三种方式的集体表征:表征整个社会的团结;表征个体所想象的或者有意义的他人以及他或她所接触的社会;还有,表征一种它们在其中代表一个词汇的词语表征体系。通过集体表征,个体便被塑造成为一个社会的、有思想的以及会交流的存在。

现在来看罗德尼·尼德海姆(Rodney Needham 1972)对涂尔干和莫斯的尖锐批评。尼德海姆信守英国社会结构的社会人类学,他把结构这样的基本观念当成"规则"、当成"法律"一样的规则,这是习惯与法律之间的一种交叉,或者从最广的意义上说,是带有政治性的。他小心地指出,"相对能够区分的象征领域与法律组织的领域可以放在一起来加以研究",并能够对它们之间的和谐一致给出证明。但是这"根本就没有证实涂尔干和莫斯所发展出来的理论",而且这正是他的批评中最有力的一击。像涂尔干和莫斯所主张的那样(参阅他们对"原始分类"的表述),社会结构或者社会团结一定是被表征的东西,但是,这样的说法是相当错误的。而认为,社会结构的表征塑造了个体行动者的心灵,并且,认为他们要认识他们经验到的表征,一定是已经先有了他们思维所必须的概念范畴,这样的看法也是错误的。

尽管如此,集体表征的观念"在展现以文化范畴表述出来的那些秩序原则的极端重要性上,存在着独一无二的好处,这有助于使思维和行动的体系更具有表达能力"(Needham,1972:155)。

注意到思维与行动体系这一对象。注意到思维与行动属于同一体系并都受到秩序原则所约束这一方法论准则。这些便是社会结构的含义。最后要注意,是文化的范畴表征了这一体系。尼德海姆离开涂尔干和莫斯究竟有多远呢?他是把结构放置到行动者的心理功能和动机力量中去,并且是把集体表征,放置到非个体心理构成的一种表达性关系中去。这便进入到思维以及社会体系的原则之下,由此去解释或者求解文化表现形式以及社会行动。涂尔干和莫斯将文化分析成一种社会秩序的表现形式,还有就是集体表征本身之间的关系秩序。这并没有什么太大的差别。尼德海姆由于在象征原则与法律规则这两个领域之间作了区分,因而他使二者都化解成一种潜在的概念秩序。

相反,我会仍然相信,他对涂尔干和莫斯批评的极端冲击力,与此同时,又保持了集体表征的概念,同时是在它们所表征的三种方式之下寻求一种秩序。换言之,一个个体的印象和动机、社会关系以及表征之间的关系都是独特的关系,而且它们都是相互关联的,不能够将它们还原为它们中的某一种秩序,也不能还原为任何其他的秩序。

但是我这里要说的只是,任何的社会客体或行动都是集体的和表征的。我还会提出具有独特性的宗教集体表征。

涂尔干的宗教概念就是:它描画出了场合与地点,在这里,客体和行动成为了神圣的东西,因为它们都是社会本身的镜子。我必须摒弃"社会"这一作为宗教终极真理的整体性范畴。我们从来就不可能知道这种社会本质,其中的紧密团结得益于对个体或这种团结本身而言的表征。对我们而言,没有很好的理由说,有某种相对于一种社会存在而言实质性的东西要被表征,而且无论如何,它都是为了以神圣化的语言所作的表征而抽离出来的。许多客体都可以得到表征,它们中的某些或者说全部都是社会的。为什么某个人应该接受人类学家的那种认为它们是"那种"社会的存在,或者是"那种"民族性或文化设计呢?这是一种奇怪的自信,这种自信完全忽视了一个社会边界的不确定性情景。如桑高仁(Stephen Sangren)这样的文化人类学家,或者像莫里斯·弗里德曼

(Maurice Freedman)①这样的社会人类学家,都曾经忽视了一种基本的社会与文化本质存在的不确定性。他们每一个人都以自己的方式来主张,在整个社会存在的宗教集体表征中,有一种所谓的中国或中国性(Chineseness)的存在。确实,他们将这看成是他们分析中的强制性客体,尽管此时他们不过只是接近于它。但是,我并没有感受到有这种强制性的存在。

我认为,涂尔干和莫斯对仪式和宗教的分析,最后所留存下来的东西,显然只是在于强调人们建立空间和时间边界这样的事实。通过这些边界,所获得的便是表征与认同的能力。我们可以称之为"隐喻性"(metaphoricity),它并非是指分开以及划定边界这样的事实,而是联结着两面。通过献祭与启示,边界就成为交错的。最重要的是,这种隐喻性通过从某一面对客体加以选择而起作用,并使它们的每一面都变成双份,但又不相同。

因而,每一个都是一种纪念品或者是另一种想象的发明,是其神圣副本的世俗客体以及世俗副本的神圣客体。但这都过于简单,有些是在耍小聪明,为了提出自己的观点,对于划定边界的"仪式"、"宗教"或"神圣"的某一方面原因不置可否。究竟是哪种边界使得其从有能力进行表征的其余特权中分离出来,又是什么使得神圣的东西以一种世俗的东西所无法做到的方式而具有了象征的意义呢?

人类关系中的每一事件、每一项活动都能够被想象出来,相反,也能够依据对一种现实的想象而赋予其一种意图。这样一种表征就是一种表象或意图(image/intention)。但是其结果在表征中是预定的。其他的表象和意图都从它而来,并集中在它上面。人类关系中每一事件及每一项活动都兼具物质性和解释性。每一个都会代表另一个;确实,从本质

---

① 有关桑高仁的讨论可参阅:王斯福和王铭铭(Feuchtwang & Wang 1990)。对于弗里德曼的讨论,可参阅:王斯福(Feuchtwang,1991)。

上说,它一定总是难于驾御的。什么也不存在,那也并非是一种表征和掩饰。一种结果就是从其表象中脱离出来的一种现实化,即作为另外的东西而被解释。任何表征都可以说是具有专门的表征性并强化了一种以表象体现出来的事物与行动的制度吗?什么才能够使其如此呢?

人们已经给出了许多的答案。可以把它们当做现代神话来阅读。涂尔干和莫斯的神话便是如此:原初状态是社会的,并且是智性的以及非私人的。其表征写在那些零散的表征上面,这些表征是第一次经历作为人类动物的生活时出现的。其最初的场景便是一种聚会。个体成员们聚拢在一起的强烈体验以及与此同时存在的与其他群体的关系,将有关宇宙的观念及其各部分或者说存在之类的范畴加以制度化。那一场景以及所保留下来的对它的表象,与在此所发现的真实事物的形式和特征相接触,这是由强烈的体验而引发的。此后它们都成了各种的纪念物。原初场景的重演,变成了仪式,通过这种仪式而启示出来的整体性和团结的情绪会再次出现。它们是象征性地表征其自身的意识状态,是在重述由普通语言转变成人类语言这一过程。①

简言之,社会的原初经验,便是隐喻的起源。

这种叙事的神秘特性就在于其循环性。原初的场景,无需年代的记录。它总是被表征,并且是所有表征的真理。而这里重要的一点就是,具有智性的社会与借助物质形式和行动的序列而具有智性的表征,是同时存在的。

语言提醒我们,有关我们自身的社会存在,尽管这从来就不是一条真理,因为当它是一种可信赖的交往模式的时候,它也总是一种欺骗和掩饰,原因恰在于,它是在表征。在涂尔干的神话中,语言的起源就是不说话。它是(正如葛恩[Gane]所指出的)图解式的,这就是说它的形式是

①除了强调这一理论的神秘特征之外,其表述的其他要素,葛恩(Gane 1983)曾给予广泛的叙述并给予过细致的讨论。

外在的,而不仅仅是由人的身体所产生出来的那些东西。它们外在于人的身体存在这一点,正如涂尔干经验性的证明所指出的,代表的是它们从中被分离出来的社会以及世界的其他部分。它们本身并不是自然的东西。所以这些外在的形式,以三个方向来进行表征:它们表征社会的存在,表征它们被选择出来的自然界,还有表征社会与自然界这两个方面的个体性的人类经验。表征中所呈现者,并没有任何的原初经验或事物,不管它们是社会性的呈现,抑或是个体的情感,还是自然的事物和运动,都是一样。

表征所构想的呈现就是一种表征的权力,但这并不是其现实或其意义。这便是对表征和对认识论的哲学批判,也是对涂尔干的宗教本质神话般的自信,进而也是对所有其他人类表征的一种批判性蛀蚀,即社会存在的真理与呈现,都不过是一种幻想。①

但这并没有蛀蚀掉涂尔干的神话对这一问题所提供的一个答案,即什么样的分离使得边界的某一边成为一种占优势的表征、一种表征的制度呢? 无论怎样都会主张,所表征的文化会呈现出一种整体性,即是指世界、整个的社会、自然、表征本身全部的可能性等等。不用接受这些主张就能获得完全的解释。它们是整体性的意图和表象。它们被提出的方式、对它们所说的以及借助它们的途径,都表明了这种意图与表象。它们还要通过它们与其他表征的相似性和差异性,即与其他表征的关系中,通过观察以及通过参与者对相似性和差异性的表述来获得解释。

在第五章结论部分,我指出了一种宗教的概念,它是一种充斥着交流的表征,这种宗教的仪式是对灵验的复述。这里必须要对显而易见的一个主要观点加以表述。这便是,宗教的表征声称或者指向一种更为基本的以及终极的统一性。但是这便意味着它们也表征了被分离出去的那一面。我将会详细叙述的这些分离,是指过去与现在以及外部与内部

---

① 我这里主要是指德里达(Derrida 1977:第 2 部分)的文字。

的分离。

历史的意义是把过去与现在联结起来。为了将来的联合，首要的前提就是，要划分出各个时代。时间上对某种过去的认同或者空间上对其他地方性的认同，存在一排他性的前提，这便是选择性。但与此同时，其所建立起来的边界却又是紧张的。它们排斥会被包容进来的威胁。宗教表征本身体现的是一种兼容并包，但它又往往固定在一点上。

实现宗教历史主义可以通过地方性的传统，这里的传统就是人们所说他们总是在做的东西，他们加入其中，同时他们也在排斥其他。联结点之一就是在过去与现在、彼世界与此世界之间。在那一联结点上，灵验故事得到肯定，而通过在它们之间，或者在表象与现实之间做一严格的区分，其他的故事便被否定。

传统及其表象

"传统"表明一种总是出现的、权威式的和社会所驱使的实践。重复，即"我们做的方式"，它在时间上传递着某些事情，含有重复的"过去"与"未来"的意思。"传统"这个中文词汇，翻译成英文是"tradition"，传统所强调的就是这种重复性的传承。我们可能会说，所谓的"传统"就是一种恒定时态的传承。因而，我们可能会把注意力放在传统的重复性结构上，或者是放在其内部的发明上。但是，在任何一种情况下，甚至是在对结构自身的起源以及历史的资料加以研究之后，人类学家和历史学家都假定，这里存在一种可确认的文化，或者是一套实质性的神话、文本或实践。在这一假设之上，所要做的工作便是，描述所重复的实质性内容。我转而想从传统性本身的假设入手，即它的状态和张力，而不是它的内容。而且，正如存在许多的内容、许多的传统一样，也会存在许多的传统性，每一种传统性又都可能包含有许多的主题与发明。

传统并不只是通过某些手段，可以将它们分离出来的无意识的动机活动。它们是仪式、庆典、旧思想、谚语、寓言等等,在形式上是举例的或者有先后的顺序。所以,它们的重复,在联系到重复它们的情景的循序渐进性和变化性之后就会看到,它们是表征性的和图解式的。所以,任何传统性的作品,即任何含有传统权威的传承方式,都一定包括这种被重复的距离以及从其情景的个体性抽离出来的抽象,从而使其与作用于其上的情景存在一种表征性的以及权威性的关系。它具有神圣的权威,但它是历史的神圣性。

总之,任何传统性的描述,如果使其完整,就要包括:

1. 在其隐喻性的重复背景中进行抽离和区分的工作;

2. 其重复和传承的暂时性;

3. 作为其内容所提出的东西;

4. 其表演所含有的社会强制性的内容。

在中国民间宗教娱神的传统中,写作者常常观察到的是,那里的表象,与中华帝国宫廷及其各级衙门的装扮及仪式庆典并没有什么两样。由此而出现的问题就是,是什么把表象与仪式制作成了一种隐喻。另外的问题就是,与其历史与世俗的派生不同,它是如何自足地具备一种超越于历史性重演之上的权力。

让我首先通过一个例子来确立这种差异。这就是钱。烧纸钱及类似的东西,就是为了荣耀诸神。烧纸钱常常伴随有燃放爆竹,这意味着上供活动的完成。这都是在公开的交流与迎神活动之后开始,即这个地方以及这里的人将神迎请进来之后。这些在供奉给神以食物、纪念性的祈求与烧香之后还会出现,与此同时还要烧纸钱。

实际上烧的纸钱很少被称作"钱"。如果在给诸神上供时烧它们,常常称它们为"金",这是对于钱或财富的一个比较一般性的称谓。"金"作为一个汉字,印在敬献给神的一沓有图案花纹的纸冥币上面。"钱"通常是用来指一种独特类型的冥币,只用于新近死去的人以及地狱中的孤魂,还有它们在阴间的守护者。另一方面,"银"这个字的意思只用来给祖先上供,但是也可能会不加任何区分地与"钱"一样,用在新近死去的人、孤魂以及给鬼的祭祀上面。"金"和"银"有各种各样的等级,每一个等级都与诸神灵的位置等级相对应。像盖西曼(Seaman 1982)这样的评论者,是把这一点与中华帝国贸易体系中的交换领域联系在一起。

首先,值得指出的是,显然没有一个人,他们从本心上把烧纸钱看成是与用来买东西的钱币是一样的。第二点则是,在做实际比较时,除了称谓上叫"钱"之外,它们之间并不存在什么相似性。不过多少还是有些相似的表现。在帝国货币上印的官印,与现代冥币的核心主题有着一种间接的对应性。冥币上圆形的"双喜"图形,也真的能够在中国餐馆中吃饭用的盘子上见到!

台湾银行在 1964 年发行的纸币的图形,与同一年发行的冥币,除了周边的图形不同之外,中心的图形都一样。这可能就是印在冥币上的三个喜字中核心的那一个,即是指由薪水(以及拿俸禄)而得到财富的那个喜字。其他的两个喜字是指健康(和长寿)以及快乐(包括子孙满堂)。画轴上也会画有同样的三个人物。在我所研究的那个小镇上,人们常常把这样的画轴买回家,挂在家里供奉祖先的香炉后面的那面墙上。题额上写着:"祖德留芳"。

在这类画轴上以及为诸神准备的冥币上,重复出现的官员、权力与财富的象征,就是帝国官员镶边的帽子。另一种象征就是帝国某位宰相头顶上的装饰,而这又会在家庙中供奉诸神的香炉后面所画的灶神那种像火一样燃烧的头饰中得以重复。宰相和灶神都是与高高在上的权力进行沟通的中介者。确实,更加仔细地观察冥币,我们就会发现,这是以一种简略的形式描绘了人们对其所喜爱的东西的追求,这里包括"金"本身所代表的那些东西。

权威的象征仅仅是一种重复而已,其体现在银行钞票、官员服饰或者庙宇人物以及庙堂所挂饰物上。芮马丁正确地观察到,帝国权力的符号与仪式物品中的权威符号之间的对应,"可能极大地强化了诸神的权威"(Ahern 1981a:88;这是帝国的命令与一种占卜形式之间的对应;也可参阅第 36 页和第 39 页对命令与巫术之间的对应,同时还有对给诸神供奉的金钱的进一步观察)。

但是,我们不能只说相似,而不提存在的差异,可以说它们之间存在有很大的差异。在宗教仪式中,所重复的是持久相似的东西,并且所重复的仅仅是帝国统治的某些目标和方式。这是使重复变得没有时间感或变成传统的那种差异,并且它也是依照你所问的人而制造出来的另一种复制品、类似的(看不见的、宗教的)权威,或者其他某种迷信以及愚蠢的欺骗。

在山街这个小镇中,我问了许多人有关"消金"这个词的意思是什么。有的回答说,是指纸的发明人蔡伦,他是汉朝桓帝时代(公元 89—106)的一位宦官。较轻率的回答就说,蔡伦通过他妻子的帮助,密谋了一种欺骗的手法,由此找到了一种增加其所发明的纸张或者成沓的下脚料销量的方法。在把细碎的金和银粘到纸片上之后,他就装死,躺进一口棺材中。他的妻子把他死的消息传了出去,当邻居们赶来吊唁的时候,她就点着了准备好的纸张,当把蔡伦烧得坐了起来的时候,就好像他是死而复生一样,他接着就说,自己是从阴间暂时回到人间来的,而这是拿金子买回来的。而比较认真的观点就说,这是唐朝奠基人李世民到阴间走了一遭,代表死者在地狱的大堂上进行调解后获得的。不管是随便的还是较为认真的回答,这些说法都是完全依赖于与真实事情存在差异的故事而杜撰的。

但是,照我现在所做的来看,还不足以指出其中的差异和相似。它们提出了问题。我返回来要谈的一个问题是有关不相似的问题,它们传达了什么内容呢?另一个问题是有关政治与神圣之间、历史与传统之间不相似性的创造。在这种重复中,不相似性是在不断地被重新制造出来吗?这样做的仪式活动又是什么呢?

我并不会去问,在帝国钱币精确的再生产过程中,为什么会出现讹误这类的问题。我试图要领会,可以观察到而又不引向讹误的那样一种差异的意义。存在这样一种过程,通过这种过程,包括有关历史起源的精细而又自圆其说的陈述在内的,同时又是在现有的情景下来进行操作的一种仪式,通过既不是历史,也不是当代的展示而制造出意义来。我假定,这一过程与删去、拆散历史的连续性是一致的。对诸神和仪式的称呼,既是又不是从历史中抽离出来的,它们既是又不是重新制定的。"是"与"不是"之间的转弯抹角,构成了传统性的力量,并且也有可能是制造出"宗教"仪式的力量。所以我要问,是否存在着一种不断重复的擦去过程,这一过程使得这种转弯抹角的力量得以铭刻下来。

或许蔡伦装死的那个故事是一条线索。他的纸肯定不是钱。烧纸是烧给活人看的。简言之,烧给死人的冥钱,也部分是给活着的人的。没有了生命的人,并不具备一种纯粹的分离表象。纯粹地跟他们既往的生活分离出来,这是无法得到表征的,并且,在任何时候,也都无法想象。另一方面,部分的相似,也创造出了一种映射活人的能力,凭借的恰恰是否定的那一面。就如李世民一样,冥钱横跨在被分离开来的活着的人与没有活着的人之间。通过这种物质化,即拿书写的草纸制做出来的实实在在的商业表象,会有助于精确地使没有活着的人的表象得以再现。但这仅仅是一项研究的开始,即是对借助于此表象得以重新表演的那种擦去过程的研究。

在葬礼上会发生什么事情呢?在一种记忆,即一个被记住的个体,与由此而将记忆转化的画像、坟墓、匿名化之间的过渡是什么?中国人的仪式是通过一系列的认同手段来标定一种死亡,这些认同是从活着的人所留下来的多种多样的称谓、认同、遗迹和声望中抽象出来的。这些记忆转而成为一种仪式上的用以记忆的戏剧,通过这种戏剧,死亡与怀念得以确认,生命的完结变成历史。

历史化的记忆

实际上,现在汉人的葬礼就是两种戏剧。一种是通过一张照片以及通过安放尸体的棺木来确认死者。集中在它们上面的是赞颂、哀悼与队列,这代表了一个家户的哀悼,并与其邻居区分开来。通过孝服来确定的是哀悼的先后次序,其复述的是在后代的世系中,作为一个家庭的家户以及与其他家户的世系在婚姻上的联系。队列的特征就是,从家户中出来行进到墓地那里。许多来吊唁的人(受到尊敬的客人)以及主要的哀悼人其铁哥们的出现,展示了在时间的这一固定点上家户的一种社会声望。这是一场由家户以及他们在公开的场合中自己上演的一场戏剧。而且,这保留下了两个地点,并且在每年的这个时节,都要重复上演,从而使一种怀念得以延续。

其中有一个地点就是家里的祠堂,在这里,先人的名字和寿辰都会被记录下来,并要燃香以示对祖先的尊敬。先人的照片要放在靠香炉那一面墙的一边。生者的这种个体性,尽管是分离的,但在一个特定时期,能够进入到固定的认同地点以及年度的仪式中去,比如,通过在祠堂里供奉她或他所喜爱的食物以示纪念。但这往往是短暂的。最后,记忆还要通过两种地方性的铭记而被固定下来。一个位于屋子正中供奉祖先的香炉后面,这是在一张纸上或一块木板上写下的文字。另一种是在坟地那里,这是位于包括那所房子在内的居住地以外的地方。先人的名字就刻在了石碑上。在祠堂之外,这为那些由此而追溯祖先踪迹的人,确立了一个起源地点的位置。墓碑常常秉承着一个地点的名称,新的祖先的祖先便从这里迁移而来。因此,历史就变成了地理,过去就被固定在眼下地方性的风景之中。更进一步说,嵌入这些聚落地点中去的风景,其本身就是属于力的某一脉或者是通过正确的定位而得以聚拢起来,或者说是集结起来的那些位置。

在整个中国，即普天之下，都是以这样的一种方式来追溯的。帝国的堪舆图追溯的就是所有的江河与山川，就如继嗣的世系一样，将它们排列起来，并从西北的昆仑山脉这一源头生发出来。庙宇、皇宫、衙门、城市景观以及家户和坟墓，都依照这样一种世系分支的地力堪舆学而加以排列。在庙宇中，则是以帝国的表象来供奉诸神。

而另一种死亡仪式的戏剧，一种要比唱颂歌和哀悼的民间活动更加具有戏剧特点的戏剧，就重新体现了帝国的调解与命令的表象。在这第二种戏剧中，所有个体哀悼的标示物都是瞬息即逝的。并不存在有永久的铭刻以及地域上的规定。这是由专业人员，即由家庭所雇的道士来扮演的。公众在这里不是行动者，而是一位观众。

处在死亡与祭奠之间的死者即是所谓"灵魂"，祭奠要经过将死者埋葬然后迎回祠堂中来实现。"魂"常常被翻译成"鬼"和"灵"。"灵"是一种能动的，因而就可能具有一种危险的属性、一种灵验的力量，在此一情况下，它与冥币交易的方向相反，换言之，其跨越了由仪式本身所建立起来的那种分离。

依照这一戏剧的目的，除了相片和尸体之外，还有许多象征符号可以用来确认"灵魂"。一盏灯、一座香炉以及上面印有其名字的一面旗帜，这些都是专门给它的，是与家里神龛中的蜡烛、香和文字区分开来的。这有时也将其表征成一具偶像。最后的仪式行动是把这些表征的东西全部烧掉，并要丢弃存留下来的遗迹，这也包括在居住地点的路边或河边暂时放置的香炉。但是在那之前，这些转瞬即逝的客体，曾经用来标定举办普度科仪的地点，同时还是祈求的地点，即祈求死者由地狱而走出其边界，到达西方极乐世界而获得再生的地点。这也是冥币以及祈求进入之所。

在从相片向偶像的转变中，个体性脱色而转变成为地狱的图解，这与对诸神的图解是一样的。进一步依照这样的转换，"魂"就变得无名无姓了，正像它的表征物被烧掉一样。它就变成没有姓名的一种将受到拯救或者不被拯救的东西。这是指一种生命之前或生命之后有关生命的一个概念范畴，即"魂"。如果其未获拯救，它就不仅仅是身处帝国表象的地狱之中，而且像他的那些被焚烧和被遗弃的遗迹一样，会受到附近东西的蒙骗。当这些地点之间的某个特殊的地点受到损害时，那就是由于受到诱骗而变得无名无姓的"灵"的缘故，其危险性落在其类别范畴的名称"魂"之下，从而无名无姓地被记忆下来，而损害则是这种属性的短暂闪现。这个点就变成了抚慰"灵"的地方。但是"灵"也可以有突如其来的益处，而非仅仅潜伏着痛苦。这样，它又成了祈求与许愿的对象，而非抚慰的对象。

对于葬礼上销毁物品的做法，我们现在可以将其看成是一种地域性的固化、排列与联结的过程。活着的认同转变成一处风景中的各个名称，并将其附着到一种继嗣世系的历史性以及起源和聚落的地点上去。我们可以将其说成是过去现在时，相反，在戏剧化了的阴间戏剧中，分离与转生的过程是过去时态的祖先转变成为现在时态的祖先。分离就是一种过去的出现，这不管究竟选择出来的东西是什么，也不管究竟决定选择什么来重新上演以前出现过的内容。这与那种把过去表征为权威的问题是一样的，谁能说出是否历史上的权威表象就是历史性的，还是由于利用了一种表象的历史性而获得了政治上的权威从而具有了历史性呢？所给予的不大可信的表象性权威的东西就是仪式，操弄这种仪式，就是用某种过去的生活，双倍地复制出一种过去的现在和先前。这种复制是没有规则的，或者说年度性的仪式把一种看得见的过去，转变成为"灵"这样一种希奇古怪的东西，它是某种紧邻现在，但又具有超越过去与现在之分的力量。

本书所主要关心的传统，就是地方节庆及其地域性的崇拜这样的传统。而正是这种"灵"，即作为一种仁慈关爱的灵，恰恰是地域保护神的年度节庆所要庆祝的。正是由于这种力量，一个地方便会受到保护。这个地点是由抬着抵御威胁的神像游行来划定的，其所依据的是围绕着这个神的历史神话,而其鲜明的称号和神像体现出来的是一种军事上的命令。更为模棱两可的也可以说成是在庆祝有保护作用的"灵",用以抗拒侵入到其边界中居住下来具有危险的"灵",这即是说,神的军事性一面,能够转变成为一种附着了某种军事力量的表象。但从内部来看,这是一种保护,因而要对神加以庆贺。

神也能够作为一个广大的地域或者先前起源地的见证物而受到人们的庆贺,这里往往不仅仅是此地的人,而且也是比邻的其他地方的人追溯他们祖先的地方。通过这种关系,比邻的地方性就以一连串的节庆游行日而相互联结在一起,通过这一连串的日子,从某个旧庙中来的同一位神的塑像便可大驾光临,而每一个地方性的神像也会加入进来。

过去的现在

使历史性的东西转变成一种象征,这中间的不相似性与不连续性的空隙,要用香的火焰和烟雾来填充。香的循环、分配和交换,伴随着烧纸钱和放鞭炮,由此来追溯此一地域的边界和疆域。香炉标示的是那一块土地的家户和庙宇的中心点。香炉、香和香灰是专门用来标示鬼、神、祖先和恶魔的。香与其他东西都不一样。

在福建和台湾,为地域保护者举办的游行,年年都会出现。在每一年的那一天,都要推举出下一年度重新举行游行时的首领。推举首领的媒介就是烧香,而其主要的职责也跟烧香有关。其官位就是"炉主"。

之所以称其为炉主,因为在庙里举行科仪的关键部分中,正是由他来负责照看一只可以挪动的香炉。而在此之前,他要怀抱着这只香炉,在巡游来的神以及家神的轿椅后面坐着参加游行,并且这是一种社会强制性的游行。在游行队列经过地方性庙宇的每一疆界时,要在每家的门口燃香,捧香敬拜走过的神像,还要把手里的香与炉主手中的香进行交换。然后,户主把他从香炉中获得的香,敬献给家里神龛中的诸神。因而,炉主要在所有家里有神龛的住户这一范围内绕上一圈。所谓建立家户神龛,仅仅是指设置两个香炉,一只供奉给祖先,另一只给神。献祭的方式是,从庙宇香灰中取出一点香灰,随后与新的香炉中的灰混在一起。

进一步要指出的是,香含有我所提及的传统性的两个时态。它含有神的过去性,并存在于历史记录之外,这就是众所周知的神的灵,还有神的应验,其代表的是神对这一地方所有居民的保护。每一年燃烧的香头及其烟雾所刻画的是此一地域及其疆界,这是从外面被带进来的,每一座家户神龛,其重新献祭就是对那一地域的一种安置,这一地域便是指起源地地理学中的一个地方。

在对这种传统性的内涵给出最终说明之前,我应该指出,它是与其他的东西同时存在的。描述它们需要对作为表征或者媒介的其他客体加以描述,而不是对金、祈求和香加以描述。这其中有一种便是书写,其铭记和传承的外表都是文字而不是地域边界,其神像也不是武将本身。书写下来的权威以及一种文本传统的正统,其所描述的是另一种历史性,而不是对地域保护者与分香的记述。对于这两者是如何相互影响的,在后面章节中,我会有长篇叙述。这里也必须指出,地方性节庆的传统性所庆贺的是非常多样的崇拜,这会依据发源地的不同而出现不同的样式,如著名的祈雨崇拜,或者是防止庄稼病虫害的崇拜,还有带有更多医疗特点的抗拒瘟疫的崇拜等等。崇拜的对象会依赖政治以及其他情景还有周边的崇拜而发生变化。一种时髦崇拜的转变同时也就是关乎什么是“热闹”和“好看”的转变。但是,当面对我所描述的传统性时,它们所包含的是起源地的过去性与地域性。

传统性所含的意义是起保护作用的“灵”,以此来抵御威胁到这些地方的边界以及疆域的那些危险。它包含有力的脉络以及这些力占据中心的地点网络,在中心那里,灵验得到了激活。它把社区当成是一个家户神龛以及受到荣耀的神的属地,而供奉给诸神的香,则跨越了这整个属地的疆域。

第二章　年度的启示

　　每一位中国人都有可能参加的最普遍的节日莫过于春节。这是一年到头交替时期举行的节庆。除夕之时,人们都要返回家里,这表示一家人在一起团团圆圆。中国人很少有谁会对此感到有什么不自在。倒是有许多人,因为赶不回家而感到深深的遗憾。大多数的人都会在家里举行庆祝,庆祝一个圆满家庭的存在,预祝未来生活美满。

　　此时也称之为新春,或者"过年"。名称上的这种变化多样,体现出一套历法的政治史。现在所说的"新"年,是指月亮旋转的年度周期,直到 1910 年为止,其一直是由掌控中华帝国的官僚机构所把持。另外还有一种长期存在的中国人的历法。这种历法是指依照太阳旋转的周期来划分出农业年度的节气。作为农业人口,中国人有农历和阴历两种历法,并依此历法来划定他们庆典的年度周期。在帝制时代,这两种历法都属于是标准的,其不管气候、地理和庄稼的生长方式、当地的农耕生产以及它们初始的征候是如何的多种多样。但自从那种政府统治结束之后,主导的历法是现代太阳历。

　　现在阴历一年到头交替的时节在民国的时候称为"春节"。这是因为,阴历的年度之交是在阳历的年度之交以后,而且恰是在农历的立春之前。官方所说的新年,是指历法上的阳历的年度之交而非过去的农历。国家的阳历是指已经成为普遍的国际标准的格列高利历(Gregorian Calender)。① 在中国,它并没有帝国传统历法的那种重要性。在 17 世纪,耶稣会的科学家建议皇帝,应当有天文学的观察并要创立历法,而不要追随格列高利历的统治。但在此三个世纪之后,中国还是接纳了这种历法,并使之成为了新传统建立的一个组成部分。通过这样的历法,共和国民众的年度纪念得以确定,就如在其他地方民族国家的出现一样,所使用的都是现在在世界范围内通用的这一历法。

但是,中国政府体制的这种改变,还有随之而来的历法以及通过权威而确立的仪式情景的变迁,并非是将历法以及年度更替当成有重大意义的政治事件来予以考量的唯一原因。这种情形,在帝国的、朝代的国家那里一样能看到。

帝国的年

数个世纪以来,中国年度的记录者是一位……(掌管天文的)官员,其位居国家大臣之列,每年都要上呈他的工作,且须得到皇帝的朱批。在得到皇帝的恩准之后,他会把新印制好的皇历分送给帝国的最高官员。跟皇帝的圣旨一样来传送和接受这些珍贵的文献。摆轿将它们送至目的地,轿子停靠在台基石上,同时会以跪拜和礼炮来表示对它们的礼遇。在京都新年那一天,皇历才正式地分发给等在皇宫正门,即午门之外的特权人物们……并把这种重要的印刷品作为礼物分送给友好的国家或者像高丽和安南这样的附属国,在中国人看来,这表示对他们的极为友好。(Bredon & Mitrophanow, 1982:5)

---

① 指公历。罗马教皇格列高利 13 世对儒略历进行修订以后,在 1582 年颁布的历法,这也就是目前世界范围内使用的阳历。

相反,若是捏造一种或者提出一种相反的看法,那就是死罪。这算是对天子皇朝统治的冒犯。由此而创立的历法以及数学和天文学这类的科学,都属于帝国权力的一部分,因而也受到严密保护。侵犯它们,就是对高高在上的王朝的帝国权威的挑战。一个新的朝代的建立,实际上就是重新创立年历。"新王朝总是要彻底推翻旧的年历,并以新的名称来取而代之,并且甚至都有可能发生在同一位皇帝连续统治的时代里"(Needham 1959:193)。

对年历的看法,仍然是帝国一体的一部分,并认为从宇宙的范围上来看,是指"天下",即指一种地球王国,其周边是由给他们纳贡的附属国的统治者来统治的。自公元前3世纪以后,许多诸侯国都统一到由一个皇帝统治的国家秦国之下,这些诸侯国是位于现在中国的中部、北部和西部那些地方。在没有统一之前,那些诸侯国自己对年历的制定,就成了宇宙调整的一部分任务和权力。

> 中国人政治哲学的特征就是特别强调宇宙观原则与人事之间的相互作用;这再也没有比战国和前汉时期[公元前最后500年]更能真实地反映出这一点了。这近乎成了那个时代信仰的普遍主题,即认为,人的行动,特别是统治者的行动,可能会作为整体而影响到宇宙的运转。因此,在春夏之季所从事的收获以及在秋冬之季所实施的惩罚,并不单单是对一荣一枯的宇宙循环的模仿[在此文中,随处都有对此一概念的解释],而是借助交感巫术的途径,来确保宇宙循环的和谐运转。同样,跟宇宙和谐相对的某种明显的偏差(诸如地震或月蚀),都会通过一种壮观的、仁慈的人类行为来加以补救,比如颁布一次大赦,以便重新赋予宇宙以生机的"阳"力。(Major 1987:287)

第一部帝国历法之一,也就是作为以后制订历法参照的经典便是"月令"。其在三个不同的权威文本中得以保存和流传。一是在公元前3世纪编纂的《吕氏春秋》中。二是在公元前 2 世纪编纂的《淮南子》中，还有就是在公元前 1 世纪编纂的《礼记》中。通过不断地对这三种典籍加以注释、复制、印刷、研究和编纂，而成为儒家和道家学派的共同经典。月令以九宫的魔方图形式排列，通过月份和宇宙运转的方向，描画出一个年度的周期。而河洛图指的是一种明堂的方格，下面的图是从 18 世纪乾隆版《礼记》中摘录下来的。

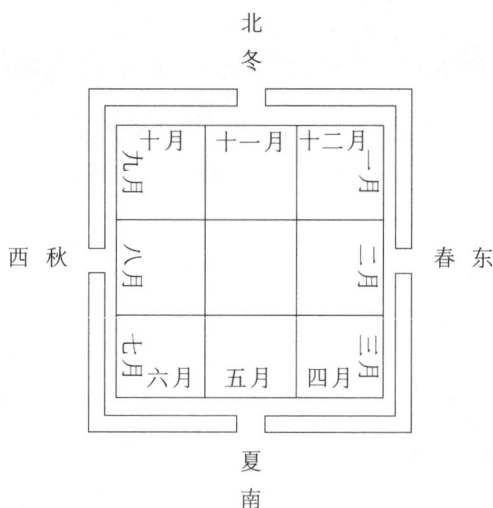

```
              北
              冬
        ┌──┐  ┌──┐  ┌──┐
      九 十月 十一月 十二月 正
      月               月
        ├──┼──┼──┤
西 秋   八月       二月   春 东
        ├──┼──┼──┤
      七 六月 五月 四月 三
      月               月
        └──┘  └──┘  └──┘
              夏
              南
```

洛书魔方，它是宇宙四季运转的基础，皇帝在其中一直在掌管着运转的秩序。

这种历法通过季节的周转以及天文学和占星术的实际相位来安排一个理想的皇宫或城市，这便被称之为"明堂"。都城和皇宫便以这种理想的设计为模型来建造。这一核心概念也反映在坟茔、居所以及庙宇这类重要的建筑物上。所以，帝国的历法是以宫殿南门为新的开始，作为保护者的皇帝，则要面南背北。并且，对于"天下"的南方而言，其位于气（flows of forces）之原始之处。这是遵从于月令的，帝国的历法中包含有一个农事活动的程序表。农民实际的历书都是以此为基础而建构出来的。作为天子的皇帝，则是在那里掌管和保持着基本的宇宙和谐。即使现在，在中国所销售的年历中也会包括同样内容的对实际生活的建议和指导,其所依据的宇宙观上的象征性循环,跟由此而把那些"令"联结在一起的"月令"以及其他的经典文本是一样的。

由皇帝表演仪式的秩序效果以及对他作为最高秩序代言人之子的委任,都会引发是否要将皇帝当成神来看待的问题。简乐为(Jean Levi 1989:208ff)用我所提及的那份文本,并通过公元前14世纪《左传》中有关鲁国公纪年的评论,还有就是之后八个世纪编纂的《搜神记》这本逸闻集,对这一问题给出了一个答案。他得出结论认为,一位皇帝及其谱系被看做是:

> 一种天序(五种循环秩序之一)在社会领域的凝结,其本身是一种存在和行动。他获得了一种神圣的地位,即使这种地位是通过抽象的语言以及形式化的范畴来表达的。尽管如此,但是一旦成为[上天秩序]循环的一部分,皇帝就会失去其统治,换由其他的人,或者至少由一种想象的人物,要么就是一位真正的统治者来统治。(第214页。我自己的翻译)

在此表述中,一方面是一种抽象的阴阳变化与平衡的五行循环的数字式宇宙观以及气的流动和集结,另一方面是对在一种天的等级中以及一种宇宙地图中负责这些运转的有称号的个人加以安排,在这两者之间,存在一种有意为之却又必需的不确定性。简乐为指出了儒家学者思想上的一种紧张(第213页),这种紧张存在于一方面是想去除所有的宗教性的仪式,将它们转变成为一种宇宙观的话语,另一方面是他们自己也做仪式,其中就包括,根据儒家的定义,要有敬献给受到尊敬的死者的用作牺牲的上供仪式。最大的紧张莫过于此,因为掌管宇宙地理位置的人与帝国统治贵族享有同样的称号,而且皇帝也能够用同样的称号来荣耀死者。与罗马的皇帝不同,一位中国的皇帝,在其活着的时候,并不能够像一位神祇那样接纳作为牺牲的供品,贵族和大臣一样不能。但在其死后,因为过去的事迹而受到敬奉,他便可以这样做,而且确实这样去做了，即不仅仅是作为祖先，而且还是一位神。皇帝、将领、官僚以及贵族们，通过追溯他们的过去来使他们复活，这种过去便是他们超越性的现在。无法在历史与神话之间加以区分的那些编纂在一起的文献，其所记载的都是对传说中的皇帝、军事将领以及其他帝国要员所作的委任，由他们来掌管一座山、一条河、一方土地、一片庄稼或者是某种上天的职能。这里还会记载有权有势的死者所希望得到的荣誉，如果他们的愿望得到了实现，人们就会受益，否则，拒绝它们，就会受到伤害。与此同时，学者和科学家们则试图贬低这些有关宇宙的神鬼概念，而乐于接受抽象的但同样具有动态的过程。

由皇帝通过仪式表演所展现的历法，它是宇宙的排序，可以将其抽象地看成是起伏波动的、互补性的以及和声力量之间的一种平衡。

"和声"在这里并不仅仅是一种隐喻。中国的科学家把音乐的地位看得很高，因而确立音高不仅仅是一种庆典的活动，而且也被看成是一种宇宙的活动，甚至那时，在他们自己有关科学进步的观念中也对经典提出了批评与改进。

这里所关心的是由圣人所启示出来的和谐，当然这并非意味着，历法及其宇宙观从公元前3世纪到1910年这段时间内一直都未曾改变。恰恰相反，频繁的朝代以及王权统治时期的更迭，常常会使其发生改变。一种把宇宙看成是和声的观念及其核心的象征总是依然如故，不过，恰如17世纪的科学家陆世益①偏偏喜欢由耶稣会会员传到中国的西方有关世界的概念，而不喜欢旧的中国人的那套概念一样，这是因为，宇宙本身正在发生着变化，结果，越是新的概念，它也一定越是正确的。其有关知识在进步以及世俗变迁的观念，与其预先就已有的一种外在宇宙概念结合在了一起。在谈及古人所建立起来的一种"候气"（观测气）的实践

---

① 陆世益(1611—1672)明清时期的理学家，字道威，号刚斋，又号桴亭，太仓(今属江苏)人。其学术追随程朱理学，笃信"居敬穷理"，倡导内心的修养。传世之作有《思辨录》《复社记略》等。——译者注

时(其所要竭力保护的一种实践),他认为,就像这种历法一样,其需要依据新的测量和知识来加以调整。但是这种保护性的行动,又使他对整个的体系提出了质疑。到了 18 世纪,世俗的变迁是以一种绝对的历史撰述形式实现的,其曲解了官方历史意义的全部过程,陆世益:

> 确定了在听觉的现实中以及天文学和地理学上的世俗变迁的存在,并认为自古以来,律管的音长和音调都已经发生了明显的改变。陆世益争辩说,由于乐管的主音……在理论上是与产生于冬至即回归年初始的地气相协调的,因而,回归年和恒星年之间的年度差异,就会影响到这种以及其他种类管乐的音调。这就意味着……这种"候气"的系统,用假定是出现在地球之外的气体发射物来调整十二个律管,每个律管都对应一个特定的季节,并用年历的每一次变革来做调整。认识到这些难度,对["候气"]的相关系统的信心锐减,由此也加速了其最终为[许多]明朝晚期与清朝初期的注经者所抛弃[,尽管曾试图保留过它]。(Henderson 1984:163)

一种传统的历史

极为简略地提一下宇宙观研究中帝国史意义的观念。宋朝受佛教影响的学术,即所谓的 11 和 12 世纪新儒家的宇宙观,及 15—17 世纪明朝对此宇宙观的继承,直到现在一直还有影响。但其已经受到批评而有所转变,而且,其本身也是这种批评和转变的产物。其思想直接源自汉朝(200BC—200AD)典籍,属于注疏正义之列。

汉代的典籍是在对早期的经典,如《易经》以及其他思想体系的评注之外,借助一种复杂的数学方法而建立起来的一种统一的宇宙观。宋明理学及其对正统的接纳传递的是葬礼以及宇宙秩序的礼仪,这是从帝国以及贵族谱系排他性领域中传递而来的,表演仪礼是为了一种文明化的正统之外的社会世界,是为了给等级低的秩序施以家庭的和社会秩序的教化而出现的。在一种维持某种统治秩序的抗拒明朝兴起的教派融合的企图中,每一教派都强调自身的起源以及神的世系,新儒家的正统受到清初以及清中叶的儒家的修订,这是统治中国(1644—1911)的最后一个帝制王朝。

与宋朝和明朝的学者一样,清朝的学者:

> 倾向于将他们的科学研究,当做是一种对古代思想体系的修复,而不是当成与传统相分离的东西。他们坚持,儒学与科学,特别是数学的天文学,自然是相互补充的,并有着传统的紧密的关联,而宋明的新儒家[过去的七个世纪]扮演的是在这两者之间的联系⋯⋯他们坚持认为,仅仅把天文现象看成是新儒家原则的体现,这并不能够增进对这一现象的理解。因为存在有与天相适应的模式,在提出某种宇宙观模式有任何问题之前,这些模式都曾经受过经验性的观察与数学上的计算。从一定程度上来说,这些模式都被发现与⋯⋯宇宙观的基本原理相左,依据坚实的经验材料为背景,宇宙观才能受到挑战。进而言之,由于天文学的模式是已有的宇宙观原则的重要说明,因而,这两者之间不和谐的展现就特别显得有害。先前是新儒家宇宙观陪衬的天文学,变成了一门受到严厉批评的学科之一⋯⋯而宋代的理学家们,则将经典看成是终极原则(理)的少数几个来源中的唯一一个。而明代的心性学家们,甚至将经典降至给道德心理做注释的地位。清代的考据学家们清楚地意识到,他们要在经典材料之外,寻求"理"的异端以及孳生出来的混乱。因而,他们更倾向于坚持一种相对客观的、权威性的真理标准,这种状况可以通过信赖经典而能得到最佳的满足。因为,由于儒家经典包含了历代不朽的、最有智慧的人,即古代的圣人的思想,这就有可能将他们说成具有一种永恒的效力。因此,依据对经典的注释,清初期的学者所希望的是保有一种权威性,凭借此权威性,而对自晚明以来兴起的对"理"的解释上的派别之争有一个永久性终结。(Henderson 1984:153—158)

所以,这种传统主义作为一种政府的行为,恰如其对传统的腐蚀一样,又如帝国年历本身的印刷品一样,保存和增强了官方对权威的主张。

这是借助对儒家经典的一种严格解释而对派别之间差异做出的一种纠正,这里删除了调和论的要素,这其中就包括对《易经》的各种评注以及依据它们而有的各种各样的占卜形式。对于清代学者所指的明代的宗派主义,其中他们是把占卜加进来,使用鸾书的《易经》崇拜的图解和说教,并把圣书转述给日益增多的城市受众,他们大多没有多少文化和研究。这种崇拜是一种不同信仰的杂糅,其主张有一套甚至比儒、道、佛这类标准原则出现前后更为古老的、原创性的原则(参阅:Naquin 1985)。

简言之,清代的大学是通过把严格的经典主义与一种排他性的天文学结合在一起,甚至还采用对异常和变化来加以精确观察的方法,以寻求解决任何权威性真理的问题。因此,小学的综合研究及其发现就被看成是异端与混乱,其参照的不仅有儒家教条,而且还参照了通过经验手段建立起来的天文学知识。这中间的大多数东西,此时都为帝国宫廷所独占。

逐渐地,"科学"成了从西方而来的东西,一种由中国人来使用,可能的话,还会由中国人来制造的一种知识。这是由 19 世纪西方的商业、宗教和政治帝国主义引入到城市其他地方而非帝国宫廷当中来的。当然,随着这些东西的侵入,一种新的中国一统的政治,在面对西方侵入时得以确立。但是现在,中国的一统是人民的一统,而非某位皇帝的一统,即是民国然后是中华人民共和国的一统。在那时,小学这一"非科学的"学术,并非被划分为"邪"或"迷",而是借用了西文翻译过来的词汇"迷信"(superstition)来称谓之。

这也是一种历史意义上的从绝对主义向相对主义的转变,从一个单一固定的中心(皇帝及其历法)朝一种多元中心(一种战争或和平的国际秩序下的民族;格列高利历加上国际的时区)的转变。这种变迁是指,从世俗的变迁与宇宙观意义上的包容性道德秩序的永恒之间焦虑不安的紧张中脱离出来进入到另外一种紧张中去。新的紧张是处在选择与必要性之间的,这是对于未来的一种大众选择的政治目标,这亦是一种在历史规律的秩序中以及在科学知识的演进中的发展和现代化之一。通过民众识字以及通过中央的国家学校教育体系来传授那些有选择性的法则,而将其他的对未来的选择以及其他的概念看做是落后的"迷信"而加以摒弃。位居中央的国家对民间宗教活动的选择,并非采取漠视的态度,这就使得普通百姓的宗教实践得到进一步政治化。80 年代,在中国大部分乡村地区,家庭与社区的宗教活动都获得了许可,它们是属于某一得到认可并有注册登记的宗教组织,甚至不属于某一大型组织的此类活动也得到了认可。但与此同时,这些活动也受到控制,以防止由宗教活动所引发的欺骗以及在治病过程中出现的伤害。当这些人变成反对国家的代表并结合成了某种组织之后,他们就会受到监视。在台湾,这种政治监视虽然并非让人提心吊胆,但确实也是存在的。

大学与小学

到了帝国统治体系的末期,中华帝国对知识的组织与控制,在经历了几次变革之后,已经不复存在了。但是还存在两种争论,这对于从第一个王朝建立以来的所有变迁而言,都应该是至关重要的。其中之一就是大学与小学之间的区分,还有就是对专门种类的大学加以单独的控制,这成为政府管理的一条原则。依照此原则,历法的科学以及支撑它的观察和测量方法都属于是大学,具有排他性,而对于历法的看法,就成了皇帝的特权。以此大学为基础而用于占卜的应用和技艺则少而又少,尽管这些技艺的实际操作者可以为皇帝所役使。正是通过这些占卜的技艺,大学的宇宙观才为整个帝国所共享。特别重要的是,因为大学直接关涉文字启示的极至,并且直接关涉使用《易经》里的象征符号及十二地支与十天干来占卜的那些方法,使得年历以及风水先生选择阴阳宅的罗盘都因此得以创立。这些阴阳宅建筑上所使用的其他象征符号,都是些人们所熟悉的、乐于接受的天宫图、阴阳以及五行的那些原则,这些是人们自己以及算卦先生们对他们目前的状况以及选择做出断定的方法。

在不同朝代以及不同的统治时期,对大学的研究都是可以的。而在帝国官僚制范围之外,由学者们所拥有的仪器,时而也会受到禁止。同样,算卦先生所启示出来的大学的极至、宇宙运行的抄本以及算卦先生用的皇历还有身处帝国衙门之外的圣者与高人,这些都可能构成一种威胁。他们要么可能会被判定为邪和异,要么就被帝国的官员查出,将其纳入到帝国的正统、庇护以及权威中去。

围绕这一问题的第二点也是紧密相关的一点就是,对知识本身的综合成为对知识控制的枢纽。大学构成了一种道德与物质世界的宇宙观。同样还是这位17世纪的科学家陆世益坚持认为,有关植物学的经验研究,对于大学是有价值的,这只是因为,到目前为止,它已显露出阴阳五行的内在运作原则。一个身处高位的儒家学者研究此类的植物学并单单是为了研究而研究,那正如他所指出的,这是"玩物",是对圣训所说的"吾心即宇宙"的哲学置若罔闻(Henderson 1984:154—5)。圣训还称,不注重内在法则的对事物和形式的研究就会有偏离到另类的整体法则上去而成为异端的危险。

与物质形式的"形"相区分,翻译成"终极原则"以及翻译成"构成法则"的所谓"理",不容许在心理与身体之间做出区分,也不容许在道德与物质之间做出区分。依照大学的儒家经典以及小学的占卜者的手册,比如看风水用的手册,终极原则的根源就在于宇宙三分的上三位的"天"。而形式是指下三位的"地"。位于中间的是人,这是皇帝位于顶端的一个人类社会。因而,大学的圣训就为那些从事小学研究的人所共同遵守,其中也包括植物学家。但是相对于那些追求大学的人而言,不论在实践上,还是在范围上,小学都可能是关注世俗的以及眼前的东西太多。关注小学的人，他们还可能会用其他版本的圣训来挑战研究大学的人。

县官的位置比宫廷中一位星相官的位置要低很多，并且县官要身体力行地处理百姓的日常事务。处于此位的县官要认可那些用大学的、抽象的学术原则所做的权威性调整。以前，在山东省北部维县地区，一位县官曾立下过一块石碑，上面刻有他写下的碑文，刻碑的时间是1752年。碑文记载了修复这座县城的城隍庙的经过。碑文开始便警示人们世界有大和小的概念之别。正如他所发现的，这指出的是大学与小学之间的一种差异，这种差异只有通过三分宇宙在形式上的统一性来予以弥补。在大学中受到青睐的、抽象的或者说纯粹宇宙观的象征符号（它们确实是应对不断变化和日益改进的天文学观察的框架），已经由一种人格化的宇宙概念得到了调整，甚至要依照大学所推崇的典籍本身来加以调整。但是在这些典籍当中，宇宙不过是指一种人格化的、道德和谐的事物，其所缀录的都是一些通过典籍和典籍的评注而获得的真实可靠性的有关圣人以及英雄们的历史。但是，凭借一种对圣人所认可的道德宇宙观的领悟，这位县官认为，小学以及位于其下的文盲的秉性是与之相去甚远的。

> 青青在上者为天；芸芸在下者为地。此之间，凡具耳、眼、口、鼻、四肢者，能用语言来表达一己之想法者，能自己着衣，能举办庆典并能体察礼仪者，则是人。此又涵盖了天上具备有耳、眼、鼻者，亦可称之为人。人们曾经称周公［最受敬拜的圣人］为上帝［最高统治者］，而市井之人，亦将其称之为玉皇，由此而赋予其耳、眼、口、鼻和四肢，并赋予其花冠一顶、玉杖一根及其身体的存在……又命年轻有为的官员作其扈从，令勇猛善战之将军，立于其左右；皇朝子民，追随先祖的遗迹，那是在于彰显祖先之仁德……城隍虽有一己之存在，却受供牺牲，那么，为何像歌舞之类的东西不该拿来供其娱乐？不过所展现的都应该是古代的情境，由此而使其具有教化与禁止小学的、隐秘的、俗世的以及那些粗野的激情的作用。伏羲、神

农……[传说中全部圣帝的名单]是后来才被神话了的人。那些有身体存在的个人,理应向他们献祭。但是天、地、日、月……城隍……尽管是被神话了的,但并无身体的存在,因而不应当将他们当成是有身体的存在而向他们献祭。然远古之时,圣人亦会将他们当成是有身体的存在,来向他们献上全部的牺牲。(McCartee 1869—70,这里为了解释的目的,在一些细节上做了修改)

当我们从相反的观点上来看,即从受教育上的排他性的反面来看大学,对于那些被宣称是迷信的甚至是在受到如此诋毁的知识中,新年以及年历的知识又是如何?

与 18 世纪的山东一样,在台湾现也碰到了这样的三分宇宙的观念,维县县官所抱怨的那种类似感受以及人格化了的庸俗并没有多大改变。

在帝国时代,出版的年历所表现出来的是一种温和的统一以及宇宙的和谐。这种情形已不会再出现了。因为,作为上天之子而出现的政府已经不复存在了,这位天子曾经是一种和声或者是应验式宇宙及其科学的代言人。取代这个位置的是另一种权威,这是依照另外一种历史意义的概念而具有的一种权威,其更具有地方性与发展性。但这受到了过度的诋毁,将其称之为宇宙观上的迷信、不科学或者歪门邪道,这实际是自帝国时代以来就一直流行的看法。这些看法仅仅是帝国宇宙观的反映吗?其中,和谐的秩序是由皇帝——如果他统治有道的话——来保持的。初看起来,好像就是如此。

山街的新年

本书所描述的这个地方是一座小镇(在我去的前一年,即 1965 年,这个镇子仅有 1 140 人),对这里的仪式活动,我自己曾经有过仔细的考察。这里是市场、行政与教育联结在一起的一个体系,同时也是一个节庆和宴请的体系,它会受到作为台湾工商业和政治中心的台北市人的光顾。我称这个小镇为"山街"。山街位于两条山涧的汇合之处,溪水随之流入到这里,并形成了台北市的河谷地带。在这两条山涧的交汇处,已经冲开了一条岩石沟壑,在这里留下的是一个狭窄地带,并且,在它们交汇的转弯处,有一宽阔的三角地带。在这些地方,建立起了这个镇的房屋、商店、煤矿、政府机关、小学校和庙宇。两条河流的上游河谷地带的坡度较为平缓,已经被开垦成梯田,种植稻谷,辟有橘子园和茶园。坡度较陡的地方,用来培育木材和种植甜马铃薯,而且,到处都是开采出来的煤矿井。在这个镇子以及附近的地区所居住的中国人,都是在19世纪头十年里,从福建省移民过来的。在短短的几十年里,这里便成了一个小的市场集镇。这期间,建立起了庙宇(据台北县民国版的地方志记载是在1839年)。山街的庙宇是接近台北市更为中心的那个市场集镇的一个分支,而那里的一座庙宇,其本身的由来,又是中国大陆福建省泉州地区安溪县一座庙宇向外扩散的结果。

新年的时候,山街的几乎所有家户都要举行庆典仪式,而在平时,每月的初一和十五要举行简单的祭拜活动。其仪式所展现出来的是三分的世界以及独特的人格化的宇宙观。黛伊(Day 1974:25)在30年代的中国大陆,看到了同样的情形。这些祭拜主要是由下面的活动内容所组成,即把其中一组燃着的香插在正对着正门或窗户的外面,而另外一组香要插在家户神龛的一个香炉中。这里重要的一点就是,应该注意到它们在空间上是如何排列的,因为这样做之后,一种保持很好的等级顺序便会显露出来。

迎请两类成员要在房子的正门口,并以香迎请,若是住在楼上,则要在正房的窗户处以香迎请。但是,这两类成员中有一类是高于另一类的。其中一种就是正神,这指的就是作为其地域性分支的地方性庙宇和神龛中的神。地方性庙宇中的神是一位更能够被确认出来,并且是与历史上的神相等同的神,而最小的地域分支的神,对大多数人而言,是一位叫得出名字的人。人们直接称其为"土地公",或者用一个长一点的表示尊敬的名称叫"福德正神"。每一"临"（neighbourhood）都有一小小的神龛，一般都不会太高，用来供奉土地公，每月两次烧的香和供品都放在那里。摊贩、商人、店主及其他商业人士，专门会在每月的初二和十六这两天来祭拜这位神，有时还要捎带祭拜神的妻子，他们把这位神当做是商业运气的预测家。其他的神是在初一和十五这两天祭拜，其中也包括土地公在内。

在每月两次的同样日子里，土地公在门口受到各家各户的呼唤和迎请之后，给他的供品就放在正房后墙的内侧，而在神龛的后面，通常又会挂上土地公的彩色画像，这里所描绘的是从土地公开始一级一级往上的神。而为他烧的香，插在供奉给神的香炉中。在神的右边次要位置上有另外一个香炉，它是用来供奉给家里祖先的。

这是中国宗教中稳定的而又普遍性的特征，即地域性的保护神是与其他的神，还有与祖先都是区分开来的。神是由神像，即画像或者塑像来代表，对于祖先，则仅仅由刻在一块牌子上或者写在一张纸片上的名字来代表。在台湾，仪式上的区分，还有许多其他的方法。比如，给神烧的香要用奇数，而给祖先烧的香是偶数。给神烧的纸钱是金色的，而给祖先烧的是银色的等等。

在家户的丧葬仪式之后，祖先的地位便得到牢固的确立。而神的地位是在庙宇的中心或者在庙宇分支的地方上的神龛中得到确立的。一个家户的神龛中，供奉给神的香炉，要通过取一些庙里的香灰放在里面才算立起来。正是经由这样的做法，这些神才被从外面引入到每月两次的祭拜活动中来，由此地方性的疆界会延伸到这里居民的某一户家庭中去。从山街居民的情况来看，这些每月两次的祭拜活动，主要是为另外一个更低一级的地方神而举行的。

这较低一级的神灵叫"军"（士兵）。给他们烧的香以及供奉的廉价而又吝啬的食品要放在门槛上，这叫"犒军"，即是以食品和酒来犒劳士兵们。描述发给民国士兵的津贴也同样是用这个词，但是这些家户的供品却是给地方庙宇中神的士兵的。

正如我所指出的,最高的神,即天神,不管他们是玉帝还是观音,都没有士兵。所以,在三分宇宙的中心,是一个围绕着家户及其祖先而展开的有关身份的紧密的等级序列。对等级序列中的所有人而言,都要烧相应大小的、精心制作的金纸钱,而对于祖先,则只烧银纸钱。神要被请进来,但士兵则不是。

还有一种甚至比神的士兵还要低的一类,给他们的食品是要放在门槛上或者是留在门外的,就像是给士兵的一样。这是指受到抚慰的神灵那一类,因而也要予以避开,而不是像神那样被请进来,并需要加以保护和敬拜的。确实,这样的概念是与被请进来保护家户的神相对立的。人们为了不直接提到他们(这样会冲犯运气),就把他们称作"好兄弟",这就好像他们是秘密社会的弟兄或者是一帮恶少。另外,还有称他们为"孤魂"的,或者被那些不讲究迷信或者对冲犯运气毫不在乎的人简单而又更为直接地称之为"鬼"。

不能当做祖先供奉在家里的死者,便成了孤独而邪恶的东西。而在每年七月十五满月的时候,所有的孤魂都会受到邀请来参加施舍宴,在那一个月,人们施以供奉的主要对象便是这类孤魂。但是在新年的供奉中,也包括有他们的份。而给鬼烧的是银纸钱,这不像是给士兵烧的,反倒像是给祖先烧的纸钱一样。他们是位于跟祖先相对的那一面,而不是在家里正中心的位置上。他们是被请来的,因而还得要返回去,这是超越地方性界限的。而留下来的则是地方性的神和他们的士兵。

每年正月初一那一天,最高一级的那一类神,都被放置在朝向外的门边上。并且,山街中的有些家户还会把这一级最高的神,包容进每月两次在门外定期举行的烧香活动中。这一类神是指天上的神,更简单地称之为"天公",这就好像他们是单——一位神一样。当要查年历来对这一类的神加以敬拜的时候,他们便被分成了主管宇宙的三个部位的三位神,并且要在把年度周期分成上元、中元和下元这样三个不同的时间内来加以庆祝。许多山街的居民将这三个神描述为是一家兄弟,或者说是由这位至高无上的天公所任命的官员,并且,新年伊始的一大清早,在门外所摆放的供品当中会包括所有这三个神的供品。而给他们摆的供品,比给任何其他神摆的供品都要高。但是与地方神的士兵以及鬼一样的是,他们都不是被请进来的。为他们摆放供品的桌子,是面朝外放在门口的里面。

在序列的安排中,放在这些高桌子上的食品,一定要保证是以前从未供奉过的。在首先给天神供奉过之后,才可以再用它们去供奉给低一级的神。给最高的那一类神的供品,在另外一种方式上,也不同于放在低一级的那类神灵面前的供品。以这种顺序递推,最开始有肉,以后的肉就少了,或者没有。没有切割的肉和没有用过的餐具,往往是供给正神的扈从。不是很贵的肉,小块的肉,或者像鸡蛋之类的肉的替代品,很像人们日常吃的东西一样,加上一双筷子,放在神的士兵和祖先跟前。对于孤魂,那是一种完全颠倒的等级,在那里,只有廉价而没有蒸煮的食品,而且没有筷子,或者仅有一只筷子放在那里,好像表示用扁担把食物挑走一样。

从这种解释当中可以显露出帝国统治最后保留下来的教化方式,实际上在平常百姓那里得到了一种复制。这种复制是通过在太平盛世中树立起道德的样板、说教以及矫正而得以实现,还有就是通过人格化以及感受性的宇宙形式所展现出来的严格的地位等级而得以实现。帝国历法的更抽象的宇宙观及其仪式,似乎是以帝国统治本身的等级而在帝国的子民中间给予了复制。而帝国和谐的调整,在人们向最高级的神(天神)以及在把整个新春季节看成是一种温和的新的开始这样的祈福中得到了复制。正如山街一位药房掌柜的所说的那样:

> 新年要有新的心气。如果某个人想要借钱,你就不加任何怀疑地借给他,也不要想着打借条。在天神的面前放上供品,也不要去求什么保佑。这仅仅是净化人心。

这时,一定要保持友善的心态。孩子们会在平时的某一天向我做鬼脸,吵吵闹闹,但在新年这一天,他们都会咧开嘴笑,大声向我祝贺新年。在新年的这一天,平时关闭的房门,现在都要敞开,平时紧锁的眼眉,现在则要表现得喜笑颜开。

但是,正如许多人所做的那样,他们把民间宗教的实践,解释成一种集体政治表征的反映或者一种复述,在接受这种强烈的企图之前,我们也应该注意到某些不一致。这将引导我们更进一步找出维县的县官以及清朝的宫廷文人所试图矫正的异端究竟是什么。

一种鬼的宇宙观

在台湾以及大陆,受到谴责的最迷信落后的民间宗教活动,就是跟鬼有关的以及相信地方神有保护他们的力量的那些活动。

这种现代的谴责,是将此类活动与信仰放置在一种差异性的政治背景之下,放置在一种差异性的真理制度之下,而非放置在帝国的矫正背景之下。这是将它们放置在一种没有发展的过去之中,那是一种无安全感的残存(比如,郭志超 1985;Feuchtwang 1989a;1989b)。

我将不管这种差异,或者说宁愿稍后再考虑这种差异。首先重要的是,要特别关注鬼的概念以及控制他们的相关的权力。这里引起注意的倒是"权威"这一概念,它是表面上对帝国权威加以复制的核心概念。实际上,在帝国时代,这也属于是一种异端,并为追求大学的人所不齿,这正如现在把它们看成是迷信一样。

在这里,一定会牵涉到作为宗教的道教。道教的实践者是拿皇帝的俸禄,但他们又通常游离于官方的国家崇拜之外。道教仪式中所隐含的宇宙观,为进入到另一种具有神秘力量宇宙中去的宫廷天文学者所认可。正像皇帝依照月令所要做的那样,当道士关注自身内部的一种宇宙力量的小宇宙,以求获得重新结盟以及使不平衡成为平衡的时候,另外一种对宇宙力量和炼丹术的想象便被引入进来。道士所增加的是他自己以"符"的形式所发出的命令,这里的"符"就是书写在用作辟邪物上的命令。

但是,借助同样的宇宙观,民间宗教的实践、帝国的国家崇拜以及道士的仪式所提供的是另类的参照系。在道教但并非是在国家仪式的体系当中,宇宙观概念的应用是将其当成对即刻的情境产生直接作用的真实力量。在帝国的仪式当中,一种道德与物质宇宙的等级与和声的结构得以展现,并且历史上典范式个体的表征被拟人化,并在官方的崇拜中加以庆祝。但是,民间庙宇中的神,尽管他们所代表的是历史上的个人,也表现出治病和驱魔的力量。这些立在那里的神灵的力量是实实在在的,因为是神灵,便会受到帝国的表彰,并且会把对他们的崇拜,纳入到国家崇拜的等级中去,这里只有官员以及受他们邀请的人才能参加进来,而其他的人便被排斥在外。但是,首创这种对拥有权力的神灵的看法恰恰是来自底层,而不是来自于帝国的意识形态及其教化。

与皇帝通过国家崇拜而使其自身具有受委托的宇宙调整的权力不同,地方上由民间庙宇发起人雇用道士所做的宇宙调整仪式被称作"醮"。在"醮"的仪式中,对于他们自己以及旁观者而言,由道士所代表的宇宙力量,成为了一种力、中心、平衡与限定点的神秘知识和永久性的传递,通过这一传递,这种知识得以显露,并且通过这种传递,其又进一步得到扩展。

在外层,道士的仪式会从驱鬼的戏剧当中表现出来。并且,道士的表演与看表演的人对仪式世界的领悟之处,都是这些外在表征出现的地方,比如每月两次的烧香,都是人们自己来学着烧,而不用请专业的道士。

山街的高医生认为,每月两次给神的士兵奉献供品,这是特别重要的,因为当重修地方上的庙宇或是新加一间庙堂时,并没有表演宇宙调整的仪式来为此献祭。换言之,作为一种民间简朴祭祀的每月两次的仪式,直接与由道士在地方性的庙宇中所表演的宏大的公共调整仪式(醮)联系在一起。

因而当我们去询问普通人有关神的士兵方面的问题时,我们会发现什么呢? 这些神兵是神的命令与驱鬼权力的主要中介者。

高女士是一位收猪税人的妻子,也是一位有着上学孩子的年轻家庭的母亲。她常常在回答了我接二连三的有关宗教以及其他各类活动的问题之前,总要用"人家说"或是"这都是迷信,但是……"这样的话来对她的回答加以否定。同时,她又怕叫鬼为鬼。所以,在说到有关城隍(这一地区的城市之神)士兵的时候,还有在说到这一地区次一级区域土地公的士兵的时候,她说他们都是"好兄弟"。而较高一级的神,像观音,就没有士兵。其扈从并非士兵,而是由那些行善之人所组成。

地方上的这位医生说,城隍的士兵是鬼,但是土地公却没有士兵。高医生自己以及其他的人都认为,他是受过良好教育的,不仅仅有西医的教育背景,而且也有民间与传统习俗和文化方面的修养。他进一步解释说,鬼是不受祭拜的亲属。当死者受到祭拜和看护的时候,他们是在神的范畴内,而不是在鬼的范畴内。神是平常的神灵。一位出生之时表现超常的人,便具有一种神明。高女士称这种超常之人为"仙"。他们都是神。确实,山街的庙宇后面的殿堂里新出现的神,就是一般人所熟知的"仙公"。

每月两次的烧香仪式,对于看护最近死去的亲属显得特别重要。在他们死后的头三年中,遇到这些情景的时候,都要以祖先香炉的名义来为他们烧香。换言之,他们是在最后才过渡成为"神"的。若在他们之间拉一条线的话,线上面是土地公以及地方庙宇中的神。

我所询问的许多人都说,地方性庙宇中的神都有官员和士兵。但是有一个人则说,在组成山街庙宇的两座殿堂中较为古老一点的那间殿堂中受到敬拜的两位神,他们自己都是在新一点的殿堂中受到供奉的仙公这位地位较高的神的将军。

他们所有的这些回答体现出来的是一种宇宙观,这种宇宙观是将受到诋毁、认为不值一提或者身遭厄运的品德高尚而又杰出的死者人格化,这与家户中由活着的人在他们自家祠堂中照看自家过世的人的情景形成了对照。

在民间的理解中,"醮"与每月两次的烧香都是一种表演,这种表演与驱逐家户中及地方性庙宇中所祭祀的鬼的地域有关。这种理解在经过加工之后,并经由高医生或其前辈中跟他类似的地方上业余专家的编撰之后,一种帝国宇宙观的图景便得到了更加明显的体现。

铃木法一郎(1934)所编辑的有关台湾古老的习俗与信仰的著作在1934 年得以出版。这本书中,有一部分就是在谈神灵的士兵的。这本书里所报告的一种信仰就认为,有些士兵是属于天兵,这些天兵是由三十六颗(4 乘 9)星组成的碗状的天罡星。它们均为"宿神"。而在地上有七十二"地刹"这样的士兵。这些都是"巫刹"。还包括太岁、白虎和天狗之类的 108 颗灾星,这些都是山街驱鬼的道教仪式中经常提及的。

除了 108 颗灾星之外,还有跟随地方神的士兵。他们被安置在东、西、南、北、中这样五个营地中,每一个营地都有自己的将军(元帅),营地中心的将军是发令将军"李哪吒",他是一位具有恐吓力并拥有多种本领的专家(其他四位将军,依照他们不同的来源,都有各自的名称)。这是三分宇宙中的三个部分的邪恶都受到军神控制的一种安排。这与帝国控制的更为抽象而和谐的宇宙观形成了鲜明的对照。这种宇宙观当然是帝国统治的一种宇宙观,并且是一种军事的绝对统治,在这里,一种邪恶与防御性的力量充斥于宇宙的所有层面。在每一个地方性庙宇中,这种军事上的绝对统治都得到了复制,而地点便是在庙宇之外的中心营地之中(参阅:Schipper 1985:28)。

铃木法一郎接着描述了我本人以及其他许多人以前在地方崇拜的游行节庆上所看到过的情形。在节庆上,武力的绝对统治在仪式活动中得到展示。在地方性庙宇中,正神前面神龛的桌子上刻着被授予的等级符号。在其左手方向置有一桶,名为"斗","斗"中有五面小旗,每种颜色的小旗各占四角之一,另外再加上位于中心的一面小旗。在其右手方向有一放置神的战刀和剑的架子。这是神的令旗和令牌,即"笏"。当神坐在庆典的轿椅上出巡游行时,封印、斗、架子以及与神的塑像相伴随的牌位,所表明的是他对神兵的控制以及对瘟疫般的魔鬼与怀有恶意的神灵的驱逐。在这种游行当中,灵媒除了会使塑像灵魂附体之外,另外还代表着神的灵魂。在有瘟疫以及其他传染病发生期的特殊游行过程中,五个营地的旗子被放置在中心的点上(挨着庙宇)以及这一地域的四端上。这叫"放军"。而正是这些安排,会在每月两次的犒军仪式中得到体现。

皇帝和帝国官员的笏牌,是通过制造它们所用的材料来标明地位等级的。"笏"要举在胸前,以便使其顶部挡住低一级人的口部,比如皇帝的笏牌要为天的笏牌挡住,依次往下降。这里,赋予地位等级的象征,也含有一种帝国的等级在内。这看起来似乎是帝国的宇宙观再一次从底层给予了复制。但是这些描述,更直接地说是山街人最近的评述,所蕴涵的是对他们的保护者,即神的士兵、甚至是对神灵的士兵发号施令的神以及人们想法避开的鬼,所怀有的一种极为强烈的矛盾心理。神确实是杰出的或者是成了仙的神灵。并且,道士也通晓发令和修炼神明或者成仙的知识技艺。但是,道士却要表现得战战兢兢,而起保护作用的神,也表现出有些怕这怕那儿的样子。

在仪式中,笏牌是由道士举着,从来不会让一般百姓来举。道教的宇宙重整仪式,即"醮",要在庙宇周围的四角和中心树立起引人注目的神龛。这样的地点,也是挂大红灯笼以及建起其他召唤孤魂的建筑物的地点,这样便可使孤魂们有饭吃,而且也可以经常来吃。随之,与这样的喂食和派饭同样小型而有规律的活动,由各家各户在每年农历七月初一和十五这两天举行。在台湾以及在大陆东南各省,馈食与派饭的公共组织,经常会在新年过后举行盛大的年度节庆(比如,台湾的情况可参阅:Weller 1987。对节庆出现的历史解释认为,这种节庆形式最终形成于宋代,这从中国随处可见的文字材料中可见一斑,参阅:Teiser 1988)。

那些对鬼发号施令者,自己也快要成为鬼了。这种区别在家户崇拜的日常仪式中得到了精细的区分,而对神兵的不同类别的更为精细的解释,似乎很容易被略过,并让人感到有些迷惑不解。地方神的神兵与星宿主恶的士兵以及地球上的灾害共处在同一个营地之中。

"好兄弟"这种委婉的说法,并不仅仅是一种对灾害的言语上的躲避,与仪式实践的异曲同工之处就在于,其刻画出了从鬼向值得敬仰的神灵的转变。路边的小庙,与台湾乡野四处可见的那些土地公,看起来几乎都是一模一样。它们之间的相似性,可能还存在于中国其他的大多数地方,正如小的土地公神龛一定到处都相似一样。

在台湾,将路边的小庙与土地公的神龛区分开来的唯一特征就是,这些小庙中没有塑像或者画像,也没有名字或者称号。因为它们都是为在这一地域找到的尚未得到认领的死者而设立的。常常把它们称作"大墓公"。在台湾许多地方,对这些小庙的一个带有防范性的彼此相互矛盾的名称叫"万善同归"。但是,另外的描述,则经常又把这看成是众人皆知的有能力将害怕转变成感激的地点。这即是人们称作"有应宫"的地方。有些地方会写上"有求必应"的字迹。这并非只是一种防范性的委婉说法。

斯蒂文·郝瑞(Stevan Harrell 1974)描述了这些小庙变成感激而非害怕的中心的一个个案。它们实际上是一种中介,通过给它们放置供品,促使一些人产生蔑视、害怕以及某些受帮助的情感。从前给他们烧的是银的冥币,并且把他们当成是孤魂。后来烧的是金的冥币,并把他们当成是神来看待。一旦他们被当成神来看待的话(或者说,这难道是他们受到如此对待的一种前提条件吗?),他们便获得了一种认同,并有了自己的自传。那些在某个场所已经死去的知名人物的名字和生活,被当成传说来讲述。那个人经常是指一位战士或者是一群战士,因为这些小庙明显地是为那些死于暴力的人而设置的。在许多情况下,他们都是死于地方民团间的械斗或者是死于更大的乡民群体之间的械斗。其他情况还有,那些反抗日本殖民统治的爱国者受到了人们的纪念。那些为妇女设置的神龛叫"圣妈",就像挨着山街的那座庙宇一样,大家认为这座庙宇在有求必应方面表现得特别突出。在这座庙宇中,供奉的是一位女子,有关她的传记是说,她是一位死的时候没有生过孩子的孤身女子。

其他常有的情况是为赌徒、抢劫者或者土匪在做案时被杀而设置的小庙。他们都是些让人惧怕而又让人看不起的人,而当他们在抢劫富人而去保护穷人的时候,他们又会受到敬拜。除此之外,他们简直就成了在赌博或堕落以及其他不大正当的活动中人们追求成功的榜样。

在所有这些情况中,大墓公成了敌人以及为驱逐敌人而死的英雄,或者是把人民从魔鬼般的敌人或邪恶的力量当中拯救出来的巾帼英雄混杂在一起的一个地方。而为他们烧的是银色冥币或金色冥币,或者两者都烧。作为带有恐惧性的客体,为他们放置的供品叫做"祭",同样的一个词也用来指祭奠或抚慰新丧之人。对于所给予的恩赐,作为感激或者说回报的对象,就是要拿供品来做"祭拜",同样,为神、受尊敬的长者、客人以及历史上的榜样人物放置供品时也用"拜"这个字。

这类神龛中的客体,其有求必应是以特殊的"形"而著称,"形"是即将出现而且具体的形,对那些轻视它的人,这恰恰是一种强有力的而且实实在在的否定。同样,高女士和其他的人,在描述"好兄弟"要比其他的神灵有更强的力量时,所用的词与描述神的反应性力量即"灵"是同一个词。土地公以及这一地区不知名姓的死者,即保护与反保护者,就像祖先与地方性崇拜一样是无处不在的一对。而为不知名姓的死者设立的神龛旁边,往往还会放置一专门的神龛。同样的一对神龛,也会出现在知名的以及有名姓的神灵的墓地之中。在其左手一侧,即坟墓向外的一侧,立有一块小的牌位,上面刻着坟墓保护者的称号,即"后土"。并且,每一年在祖先的坟墓上放置供品时,与之相伴随的是烧银色纸的冥币,"后土"同样也有供品,与之相伴随的是烧金色纸的冥币。主要的地方性庙宇的神也有一为土地公附设的神龛。这一神龛似乎表明,历史上的有名有姓的神,有与鬼一样的力量,在抗拒鬼的时候,他们便具有了某种保护神般的力量。他们的力量是不同的一种力量,并且更像是鬼的力量,并非像由土地公所代表的那种权威。

换言之,这里所暗含的不止是那些不合时宜的违反常规的威胁,或者说是那些闯入到较低层次上来的那些人,他们是由城隍和土地公所代表的那种严格的等级制范畴空隙中的那些人。突变可能蕴涵在帝国等级结构之中。突变以及突然出现的个体的边缘性存在,似乎使他们成为最生动的以及最具体的对神灵存在形式进行想象和描绘的对象。但是在仪式实践中,对他们的力量与力量之间关系的想象和布置,其所隐含的则完全是另外一套宇宙观排列体系,这套体系即是指,命令与威胁以及魔鬼与军事这两方面的区分,还有就是,在空间边缘上,借助土地公来对这些区分加以标定和指示。

在农历七月,内与外之间的边界,由画在庙门上的传令官来加以保护。它们是放大了的门神。在中国许多地方,过春节的时候,一般是在每年年根将近的时候,人们都要买这些彩色的画像,将其贴在各家各户的门上(参阅:Menshikov 等 1988:图片 18—28)。在家户或者庙宇的门上面,民间的门神中有一位人物就是驱鬼的钟馗(Weller1987:图片 3.1和 Menshikov 等:图片 27 和 28)。另一位是山神,他实际上是一只老虎(Menshikov 等:24)。在一座土地公的神龛内常常会有这只虎的画像。更常见到的是这座神龛内会有一位官员的小画像,有时还会有其夫人陪伴。这种保护神的画像更像一种民间的等级制,相比那只虎,其更少武力与魔力的味道。在山街,有人告诉我说,"虎爷"曾是土地公的一位下属。不过两者相互之间亲密的关系似乎更为重要。

在神祇分类的更高层次上,在为死难同胞修建的更为中心和更为著名的庙宇保护神中间,也会有这种亲密关系的存在。比如,从泉州来的移民后代以及从漳州来的移民后代(闽南的两个地区)之间,在械斗之后，为无名无姓的死者所设的神庙，就建在台北县的新庄乡。这个庙的有求必应是远近闻名的，而在挨着它的保护神的庙里，供奉的并非是一位地位较低的土地公，而是供奉着地藏菩萨，中国人都称他是"地藏王"，地藏王的其他化身或者说其他面目，多是指地下凶猛的统治者，即亚嘛或称阎罗王。佛教典籍中有对地藏王的专门论述，最初发表是在中国的7世纪。

> 其所讲的是地藏菩萨前世生活中仁慈行为的故事。在他前世的一些生活中，地藏曾发愿要结束任何有需要的生灵的苦难，并且他的肉身转成一位降到阴间的女子……为的是拯救她的母亲。这些以及其他来自唐朝的资料，把地藏刻画成是住在地下世界中的；这些资料所强调的是他的那种同情心，即努力想把人们从阴间的痛苦中解救出来，而这又常常与阎罗王严厉而公正的行政形成了对照。（Teiser 1988：187）

这便是在台北人们所熟知的有关地藏王的情形，其在艋舺①的老商业中心的庙宇，是七月份佛教普渡节庆所关注的中心。挨着它的则是一座为不知名姓但有魔力的死者而设置的庙宇，这种魔力已经成了英雄式的保护力量，并有"大众爷"的称号，这是对鬼的管制者的称呼。其他为无名的英雄死难者所设立的神龛，都会伴有众所周知的菩萨，如观世音等的神龛。

这里重要的一点就是，慈悲怜悯与甜的素食是并置在一起的，而跟严厉的军事保护并列在一起的是肉食。正像保护神可以是恶魔一样，由帝国宇宙观的较高范畴而来的保护神的甜蜜的怜悯，能够被转换成严酷的军事统治与裁决。正像魏乐博（Robert Weller）所观察到的那样，在台湾北部的庙宇中，每年七月份举行的主祭的第二天，道士通过唤来观音

---

① 艋舺，为台湾旧地名，属于台北市，位于淡水河沿岸。清嘉庆末至同治年间，为台湾对大陆贸易的重要港口。同治以后，因河床淤积而逐渐衰落。——译者注

和大士爷去关注并控制众鬼而开始祭奠的程序。在道教看来,大士爷是观世音转世,他是一位具有恐惧特征的控制者,而非众鬼的一位拯救者(Weller 1987:93)。同样,从安溪县(属泉州地区)移民出来的人其后代最高的保护神,通常都被认为是一位富有同情心并吃素食的典范。但是,在庆祝"祖师公"的年度游行节庆中,供品中不只有肉,还有生的整猪(Ahern 1981b)。当芮马丁问到,为什么把肉奉献给这位吃素食的神的时候,人们给她的回答是多种多样的,有说给他肉食是为了喂食饿鬼;或者说,肉是给他的士兵,即山神的;或者说是安抚在山里令人害怕的、数量众多的精灵,这些精灵通过上面有一孔、像鸟一般的岩石而表现出来。与此相对立的其他吃素食的典范,"对我们所做的,正像道士所做的那样,是通过帮助的方式来操纵鬼"(Ahern 1981b:404)。正是如此,玉帝,即天神自己,在春节的时候,要有甜食和素食作供品,在七月的节庆中,则要供奉肉食。

由此下面这样一种思想得以出现,即认为,即使对这些处于高位的神祇,从宇宙观来看,也要将他们看成是一种对魔鬼力量发号施令的命令体系,因为他们自身便是魔鬼。

宇宙的灾难与帝国的灾难

中国人在大年初一这一天相互见面或串门的时候,都要相互祝福,说些吉利话。人们小心谨慎,避免触及任何确信可能是不吉利的事情,这也就划定了要避免提到的东西的范围。人们相互恭贺新禧,似乎在说这话的时候,不应提到的东西自然就避开了似的。

在台湾,当我询问为什么相互祝贺的时间是在新年早上这个问题的时候,人们在向我所讲述的许多故事里,都含有无法避免的灾难这样的叙事结构。在1967年1月22日农历新年这一天,我向一位茶叶商人的几个家里人打听过这方面的事情。他的一个孙女给出了一个最简短的回答,那就是,"因为大家都没有死"。她的妈妈给出了一个稍微详细一点的回答就是,"因为这个世界要沉到海里面去。所以人们就做了圆饼,吃得饱饱的。但到了早上,人们发现这个世界并没有沉到海里去,大家便又相互'道喜'"。她的一个儿子还给这个故事填加上一种主动语态,即这个世界迟早会下沉。但他无法将恶的影响加以区分,这暗指一方面可能是鬼,而另一方面也可能是上帝。他的小弟弟又给这个故事添加上了文学色彩的解释,他实际上是跟"年"这个好像"牛"字加上半笔一样的字玩了一个词源学上的游戏。他以传统上讲故事的方式来开讲,"很久以前",

> 有一只非常大的动物,比一头牛还大,它的名字就叫"年"。它想要吃掉所有人。因而,人们就把所有的食物都吃光了,因为,这是他们所剩下的最后一天了。但是到了第二天早晨,他们并没有被这个动物吃掉,因而他们就相互道喜祝贺。

这位男孩的奶奶,即茶叶商人的媳妇,则提供了另外一种说法,即里面的主人公是"猴灯神"。这可能是源自《西游记》所讲述的唐僧师徒去西天取经的传说,这些民间故事讲述的是有许许多多猴子,它们在天上搞破坏,而在人间表现出机智,最终体现出来的是人性与善良。

> 猴子下凡告诉人类说,除夕的时候,地球要沉下去,到时候每一个人都会死。所以,每一个人都穿上了他们最好看的衣服,吃最美味的食品。第二天人们发现,他们自己都还活着的时候,便又相互道喜祝贺。……实际上到现在,在新年的时候,商人们还要向猴子表示感谢。

在1967年的那些日子里,在同样的一座小镇里,只要我在四处拜访别人的时候,我都要问上述同样的问题。总共我问了24个人,其中有11个人根本就不知道有这类的故事。只是知道大家庆贺的原因有一部分是由于穿上了新(或者干净的)的衣服、吃上了甜美的食品,大家才表现得兴高采烈。余下的人共同提到的一个最为核心的结构就是：大家都没有死。

此时的新年，对于这些人而言，当然会激发起他们对整个世界的想象，这恰如在帝国宫廷时代中所做出的那种想象一样。但是，这种想象并不是那些历法以及宇宙观象征的想象。这些想象是在农民的历书中可以找到并可以掌握的东西。它们并非是有关这些象征的起源的故事，也并非是发现这些象征符号的故事，就像某位道士向他们所详细讲述的有关世界图形的启示那样（参阅：Lagerwey 1987：161—3）。它们并非是一种有关帝国的和谐与宇宙调整的故事，因而，也就不是人类以及俗世帝国的故事。相反，它们是有关刚刚得到拯救的世界的故事。

从帝国宫廷的观点来看，如果没有对这个世界进行很好的统治，仪式没有得以正确的表演，由此而出现失序与不和谐，那便是一种不吉利。失序的原因就是由于在人群即受过教育的人和平民中间出现了异端与混乱。而这是由于在统治者与受过教育的人中间，缺乏一种恰当的行为与典范，因而，他们便不再有能力对平民施加有序的影响。

但是，从"平民"向我所讲述的故事来看，对灾难原因自身的一点启示是说，这并非由于不正确的仪式。确切地说，这与普通百姓中间的"坏"相关联，但是这里关键的一点就是，这种"坏"是为恼羞成怒的帝国官员所感受到的。正如在当地小学校里教书的一位女士的女儿向我所说的那样，"人都是坏的"：

> 所以，玉帝就降旨说，所有的人都应该死。人们知道了这一旨令后，他们就去吃美味的食品，穿上漂漂亮亮的衣服。但是后来他们并没有死。所以在新年的早上很早的时候，我们就要去向玉帝道谢。

或者像人们所说的那样，这仅仅是原始牛的活动：

> 地下面是一头牛。当它挪动一下位置时，地球就会颤悠。有一

天,人们知道了牛要在除夕这一天活动一下,这样的话,地球跟着会颤悠颤悠,那所有的人都会在这一天死去。在那一天之前,每一个人都吃了美味的食物,穿上了漂亮的衣服。在那一天过去之后,他们发现自己竟然活着,所以彼此开始祝贺。牛也只好决定不再做任何的活动了。(依据镇上两家杂货店中一家的女店主所讲。)

这头牛融入这种叙事当中的方式,可能是通过人们的倾听,或者观看在新年过后几天开始的对农历新年的帝国庆典仪式。印刷好的年历上通常都会有一幅春牛图。比如,贴在家里墙上的一套年历中,就会有一张意指"芒神"的牛与耕者的图画。在这张图的上方,有牛及耕者各部位颜色和大小的精确说明,跟原物一模一样。这些说明,包括"芒神"的服饰,实际上都是在来年的各个季节中预期农业生产和天气的符号。在帝国的时代,这种预期根据的都是皇帝钦定的历法。在春牛图的两侧,会印有"太岁"(十二年一个周期,这是与西方称作"朱庇特"的木星有关的行星)这一星宿的位置以及一年中月亮所处的位置,这是对月亮升起过程中的二十八个部位的水平划分(也可参阅:Palmer 1986:44—45)。

在帝国的首都,依照月历,皇帝要通过仪式性的耕种,可能是借助一副牛拉的犁,来开始农民的一年。皇帝还要在城隍庙里献祭,其中就包括献上一头牛。皇帝在帝国各个等级中的代表,即地方上的县官在县里也要有同样的献祭仪式。立春之时,官员们还要做庆典仪式,这里除非正式的仪式,其他的活动都会有老百姓参加。他们走出城墙到西郊外,在那里由许多的人参加而特别建起春(或说土)牛及其放牛娃的泥塑。在回来的路上,他们让泥塑的牛和牧童面朝西,正对着衙门的中门。六个星期之后,春分的时候,人们走出来,在凛冽的寒风中,将牛和牧童仪式性地敲碎,并要向牛和牧童献上供品,然后为庄稼的生长祈福。在1721年版的台湾县地方志中就曾有这样的评论:"此虽为嬉戏,然所依,为古人之法。"坦率地说,这种庆典是对平民百姓实践的一种妥协,这种庆典尽管是古式的,但并没有完全仿照帝国仪式来表演。老百姓们用棍子将春牛抽打得粉碎,碎土成了辟邪的东西,据说将它们填进猪圈可以防治病患,或者投入田中可以避开瘟疫。在农民的年历中,扮作牧牛人的芒神塑像,并不确保会带来福气,其通过反方向的符号来做预期:如赤脚,在这里就意味着又一次干旱;而穿着鞋,则意味着会有水灾。这种对可能出现的灾害的预期每年都有,同时也有对丰收的预期。但是对每一个人而言,从来没有哪一年的运气有预期的那么好。农时的循环以及在冬天里销声匿迹的春天的新生活,通过一种暴力性的敲击而被唤醒。对不幸的躲避是紧迫而又不确定的。帝国的仪式也可能会上演,但不幸的可能性也依然存在。

"太岁星",即"朱庇特"木星,其本身是一种黑暗神灵,即四方的最高统治者的象征,道士则用此来驱逐恶魔,它由一只虎来象征性地代表(参阅:Lagerwey 1987:28)。太岁星本身能够使人处于一种受到魔鬼攻击的情绪当中,并与西方的四分星,即白虎一起产生影响(参阅:Palmer 1986:58—9)。在人们向我所讲述的故事中,这只虎确实是另类的搞破坏者。比如一位正在上学的女孩就对我说:

> 在一个非常遥远而又荒凉的地方,有一个国家。一天晚上,这个国家的人民听到了一声巨响。他们吓得不敢出门。早晨,他们出来瞧看的时候,却什么都看不到。像这样过了许多个夜晚之后,他们决定要去拜拜。他们说这就是世界的末日,因为这声音既非虎叫亦非狮吼,也不是其他任何的东西。有那么一天晚上,每一个人都吃了美味的食物,因为这是他们最后一天了。但是第二天早晨,人们却发现,没有一个人死去。所以,他们都要说些"祝贺"的话。

她的妈妈因为她把这故事讲错了而责备于她,并说世界的命运是另外一种样子,她同时也吸取女儿的说法,即虎或狮子的怒吼,预示着世界灾难的来临。不过虎的故事,很多时候都会在有关新年灾难的版本中出现,一位公共汽车的女司机就向我讲过这一故事,她说这是从一本书上看

到的:

> 在古代,虎便是大家熟知的"年"。当虎快来的时候,人们就喊
> "年来了"。冬天的时候,虎饿得想要吃人。人们害怕虎,所以就点
> 起了蜡烛,做好美味的食品,穿上漂亮的衣服,并且还要燃放爆竹。
> 这样虎就害怕了,大家也就不会被虎吃掉了。在过年之前,人们就
> 会喊"年来了",而过了年以后,当虎走了的时候,他们相互会说"祝
> 贺"的话。

总而言之,上述所有关于世界的看法及其原则,都是从下面这个台湾小
镇上搜集到的,其所讲的是一种魔鬼的力量或者压制魔鬼的力量。这些
力量中有一些是属于人类个体灵魂的,而其他的一些则属于人以外的影
响力,即星宿和土地的影响力。这每一种力量,实际上都是一种避开和
保护的力量,就像在年历上所指示的那样。不管这是牛,还是猴子、玉
帝、虎,人们都要在新年的这一天,向潜在的破坏者取消了破坏活动而表
示感谢。破坏者受到感谢的形式,跟对一位虚假保护者表示感激的形式
非常相像。

确实,在这个小镇上,人们向我所讲述的有关农历新年最后一天节
庆的吸引人之处,是关于一位奇特人物的,他是在节庆的最后一个晚上
从台北市最老的城区艋舺走出来的。人们告诉我说,这代表的是保护艋
舺的一位著名的帮会成员。像山街的其他人一样,我也去看了那一情
景。这是一个具有魔力般的夜晚,由此也引发了我抒情般的笔触,否则,
在那个时候会有更为平实的观察:

> 在这条街上的一些人家的门后,人们能够听到演奏美好希望的
> 管乐队的声音(比如像"天官赐福"这样的曲调),照年历来看,灯节
> 是天官们的节日。在"敲打"之后,演奏班子会继续到隔壁屋子去演
> 奏。街上漆黑一片,没有灯。接下来不绝于耳的是爆竹橘黄色的炸
> 裂,在橘黄色的朦胧与火药的烟雾中,显露出来的是围绕着某个东

西而站立在那里的一群人。一位非常消瘦的中年男子,他仅穿了一条短裤,戴着一顶浅浅的锥形帽。他旁若无人地坐在一副藤制的轿椅上,抽着一支烟,手里拿着一把灯心草编的扫帚,用以抵挡飞过来的爆竹。他们正在制造着可怕的喧嚣声,而在他们的四周,充斥着劈劈啪啪燃放爆竹的声音。不仅仅是屋子里受到他邀请的人,在他停下来的地方向他投掷爆竹,而且,那付藤轿的周围也挂有许多将要点燃的爆竹。他的短裤和胸膛上沾满了黑色的污渍。这就是邯郸爷,或者用写在轿椅上的称号叫"天玄元师",他先前是一位流氓,不过是一位非常孝顺的流氓。有关这一点,是当地一位道士跟我说的。

这位道士在那天晚上,出去为一户人家做驱鬼的仪式去了。在这同一天里,即正月十五这一天,常常被称作是"灯节",因为到了晚上的时候,家家户户都要点上灯笼,由孩子们手里拿着或提着。店铺和家户都要出钱请舞狮和舞龙的班子,并在屋子外面表演。他们以仪式性的步伐,进进退退,退退进进,并恐吓围观的人们。并按北斗星的排列和行迹迈步,所以也叫"禹"步。"禹"是传说中的圣人,他整治了中国的河流,并为道教的创始人展示过洛书。这也是道教驱鬼仪式上所走的步伐(Lagerwey 1987:99),其中由一只虎来做驱鬼的仪式,与邯郸爷一样,其身上挂满了爆竹。

在轻松地谈及温文尔雅的帝国宇宙观的同时,还存在另外一种魔鬼的宇宙观,其破坏力巨大,并有能力阻止魔鬼或者对他们发号施令。

帝国的观点

在韩格理(Gary Hamilton)讨论到帝国统治的实际等级时,颇有说服力地反对曾经据此而做出分析的科层制这类的西方概念。它们都是指法律制订或者说是一种命令式的结构及其行政之类的概念。他指出,帝国的行政根本不可能有这样一种结构概念存在。一方面是由于，相对于接受行政管理的人口而言，行政人员的数目微乎其微；另一方面则关乎其行政背后的伦理与知识。这是依照由一种道德权威所表现出来的典范式的和谐以及通过惩罚来加以矫正的税收征缴体制，在这里，权力"并非出自命令，而是出自服从"(Hamilton 1989：162)。

我认为，在理解韩格理的观点时，应考虑到中国人的操作性概念(operational concepts)，或者说是对中国人的理想的分析，而非实际的行政状况。他勾勒出来的等级制的意识形态，发展了杜蒙(Louis Dumont)从印度所获得的有关"等级人"(homo hierarchicus)的理解。

韩格理的结论认为，与印度的纯粹的等级观念或者西方的那种科层制的等级观念都不一样，中华帝国的行政是一种完全由仪式性的秩序原则所掌管的地位等级制。他援引了对这一现象的另外一项研究："中国人在说到法律的时候，是用'律'这个词，这个词确切地是指乐音和谐的规则。而社会秩序的长久保持，正像是一定音高的搭配一样，其会永久保持和谐的秩序"(Vandermeersch 1985：13)。

依照韩格理的观点来看，这种政治制度类型是根基于一种明晰的、界定很好的角色预设之上，从理论上说，只有当任职者不能够履行他们的职责时，才会诉诸权威。以他的观点来看，对这种等级制而言，至关重要的就是一种用"孝"这个词所描述的关系，通常是将其翻译为"孝道"。韩格理恰当地将这一孝道概念加以扩展，从而包含了一种既是臣民又是统治者这样的双向角色在内的一种地位等级结构对孝道的责任。这是一种对责任的确认，而不是对一种统治的服从，也不是一种对臣民的支配。这些双向的关系，被安排到由少数地位群体所组成的一个等级中去，每一个群体都有其自身的统治，但并没有普遍的统治制度，只是要求对责任的相互约制的状态给予认可。而国家行政的官员便属于此类地位群体之一。其他的群体则是皇帝位于其上，家庭和家户位于其下。还有一类群体是不在上述所有群体之内的，即韩格理所谓的"外人"。这些外人缺乏一种确定的角色,担当的是地位群体之间的中介。作为外国顾问、办事员和衙役、奴仆、太监、妓女、土匪和乞丐等等,他们让等级清楚显现。他们也受到排斥,要么被归类为非中国人,要么就被说成是"贱民"。

而"乱"就是指孝的道德秩序的崩溃。这就是已经忘记了、忽略了或者放弃了对关系的服从以及对责任和角色的认可。在地位等级中的由上而下或者是由下而上的任何一个方向上,依照帝国的意识形态,不管平民和帝国的官员,若是忽略了对这种责任的认可,都同样会受到威胁。这种威胁便是要失去作为中国人的地位和尊严,从而变成局外人或者成为"贱民"。

包括我在内的许多作者,都曾饶有兴趣地对恶魔和鬼有过解释,它们代表着由平息动乱以及受到排斥而成为土匪、奴仆以及妓女的那类威胁(比如,Wolf 1974;Feuchtwang 1975 和 Weller 1987)。最近,沙哈和魏勒(Shahar & Weller 1996)在他们所编文集中,非常详细地指出了对诸神明也有取笑和妖魔化的时候,如迷狂、醉酒、赌博、淫荡以及当土匪等等,这种做法有悠久的传统,正统称之为"淫祀"(亦可参阅:Stein 1979)。淫乱的诸神除非受到尊敬,否则就被妖魔化,其所依据的就是 4 世纪编的《搜神记》中的故事,对此简乐为(Levi 1989:205—6)亦有引述。赫瑞(Harrell 1974)已经指出了在台湾从魔鬼到神的转变,而田海(ter Haar 1990)随之也指明,在福建省的民间庙宇崇拜中,这种转变谱系实际上带有典型性。民间仪式寻求的是魔力。儒家对此则是压制与诋毁,尽管在帝国的宇宙观中已经暗含有这种东西。

帝国的隐喻并非只是科层制的。有太多对女性以及非科层制中诸神的个案研究都秉持这样一种理论,即认为神跟衙门是等同的。除此之外,有关中国人的宗教与其他方面的社会生活的对应性这一早期观点,研究者并没有多大信心。关于此一理论的经典文献是武雅士(Wolf 1974)的研究。在文中,他运用大量吸引人的材料试图表明,尽管神、鬼、祖先的仪式和传说故事,会根据做仪式以及讲故事时的社会位置的不同而有所变化,但还是有一种对应性的存在,这种对应性就是,神、鬼、祖先这三者对应于家庭与亲属制度组织这样的生活结构的区分,即与家人、陌生人和政府官员相对应。对此观点,我曾予以否定。确切地说,恰恰是由于神鬼的仪式和形象与活着的人的行为方式和特征之间的差异和缺乏对应性,才使得它们具有了一种隐喻的价值。相对于现在与生活现实而言,神话与仪式代表的是一种超越性的以及一种历史化(作为一种永恒的过去)的关系。确实,天上的秩序与帝国的统治之间相去甚远,没有什么对应性可言,帝国权威本身所依靠的是超越性的权威及其仪式年表。我现在想要指出的是,地方性庙宇崇拜并没有重复这同一种权威及其帝国的意识形态,而与科层制就更没有什么对应性了。它们蕴涵的是另类的宇宙整体观,即一种带有更多军事意味的宇宙观。

韩格理的文章中,明显缺少对军事力量的关注。但是军人及其知识(武)的地位是位居文官行政及其知识("文",实际上这个字,是专门用来指"文化"或"文明"这样的概念所含有的意义的)之下的,这种低下的地位,恰恰说明忽略军事的名正言顺。这代表的是帝国的意识形态。然而,与这种维护上天以及文明化秩序的意识形态中的一文一武的结合相对立的另外一种结合,即宇宙观上的军事化观念,在民间宗教中有突出表现。进而言之,这不过是一种有关权力,即是有关治疗以及愈合的效力的看法,而非韩格理所描述的帝国的意识形态。在这种观点中,治疗是通过驱鬼,通过在由道士或灵媒所提供的"符"上面写下命令的方法来实现的。

然而,这并不比帝国和谐所讲求的规范性少些什么。但是,在这种观点中,规范是通过命令,并且是通过一种等级性的力量来压服有着同样力量的魔(以及鬼)的力量。使官方地位等级边界得以彰显的"中介",才是这种命令等级的核心特征。

地方性的观点

从下面所看到的帝国等级的这种观点上的全部韵味,由香港新界的村民向华琛所讲述的有关血河的神话故事中得以体现(Watson 1991)。在这些故事当中,文献所记录的事件和条理能够显示出来,帝国的权力被表征成为地狱。

广东省沿海地区曾经是主张反抗新的清朝皇帝的明朝遗老们的最后一个堡垒。对于大清皇帝而言,这些人无异于强盗或者土匪。他们能够居住的村庄,或者他们能够在近海的岛屿上进行耕作的土地,都被划分得很清楚。所有的居民,都要被从海边赶到内陆地区来居住,离开他们的家园以及他们赖以为生的资源。如果他们留在那里不走,或者是再返回来居住,他们就会受到控告,归为海盗一类,皇帝也就因此可以降旨对他们施以血淋淋的、不分青红皂白的屠杀。在有些故事当中就曾提到整个村子的人被杀戮之后血流成河的情景。最重要的就是,此种皇权可以使祖宗的系谱终结,并使死者变成无人照料的鬼魂。此种对皇权的看法,也许会被看成是一种例外,因为这位皇帝是一个新的朝廷的第一位皇帝,并且是一位有着非汉人族源(满族)的皇帝。不过,这样想就错了,首先是因为,当一个帝国朝廷创立之时,由"外来者"统治也绝非偶然;第二点原因是,有关一种敌对的帝国政体及其地方武装或巡视官的类似故事,在"汉"朝亦有所耳闻。

春节之前便是冬至,即寒至。这一天是太阳历中的一个节气,在山街要当做"小过年"来庆贺。这一天主要的活动就是要做红白两种小小的甜米团,这是仪式上要用到的两种颜色,即跟生命(红色)和死亡联系在一起的颜色。对于办丧事的家庭来说,要做白色的米团。

米团的名字叫"圆子",并且许多人都把它们看成是代表着家庭团圆,即是说,在新年的时候,大家都聚在了一起。在婚礼上也要吃这些米团。

有些做甜米团的家庭还沿用下面这类习俗,这在过去是极为盛行的。其做法就是将米团放在屋子中所有明显的地方以及家具上面,同时要把它们当做供品,在经历了最漫长的一个夜晚之后,一大清晨就将它们供奉在土地公的神龛以及各家各户的神以及祖先的神龛中。

1966 年 12 月 21 日,当我在高医生的诊所厅堂里跟他谈论有关甜米团的做法时,一位性格爽朗的老人,从街上的水果摊绕过来,径直进到屋子里。他向我讲述了下面这样一个故事:

> 甜米团代表好的收成。所以要把它们放在屋子每个角落里以及家具上。每一件东西都有"神",因而要将它们供奉给除了火神之外的所有神。火神是一位不好的神。他想着要去面见天帝,并要向天帝报告平常百姓家里不好的和浪费性的行为。那么,天帝听后就非常的生气,降下旨意说,应该在这一年的最后一天处死这些平常的百姓。但是厨房里的灶神和土地公就向天帝报告说,天下的老百姓并不坏。所以,天帝就派了一位神下到凡界来调查此事。

我就问到:"那派了哪一位神呢?"他回答说:"是'仙公'[山街庙中的两座殿堂中新供奉的一位神]。他后来返回到了天帝那里。"我又问:"是什么时候回去的呢?"

> 在一年中最后一个月的第二十六天。他回去就说,火神所报告的情况都是错误的。但是在这最后一天晚上,大家都预先知道自己要死了,因而就穿上漂亮的衣服,吞吃下许多东西,家里人都聚在一起,准备去死。后来他们就睡着了。第二天早晨,等人们醒来之后,发现他们都还活着。到了白天,看到其他的人也都还活着。所以,当他们相互见面的时候,都要说"祝福"的话。

高医生解释说,这里每一位 50 岁以上的人都知道这个故事。

依照罗伯特·查尔德(Robert Chard)的观点来看,时下华南祭灶的仪式,是一种火神崇拜的延续,这种现代的仪式,是在南宋时期(1127—1278)建立起来的。在各种各样的文本当中,当然其中有许多都跟道教有着密切的联系,灶神被描绘成是一位记录善恶行为的神,是规范的感恩谢罪仪式的监视者,是在寒风吹走太阳之后富有同情心的保护火种的人,是从监视者那里拯救家户的拯救者,而所谓监视者,就是给要被毁掉的家户贴符的人。但是在台湾,还有个故事是说,他是一位家喻户晓的"猴灯神"。"猴灯神"肮脏不堪,人们极为瞧不起他。由此而激怒了"猴灯神",他就向皇帝报告说,人都有罪,应当诛灭(Chard 1990)。

上述通过说情来阻止一种坏的报告以及随之而来的帝国的惩罚,这是在新年的时候台湾各处都会讲到的故事主题。由萨叟对一个庙里讲故事的人所做记录以及从印刷的版本中而来的一种看法,特别把人的犯罪确定为缺乏对孝道的认识(不孝),另外还有平民百姓知晓有监察式的巡视,并且确信在巡查的时期,所有的人都会十分惬意并行为端正(Saso 1965:37)。

这是从中国其他的地方而来的,勾起人们回忆往事的故事,在这里,当到了农历腊月二十四送灶神以及其他所有神上天向上天做汇报的这一天,人们要用甜的东西来封住灶神的嘴。在这些版本的故事中,灶神兼有在背地里诋毁人的打小报告者以及上天言好事的访客的双种身份。这一天常常被称为"小年",在山街就是指冬至这一天。

这一故事中有一个版本,曾由上世纪30年代住在长江三角洲开弦弓村的人向费孝通讲述过。在这个故事版本中,灶神就是一种外来的侵略者,就像是把巡视官分配到各家各户中去一样。在开弦弓村,每到一年的最后一天,人们都要用黏米饭来喂食灶神。这一天,大家都会心存内疚,原因就是,他们曾经做出过悄悄地把巡视官的嘴堵上之后将其杀死这样的决定。由于害怕神灵士兵的报仇,所以人们现在还继续要向灶神这类的巡视官敬献供品(Fei 1939:101—102)。

在过年的最后一天,即元宵节时,还会讲到同一个神话,在这个神话中,外来的力量是指元朝,而最终的结果便是,一个汉人朝代即明朝的恢复(Eberhard 1958:65)。在北京所讲的版本是反抗由元朝任命的外来的巡视官这一同样的传说,不过时间变成了秋天的节日农历八月十五这一天(Cormack 1935)。但是我认为,这些忠臣的注解,使笼罩在帝国权力之下的灶神故事中已经存在的自相矛盾更加明显。

这些故事讲了两个传说:(1)统治的恢复,在这里,孝道得到了承认;(2)靠防御性的策略从一种复仇性的以及潜在的具有破坏力的外来力量中获得解救。民间仪式中所使用的同样的宇宙观、同样的神以及同样的象征,支撑了上面各个版本中的传说。但是第二种版本的传说更带有异端性,因而,这只能是来自平民百姓之中。这一版本的传说描述了命令式的等级以及保护地域及家户境内安全的策略。在农历新年时的山街,不仅仅土地公受到以金色为象征的礼遇,而且对于在桥上、路上和路口上的魔鬼,都要配以银色的吉祥装饰。

更深层地探究这种相互矛盾性应该是有可能的,因为在军神及其节庆的地方性庙宇崇拜中,军事性的视角是最为重要的。这是由分别称其为"神"或者"神像"的一对将军来表征的,他们落座在山街那座略显破旧的庙堂之中。与之相伴的是贤良的职业以及对一种赏罚分明统治的恢复,这些都由落座在山街庙宇新建殿堂中的"仙公"来予以表征。

第三章　官方崇拜与地方崇拜

　　首先,我需要探究通过地域性的崇拜(territorial cults)以及地方游行节庆(local procession festivals)制度本身所显现出来的命令等级。

　　尽管游行节庆常常是集中在一座庙宇里,但它实质上是一种对地域边界的巡查,并在地域的中心要建起一座祭坛。在祭坛上供奉有祭品,在那里祈求这一地域的和平与安全。

　　一种地域性的崇拜的塑像与香炉,不一定非要落座在一个永久性的神龛之中。不过我认为,对于在地方年历中某个固定时间来加以庆祝的某一地域性的崇拜而言,在民国实施公民政策而使其开始发生转型或者企图制止它们之前,这一直是整个中国社会生活的一个特征。通过游行而做的边界巡视,也有此类的意义。

　　地域性的崇拜的节庆常常被称作"庙会",或者更全面地称作"迎神赛会"。其他的庙会往往是在进香的中心地区举行,并且是在远离通常居住的地方。我这里所关注的庆典,是那些发生在村落、乡镇和城市里的庙会。吴承汉(Wu 1988)从地方史资料中,收集了12—20世纪中国内陆及沿海诸省份有关这类地域性庙会的资料。它们不仅仅包括游行、武术和音乐班的表演,而且还包括举办宴席以及唱戏之类的活动,这方面的花销都是从当地各家各户中收缴上来的。他们所庆祝的神都是一个地域的保护者,这种保护神掌管的职责范围相比处于最低层次的,被放置在低矮狭小神位上的土地公,即掌管着一家一户的神而言,其职责范围要更大一些。但是,位于更高一级管辖范围的土地公,其虽无其他的称号和头衔,但往往会成为庙会和节庆游行的核心,要么就是在瘟神和雨神巡访某个村落时作为主人而出现,更有甚者,就是作为一种强有力的保护神来抵御魔鬼。

在农民劳作周期中相对空闲的时候,甚至是与年历上所标明的其他仪式性聚会相同的点上,比如春节,也会有一种对地域性崇拜的庆典仪式,这种庆典仪式不一定要有游行。在华北,春节的确是从事地方性的、地域性的崇拜庆典的主要季节。在对属于华北的河北省一个村落的音乐会的描述中,两位音乐学家就注意到,"旧时,屈家营正统形式的音乐的场合有五种"。这五种场合是:(1)新年游庙;(2)"出会"拜庙;(3)天旱求雨;(4)纪念师旷和广娱鬼灵(一位地方性的神);(5)丧事坐棚。这就是他们所说的有关农历新年的情况,下面是一个村落的游行:

> 该村内过去曾有大小七座庙堂,供奉的神灵大都来源于《封神》《西游》等明清志怪小说,有"武神庙""三官庙""阎王庙""龙王庙""倒座观音庙"等。这些庙主要供本村人禳灾祈福之用,谁家有求,便自行上庙责神拜叩、烧香、许愿。平时没有集体的祭祀仪式。每年正月初一,则由"音乐会"代表全村心愿游走各庙奏乐娱神,祈福还愿,谓之"游庙"。(薛艺兵和吴犇 1987:2,89)①

在其中心,一次游行节庆中,诸神都可以出现。对于成为地域节庆对象的那位神明的地方崇拜而言,其开始出现的时候,方式会多种多样:像为某个特别的家户所喜爱而在其自家神龛上供奉的那种崇拜、作为一种灵

---

① 非常感谢史蒂文·琼斯(Steve Jones)使我获得了这篇文章,由此让我了解到了有关中国村落的其他视角和声音。

媒的启示者、为无名无姓的死者而设立的庙堂中的鬼或者是他们的保护者、离开一座著名的庙宇而来到新庙中落户的神、在某一领域开始发挥效力的贸易上的保护者、地方上民团所选定的某位神或者是某个拜鸾会的启示等等,这每一种契机,又都成为这类会与其神之间一种更大网络的一部分。如果我说的不错的话,那么在每一个地方,也都会存在一种或多种崇拜,这种以上述方式所开始的崇拜,已经变成了一种区域联合节庆的中心,而且仅仅是指涉一个特定的地域。这样的一种崇拜,还会与其他的某种协会、行业、单独为某个家庭或姓氏群体所敬拜的那些崇拜共同存在。已经变成地域性的崇拜的崇拜,它会将这一地域内的居民全都吸纳进来,即使有某些家户对这一崇拜的起源提出反对的意见也都无济于事。

把地域界限之内的所有住户都吸纳进来的这种制度,难道不是一种带有国家意味的制度,或者至少也是一种帝国式的统治吗?集中在地域性的崇拜来探讨一种对命令等级以及不管是否处在地域性的崇拜的中心,中国人的诸神身上都会经常体现出来的政治隐喻,这当然有充足的理由。如果我说的不错,上述赘言所要说明的意思就是,整个中华帝国的景观,被划分成了不同的地域性的崇拜。

帝国的控制

一套明显遍及整个帝国的地域性的崇拜,就是隐含在帝国等级中的那些官方礼仪吗?这里的问题就是:超越于行政意义的城市之上的地域性的崇拜,仅仅是同一帝国等级制度的复制吗?

官方的、帝国的崇拜组织成为帝国地域区划的一部分,这是以行政上的城市为中心,往下到省,再往下到县的区划。帝国崇拜的目标是要把县级之下的各类事情都容纳在内。在官方等级的每一级上,也就是在每一个行政城市的城墙之外,都有与皇帝自己的君权相对应的祭坛,即天、地、河、山、风、雨、谷诸坛。在帝国首都之下，有地方性的河、山、雨和风的祭坛。还有两个祭坛，其特别代表的是与县级以下地域性的崇拜的关系。一个是为非人格化的客体而设，即社稷坛。另一个是为住在那里的鬼而设，即为那些因绝望而死的人设立的坛（厉坛）。写在木牌上的那些不同的称号，都存留在行政市的城隍庙中。到了指定的日子为它们举办仪式的时候，人们就会把它们抬出城，放到祭坛上去。

有关基层行政的官方与民间崇拜的历史，即所谓的类、表、纪和传，都保留在"方志"之中。这些地方上的历史记录，是由文人，即地方上受过教育的精英人物编纂的，这些文人的工作就是为有价值的东西歌功颂德。他们会记录下官方的庆典，在另外一个部分会记录下地方上的习俗，这些习俗都是对他们先人的世系或是对他们异端行为的危险怀有兴趣而记录下来的。方志是实施道德控制的手段，以此来弘扬先人的作为。与此同时，方志还记录下了作为官方帝国对新出现的很有灵验的民间崇拜的接纳。正如我们会看到的，在这些民间崇拜中，有许多都是有关鬼和魔的，而方志所关注的则是把这些记载重新界定为"厉"。

"厉"是对所谓"孤魂"这种一般叫法更为经典的表达。但"厉"还意味着"严厉的惩戒"。对我而言，这似乎并不具有此种字面意思上的对应，依照地方志和官方的崇拜来看，"厉"是指受到城隍的惩罚。灵魂所在的阴间与看得见的、活生生的阳间之间存在一种对应，在这种对应之中，城隍与帝国的地方官之间是对等的。对死人的灵魂和对恶魔的一般称谓，在方志和一般的说法上都称之为"鬼"。这个词既能够指人的灵魂意义上的鬼，也能够指不具有人的灵魂特征的自然界的不良影响。前者在受到他们后代的敬仰时，就变成了"神鬼"，并因此有望变成祖先。但若没有这种敬仰，而是紧密地与地方上的自然特征相联结，那就潜伏着一种恶的倾向。要么是祖先，要么就是人们记忆中的鬼，如果是作为受到敬仰的鬼，那么对他们活着时候善行的记忆就会被认为是颇具影响力的。并且，在更为严格的带有纪念意义的官方崇拜中，就成了榜样的灵魂,也就是变成了神明。

官方认可的崇拜,也可能用来作为纪念,并有"报"的仪式,这不仅是针对生活世界的善行而举行,而且也是针对死后灵魂的仁慈的灵验而举行。但这仍是一种用以庆祝与怀念的仪式。相反,非官方的民间崇拜,则更注重实实在在的、榜样式的灵验。这类崇拜的主要仪式就是求得应验,也可以说,对于心想的事情,如果得到灵验,就要发誓还愿。如地方史中到处都有记载的那样,在官方崇拜最低一级的城隍崇拜中,民间信仰中显然有一种流行的说法是,某间受到敬仰的死者拥有的居所,在其死后还经常会有恩佑的奇迹发生,比如搭救了一位皇帝或者一位官员的性命之类。

在行政市的城墙之内,也有官方树立的赞颂文武典范人物的纪念牌位。这些牌位并非放置在城隍庙里,而是放置在通常所谓的"文庙"中,而对他们的年度纪念仪式,则为那些具有官方职位的人所独占。相反,官方的城隍庙则为市民大众所共享。进而言之,在那些受过不同等级文字教育的人所写的历史中就假定,在行政首府之外,每一个地方都要有其自身的两个神庙来供奉像县一级首府那样所崇拜的地方神灵,一个是"社",在那里,"社稷神"受到崇拜,而另一个神庙是给未受到崇拜的那些死去的人而设的"厉",二者又都受到地方上城隍的监视。

这至少表明,对地方的管制与对鬼的管制之间的对应具有帝国一致性的特点,而在帝国的解释中,就是一种对秩序和孝道的赞许。但要记住,这是一种惩戒式的解释,城隍本身是一种惩戒的制度,在这种制度中,蕴涵有民间与官方解释之间的紧张。

我们可以假定,文人所描述的"社"或"社稷神"以及"厉",分别是供奉土地公的小神龛,还有就是用来收留孤魂野鬼的大小相仿的神龛。在广东省珠江流域,土地公的祠堂很多时候都被称之为社庙,以这些庙为中心的村庄,它们也自称为"社"。不过也可以用来指更大范围的地方庙宇,做法就是将官方的仪式与对社稷神的仪式对立起来,以此来控制他们的崇拜。珠江流域的"社",在乡镇游行节庆中是一个基本的地域单位(Siu 1989:78)。所以,在广东省佛山市志中就规定,在由百户人家组成的每个里中,都要有对社稷神行春秋礼的祭祀。在这些仪式活动中,那些身为官员的权威,会宣读帝国的法令,并鼓励村民们帮助穷人、尊敬老人及有身份的人。仪式以向官员提出建议作为结束,即让他们"利用神来召集民众,颁布法令。这也许是改进风俗与传统的好办法"(Yang 1961:98—9,引自1923年版的方志)。

显然,这是众所周知的帝国监视与注册制度的保甲制的一部分,这种制度被清代的学者称为"利用战争的艺术来控制人民"(参见:Dutton 1988:198)。"利用神"不仅意味着控制,而且还是一种反向认同(counteridentification),即控制者和受控制者都向神去求助。不过这里的反向认同是通过依照控制的制度建立起矫正的制度而实现的,其他的情况则相反,后面会看到,控制是通过对同一制度——即一种民间崇拜的吸纳与反向认同——实现的。在这两种情况之下,官方的任务是利用民间崇拜在村落、乡镇以及城市的非行政首府的中心来对它们加以控制。

地方精英的乡约与村庙

通过把典范人物并置在一起的方式进行控制,即"格",这是一种通过行春秋礼,而对意义加以矫正。这些仪式塑造了道德上的典范,并由帝国统治主张的惩罚性权力来支撑。通过仪式的运作,道德典范得以确立。在仪式中,善行不仅仅受到赞颂并获得荣耀,而且,在赈济灾荒、修建学校、搭桥筑路、照看孤儿和贫苦的老人以及残疾人等活动上,都要从每一在册登记的家户单位中收缴费用。对不登记的惩罚就是把未注册的家户除名,这是帝国用以压制私下密谋所采取的一种残酷行动(Dutton 1988:209),由此而造成地方上无望获得拯救的孤魂野鬼数量的增加。

　　"保甲"是一种对家户造册登记的制度。通过这种制度,注册户有权享受国家粮仓的紧急赈济。通过把地方上年长者任命为在册户籍小组保甲长,这种制度的运作得以实现。在册登记制度成为县衙衙役们收税以及用工的工具。这也是一种相互监视的制度,并且是一种对过往的没有注册或不准许注册的人实施上报的制度。

　　杜登(Dutton)令人信服地指出,在史学家时常对这一制度的失败之处做出评价之外,中华帝国的每一朝代对这一制度的存在好像又都经常会给予赞许,并将其说成是一种道德控制与监视的策略。对这种制度的失败怀有怨恨的帝国史学家们,转而建议复兴以及强化这种制度。现代的历史学家,从其表面价值来看待这些记载,并一致错误地认为,保甲制度是一种失败。他们指出,注册的单位是人为制造的,因而从来就没有在居民组织的连续性建设中成为最根本的东西。但是,杜登观察到,保甲制度巧妙地废弃了自然聚落,因为这种制度的运作,实际上是道德控制的运作,而且有时甚至还会有可怕的矫正。在任何情况下,保甲的单位确实在地点上是与地方性的居住和政治组织相互重叠的。也许这种重叠恰是衡量它们失败的一条途径。

　　正如杜登所指出的,日常的社会生活从来就不是以数百户人家为根基的。相反,其构成的单位是不使帝国的统治受到威胁的单位,而自然形成的家庭与地方聚落却能够做到这一点。县官们所要做的就是阻止以祖先世系或者地方性为单位而引发的暴乱,因为这会让保护皇上安宁的县官们大为丢脸。

　　作为保甲制一部分的矫正仪式中有一种是诵读乡约。这里"乡"这个单位尽管翻译成"村",但通常要比单个的自然聚落大。这是帝国"县"级区划的一部分,可能都要比一个标准集镇覆盖的区域大。

　　依照杜登(Dutton 1988:213)所复制出的明代宫廷图来看,这种仪式的场景是在一个狭窄的平台前,各个位置之间紧密而有规则地排列,而在平台上面,摆放着一块写有关于正当行为规范的简短布告牌。其顺序依次是:孝敬父母的责任、尊敬老人和长辈、邻里和睦、对子孙要有强制性的惩罚、一辈子不做错事和恶事等。在此布告牌旁边东向的长辈位置上立有另一块木牌,上面写有"天地神明基于法度"。依照几个世纪以后佛山方志作者的看法,那里或许是放置社稷神的地方。在这些木牌前面的桌子上,摆放着善恶簿;而在其后,跪着让人感到骄傲也有让人感到羞耻的人物,其两侧是乡约范围内的平常百姓。

这种明朝的法令在 1892 年重新出版,用以表现相互监视的矫正仪式的正确做法。这是给地方官的一份指南,这些地方官被纳入到拿俸禄的帝国行政中来,并直接或间接地将他们安排在跨越民间地方性崇拜的地域边界的位置上。

把由五户一组重叠构成的乡村地域上的家户联结起来的乡约,是把五户中的核心户当做周围四户监视的对象。正如杜登对此所作的描述那样:

> 从这种监视当中,邻里们的汇报会被记录下来。并要在每月[农历]的十五日召集一次会,会的一项任务就是讨论这些汇报。这些会议由选举出来的"督约长"主持,还会有两个"副约"、一位了解乡约历史的人以及一位官方称作"制约"的人来帮助他做这些工作。……[组织的细节和所使用的称号会依据在这种制度生活中的地点和朝代的不同而有所不同。]在每月一次的会上,"制约"的任务就是大声地朗读乡约。督约长和他的副手们都会跟着朗读。接下来就要对邻居所汇报上来的某一家的好事和坏事做一评说。在经过证实以后,报告上来的消息便会传播开来。(Dutton 1988:212)

在确证一月一次朗读乡约之后,村里的记事簿显然就成了地方志以及地方上以行政首府的文庙为中心纪念杰出人物的一种扩充以及材料的来源。

对此一模式有多种解释。它可能只是在政治鼎盛的时期才会这样去做。不过这也是能够实施的一种道德监视的持久性结构框架。

乡约并非仅仅是一种仪式与道德教育的制度。在晚期帝国时期,它还变成了一种村落咨询会,起着一种警察式法庭(a police court)的作用,并在县太爷的庇护下行使职能。咨询会成了解决村内纠纷和组建地方性团练组织的一种手段。碰到疑案都要上报到这一法庭上来,上报的人并非县里衙役,而是在地方上雇用的警察和由地方上捐助人支持所组建的民团。这些捐助人就是地方上的绅士和富人,他们承担着一般平民与住在县城里的官员之间的纽带作用。

正如彭文洁(Michael Palmer)在新安县所做的研究那样,举行乡约会议的地点,要么可能组织严格,在明朝风格的建筑物"堂"中举行,要么可能更为随便一点,在缙绅捐修的"祠"或"庙"里举行。这里的庙都是为广东两位替老百姓办事的官员修建的。在17世纪,帝国的驻军强迫迁移走靠海边居住的陆地上的村民,目的是要靖边,并使海盗、土匪以及反抗新朝廷的人没有生计来源。而这两位官员,后来成功地说服了皇帝允许村里的人返回到海边的村子里去住。为了感激这次回迁以及为了感念帝国的仁慈而出现的这次成功调解,经过帝国官员的鼓励而非命令,由地方上的士绅出资赞助,这个庙就这样建起来了。此庙不仅仅是乡约开会的地方,也是为令人敬佩的这两位官员举办庆典仪式的地方,而且还是容纳普通百姓的崇拜形式的地方。因此,它既包含了适合于官场的排他性的庆典、宴席和文字游戏,也包含了与举行平民节庆游行相伴而行的民团组织,并以对这两位官员的崇拜为中心。在珠江流域的另一个地方,有一座类似的庙宇,里面有官方的碑文。这座庙宇也有一座殿堂,那是用来供奉上面所提那两位官员中的一位,而且,同样也是由地方上的商人和士绅倡议修建的,这座庙宇成为了年度游行节庆的中心(Siu 1989:79页以下)。

石湖集的双关庙是一座典型的由地方精英倡议修建的属于非官方范围的庙宇。这座庙宇是精英们举行排他性的仪式、宴席以及聚会的地方。同时，当平民加入到他们的仪式中来的时候，又是教育人们对这类美德怀有崇敬的场所。

官方的仪式以及在地方精英的庙宇中所做的仪式是有序列的，这导致了与那些在一座庙宇中所举行的民间地域性的庆典有所不同。民间节庆是由道士所做的大型净化庆典中的一个小的部分，并被称之为"醮"。官方的与精英的仪式是指那些在地方志中所描述的仪式，还有在帝国法典中所记述的用以张扬美德的仪式。这些就是"释奠"的仪式，其可以翻译成"教化崇敬"。

在这两种仪式中，都有行家对其他的参与者加以指导。并且，在这两种仪式中，在参加者的中间都有某些人充当管事的角色，而其他的人一般则是被动地参与。"释奠"中的仪式专家就是当地的督学以及学校里的教师。他们的作用就是站在主持庆典人的旁边，引导他们从规定的地方，转到要求他们去的某个地方，到了那里，再指导他们摆上恰当的供品，然后还要向他们提醒跪拜和磕头的次数。而在"醮"的仪式中，仪式的专家就成了道教的宗教实践家。他们自己来完成所有的仪式，礼官授权给他们，甚至授权给他们上供的权利，这些参与者仅仅是站在他们的后面，举着香，在道士做出鞠躬和跪拜的动作时，他们也会跟着这样去做。

官方宗教中的专家知识与其他参与者的知识并无实质性的差异。他们与其他参与者所不同的，仅仅是像政府中的一个部门的专家与另一个部门的专家之间的差异。庆典本身并未使礼官与其他参与者分离开来。礼官实际上靠的是他们的身份等级，而这种等级是在庆典仪式之外树立起来的。相反，道士的知识，只有在一次过渡仪式之后才会获得，这种仪式促成他们拥有一种比其他人更为神圣的地位。他们的知识是深奥的，在庆典上他们向保护神祈求，由此而使他们的知识得以展露，其他的参与者并不享有这种对神的崇拜。而且，较之对其他参与者所给予的而言，庆典本身赋予礼官以更多受到保护以及得到认可的地位。

另一方面，对于"醮"的仪式而言，每一位属于这一庙宇范围内的人都要保持仪式上的洁净,而对于"释奠"的仪式而言,只有礼官需要保持这种洁净。在"醮"的仪式上,每个人都是在庙宇的外面和个人的家中上供,而在庙宇当中,是礼官看着上供。

正式仪式举行的前三天,庆典上的礼官和做指导的人要细心而又迅速地读出"释典":

> 当他们[礼官]聚在斋戒的房子里,思考神[这里指孔夫子]的问
> 题时,就会有一次共同的斋戒。他们会思考神的饮食、神的起居、神
> 的言谈、神的意志、任何神所喜欢的东西、神的财富和品味。每个人
> 都会因此而使自己的心灵得到净化,而且会变得更加的虔诚、细心
> 和谨慎。

在庆典的正日子那天,当庙宇的大门打开以后,人们以庄严的仪式和慷慨的供品来欢迎神的到来,此时冥想达到顶点。

有一种展现崇敬之情的核心庆典,这对于"释典"和醮都是一样,恰如磕头以及其他表达尊敬的姿态一样,对于所有的中国文化而言,这是具有普遍意义的。这种庆典的核心就是"三爵礼"。在这种仪式的细节上、安排这种仪式的背景上、受到崇敬的事物上、用来赞颂的词汇和朗诵的文本上以及所演奏的音乐上,"释典"与"醮"都有所区别。

官方宗教中,"三爵礼"在细节上会依据所祈求的内容而有所不同。在供品的数量上、所要求的音乐和鞠躬上以及由谁来担当合适的祭拜人上,都存在有细微的特殊差异。从仪式的重要性而言,官方的众神可粗略地分成三个层次。在这些层次之中,众神还要通过细小的仪式规则来保持他们各自的不同,比如他们祭坛的大小、在祭坛上他们牌位的位置以及走上祭坛的人数等等。在单一一座庙宇或一次庆典上,当存在不止一个神的时候,通过将他们置于殿堂之后还是之前、或者通过让他们接受动物性供品的"少牢"(这里不包括牛)还是接受"太牢"(包括牛),众神就会从仪式上被分出等级。"祀典"确定了由谁、在什么时间和地点来对

某个神加以崇拜。

相反,"醮"的场景是指一地域中心,它是可以变动但每次由道士来选择又都是一样的一个做仪式的场所。它由具有宇宙力的道教诸神以及当地庙宇中既有的诸神明和鬼所组成。换言之,其每时每刻都是一种整体性的结构,而不具有排斥性。"醮"是对这一区域的净化,在这里,神被请出来对这一区域加以保护,并且还扮演与更大的力量进行沟通的中介者的角色,鬼得到馈食以使他们远离"醮"的场景。"释奠"是以等级来区分,而"醮"则是以地点来区分。二者都引发了一种宇宙感,但是在"醮"的仪式上,道士变成了一位圣人,并且每一次"醮"都代表着宏观的宇宙。"释奠"是一种等级式的身份,只有在"释奠"进入到皇帝那里的时候,才会有一种由帝圣联结起来的天地宇宙秩序的全景出现。

皇帝的生日,要用与孔子的庆典非常相似的大型"释奠"仪式来庆贺,地点是在文庙的"明伦堂",并要在"长生堂"进行表演,其在每一个方面都像是一座庙宇。在农历新年以及冬至那一天,住在帝国都城里的皇帝,要亲自祭天,并且要祭祀自己的祖先。与此同时,在各个省,也要在当地城市的"明伦堂"为皇帝生日举办同样的仪式。在省一级接纳皇帝的秩序中,还包括走出城到东郊去欢迎他们,就像在春分的时候,去同一郊外迎接春天的到来一样。

> 我们必须要在东郊外迎接春天,因为人们仰赖于它。在西面广场插上军旗,为的是使混乱和邪恶出现之前就能够被压制住。可以说,今天的礼是被发明出来的。而我们所追随的是古人的实践。

上文是引自 1721 年台湾县志中所记载的有关祭祀的一段话。

一种叫做"释菜"的小型"释奠"形式,要在每月初一和十五在文庙中举行。照一本手册上的说法,这种仪式也会在婚礼之后,拜见姻亲时以及在葬礼上看到穿好衣服的遗体时举行。正如我所观察到的,祖庙中的崇拜,也就是一种小型的"释奠"仪式。

　　那么,这就出现了两套仪式。一套是亲属仪式,是指具有纪念性的、官方的并放置有牌位的那一类。另一套是神的仪式,是由巫师、道士操演的放置有塑像的仪式。要是忽略掉了这些差别,或者仅仅注意到官方与民间地域性的崇拜及其仪式之间的相似之处(比如像 Duara 1988:136页所看到的情况那样),这便疏漏掉一种场景,即在中国的宗教与政治生活中,它们实际是并置在一起的。这两者能够在同一仪式情景中出现,也可以通过在不同的情景或是在不同的庙宇中的表演而相互区分开。对于具有守护神地位的神而言,游行与"醮"的节庆,可以将具有排他性的"释奠"或"释菜"的仪式包容进来。在由地方性的家族联合所控制的华南地区,地方上具有支配地位的家族,会倡导举行城镇中庙宇的游行节庆,这种节庆包容了所有城镇中的居民,而不管他们的姓氏如何(Siu 1989:47—48,53)。而排他性的庆典,是在他们自己的宗祠中举行。不过由宗祠和地方性庙宇这两者所共同掌管的财产和经费,则要由当地商人和士绅或者由为他们管理田产的能人来控制,并且他们对由"释奠"和"祀典"的庆典所划分出的官方地位,存在更多排斥性的看法。

　　1966 年 10 月在台湾为城隍游行举行的庆典。即使帝国的崇拜崩溃以后,城隍仍旧是台北市人的一种民间崇拜。这里是台湾省一级的城隍,以台北市为其首府。这座神像身披长袍,留着胡须,神态庄严地坐在轿子上。人们用花篮来装点轿子,以此来炫耀在这座城市的中心为其所举行的年度性庆典。

城隍，魔鬼的控制者

行政首府的社稷坛以及地方上不受祭拜的死者的牌位，都存放在城隍庙里。在对城隍本身的崇拜中，同一座庙宇中的矫正仪式与对同一位神的民间仪式之间是相互对应而非相互对立的。在这里，使用神是直截了当的，回想一下为城墙外面不受崇拜的死者而设立的祭坛名称便会知道，那隐含的意义就是，对平头百姓转成孤魂野鬼时的严厉的惩罚式控制。

城隍这一客体是非人格化的，或者如受过极好教育的山东维县的地方官在1752年为纪念城隍庙重修落成所描写的那样：

> 尽管有称号[与天、地、日、月、风、山、河、雷、社稷、井和灶一样都有称号，叫城隍]，但却没有人格化的存在。尽管他们有供品，但却不应该向他们献供品。

但是，正如我已经指出的，人们这样做是为了寻求避开对这些人格化力量敏感的以及此时此刻的追求。并且建议给城隍上演的戏都应该是"有关古代的而又有教育意义的，并且要阻止那种底层的、隐秘的、庸俗的以及粗野的激情出现"（McCartee 1869—70）。

作为国家崇拜的一部分，城隍是由一块牌位而不是由一尊塑像来代表的。而作为由地方上官方敬奉的一种民间神祇，其塑像却多由官方捐赠。比如在1445年，浙江省宁波府的官员就曾捐献过这样的塑像（《宁波府志》（坛庙部分））。一位县官是否对大众的这种信仰报以容忍？是否他在利用这些信仰时带有玩世不恭的态度？大众信仰本身是否真诚？实际上，做上述这些猜测是没有什么意义的。城隍是民间崇拜与官方崇拜之间象征性对话的基点。从其与民间神灵的关系中，官方的态度一目了然，那就是"格"，即指一种影响、追查以及限制或矫正。对于普通百姓而言，其态度是对城隍所控制的鬼怀有一种恐惧，并会祈求城隍的随从在人世间能够有灵验。

城隍作为一种人格化的神,不仅仅被民间信奉为鬼的世界中的一位地方官。而且,这种信仰有实际的行动,由帝国官员自己做仪式来对异端加以恐吓,甚至还会去搜查。正如 1788 年出版的浙江省宁波府府都鄞县的方志中所指出的那样:

> 当他们[开始]关注人民的时候[如处理公务的时候],所有旧的规则都在约束着官员,[在城隍庙里]斋戒和住宿,向神敬献肉食,并发誓说:"如果我管理得不好,自己狡猾贪婪,使我的同僚身处困境,或者压迫百姓,神灵便可以[给我]降下三年的灾祸。"

当向皇帝上奏以及卸任时,也要发布同样的誓言。在纪念这位城隍神的时候,这一方志还对城隍担当主角的其他仪式作了解释:

> 在年度性地向地方上不受祭拜的死者(厉)供奉祭品时,这位神灵受到欢迎,成为主角。供品不如在春秋礼仪上给予社稷坛、山河坛的供品为多。但是,庆典(祀典)[总还是]丰富的,而且神灵魔力般地得以涌现。整个一年都会有应感。当雨下得很暴烈的时候,百姓便痛不欲生地[就像在哀悼一样]向这位神灵哭诉,而这位神灵才会慷慨地向百姓布施吉运。("坛庙",《鄞县志》1788,第 7 章,第 5 页,背面第 9 栏)

在官方仪式的所有自然的或者非人格化的神灵中,城隍这位神灵横跨在社稷坛、山河坛所诉求的生者的世界以及鬼的世界之间。其他的官方崇拜则是要对典范、神明加以庆贺,并将他们对古代美德的解释历史化,并给以纪念。但可以把城隍崇拜看成是这样一个点,在这个点上,统治的等级、官方的地位群体以及对其加以崇拜的那些人,把魔鬼的命令等级和那些通常被看做是一种民间的、习俗上认为是反常的应验结合在了一起。从台湾彰化县 1810 年立的一块石碑上所节录下来的誓言的内容可以看出,这是在祈求这位神灵帮助县官对其耳目所无法顾及的事情给予控制。这种情形随处可见(参阅:Hsiao 1960,第 6 章,注释 193 和 197)。

在求雨仪式中,城隍的神像要被抬出去游行。在这里,有这样一种崇拜,即龙王的神像要挨着城隍。就像一年一度的鞭打以及敲碎春牛的游行一样,官员要跟着城隍一起游行,所不同的是,通常他们都会受到对他们所控制和监督的某一部分职责的谴责。城隍得要忍受烈日的曝晒,直到天空下起应季的雨水时为止。同样,如果龙王没有能力应验或者结束一场干旱的话,龙王的神像就会受到冷落,而画像上的颜色也会因为褪色而渐渐剥落(Duara 1988:283,注释 55)。

从官员们要襀除灾祸维持秩序的责任上来讲,他们要有赖于对城隍和龙王的崇拜。鄞县的地方志记载了在官方的庆典仪式中向城隍求助的事件。这次庆典仪式是在 1447 年举行的。

> 神之司兮,城与隍。
>
> 民所持兮,保而防。
>
> 朝有命兮,官司邦。
>
> 神与誓兮,阴鉴阳。
>
> 廉而明兮,神降祥。
>
> 贪而暗兮,神斯殃。
>
> 祀典昭昭兮与国无疆。
>
> 牲典俎兮醪莫觞。
>
> 神来歆兮,神来当。
>
> 时雨阳兮,岁丰穰。
>
> 驱疫病兮,人寿康。
>
> 官司邦兮,禄位昌。
>
> 兵司卫兮,威武扬。
>
> 神岁岁兮,其乐无央。

(1778 年《鄞县志》,第七章,第五页)

齐托(Zito)引述了一位叫汪辉祖(1731—1807)的帝国官员,对他如何成功地查出一起案件给予了解释。这位汪姓官员,把他所耳闻的一起谋杀案转述给了城隍。在庙里,他点上了香。立刻,罪犯就闯了进来,倒头便跪,诉说他是鬼使神差才做了那样的事。这位官员记录下事情的经过,并向城隍致以谢意,这种感谢,更多的并非是对城隍所表现出来的灵验表示感谢,而是对其做出反应的速度竟是如此之快表示感谢(Zito 1987:335;亦可见:Balazs 1965)。

另一位官员在他所写的札记中,向他的属下这样劝慰道:

> 行政上的官员,掌管可见到的世界;城隍,掌管不能见到的世界。为百姓带来利益,免去灾害,是官员的职责。赐降福祉,消除自然灾害是城隍的责任。

照这本札记来看,

> 神灵有灵验是因为他们跟人联系在一起。通过真诚的献祭,才会导致知晓。[通过在]可见的世界[付出努力],不可见的世界才得以彰显。因此,那些治理城市人民的人,就必须对这些神灵胸怀崇敬,如此,神灵才会灵验。(Zito 1987 年的英译:341—342)

城隍是最古老并且得到广泛流传的民间崇拜之一。它也许是将其他的崇拜吸纳到官方仪式中来的一种典范模式。① 它也可能是地域性的崇拜的一种模式。但是要进一步去考虑这些问题,特别是对他们的游行庆典加以考察,我们就要去研究当地人的观点,并且要去看,通过城隍的崇拜,究竟从上面来的什么东西被融入了进来并受到了控制。

地域性的游行

如果城隍全部的日程都保留下来的话,每一年就要有四次巡游,其

---

① 参阅:王斯福(Feuchtwang 1977),华琛(Watson 1985)和桑高仁(Sangren 1988)对妈祖崇拜的解释。

中在每一次游行中都有带着刑具的悔过者,并有魔鬼扮相的人陪伴(Zito 1987:355,357)。平民地域性的崇拜的标志之一就是一种所谓"游境"游行。这些活动会在年礼上出现。在台湾,组织这类活动,通常是在每年七月份的鬼节和正月的元宵节。

每一次游行,都要由一个装扮成地方上保护者或其下属的人领头,这个人会做些警示,或者说实际上就是要清除掉在路上游荡的鬼魂。一把扫帚常常是一次游行中传令官的道具。他可能装扮得衣衫古怪、土里土气。一条破旧的带子拴着当当作响的器物,挂在他的身上。此时,他代表的角色是一位小丑和吹鼓手,这就是口语中所熟知的"老童"或"郎君爷",就像台北旧城元宵节中"邯郸爷"一样,抓到魔鬼给他,由他来对他们做出差遣(参阅:Schipper 1966)。

绕境的其他特征包括:有一位扈从,一个演奏乐器、表演武术的乐队班子。他们在表演时都戴着面具,要么就是藏在形状各异代表着小丑老童的人物中间,或者还会有一位控制魔鬼的人物在场。武术表演是由捐助人赞助的,并与这些节庆上的戏剧表演有着相同的表演形式。他们的演奏只是在于娱乐,当然,正如一位舞狮班的人向我所说的,他们也是在"为神尽义务";而且,这种活动是对鬼的一种命令,这是一种搜捕或是一种驱逐,为的是肃清这一地域的妖魔鬼怪。不足为奇的是,这种装扮的人物,往往也是在城隍的节庆游行中受到敬拜的人物。

在台湾,有两个特大的木偶像,它们是举办游行的艺人们全部的行头,这两个木偶是为城隍以及其他地方神灵举办游行而制作的。它们分别叫"范"和"谢",是一对忠诚的、尚武的朋友。其中一个非常高挑纤瘦,舌头凶恶地垂在外面,面带悲哀的表情。它被涂成了白色。另一个体形短粗,涂成黑色。有时会有舞动着拷打人的刑具的民团伴随在它们左右。由于要经由民团的人或者经由旁观者来引发质询,而且这确实是一幅刻画"范"和"谢"之间关系的富有戏剧色彩的画面,因而这两个木偶,实际上就代表了地方上县官的衙役。他们的故事就是有关忠诚和友情的故事。他们约定在一条河旁见面。"谢"先到那里等待。在那里"谢"遇上了倾盆大雨。当河水涨上来的时候,"谢"还忠诚地等在约定好的地点。但他的朋友还没有来。"谢"保持了最后的忠诚,直到被河水淹没。"范"赶到的时候,就去找"谢",但他这位身着黑衣的朋友却已经被水吞没了。"范"后悔不已,上吊自杀。这位身着白衣的朋友,就这样吊死了,他的舌头老长,红红的从嘴里伸出来。淹死的和上吊的是死在了萦绕着魔鬼的水中和树上的两个最为普通的人物。这两个人物的故事,也是对朋友之间忠诚美德的一种解说。它们不是被描画成受到监视的叛逆者,而是保护者,更进一步说是保护者的军卒与护卫,是县官衙役的化身,从事威胁式的侦察,运用他们极其敏锐的视力和听力,来为城隍或其他地方保护神的记事簿提供现世的人所作所为的报告。并且,它们能够将刁民死后的灵魂捉住,关入牢笼里。其他那些有勇有谋、善于查情办案的各类人物,都是任何一次绕境游行的特征标记。这里是将其刻画成了一位监视打击窃贼的巡逻兵,并由为守护神表演仪式的民团来为其在许多村子里站岗放哨。

"谢"主:魔鬼和捉鬼者,阴曹的衙役。这是一具超大的人偶,站在艋舺地域保护者的随从中间。艋舺是台北市三个主要的商业中心之一。其在艋舺一个大棚市场前最大的一座庙宇中迈着大步前行,并伴有荣耀神的军乐。这里是从地域保护神自己的庙宇开始的游行所须经过的主要地点,游行是在 1967 年农历十月二十二日举行的。跟随着"谢"的是一尊矮小的木偶,也是他的伙伴,名字叫"范",他也一样迈着大步前行。

象征着宇宙分野的统一和秩序的皇帝,在他身上体现出来的是德行的一贯和谐。这种和谐到了最低一级的帝国行政,并越过人格上的意义,转而成为一种暴力的组织形式。

一个明显的结论便是,这些描画是帝国控制与监督功能延展而成的一种对地域界定和认同的民间想象。然而,超越于行政性的城隍之上的实际的帝国监督与控制,是并置在其他事物当中的,更精确地说,是并置在那些民间的地域性的崇拜当中的,其目的在于检查与控制。甚至在帝国的时代,这些描画也不被看成是帝国权力和官方仪式的一种复制。在帝国以后的时代,这种解释上尖锐的矛盾心态便强烈地表露出来。1937年,在华北的一个县城里,由中国共产党的积极分子所领导的反抗运动,就把县城里的城隍庙当成一个营救一些关在火神庙里的村民的聚集点。火神庙也可能曾经是官方的一座庙宇,后来则被当地的国民党政府的警察当成了刑讯逼供的场所。在城隍庙里进行反抗的这场袭击战,是这个县创立共产党政权的第一步行动(Thaxton 1983:153—154)。

这是山街表演队的唢呐表演者,地点在庙的院子里。吹奏唢呐代表这个镇的保护神翁公塑像的到来。摄于 1966 年。

在游行节庆中举行的祈求与命令仪式,与官方所倡导的教育性的崇敬和报恩的那些仪式完全分离,并有所区分。如果它们复制的是帝国的权力,那么复制的也是其军事与恐怖的一面。不过这一复制,也划定出了边界,并且建立起了地方性的暴力与防御性组织的机构,这种机构会转而变成对帝国权力的威胁。

民间宗教中的地域性指的就是划分边界,这种划分把内与外、保护与入侵区别开来,并通过地方性的保护神和孤魂来加以确定。当萨叟(Michael Saso)在向他们询问有关城隍庙里神的情况时,在台湾新竹的城隍庙里闲坐的老人们会向他说,当没有官方政府存在的时候,这些神就是我们的官员(来自与萨叟的个人交谈)。这对于地处边缘以及刚刚建立起来的聚落而言都是适用的,台湾兼具这两方面的特点。不过,远离中心的控制,往往有更多的教化。平民要躲避官方,而官方对于这种相安无事则大为赞赏,只要不惹麻烦就好,他们的心思全用在了这上面,这种局面在全中国都是一样。进而言之,新的聚落可以在中国的任何地方出现,而旧的聚落瓦解的原因可能是由于洪水、干旱以及因为横征暴敛而使人饥寒交迫,或是因为平息动乱等等。

在平常日子里,庙宇就成了谈论天气以及物价方面消息的地点,在那里,老人们可以花费一整天的时间讲故事说闲话。跟其他地方一样,在华北太行山地区,庙宇是一个可以聚集大家一起在公共土地上劳作的地方,庙田也属此类地方(Thaxton 1983:8)。但是庙宇及其周围的土地同时也是遇到突发事件时把大家召集起来的地点。在太行山区,这样的突发行动包括,在关帝庙那里为天门会民团的人准备住处,以此反抗收税和反对囤积用来赈济的粮食等等。不只是这些被官方推崇为帝国崇拜中最高一级的关帝崇拜的献祭活动,也有已被官方接受的对慈悲的救世主观音的崇拜,其庙宇和节庆也是地方上的居民与地方政府之间争夺的一个对象。

1920年,在山西省一个叫"七里铺"村子的居民,就曾联合抗拒过为观音举办的一次宴席。传统上,所有的人都要为这场宴席出份子。但是在由当地的地主和收税人接管了这件事之后,他们却想要从他们已经征收的各种租、税、款之外,额外地再征收一部分来筹办这次宴席。而在 1927年,这个地区的国民党政府,为了压制天门会的活动,就曾铲除过一些观音庙。而到了1941年,七里铺的这座庙宇,被用来当做村里第一个农会和人们选举出来的村政府的总部(Thaxton 1983:89,141,155—156)。

超越中央行政:灵

香炉,或者以后的节庆与庙宇,代表的是一种自我组织与防御的形式。烧香是要跟有灵的东西进行交流,或者是跟通过仪式性的开眼耳的法术把灵注入到塑像中去的某种东西进行交流。烧香以后若真的有灵验,那这种灵验再一次得到了强化。不断出现的灵验,肯定是以前想象过的某种属性。任何时候,这种隐喻都会在此方面起作用,并付诸一种表演。这种交流的表演,其本身就是一种联络的组织。

只有当客体和塑像被想成是一个人的时候,它们才是"灵"。在山街这里,"白虎"甚至比"鬼"更让人恐怖,但是人们从来不说它有"灵"。而且,也不说天上的神有"灵"。只有鬼和中间的神才有"灵"。因此,"灵"似乎必然隐含有一种过去的生活这样的意义。广义而言是对那种生活的解说,所记录的都是人世间例外的死亡情境。比如成仙、献身、夭折、无后而死等等。除此之外,这同一主体,与此同时作为一位历史人物以及一种普遍性的力量,可以在不同的点上得到确认,可以得到多次命名,还可有不同结果。每次命名以及每个地点都成为一个独立的主体,有其自身的"灵"。

许多,或许是大多数的地方性庙宇的崇拜,都开始于一个家户空间的边界。一个小香盒或一只香炉以及挨着祭拜祖先位置的自家神龛上的一尊神像,都能够成为一个具有新的灵验声望的中心。借助户主的幸运以及对神的顺从而显露出来的那些幸运,累积起来而获得了声望。在山街,这种特性常常被称之为"感"或"应感",或者只是在做出顺从反应之后所出现的灵。

也有把"灵"转译成借助一种经验的传递而显露出来的出人意料的智慧。在这种情况下,其描述的就是掌握了演示以及教授某种技能或知识的人的精湛技艺(Farquhar 1991)。在指一位神的情形中,"灵"是无需教授的,但是它的灵验却会在某种出乎意料的表现中,或者在某种未曾预期到的成功中,要么直接就是在避开实际的或预期的危险中得到传递。某位神的"灵"有一种力量,其可以导致危险和使人蒙受损害或者是出乎预料的失败。"灵"这个字通常用来描述经由技艺和训练而掌握的某种娴熟的技能,并通过演示和学徒而应用到与庙宇有关的诸多技能上去,如道家巫术的、科仪的、身体的和冥想的知识;如传统医学的知识;如军事、戏曲和音乐的艺术等等。这与描述为神圣的保护和干涉性力量的"灵"是不一样的。但是,那两种传播知识的方式,都被赋予了同样的名称,我认为这是一种带有教化意义的名称。组成一个为神游行的武术队和乐队,内部是一种学徒式的关系。徒弟们的关系,不管是否有兄弟和姐妹之分,大家就像兄弟姐妹一样。这种关系在通过一个或多个神灵直接降鸾的鸾书崇拜学习中也是一样。另一方面,这也要求他们遵从一位对恰当地运作这类活动谙熟在胸的法师或圣人。正是这一缘故,在一个地域性的崇拜中,对一位神的遵从是由某位仪式专家(通常是一位道士)来表演,这种表演会在神的地方性灵验出现并举行庆祝之后很久才举行。

在台湾,有些著名的古庙是献给一位通常称作"妈祖"的女性的。这些庙宇是岛上有组织的游览和进香的中途落脚点。许多山街的居民都曾参加过此类的游览。他们详细地将此叙述为"大、二、三妈祖",每一个妈祖名字虽然相同,但是各自都有各自过去的一段生活历程。某一单一一座庙宇中的殿堂和塑像,都是以这样的方式来计算和区分为一个个独立的"灵",就像把对一位圣者的崇拜分支出来一样。

"妈祖"过去的生活是以一个平常人的生活而被人们口头传承下来，同时，在民间组织、历史学家和妈祖庙自己出版的无数版本中，都说她是一位年轻的女子，家住福建省莆田县湄州镇，曾是一位渔家的女儿，平时过着一种洁身自好的生活。她拒绝与人结婚，并且年纪轻轻就死了，没有留下子女。在她死之前，神话出现了。作为一盏航标灯，她能够有力量将身处暴风雨中的航海者搭救上来。正是由于她像尼姑一样的纯洁，因而她形象上的特点常常与佛教救世主的形象相似，酷似被称作观音的救世主(在印度是男性，在中国是女性)。这一神话所赋予给她的其他形象和视角是她的强悍、喜欢战争的特点，这可以使她有力量对一个地方施以保护。然而对她因为自杀和抗婚而死的形象和说法，则又在把她看做是一位女性的保护者。

对她的崇拜也为帝国所接受，对其另外一种认同就是她在搭救官员上所表现出来的崇高精神。而在此类故事版本中，她是一位乡绅的女儿，而非某位普通的渔民或船员的女儿(Watson 1985)。

恰如一个人向我所说的那样，从福建迁来的人都把她看做是福建人民的祖神，尽管她并没有子女。这是一位从来也不知其个人和家庭姓氏的神，但是认同福建的人，都有可能知道这位神，有关这位神的事情，可以追溯到妈祖过去的生活那里。其他的人，包括对妈祖的过去有着同样认同的广东省众多的崇拜者们，了解她更多的还是她的帝国封号"天后"，不过，人们并不将她说成是绅士家的淑女，也不说她是一位抗婚的不孝顺女儿，而是把她说成是家族村落地域里的一位强悍的保护者。

民俗学家和历史学家们可以依据这些过去的生活历程去找寻一位历史人物的起源，而将其余的东西说成是神话传说。而分割"灵"的实践肯定让这种做法成为可能，抛弃掉所有传说的内容，存留下来的就是一种新奇的或是一种典范式的生活及其神话了。不过，此类研究并没有认识到庙宇及其庆典、香炉及其神龛所蕴涵的独特意义。

对灵加以谴责的态度，除了学术的或专业史的看法之外，还有其他的见解。比如，一位粗通佛法的女居士就说过：

> 一位神是否有灵，那要看我们自己的真诚。两者是相互的。在
> 某个人做祭拜的时候，并不一定会显灵。其他的时候，反倒会显灵。
> 显灵之后，万事大吉。一个人并不是因为灵而去拜神，而是因为这
> 些神先前爱民如子，行为端正。神让不守规则的人守规则。

尽管如此，她仍是生活在灵所固有的多重意义的脉络之中。

有关一只香炉有"灵"的神话充实了当地的组织。反过来，这些组织
就是冲着那尊有着地方性灵验的塑像及其通过香所做的交流而聚拢在
一起的。

在台湾，一次游行、唱戏、献猪、公开的展示、在这种展示的中心所做
的祈求和净化仪式、代表地方上在前台进行的表演，这些都是在年历中
最重大的时刻才会举行的。其最首要的活动就是宣布任命的"炉主"。
炉主的职责是掌管节庆的财务，并负责管理集体性的活动。这种管理在
原则上而且通常在实际上，都是与建造和修葺庙宇的活动及其财产分离
开的。其崇拜可能与庙宇中所容纳的崇拜是一样的，但它并不依赖于某
一座庙宇的存在。其全部的需要，就是一座地方性的香炉，这座香炉，在
其他的时间就保存在某个家户的神龛中。而在每次节庆中间，由这一地
域的家户轮流掌管这座香炉。

在大多数的小城镇以及大一点的村庄，这样的活动都是有组织的。
首先要组建一支乐队或武术班子或者一个剧团，这特别要在地方性的节
庆上进行表演，当然，他们也希望有人邀请他们到邻近的节庆游行上去
表演。在过去，同样是由这些人，为了看护庄稼、防火夜巡或者是为了防
范其他地方的土匪活动等目的，组建了地方性民团。而在城市里，现在
常常被称为"流氓"的武术表演者组成了匪帮。而在山街，有许多这类的
民团成员，都是自愿的防火队员。

游行常常是要把一位属于较为中心地点的庙宇的保护神的塑像抬

到一个地方性的香炉那里去,而在所谓"分香"庆典中,这座庙宇的香炉香灰就会被带到一座新的地方性庙宇那里去。将一尊塑像从一个较为中心的地点抬出来,这一行动本身,便是对此一地方的界定,因为是在其到达地方性庙宇边界那里会面,并会荣耀性地乘轿巡视其边界,而伴随着地方性庙宇塑像的则是当地的居民。在游行绕过了这一地域中的每一家户之后,中心庙宇的塑像会被放置在中心的位置上,并在举行祈求安宁和还愿的庆典之前建好一座祭坛。造访的神像,可能并非当地的正神,它可能是一位雨神,或是驱除瘟疫的神,它们都共享地方性庙宇中香炉的供奉。

同时,巡游的塑像所代表的不仅仅是与一种更为中心的地点及其地域性的崇拜的联结,而且也代表着一种跟从同一庙宇中迎请一尊塑像的其他地方性不同的认同。通过对同样的崇拜加以庆贺,各个地方的居民之间达成了相互的认同。而通过相互邀请参与宴席和游行的娱乐,通过下午和晚上的献祭展示和戏剧表演,他们也会融入一种竞赛中来,以此来表现一种活力以及他们自己地域的声望。

分香包括重新返回到与根香炉的联结上去。从根庙中迎取回来的一尊塑像,往往是这种重返的典型情境,但也有可能是去巡视更具中心位置的那座香炉,这是眼下所要迎取的根香的根。每一次这种远足,都可以被描述成是一种进香朝圣。桑高仁(Sangren 1987)明确指出,这些朝圣的序列等级构成了一种组织,而这种组织跟一种市场结构及其中心并非等同,跟行政首府的等级序列也不等同。尽管地域性的崇拜的中心地点通常是市场结构的中心地点,而且分香与神像的出游,其所绕行的路线也都是市场等级的路线,但是其中最大的、最著名的朝圣中心,原初往往都是带有宗教性的,比如台湾妈祖崇拜最大的中心北港。

对于灵的强度和历史真实性,人们往往要追溯到更高一级的朝圣路线上去,这种做法并不会在帝国的崇拜中出现。其形象和仪式好像都是在模仿帝国的政府,但其中心并非是国家崇拜延伸到帝国行政最低一级以下的那些地方。

进香朝圣的中心并非与帝国的也并非与民国的行政中心相吻合,更多倒是与市场中心相吻合。节庆界限范围内保护这一地域安宁的"灵",将其自身界定为直接跟邻里相关联,而非雀巢式的等级结构中的一个单元。

从内部来看,在每一个游行的范围之内,每一年以及每一次游行节庆中,炉主职位的轮值,实际就是家户头人的循环。这种循环是通过他们实际融入祈求与净化的仪式表演所蕴涵的知识中而实现的,这种知识是由职业的仪式专家带给炉主的。这里职业活动成了一种指导,并以"灵"这种看不见的对象为中介。成为炉主,就是要在社区人的关注之下全身心地做奉献。在山街,一些人相信,如果炉主没有尽职尽责地做出回报,那么他的生命便会有危险。当然也有一种社会压力的存在,如果需要,他应倾囊而出,以充足的供品,来满足节庆、神以及这个地方的尊严上的需求。

山街的一位药师就曾告诉我说,在山街每五年组织一次的全民游行节庆,这是为从一个进香朝圣的中心出巡的妈祖塑像而举行的,在这一最庄严的日子里,他并不供奉任何供品。这一节庆是为纪念妈祖而举办,这是将妈祖的塑像抬到附近的小村子中去,以此来驱除庄稼上的病虫害。这位药师说,相信妈祖能够清除土地上的病虫害,这并没有多大意义。不过他也要像其他家一样,摆一桌宴席,因为如果不这样做的话,人们就会认为他是一个很古怪的人,或是一个爱财如命的吝啬鬼。同样,被任命的炉主在与社区的关系没有脱离之前,他并不能够拒绝选他做炉主,否则的话,他要么就是离开了这个社区,要么就是已经成了一位基督徒。

宴　席

一次节庆就是一次吃肉喝酒的机会,因而就要摆宴席,此时人们并非单单是为了吃一顿饭。人们会预备或者是借钱来预备足够的食物,以此来给客人留下印象说,他们家是盛情的东道主。在一起吃饭的人中包括他们最亲密的社会圈子以外的人。宴席要在正房中举办,而非随随便便地在厨房里或是在厨房外举办。

受到邀请而不去参加宴席,那是件很难的事。并且,略微浮华一点的主人,还会遍游这座小镇,拦路请客。而且,几乎是拉拉扯扯,强迫性地把人家拉到他们家的饭桌上去,所以,自己以后若不举办一次宴席来回报他们曾经受到过的邀请,那就真的有些说不过去了。

再也没有其他时间,山街的人会像游行节庆这一天那样被鼓动起来。最近似的情形是季度性的家户代表会议,这个会议是要召集大家讨论政府的设想和计划。但是他们对这样的会议往往是敷衍塞责,不大愿意去参加。

宴席是公认的增强商业联系的机会。一位出生在山街上坡一个村落中,现在在台北他姐夫的总店工作和生活的年轻男子,怀着对这种仪式的灵验信仰完全怀疑的态度说,那种崇拜只是一种拘泥于形式的崇拜。重要的事情就是,在节庆那一天,自己会向商业上的朋友们发出邀请,而且吃得也比平常要多一些。

宴席以及表示举办了一次宴席的饮酒,都是加强联系的一种正式手段。形式化的祝酒完全占据了宴席上的饮酒。除非他能够引发另外一个人与他一同喝酒,否则便没有一个人会愿意接下来跟他喝酒。而且,他不能够诱使另一个人与他一起喝酒,直到他说出或是回忆起他们之间在社会生活上的联系,最好是在他们中间存在某种一致性的联系。相互是朋友或者一种新的共同联系的发现,便是一次新的祝酒机会。这些联系当中最为普通和最为基本的联系,而且每一种这样的联系都是进一步寻求更为特殊的联系背景的联系,就是同姓,同一个地方出生或祖籍相同,在同一学校、大学或军队呆过,或者是在商业、机关或工厂这类相同的行业工作过。邀请参加宴席本身,就包含了这其中的某种联系。正如一位学校校长的母亲同时也是一位或许比其他人更讲究外面的人对我所说的那样,对邀请置之不理,那便是拒绝与主人家保持礼尚往来的关系。

在节庆宴席当中,在同时参加宴席的人中间,这一节庆本身的联系是基本的联系。每一家举办的单独宴席,都是与在其之上的其他类型的宴席建立起额外联系的一次机会。节庆的、地域的和聚落认同上的融合,并非是以主人家邀请客人家这种主动的行动来表征的。相反,从单个家户的观点来看,这是以非自愿的方式表征出这样的社会事实,即这一地域的所有家户,都是在此时举办宴席。在这种融合之外,则是家户成员之间,更进一步说是超越了节庆地域范围之外的更为紧密的自愿性的联系。除了仅仅是一家一户在同一时间举办宴席这种联合之外,地域性的单位还表现在如下的事实上,即许多客人同时都受到其他人的主动邀请,并要通过从其他人家的酒桌上劝下某一位家户成员的方式来寻找客人。结果,在一个晚上,一个人可能要去赶十几场的宴席。

我注意到,参加宴席最多的客人往往是商品批发商。在山街,这些商品或零售或批发,像销售饮料或大米之类,还有购买茶叶和食用菌的商人,他们都是从台北赶来这里的。他们所有的人到许多家都会受到欢迎,他们也可以借此时机跟许多实际的和潜在的山街客户联络一下感情。从这一机会中获益的其他人则是,在临近选举的时候寻找官员的政治庇护人,他们借此来恢复联系,并安排地方性竞选活动,包括发放选举基金之类。第三个方面便是,从山街迁出去的人,往往也选择节庆的时候回来,如果他们在这个地方住过很久,而且本家的成员以及其他亲戚家的成员还留在当地,那么许多家都会向他发出邀请。

一次宴席并非只是一种娱乐,相反,它还是建立关系的一种途径。新的关系的建立需要通过喝酒来实现,因为往往相互并不认识。甚至主人们可能也不完全熟悉他的客人,因为有些人带来的是自己家里的人或朋友,更有可能是那些在晚宴之前参加过一次宴席之后又来的人。显然,在共同举办宴席的中心地域,在这举足可及的范围内,居住人口最多的地方就是社会经纪人的活动中心,显然也是庙宇所在的位置,还是市场中心。

一次节庆便是一次轮流举办的宴席,所采取的联系方式是我上面提到的联系方式中的一种,即尽可能范围广泛地容纳共同地点的居民。就如为祖先举办的一次宴席那样,这一最大范围的包容,其本身带有颂扬意味。它受制于其他联系原则以及组织形式的应用,通过这种做法,其内部便出现了社会等级的划分。举办宴席的桌子是一张表示大家平等的桌子,但是当出现了一张以上的桌子之后,在它们之间便可能会出现等级分殊。

那些只能请得起很少人或者仅能摆一桌(每桌的客人是有数的)的人,能够请来一起娱乐的人便只能是家里人和亲密的朋友以及亲密的工友。而那些能够负担得起许多桌从各个地方来的有着贸易或者政治事务的客人的人,则既能使这些人得到娱乐,同时也能使地方上的远亲和近亲都得到娱乐。但他们这些人的娱乐是在另外的桌子上,或者是在不同的地方。并没有足够的空间能让所有的客人在同一个时间吃饭,而且,在一次节庆中,为了拉关系以及认识新朋友,在下午和晚上的时间,人们也不会只去赴一次宴请。一种单独的场景,就是一种单独的联系。在节庆及其宴席的展示中,容纳进来的是一种依据财富、身份和社会关系而形成的平等与分化的联系。

平 安

宴席是平安与安全的主要场景。这是一种通过互惠、义务、庇护以及尊敬的原则所保持的平安,这种平安造就出来的不仅仅是宴席本身,而且也造就出由年度性的庙宇及地域性的崇拜所划定出来的宴席场景。一旦进入到这种节庆的情绪状态当中,就能切身感觉到一种商品生产的政治经济学,这里有平和的竞争以及地方上的施舍,这是在帝国的仪式之外才会出现的,并且发轫于12世纪。尽管在其顶端,进香朝圣的等级并不与帝国的行政首府或者市场中心相吻合,但是其中一种平安却是与另一种平安相互一致的。

我用"平安"这个词的意义来取代"peace"(和平)这个词在欧洲政治经济学中的意义,"平安"这个词是中国的家户在为他们自己求神以及为他们所居住的地域祈求时,最为通常的简化的祈祷方式。这种似乎可能会有的平安,其内涵又是什么呢? 保存人口和财产,防范暴力和偷盗,便属其中之一。而对相互信赖的追求,则属另外一面,这种相互信赖,其对生产和商业这类生计活动有着制约作用。简言之,平安就是一种财富积累的状态,这是通过对自然以及人力资源的剥削而非通过强力所获得的财富积累,而行政及其法庭这种维护平安的权威在这上面所起的作用,却不能让人恭维。这些似乎已经不仅构成了欧洲中世纪晚期帝国的意识形态,而且也构成了自南宋以来的中华帝国的意识形态。这两者在资源节俭使用上的单位,理想上都属于是一种家长式的家户单位。实际上在一个积累日益增加的巨大商业网络中,这两种小的生产单位(农业和制造业或手工业)都通过私人财产的易货与金融经济而联结在一起。

像天国一样的平安,这似乎导引出一种和谐的认同的观念。从某种意义上说,中华帝国的庆典仪式、中国普通百姓的崇拜以及他们的历史,都与启蒙时代那种欧洲小型商品生产和文明的普遍性历史(道德、政治和经济的)相互一致。当我们去考察平安的这一特征时,这种情形会出现吗? 存在一种不和谐的相似性吗? 我想,不会存在。

罗威廉(William Rowe 1990)回顾了现代中国历史学家当中的一种共识,这种共识认为,自16世纪以来,在商业化与地方绅士中间,开始出现了一个家庭与政府之间关系的公共领域。中国人的中间阶层与由哈贝马斯(Habermas)及其他人所确认的同一世纪欧洲的公共领域相对应。但是这种比较,并没有把军事力量的控制这一关键性问题包容进来。在欧洲,18 世纪就已经成为在意识形态上而且实际上也就是一种君主制和主权国家的专制统治。而在中国,要说到地方性的"公共"领域的控制,这是一个庇护性的领域,它包括民团这样的军事力量的组织。在18 和 19 世纪,中国军事力量的控制在镇压农民起义以及他们的庇护人的过程中,日益增长的是放权给地方上的指挥者,而且,农民起义所依赖的同样也是这些地方上的民团。

在 20 世纪的中国,乡村的地主还能够自作主张,用他们自己的帮凶来杀害不肯向他们还债的人(Potter & Potter 1990:49)。在欧洲以及美国,如果允许贫民感化院以及其他的禁闭机构有同样特权,那么在这个世纪,情况也是一样,这种特权就不能够扩展到权利与自由的领域。在中国既有地方性的公共力量的控制,又有帝国军队的介入,这是更为开放性的威慑,因而我想,这不会与欧洲的那种主张权利与自由的公共领域相一致,尽管这些权利与自由,从来就没有完全地为工人阶级所掌握过。

16—18 世纪欧洲的混乱是宗教上的冲突压倒了良心,并受到单一一个神的召唤。作为个体的人或者每一个家户,都是(而且还是以普通人的社会性思维来思维)在与单一一个有统治权的主人建立关系,这个主人便是指"神"或者"社会"。欧洲人的混乱也是商业君主们之间的冲突,这种冲突是通过婚姻、条约和战争来制造或者消除权力上的平衡。17 和18 世纪的历史赋予其神话与哲学的形态,这种形态要么是指一种从人的原初无罪状态而出现的堕落,要么就是相反,指一种人与人之间相互对立的原初战争状态。而逃避上述任何一种状态的方法就是,在每一个家户与一位超越于所有人之上的君主权威之间建立起一种社会契约。中国的空想家们书写的是一部圣人的历史,而不是一部关乎道德与自然历史的创造者其法则的历史。在社会混乱方面,中国与欧洲的相似之处就在于农民起义。但是他们在宗教教派上的暴力,并非表现为良心与拯救的暴力。它是要再次恢复古代的和原初的秩序以及重新创造出宇宙力量之间的平衡,而不是要在地球上创造出一个新的耶路撒冷。

"平安"所假定的是没有单一的权威,也没有任何契约的存在。庆典仪式的目的就是以此来感谢一种地方性的保护。帝国的权威是受一种宇宙的指令所支持的,上天的法则决定了神或皇帝的任职。这并非像本书所述及的宗教创造者的上帝,或者作为其世俗化身的专制与统治的(即使是被任命的)独裁者那样,是一种外在的和超越性的主宰。作为一种原初的中国人的权威,可能是神圣与富有启示性的,但这其中并不含有一种原创者的意义。而欧洲的空想家们,则把主权国家想象成一个"利维坦",即一个巨灵,或许其还是一位终极创造者的遣令官。但这是一种主权国家同时也是维护平安的手段。而在中国人的政治戏剧中,皇帝简直就是一位惩罚者,这种惩罚不是为了保持平安,其祈求的最终目标就是要抵御下层的掠夺者。

地方性的保护求助的是一种中国式的巨灵(虎或牛)以及护卫,以此抵御由不受控制的地方而来的陌生人的入侵。欧洲的村民和城镇居民也需要保护,以此避开天灾、瘟疫、强盗以及掠夺性的包税商,还有避开贵族的关注。但是这种想象的威胁,都是属于施以恶行的撒旦,或者是巫祝以及陌生人(如犹太人或吉普赛人)。保护和拯救是通过向赎罪的基督做一种带有神圣意味的求助而获得的。在中国,威胁和保护并非如此集中在基督与反基督,也不是集中在善与恶这样的问题上。恶魔是带有地方性的,如邪恶的星宿、受蒙蔽的孤魂等等。对它们所施加的防范性保护是一种驱鬼仪式,凭借的是地方性保护神,这种仪式所做的就是祈求并与由官方所掌管的权力以及灵订立盟约,由此而能够使风、雨、雷、山、河这类半拟人化的宇宙观范畴的力量发生改变。官方的意识形态将这种祈求与保护描述成是一种离经叛道。对于由圣人所启示出来的一种宇宙和谐并由学者、经师以及仪式领袖的文化成就所维护的帝国统治的另一种平安,即安宁而言,这是一种危险的东西。在维护其平安当中,帝国的力量是令人恐怖的,像是一种宇宙的动荡,是一种整体的驱逐和消灭。而在地方上的平安维持当中,避开那种命运,同时抗拒更为地方性的掠夺,其所凭借的是神的士兵的驱魔以及地方性民团的力量。正统意义上的平安,即军事性的帝国以及地方性的组织,与作为异端的保护以及驱魔,这两者艰难地并存在一起。

由社会契约所带来的平安,根本不同于由依托宇宙所带来的平安。并且由魔力而来的保护与其他的保护形式也大不一样。所以,现在让我转到一个对于节庆和地方性庙宇崇拜的更为详尽的描述上去,以此来进一步探讨帝国与地方之间在看法上的差异。

第四章　地方节庆及其崇拜

就一位居民而言,节庆的时间呈现出四种不同认同的可能性。当地百姓认为,节庆的日子在中国每一个地方都会有。在山街,这些日子指的是三个主要的点(元),即农历正月十五、七月十五和十月十五这三天。这三种宇宙观上的划分,被说成是天上最至高无上的神对被称作"天上众神"的那一群官员加以任命的时间。当然,这里所泛指的全中国人,并非意味着所有的中国人确实都会去庆祝,只是说,当地人认为,每一个其他的中国人确实庆祝了而已。就山街而言,全中国人节日的庆祝中,有一种明显是大家都自愿参加的。不管是在家里还是在庙里,烧香的活动不存在一丁点儿的社会压力。

那么,有些节庆的日子,在地方上才会看到的,或者仅在一个文化的次一级群体中才会看到,比如地方庙宇中神的诞辰日之类,对此后面我们会有更多关注。

第三方面的日子就是,纪念行会或者当地人所属的其他协会的保护神的日子。在这些节日中,对同一位神的崇拜,可能会存在不同门派的看法,这类崇拜并非是地方性的或者泛中国人的节庆。拜鸾会、灵魂附体或者是武术会,都是围绕着他们的首领或巫师的启示为中心的,其传统是来自于西方文献中常常称之为"教派"或"秘密"社会的组织,这样的组织会有其自己的一套对于惩戒与入会仪式的排他性主张。

第四方面的日子就是只有在人们的家里才会看到的那些日子。这些日子便是家户祖先逝世的日子。

一座地方性的庙宇,是用来为泛中国的节日和地方神举办庆典和敬拜活动的场所。到了"三元"中前两个元的时候,山街的庙只是在居民们将他们家里的供品带到这里的供桌上并开始烧香的时候才会开启。而到了第三元的时候,这座庙就成了山街最大的年度节庆的中心,成为其地域保护者的中心以及地方性的和文化亚群体认同的中心。

在山街,可以看到有三个其他泛中国人的节日。其中两个是有关土地公的,时间分别是二月二和八月十五。第三个节日,即九月初九,是为了祝贺长寿以及纪念其生辰已被遗忘的那些祖先的。后者在庙里举行。土地公的那两天节日,要将土地祠也容纳进来,但并不包括大型的地方性庙宇。

即使是在泛中国的仪式组织中,地点也有所分化。比如,在帝国时代的台北,七月份中,围绕着"中元",通常会有三个主要的同根庙宇在不同的日子里举办游行。以同样的方式,山街镇便被分成了东西两半,为的是在七月不同的日子里举办竞争式游行。在作为三元第一个元的正月十五的时候,竞争式的灯笼游行也分成了两个部分。这两个部分中每一个部分都有自己的土地祠,而且在 1968 年到 1969 年之间,还一直存在每年两次的对土地公的庆典。

在台湾,土地公受到了店主和其他从事商业活动的人的特别关注。山街东部的"土地公会"是一种宴请的组织,其费用不是来自普通的居民,而是来自较为富裕的店主。除此之外,每天还要有在土地祠里烧香的义务。这种义务包括所有人,这义务实际就是将一块木牌位在这个镇上的这一区域一家挨一家地轮着传下去。

西边土地公的宴席会与东边店主们的宴席会是相对立的。我在

1967年的二月二所看到的参加宴席的人（不如说是喝酒的人），主要都是些工人、矿工和司机。这个镇西半边的居民，相对来说没有什么身份地位的意识，这里有一位医生、一位矿山主、一位矿山中的起重机驾驶员、一位捕鱼捕虾的人、两位茶叶商人、西半边唯一一家食品杂货店的店主。这次宴席是在那一年的主人家里举行，而不是像东边的做法那样，是在吃喝户之一的家中举行。总体上来说，这是一种更小的、更为讲究吃喝交际的以及更为随便的庆贺。会的成员，如果他们自己或者他们的儿媳妇那一年生了儿子，他们就要为宴席贡献一些钱，还要送一些称之为"红龟"的红色长寿馒头，这同时也是一种感谢、注册与保护的仪式。另外，这种宴席上总要有红白两种小馒头，用来给婚礼上的新娘和新郎吃，家里的小孩子也可以吃这些馒头，但要在六月初一献给"床母"之后才能吃。

　　每一个村庄都有同类的宴席会，这包括所有家户的代表在里面。举办宴席的一大清早，大家要清扫村庄周围的道路。

　　土地公宴席会是一种地缘聚落与地方分化宗教的基本单位。

最小的地域：家户及其场所

　　作为一个单位的家户，其界定有多种方式：比如说是一户、一家、一个土地公或者一次地方性节庆的一部分、一个家庭的一部分以及一个场景或者是一个地点。这些界定，并非相互总是没有什么区分，在山街家户随意使用的仪式语言的职能中便可以有这种区分。下面让我们来看这一区分。

　　盖一间房子先要依照年历上的时间来举办各种仪式。盖房子的人与户主之间充满了一种紧张关系，因为这有可能会导致意外的事件发生以及位置上的倒错，从而使盖好的房舍变成一座晦气的或是常常闹鬼的宅院。上房梁的仪式便是两种重要的仪式之一。在已经盖好的房子中，正房屋顶的房梁的中心常常要画上八卦图，这是一种圆形的天宫图。在盖房子开始和结束的时候,要敬拜盖房人的守护神。有时在房子盖好以后,盖房子的人在盖房子时所用过的直角尺和吊线,也都要放回到家户神龛的架子上去。

第二个重要的仪式时刻是在盖好房子以后。这是一种"住进屋子"的庆贺,这可以在房子盖好之后很长时间才举行,因为不像上房梁的仪式,它不只是对作为一座房子的家户的庆贺,而且也是对作为一个家庭的家户的庆贺。其所庆贺的是家户神龛的落成,也是从这里开始第一次对祖先加以敬拜。

有一对拥有一座矿山的两兄弟,其中年幼的兄弟,在他山街镇的新房子盖好以后,三年都没有举办过"入住"的庆贺仪式。这一家是出于庙的节庆目的才这样做的。他的妻子和孩子都住在这座新房子里,但是他们祭拜祖先的仪式,还是在他的父亲和哥哥一直住着的祖宅中举行。另一方面,当赶上祭拜土地公的时候,比如八月十五中秋节的时候,还有,比如当赶上过年时的腊月二十八祭拜地基主的时候,新房子里要摆上供品。并要把土地公放置在一座神龛中来祭拜,这座既往遗留下来的神龛就设在正厅后墙那里,这里未来会有造好的完整神龛。对于其他神的拜祭而言,建起一个作为庙宇区域的独立单元的户,以便每月两次向庙宇中的神兵祭拜,是有必要的。

有时给神供奉的香炉与给祖先供奉的香炉是不一样的,给祖先供奉的香炉,如上所述,是屋子里一个固定的摆设。我就碰到过两个新房子的主人,还保留着他所敬拜的神的香炉,这个神的诞辰日期和画像都是先前的房主留下来的。正是在这同一个香炉中来向地方庙宇中的神烧香。某种意义上,地方庙宇中的神就像土地公一样,是一对一的,与其他神不同,其只管一户。若户主们搬走了,他们也就可能不再按先前地方性庙宇的神的祭日来祭拜了。

土地公和地基主都是一对一的,因为他们都是作为一个场所或是一个地点的家户神。在一个新的场所开始破土动工的时候,常常要通过向这一特殊场所的神以及向其所在的这个地方的神的地界献供品来声明这件事。对于一座重要的建筑物而言,通常要请一位重要的人物来破土,而对一家一户的场所,也需要这样做,即要请带来好运的人来。房子盖好以后,还要再举行一次对地基的祭拜。在山街,甚至在盖用来培养食用菌的塑料大棚时,都要有这类的仪式。

一种地域单位体系中的家户

简言之,作为一个地域单位,一户会有一户的地域保护神"地基主"。在我看来,地基主被描绘成了各种各样的形式,有的被描绘成是一座建筑物自己的土地公,也有的被描绘成一种鬼。对他的祭拜是在腊月二十八,给他烧的是银纸钱,这跟给祖先和鬼烧的纸钱是一样的,而与给神和土地公烧的金纸钱不一样。给他的供品放在厨房的门口或者厨房里面一条低矮的长凳上,而不像献给祖先、神以及土地公的供品那样,放置在正房的神龛旁,也不像给鬼的供品那样,放在房门外面。据说,他就像一位地主一样,新年的供品就像是给他缴的租子。有一个人说,在汉人到台湾以前,这里的土地据说是属于地基主的,为的是汉人来了以后,在使用土地的时候好给他献供。这便使他与汉人没有了认同。但是这并不意味着,他是从本土的宗教中借用过来的一种宗教,福建省家户中也有对地基主同样的描述,而这些汉人要比在台湾的汉人,在居住时间上多了数个世纪。因而,宁可说,他是一个场所的家户的祖先或奠基者。

在山街,灶神在一系列的"恩主公"中是一位不著名的成员。但在中国其他地方,灶神在腊月二十八的仪式中,占据了与山街的地基主一样的位置。他是一位外人,但又是一位自己人,因而就能够将其概化为孤魂的典型,这位孤魂的白骨尚未得到很好的掩埋,这类的孤魂,是指战死于国门之外或者战死于前线的士兵。从另一个方面来看,也可以将其想成到家中来投宿的监察官。

　　我已经注意到,地基主被看成是房子的土地公。但与地基主不同,作为一位街坊邻里的神,不管是在田地里还是在村落中,也就是说在较大的地域单位中,土地公毫无疑问是一位受到敬奉的神。他与孤魂并列在一起,混杂在一起。实际上,人们一般都知道,他是"鬼的皇帝,地方上的官儿"。

　　得到很好掩埋和纪念的坟茔,即生者的阴间世界,是阳间家户居所的反照。它们各自都有自己的保护神。也有将其说成土地公当中的一种。但是,依照刻在每一座坟茔旁边碑石上的称号来看,他广为人知的正式名称叫"后土"。

　　因此在山街,现在有关土地公的一个故事中,就是将他与后土联系在了一起。这个故事讲的是,一位刚刚结婚三天的男子,随后便去服了兵役,后来因修长城而客死他乡。这位男子的灵魂托梦给他的妻子,恳求她来找寻他的尸骨,并给予体面的掩埋。但是当她来到长城脚下的时候,眼前尸骨遍地,因而也不知道该如何来确认他丈夫的尸骨。一位白胡子老人,即土地公上前建议说,如果她划破手指,让血从划破的手指上流出来,凡是遇到能使血止住的尸骨便是她丈夫的尸骨。(有关这个故事,还有另外一种说法,即凡能吸收她在悲哀时落下的眼泪的,那便是他丈夫的尸骨。)以这样的方式,她找到了丈夫的尸骨,并用她的衣服将尸骨收集在一起,一路哭泣着回到了家里。她痛不欲生,眼泪落在尸骨上,尸骨随之又开始拥有了生命。但是土地公认为,单单把她的丈夫从其他的士兵中选出来,使他起死回生,这不大公平。所以,当这位妻子要去找食物吃的时候,他就提出替她保护这些复活了的尸骨。当她返回来的时候,她却发现,这些尸骨又失去了生命。她变得非常愤怒。而这就是为什么在每一座坟茔的旁边,都有一块为土地公准备的石头。为的是确保死者真的死去。[①]

────────────

[①] 有关后土传说的另一个版本可参阅:施舟人(Schipper 1977:661);而把土地妈看成是邪恶之人,因为她让尸骨永远是尸骨的传说故事可参阅:芮马丁(Ahern 1973:203)。

从这个故事而有的坟墓旁边的石头是一种愤怒与怨恨的表征,这是从两个正直的典范,即一位寡妇与一位土地公之间的冲突中产生出来的。

在任何情况下,正如一位男子所指出的:"每一个地方都有一位土地公。这便会出现一些土地公。存在许多种类的土地公。他保护这个地方。他是这个地域的神。"

地方性的神(土地公)

一位老年妇女解释道:"一个人不管是出门在外还是在家里,都要靠着土地公。"在任何由小范围地域单位构成的雀巢一样的等级中,作为一个大的区域的保护者与一个小的区域的保护者、一个街坊邻里的保护者与一座房屋的保护者,这些并非整齐划一地被看成是高和低这样的等级。有的保护者相对其他保护者而言,可能就属于是较大区域的保护者,结果,前者包容了后者,但其命令的相对性大小被看成是保护性力量的相对强弱,而非将它们看成由此而相互联结起来的行政等级中的两个层次。在新年之际,此时此刻便是指上天,即这一等级的顶点。户在天之下,而且恰恰是这一区域。"我曾经听说,土地公既是最大的,也是最小的",一位妇女解释道,"在一座坟墓那里,他只管保护那座坟墓。但是他也会每三天一次到天神跟前做汇报。"正如一位年轻的矿工无礼却有韵味地说出的:"天公,地公,×××,屎桶子王。"

在门外,在天的底下,一方面是鬼,而另一方面是通过控制鬼来保护一个地方的地域保护者。在刻有名字的坟地那里,他们要保护受到纪念的死者不会死而复生;而在乱坟岗中,他们则要保护被抛弃的死者不去烦扰活着的人。但是在门内,即活着的人自己住所房子的门内,这位保护神既是保护者同时也是鬼。

当必须要开始一次农耕以及在耕作完成举行庆祝的时候,要去求土地公来安排年历的时间。在这个小镇上,有与土地公的节日相应的商业活动。在农业和商业活动中,土地公会被用来安排生计。他也体现着安全的出游与户外活动所必须的保险与平安,同时也体现着各种各样的街坊邻里之间的相互合作。这也是调整观念的一部分,即是指通过一种帝国的行政等级而使鬼各安其位的那种调整。

在我询问有关土地公特性的时候,对于每一个人而言,不管他们指的是民国以及殖民政府,还是指帝国的行政,他们都会说,土地公像一位地方官。有一个人所讲的一个故事很好地解释了土地公的概念,他将土地公说成是神的帝国行政之下的一位官员。据向我讲述这个故事的那位矿工说,他最开始是从一本杂志上看到这个故事,后来他就一再地向他的工友们讲述这个故事,工友们听后无不鼓掌喝彩。他已很难记起这个故事的全部细节,只是说"这个故事属于比较严肃的那一类"。作为从前受山街镇资助的一个小剧团的成员之一,在他看书以及消遣当中,便深深地融入到与地方庙宇的宗教有关的文化中去。

这个故事讲述了现在土地公神龛上的在任者从人世间的生活走到那个位置上去的途径。这也说明了,在生者的世界中,宗教式的帝国行政被看成是一种极为灵验的力量。我们可能还会注意到,一旦构想出了一位在位者,那么地域位置的多重性以及土地公这个名字所隐含的帝国行政的观念,便会因为得到确认的个人的单一性而出现混淆。他的位置安排并不清晰明确。他可以是一座祠堂或者许多座祠堂的负责人,但是在这个故事中,他是从安溪县来的一位男子,所以这正好与山街的居民相吻合,因为这里的人口,都是由从那个县移民来的人所构成。

现在的土地公,与老的土地公并非一回事。现在的土地公没有胡须,人们称他是黄礼道,据说是从安溪县来的。在这里做了一位账房先生。在每年八月十五土地公生日的那一天,他都要回家,因媳妇还留在老家。这需要长途跋涉方能到达。路上,账房先生因为天热就停下来,想要游泳。他把自己的衣服放在土地祠的神龛上之后,就到附近的一条河里去游泳。在每一座土地祠的附近一般都会有或者说总会有一条河流。这种行为[即把衣服堆放在神龛上]激怒了土地公,这位账房先生回到家里的时候,肚子便开始疼起来。他的媳妇就问他,是不是在回家的路上做了什么坏事。他说没做什么坏事,只是把他在河里游泳并将衣服放在土地公的神龛上的事向他的媳妇讲了。他的媳妇约莫着可能是因为这件事招来了麻烦,所以就带着供品到土地祠去,请求土地公原谅。随后,她丈夫的病也就好了。

这位账房先生对于土地公为了获得人家的供品而使他生病,深感气愤,同时他看到,阎罗殿的神[天上行政统治的三个主要区域之一]也贪钱。他想着要跟土地公打官司,就去问他的东家,这件事是否有可能成。他的东家就说,要让一位神去阎罗殿吃官司,那是件非常困难的事。但是他还是为这位账房先生写了一封谴责土地公的黄色公文快报,求城隍来做审判,接着把这份诉状放在香炉里点着烧掉了。随后,这位账房先生便去睡觉,为的是使他的灵魂能够离开他,以便可以和土地公一起去阎罗殿面见城隍。土地公在阎罗殿上说,并不是他让账房先生肚子疼的,而且,献上供品也是账房先生自愿的。但是,账房先生说,正是由于土地公同意(通过占卜的木块),在她献上供品之后,土地公默许了他妻子的请求,才让他的肚子疼有所好转。现在就要轮到城隍爷来做判决了。作为土地公顶头上司的城隍爷,实际上是站在土地公这一边,而且他认为,在活着的人的世界中,有人敢冒犯神灵,那个人一旦进入到阴间,也一定是非常调皮捣蛋的。因而,他便惩罚了这位账房先生,在他屁股上抽了四十鞭子。

当账房先生苏醒过来之后,他就向他的东家说,他的屁股痛,并且还要去玉皇大帝那里告状。但是这位东家就说,一个小百姓这样做是没有什么结果的。这位账房先生转去太白金星那里告状,他是在阳间和阴间都支持玉皇大帝的一位秘密的代理人。但是太白金星不敢对这起案子负责,首先是因为,这是一起人告神的案子。因而他便把这件事转告了玉皇大帝,玉皇大帝对此事很头疼。他召来了账房先生,要求他讲出事情发生的全部经过。然后他表扬了账房先生的品德,并接着说,他对神的冒犯盖不追究。玉皇大帝召来两位神,一位是夜游神,一位是日游神。人们都说,日游神与灶君(每一家户中的灶神)是一模一样的,但他却不是灶君。每当你把头抬高三寸的时候,日游神就会出现在那里,他要在各处巡游。这两位神灵和账房先生一起被派到了阳间,并且,玉皇大帝还给了账房先生一枚珍珠。

返回阳间以后,每当账房先生摇动一下珍珠,便会有一大堆的钱从里面摇出来,因而变得非常富有,并且有日游神保护着他。账房先生花钱帮助他那个县里的穷人,因而变得非常有影响,甚至那些接受过他的钱的县官(这在人世间的官员中是很普遍的)都很害怕他。

与此同时,夜游神也转变了形态,成了一个野鬼(其管辖的地域是土地公所管辖的特殊省份之一),随后就去见土地公。他给土地公送上数两黄金,以此来换食物。土地公收下了金子,但却不给他任何的食物,并说他不该向一位神要食物,他应该向人要食物。在这个时候,夜游神现出了真身,并告诉土地公说,他现在有证据说,土地公确实是接受了贿赂,接着便去报告了太白金星。

在阳间,县官派他的护卫去向账房先生要那枚珍珠。但是有人提前通知了账房先生,所以他就携带着珍珠跑掉了。当护卫们到他家的时候,就逼问账房先生的媳妇,她不得已告诉他们说,自己的丈夫已经跑了。接着他们便去追赶,账房先生的妻子紧随其后。在一块巨大的礁石旁边,他们找到了账房先生,但账房先生却从礁石上跳了下去自杀了。这就是为什么人们经常叫土地公为石头公的原

因。账房先生的媳妇也跳下了礁石，并且，她变成了土地妈，转而成
了土地公的媳妇。

在帝国行政中，对于收受多少礼物，或者收取多少额外的税收该受到处
罚以及对帝国统治官员所期望的恰当收入，都没有坚实而可靠的界定。
作为人世间成功地对土地公这位腐败的掌权者加以指责的一位典范人
物，这一土地公的故事戏剧化地表现了此种模棱两可性。

　　要理解宗教地域单位的体系，地域保护神与鬼之间的关系是至关重
要的。因此，对地域性的崇拜中编织鬼的意义的方式（显然是一种反面
的和残留下来的分类）的研究，实际上具有根本性意义。

鬼及其保护者

　　就如在帝国时代人们的所作所为一样，现在山街的老百姓觉察不到
过去的生活与现在的影响之间，究竟有什么根本性的不同。地域行政单
元体系就是对鬼加以控制的一个体系。

　　在山街，鬼常常被描述成"游荡者"，这与帝国要永久加以监视和控
制的各种流民是一类，而偷盗和造反的人，便是从这些人当中产生出来
的。他们并非仅仅是需要有人同情、需要有人加以照看的孤魂。他们还
是断绝了生命的东西，其潜在的力量在神的等级之外，既可以用他们来
做好事，也可以用他们来做坏事。曾讲述过土地公故事的那个人认为，
最有灵圣的灵魂就是没有后代的灵魂。他也称他们是饿鬼。他说他们
会毫无原则地帮助任何一位给他们东西吃的人。

　　在鬼和土地公之间划分出的社会地域的范围中，有祖先和地方上的
亲属，或者是血缘群体以及作为中心的他们所敬奉的神。土地公是从内
部来划定这样的范围，而鬼则是从外部。土地公被看成是当一个人出门
在外旅行和工作时，它会出来保护这个人。地方庙宇中的神则被假定为
是对一个更大的区域进行保护的神。一个人走到哪里就到那里的地方

神的庙宇中去烧香,这种做法已不再是一种弥漫性的谨小慎微,而是一种普遍性的谦恭有礼。

鬼被认为是专门经常会出没于道路、河流和桥梁之上。简言之,鬼意味着道路上的危险,意味着在熟悉的人的领地之外,由土匪、陌生人以及意外的事件所带来的危险,因此招来了使一个人的自我转变成鬼的危险。鬼也划定了家的地方性边界。在山街,对鬼的一个尊称就是"外神"。

在离山街数百米之外,有一条大路。这条道路是通过一条隧道而与其市场体系中的核心地点联结在一起的。此一隧道划定了山街地方性市场区域的边界,并且这一地域正处在山街镇及其庙宇的中心。"通内"(隧道以内)这个地方是广为人知的,人们会到山街这里的商店来买东西,将孩子们送到镇上的小学校里去读书,庙会的时候,大家又来一起参与节庆的活动。"通外"(隧道以外)去的人们通常是指到别处做事情。人们讲述着许多有关这个隧道有鬼出没的故事。有一个被认为会经常出没的鬼,先前就是来自离"通外"最近的市场集镇上的匪徒。他曾经与山街的一位已经结婚的女子偷偷有私通关系,并想着要在元宵节的时候去看这位女子。尽管有一位算卦的人提醒说,那天若是他出门就会倒霉,而且,当时日本警察也提醒过,如果山街的某个人出意外的话,那一定是在晚上。结果在半夜回来的路上,这位奸妇的丈夫便雇了人将他杀死在隧道里。

在这一隧道中的另外一类鬼魂作祟,往往是由某种致命的仪式性意外所造成。有一种仪式,在山街现在已不再做了。这就是道士会用一个稻草人来做驱除"外来鬼魄"的仪式,仪式做完之后,稻草人便被扔掉了,也就是扔在隧道那里。而这丢弃的稻草人就会成为某位受鬼攻击的人的"替身"(Schipper 1985:31)。这个稻草人后来被一位男孩看到了。他踢着草人玩,并向草人身上撒尿。在这个男孩回到家里之后不久,他就死了,身上流出来的是像尿一样的血。

这些都是邪恶的陌生人的故事，对他们可能是去求情，也可能是采取一种恶意的攻击。在文化与社会最外层的边界上，"鬼"就相当于外国人和土著，据说翁公这位山街的地方神，便是在一直保护着那一边界。非中国人的边界，其内部就等于同胞的边界，并在亚文化的各个地域之间做出区分，每一个区域在它的分界处都有以它们地方神的名称命名的保护者。在这类次地域之间发生争夺公地的战斗之后，常常就会建立起大量的为受杀害的人的尸骨设立的祠堂。这些人要么是由于不能够一一将他们辨认出来，因而便不能够回到他们祖先的祠堂中去的那些人；要么就是因为他们过于年轻而无子嗣；或者他们因受强暴而夭折。所有这些原因，最终都会引发灵魂的诱惑、拦截以及不受控制的活动，而所有这些都被称为是"鬼"的活动。这些死者的小庙有时（如果他们是支持帝国军队抵抗他们的敌人的话）会受到官方所撰写的碑文的褒奖，并且还有一些例子说明，这些小庙成为了拜祭同胞群体的新的仪式中心。

在帝国行政的官员眼中，不论是忠臣还是土匪，对他们的同胞而言，魂魄都是慈善而非邪恶的，因而应当受到荣耀而不应当去怜悯。通过特殊的仪式性关怀，如可以通过为死去的人修建一座庙宇这样的方式而将其制度化，这座庙宇中供奉着一位拯救者或地方神，这些死去的人也被认为是得到了拯救。众所周知，这些拯救者的神的助手以及控制鬼的人，他们自己就是受到拯救的鬼。

普度仪式便是给孤魂献祭，这是指大家一般使用的鬼的概念。其最盛大的周期的节日是在每年的七月。这也是一座新的地方性庙宇或是重新修葺的庙宇落成时举办"醮"这种盛大仪式的主要特征。

在庙宇的前面，给鬼摆上他们自己的供品之后，人们便面对着道士为鬼施舍食物。在道士前面的人群当中，许多妇女、小孩、有病的人以及穷苦的人，都在疯抢着道士扔出来的钱币、糖果和糕点。并且在大的节庆上，乞食者有权利从人们放在庙前给鬼的供品中拿他们想吃的东西。吴承汉（Wu 1988：142—143）就曾给出过为城隍和掌管地狱的"东圣王神"举办巡游的实例,在巡游中,人们会雇乞丐和儿童装扮成戴着镣铐的鬼。乞丐和孤魂都要仰赖陌生人的慈善。称他们是"孤",那是因为他们没有能力依靠一种亲属关系中的某位成员,还因为路已到尽头,或者说是缺少办法或意志来做仪式而引导他们走出地狱。

1967年7月,在台北市的一座庙宇中,在为最著名的拯救神之一"地藏王庙"举办的普度仪式上,佛教慈善会,即"六路会"的妇女们,准备好了纸做的象征着念给孤魂听的经卷。仪式结束以后,她们接着还会带些食物供品到孤儿院以及养老院去行善。

对普度仪式更为关注的是妇女和儿童而不是男子,这在争抢钱币和糕点时表现得更为突出,妇女和儿童在此显得重要而又不可缺少。在以父系计算的继嗣体系中,还有落户到丈夫家里的那种制度中(除非她是后代延续的唯一可能,并且她的丈夫会入赘到她家里去),妇女都是形只影单的。依照继嗣和祖先崇拜,一位没有结婚的妇女在她的娘家就是一位外人。她的父母已经有或者希望有个儿子,这个儿子就要留在这一支的世系中。她相反则要嫁到另外的世系支中去,而那个世系支,则是指她在其中早晚会成为一位祖先的世系支。一位已经结婚的妇女便是一个源头,她所婚配的家庭的一个新的分支便会从中产生出来。她还会带来嫁妆,而这又成为一个新的亚单位的开始。她和她的丈夫在婚礼那一天要从他父母的房间里分出来一间单独的卧室,这也许仅仅是暂时性的,但在此之前,他还得要与他的父亲和兄弟睡在一起。简言之,即使她不是一位新来的人,一位结了婚的女子也是分家和一个新家建立的根由。若是她未曾生育子女,她就要么再嫁外人,要么就是承受命运的折磨,即在其死后,她最多不过是一位最边缘化的祖先,而且也是最容易被遗忘的祖先。因此,排在土地公后面的山街家户的神龛中,拜的人最多的神灵便属女神观音,而且主要也是由女性来祭拜,祭拜的目的就是为了生育和顺产以及为了拯救孤魂脱离地狱。

在地狱的帝国审判的图景中,鬼便是芸芸大众。从定义上来看,他们是在神和祖先的结构之外。同时，又是通过神的结构施以控制的对象。人们还将鬼比作匪徒或者比作结盟为兄弟并四处敲诈的年轻人，这些帮会在游行中还结成了民团，扮作神的扈从。所以"鬼"也是神的军队。

　　与鬼相似的流民中的匪徒和帮会，通常并非将他们拿来跟团练画等号。他们更可能与神的士兵保持一致。但是在极为艰难以及混乱的某一特定时代，团练组织会与饿鬼有着更为紧密的相似性。

　　保护村落的团练可能是抢劫者和恶霸、富裕一点的农家子弟，有地或者无地的人雇用这些人来保护他们的财产以及帮助收缴租子、各种费以及税款等等。他们会保护村子里所有农户的庄稼，这也包括那些贫穷的佃户在内，最后收取一定的费用。这与地方性庙宇及其节庆相同之处在于，它们都是由富裕一点的居民和地主施加的一种掠夺式的庇护。

八位地狱的将领操持他们的兵器在捉鬼。这是 1967 在台湾艋舺举行的青山王游行节庆的晚上为一座道观而举办的驱鬼舞。这些年轻人，熟练地舞动兵器，他们组成了凶恶的鬼，通过做出正义的行为来使自己重新做人。

　　比如在 30 年代，广东一个由商业富豪所控制的镇一级庙宇的节庆团练组织便与当地的警察保持着合作关系，这些人本身又受珠江三角洲地区的军阀领导,这些军阀是为民国政府收编的(Siu 1989:84—85)。

在淮河上游以及太行山四周的华北地区,恶霸地主被称作是"阎王",以此来谴责他们让佃户忍饥挨饿的情形,而地方上供奉救世主观音菩萨的庙宇,便成了大家团结在一起反抗这些地主的中心地。为反抗地主的不正义而组织起来的团练,组成了一个叫做"天门"的教派。这里团练转过来抗击曾经支持过他们的地方上的地主以及政府,从而与他们既往的庇护者分道扬镳,在结盟的兄弟之间,都能够保持有饭大家吃、有难大家帮的追求平等的情操,这种情操通过发誓而成为了一种行动纲领。另一方面,地主与地方上的统治者又会组织起团练来保护他们的财产。地主们组织的团练是由教头来传授传统上的武术训练套路,其中有些跟祈求神附体有关,有些是跟气的调节有关,同时还包括通过最初一系列的刻苦练习才能达成的功夫,最后能够承受教头的刀砍,甚至开枪亦不退缩。他们在地方上的关帝庙里会面,或者是建起他们自己的祠堂,这样的祠堂并非一般人所能进入。在他们抗击土匪和其他类似团体的保护活动中,这些团练以"红枪会"的名字而闻名于世。但是,红枪会也能够转过来反抗地方上的统治者和地主。而且必须指出的是,这两个教派的团练都是在保卫他们自己的地方而去袭击和抢夺其他的地方。清朝最后几十年以及民国最初几十年间是极度困乏的时代,这使得流民的地位等级有所上升,后来同样的,土匪组织的地位亦有所上升。

一些年以后,即30年代后期,七月份的普度仪式变成了为抗击日本侵略军而死的游击战士的定期祭日(Thaxton 1983:90,192;和Perry 1980:186—205)。

即使是在平常的日子里,村子里的团练也会与其他由同一教头训练的团练结合在一起,或者是通过节庆和崇拜而联结在一起,而与其他的教派、崇拜和地方性团练相互有冲突。他们自己这一方的人死了,被称之为忠诚。但是,另外一方的人死了,便被说成是掠夺者的鬼。这是他们自己的团练抢夺他人地盘活动的一种投射。

双方都称之为"鬼"，这并非是指无组织那种意义上的孤立。这是指他们处在地方性的忠诚之间以及自我防御与巧取豪夺之间的边界上。

亲属制度与超度体系中家户的连续

若把地域性的行政看成是一个单位，家户便是一个受到保护和受到控制的地方。不过，当我们一旦将其看做是随着时间流逝而处在不断再生产过程中的一个单位，我们就要把亲属制度考虑在内，与此同时，家户的认同便成了救世神的一个对象。

随时间而有的家户认同，是一种对祖先的家的认同。正是从这个家开始，后代的许多家户才会产生出来。这是大家共同占有收入的单位，也是事业兴旺发达的单位。家户选择特定的神供奉在神龛上，这实际上也是在选择使家户兴旺发达的希望。而神两旁的祖先，对他们加以纪念，是因为他们过去的业绩以及那些目前还一直保留着的东西。

在家户的宗教年历中，有许多时间特别用来追忆往昔，以此来保持家户的连续性。像年三十的除夕和大年初一的早晨以及五月初五①便是其中的两个日子。阳历便不只是两个了。它们分别是春天扫墓时的清明以及冬至，对此我已经将其描述为是一次节庆，即把家户本身标定为一个地点的节庆。它们分别指春秋二分中的一个时日。② 在这些时候，

_____

① 这一天在书面上都称作"赛龙舟"，是指竞争的各队之间在水上进行划船比赛，以此来纪念自沉于江中的品德高尚的官员（许多人都说是屈原）。在山街并没有赛龙舟的活动，但是许多家户都要做传统的用棕叶包糯米粽子。有许多人家还会在他们自家的门上和神龛上插上绿树枝，为的是得到保护和使其坚固，这与中国其他地方的做法一致。照与之相联系的神话来看，树枝是一种拯救的符号。因反抗蹂躏而进行起义的黄巢曾对一位身背她小叔子的儿子以及她自己的儿子的一位寡妇说，让她逃走。并且，作为对她严守孝道的回报，她回到她的家里去以后，要在自家门上插一根绿树枝，这样就好让他知道，从而不会去伤害她。
② 尽管他们一直坚持在清明的时候扫墓，在冬至的时候做汤圆，但还是有些家庭选择其他的日子，也就是春天和秋天，祭拜祖先。因为他们说有某位祖先是清明或冬至死的（有些人是用"被虎吃掉了"这样的语式）。

祖先和一个联合在一起的家户同时受到庆贺。一年当中有大部分时间是在其他地方工作和生活的儿子们，有的甚至已经自立门户，但在家里尚未安放好祖先祠堂的人，都希望在这些时候回到家里来。清明要做献祭，同时对于祖先自己的住所也要这样做。修整坟墓时，在冥屋中要献上专门在丧葬仪式上为发送死者而烧的冥纸。清明也是做特别的黏米糕分送给孩子们的时候。

在家户的宗教年历中，有些时间是专门针对家户未来的连续性，这些时间往往是指结婚和生小孩的时候，这些时候都成为了特别的希望与关注的对象。过年的那几个星期以及中秋节前后的那几个星期，被认为是举办婚礼的佳期。这是做打算、预期家户的未来，或者是一个新家落成、一次婚礼以及一个家户神龛迎请的时间。更进一步说，过年以及中秋节的时候，会有很多的恣意放纵行为的出现。比如法律虽然禁止赌博，但习俗上还是许可的。而灯节和中秋节的时候，男男女女都要到户外游玩，而中秋赏月之时，恰又是求爱的极好时间。这些时候，并非是返回到祖先故居的时候。

第三个时间就是七月初七这一天，从效果上来说，这一天与清明完全对立。然而，这是另外的一个夜景，其属于阴历历法。清明则属于阳历历法，其祭奠仪式却要在白天举行。在七月七这一天，那些吃尽苦头的年轻而又刚结婚的女子以及想要找媳妇的男子，在这个时候，只要把一种特殊的食物供品放在面朝七仙女的门边上，他们便可得到同情。七仙女是一位年轻的仙女，依照两种不同类型的神话来看，有的说她是一位纺线女，只有在每年的这个时候，她才能够跨过银河来与她的丈夫牛郎相见。有的说她是七位仙女中的一位仙女，她与一位凡间的人结婚，结果就使她去做永远也不可能做完的累活。据说雨便是她的眼泪，当她在无休止地刷盘子的时候，眼泪便会倾盆而下。

如果一个婴儿已经出生，也要在七月初七这一天给"床母"（另外的名字叫做"救苦救难的观音菩萨")献上供品。① 换言之,在那一天,可以看到一个新的家户早期阶段的形成过程;而在清明节的时候,在祖先的坟地那里以及在他们最年轻的后代那里,所能看到的是极为完整的家,或者说是家户绵延的极点。

作为一个时间上延展开来的线条以及作为一个容纳其祖先坟茔在内的地域性单位,一个家户便被容纳进其地方性的节庆当中。不过作为一种跨越时间的延展,其核心更集中在超度的神及其自身个体性化的历程上面。作为一个地域性的单位,在地域保护者的地方性游行节庆中,它会有更多的涉入。

地方性庙宇

正如我所描述的那样,在一个地域的亚体系中,一个家户的仪式认同不仅与其作为亲属制度中的一个单位的认同有所不同,而且,它还分别与地方性崇拜的一个亚体系中的一种仪式性单位以及地方性的庙宇有所不同。

翁公、仙公和妈祖都是对神的尊称,对于这些神的崇拜,有许多的中心和分支,但在同时,又都能够与传说故事经历中对神的崇拜保持认同。每个崇拜的中心和分支,都是对神之灵验的那种声望的一种特殊体现。每一个都可以说是一些神之灵验特征的体现,即指聪慧、英明和权力之类的特征。这些受到认可的仙或灵,是通过他们的称号或者他们个人在凡间的名称而获知的,对照性的区别就是,其他通过地位和称号而为人所熟知的神,其认同是靠位置而不是靠任何个人化的认同。在山街,这类为人所熟知的神的例子有在三元的时候要庆贺的"三官大帝"以及土地公。人们通常都知道,它们在一个地域性的行政中都占有一席之地。

---

① 另外,农历六月初一和十五也要给床母或观音献供品,以求得子嗣、顺利出生以及保佑婴儿平安。

但是,有时人们会专门讲到占据这类地位的某一位神,比如,有人就向我讲述过关帝公这位受到战争和商业尊崇的神的故事。对这位神的崇拜,在晚期帝国时期,可能是流传最广的,这个故事讲述了关帝公以"上帝"的称号取代了张天师的位置,而这个称号曾经是玉皇大帝的称号。

要么是作为一种力得以展现的意象,要么是作为占据着一个特殊位置的地点,比如一块石头、或是一棵树、或是一块田地的拐角处,神都会因为有某种特殊的力量而受到敬拜,并通过称号和传说而获得认同。如果,这种敬拜增加到一定的程度,对这个神灵的崇拜便会出现分支。比如,现在是台北市一部分的大稻埕老城的城隍庙,便是以其"霞海埕神"而为人们所熟知。因为他与"霞海"这个地方的名字是一致的,在把对他的崇拜转变成一个城市的地域保护者的崇拜之前,移民们从那里将其画像携带出来,并将其当作是一种保护性的东西来看待。作为一个得到认同的神,在大台北市的另一个地方,还有一座分支出来的受到崇拜的庙宇。但是,城隍神作为一种宗教性质的地域行政中的一个位置,像土地公一样,它既没有根庙也没有支庙。它的神龛,与一位受到认同的神不同,其并没有得到扩展和传播。而在一个聚落之处,正相反,人们会自发性地、主动地去建造神龛。

这可以被解释成是在行政首府的城隍与邻里、空地、田地以及村庄的神龛之间的每一个层次上对地域保护者做位置安排。确实,在崇拜的追随者中,除非是包括士绅和官员,否则,为帝国行政本身所认可的城镇与乡村的庙宇,都只会被看成是地域性的神龛。在一个限定的地域中,每个家户都要向地方性的地域崇拜的节庆做捐献,这样的责任,强化了其作为地域保护神的解释。但是,这样一种崇拜,其特殊的医治疾病的力量,也是众所周知的,家户对神给予尊敬,他们所追求的是关心自己状况的改善。更进一步说,作为一种得到确认的神或者仙这样的制度,一种地方性的崇拜成为了从那里的神分香出来的中心。因此,一座地方性的庙宇便是两种宗教制度体系的结合,即地域性的单位以及对一个神化了的个人的崇拜。

构成山街庙宇两座神龛中时间久一点的神龛便是正神翁公。因为它大多时候是指一位地方性的神,所以我还继续用台湾人对这个名字的发音。翁公在灵验上已不再有什么声望了,但人们都说他曾经一度是非常有灵验的,这是指在过去,山街人在防御土著人的攻击的一场重要战斗中所表现出来的灵验。正如现在山街的一位居民所认为的那样,"你不能来了以后,只是知道耕种自己的田地,你还得需要有一位可以信赖的神"。这便是山街人的也是一个新的聚落的神及其香炉。但是,不论过去还是现在,它都是从一座更大的庙宇以及更老旧一点的香炉中分香分出来的一种崇拜,这座香炉位于平原地带的一个城镇,名字叫"大栅栏"。

每一年,翁公的神像都会从更中心的庙宇中被抬到山街这里来,与山街庙中的香炉一起游行,并要经过每家每户的门口。住在大山里的住户,因为路途远,游行没有经过的住户代表们,他们会赶到庙里来烧香或者是与他们在城里的亲戚共同分担这种祭拜。从大栅栏的庙宇中带来的另外一个小一点的神像,它要从山街的庙宇中被抬出来,然后到达山里很远的一个没有自己村庙的村庄聚落那里,这构成了山街庙宇地域的第三级的亚区域。

一旦一种地方性的娱乐场所建立起来之后,山街的庙宇便开始容纳许多其他的香炉,并成为那些参与进来的群体或者有他们自己节庆的群体的一个聚会地点,后者节庆中的神,先是有了这些香炉,随后才请人塑了神像。他们中有一个群体,即与仙公交流的拜鸾会,开始便是附设在这个庙里,逐渐演变,最后有了一个在翁公的庙宇中供奉仙公的神龛。

一座地方性的庙宇,便是许多集合在一起的活动的中心地点。在这些活动中,最通常以及最一般性的活动是通过抽签来做占卜。实际的做法就是摇动六十根签,每一根签上面都写有两个字。摇动这些签,直到有一根签被摇出签筒为止。这六十对汉字中的每一对都可以在一张纸片上找到对应的两行古诗句。一张木板上排列有六十张这样的纸片。求签的人很快就会获得写有两行古诗的纸片,然后就跑去询问专门解签的人,或者是到保存在庙里面写有标准解释的书里去查找。在山街庙宇的仙公神龛那里,也有类似形式的抽签占卜用的签筒,签筒里装有一套专门用来卜问疾病的医签。这里,六十根签的每一根签的药方都写在一本书中,这本书不是保存在庙里,而是保存在一个由庙宇管理委员会的会长所开的药铺里。

庙里的清洁工(她由这个委员会支付给她一小部分工资)常常会在旁边告诉别人正确的占卜与上供的仪式,不过她并不识字,所以不能够帮助释签。定期来庙里占卜的人都是些识字的人,他们常常会在旁边为寻求占卜但又不识字的人释签和读纸片上的那两行古诗句以及解释签书上面的文字。在处于更中心的庙宇中,还有像先前那样,即山街要比现在更具中心地点的作用的时候,一位其本身也是仪式专家的专职管事在这里释签。如果必要,他也会做治病和驱鬼的仪式,还会有更多的酬劳(这并没有确定的钱数,因为这是以红包的形式送给他的礼物)。

地方性的庙宇也是一个用以娱乐的中心,即节庆时的唱戏和游行。在举办上述活动以及对其建筑物加以整修和粉刷的时候,这又成了收款的原由以及收款的总部。当庙宇前面的院子还是重要的集市的时候,这由庙里的管事来管理,并收取一定的费用,同时将其纳入到庙宇基金中去。在1966—1968年期间,这个院子已不再当做集市了。如此便有了其他增加基金数目的途径,比如通过自愿给庙宇捐献以及为节庆游行收取丁钱等方式来实现。不过,这个院子还一直是举办戏曲演出的场所。用来搭戏台的木板、柱子和帆布都放在庙里保存。

山街镇还有一个小剧团。现在这个剧团变成了一个使用传统乐器的戏班子。在山街节庆的时候,这个戏班子的演出是不收费的,但是请他们到其他地方的节庆上去演出,则要给他们一定的报酬。还有就是,谁家掏钱请他们,他们就会去谁家演出。这个戏班子在庙里排练,乐器则分放在戏班子现在的以及先前的发起人的家里。

在山街，翁公无疑是一位地域保护者。不过这里也含有一种对同胞，即福建省安溪县同乡的界定。山街及周围通往大栅栏的地区，其大多数居民的祖先都来自此县。翁公是对神的一种笼统的称号，我是用普通话发音来写下他们各自的称号，即"尊王"和"大夫"。大夫是两者中较为次要的一位，不过他曾经有自己的节庆和一座旧庙，最初与尊王的节庆和庙宇都是相互分开的。通常认为是正庙的大栅栏庙，山街庙的香便从这里分出来，由此建起了专门用来供奉尊王的山街庙。确实，对这座庙的认同更具有排外性。就大栅栏的尊王庙而言，其并非仅仅是一种地方性的、地域性的庙宇。它是与那些姓高的家庭联系在一起的。每隔五年，人们就会把尊王神抬出来，参加绕经大栅栏的盛大游行。1966年的那场游行，前后经过六个小时才完成。这由来自范围更大的台北盆地（山街包括在其中）这个区域的代表所构成，其中，来自安溪那一姓氏的同胞，其人数足以形成一个地方性姓氏群体，从中选出一队人来参加游行。山街的那支游行队伍抬的是山街尊王的神像。

盛大的游行场面以及与之相伴的在此一姓氏各家各户中举办的宴席，这些都可以算成是对同一区域另一姓氏张姓家庭每九年举办一次的游行和宴席的挑战以及由此挑战而做出的反应，此张姓也供奉尊王，不过属于比邻的另一座地方性庙宇。

在确认一种已经变成地方性庙宇的崇拜中，这些竞争式的节庆，所延续的是更为排外的继嗣原则。确实，在土改以前，排外的两座庙宇的庙产是由受尊敬姓氏协会的一个委员会捐献的（余下来的庙产还有人在管理着）。由此而获得的收益，不仅仅用在山街镇的节庆上，而且还要用在家族的节庆上以及用在对这一姓氏家族的地方性家庭的祖先所做的年度性纪念上。

在山街，不论是从数量上，还是从一个组织上，没有一个姓氏群体是特别突出的。但存在有两个初级形式的姓氏协会。它们中有一个就是与大栅栏尊王的姓氏节庆相伴随的每五年举办一次的游行节庆的组织。但是就我所了解的情况来看,这一组织并没有其他的功能。另一个姓氏组织并不与地方神有任何联系。其表现出自己,也仅仅是在这一姓氏家庭的葬礼上,在山街,除了那些以这一协会的名义来送礼和送挽联之外,便没有其他的姓氏会这样做。

所以,至少是在山街,世系上的计算,并不会因为通过姓氏群体的支配,而影响到对庙宇地域的社会界定,并且,来源于大陆某个地方的世系群,对此也不会有任何的影响。一旦某个家户有了一只供奉给神的香炉,那个家户便会被包容进翁公的游行节庆当中来,而不管它的祖先是否来自安溪。

尊王并非是台北盆地的安溪县同胞们唯一的神。台北市两个主要的民间庙宇,清水祖师公庙和法主公庙,最初都属于安溪移民的根庙。但后者是一种地域保护者的庙宇,因而并没有排他性的或者分支性的节庆举行。前者则从初创的家户神龛中成长起来,变成了一种扩展的同胞组织,一直保持到今天。这一组织是由安溪同胞聚落的五个主要区域所组成,其中有三个是轮流负责的炉主,他们要为七月在台北根庙举行的节庆提供香炉。其他两个区域的活动围绕着台北县两个最大的分支庙宇的节庆而组织起来。大栅栏的分支区域和姓氏组织与其他姓氏的尊王庙宇合在一起,大致是与台北市的清水祖师公所覆盖的庙宇地域中的两个地区相重合。游行中很自然会从台北的庙里将祖师公的神像抬出来。并且,正因为根庙里的一尊神像每年都要巡游尊王和大夫这类支庙地域,所以每隔五年都要举办一系列的游行,其中一尊从台北市的庙宇中迎请来的神像与妈祖的神像会一同巡游大栅栏这个区域,游行开始的地点就在山街附近。

简言之,在这一系统当中,姓氏协会是起源地组织的分支,或者相反,起源地组织变成了如地方性地域崇拜这类包容性的地域组织。

这并非是一种匀称的结构,其在大的地域单位之中并无契合良好的亚地域存在。也不要期望,每一个家户都能够追溯到安溪县的祖先那里去,并对每一位神都表以尊敬。这里所表明的全部内容就是,台北盆地是通过根庙及其节庆分香、次级画像的营造以及区域性的组织而被界定为同胞社区的网络。它们的神就是指"祖先神"。丁荷生(Kenneth Dean 1988,第 218 页以下)描述了在安溪蓬莱平原上的一个类似的分支。1987 年举行的根庙祖师公神像的游行中,祖师公的神像便先后在三个精细划分出来的祖先祠堂那里停靠过,它们统称为"神坛"。

当一个人入土的时候,其祖先所在的那个县的名称,常常要刻在墓碑上,"乡"则偶有提及。但这与用同胞的庙来做标志相比,这种区分算是小的。有关坐落于台湾的庙宇,其中心的发展倒是一个问题。祖师公的庙过去大家所熟知的是在艋舺,随着艋舺作为一个市中心的兴起,祖师公的庙也变成了一座大型的庙宇,并有着广泛的联系网络,而位置偏僻的尊王庙,相比就有些逊色了。

相反,在台北市,祖师公的庙宇仅仅是一座同乡们的庙宇,是一座用以表达崇拜的庙宇。它不是一个地域性的保护者,也没有地域性的游行。这恰恰就是山街只有很少的人到场的原因。这座庙宇的节庆,其主要内容往往就是造访一下台北市,时间是在这座城市为其地域保护者举办节庆游行的日子里。

台北主要的地域游行节庆之一就是巡游老城大稻埕。这是一座河流上的码头,在这里,山街的茶叶商人销售他们从山街的山里收上来的茶叶,这里也是山街土特产的集散地。所以,山街较大的店主和商人都要参加其地域性的节庆。他们会受到他们的供货商和买主的款待,这些供货商和买主反过来也一样会在山街重大节庆上受到款待。山街人定期要参加的台北其他的节庆,多是指在台北某个地方举行的节庆。这些节庆,亲戚或者左邻右舍的人都会去参加,人数往往很多,并不限于一个家庭。

除了参加其他地方的节庆之外,还有进香朝圣的活动,特别是在过年之后的那些日子。那些著名的以及大型的庙宇,自然就成为了人们旅游观光的中心。山街的人定期要去参观的五个庙宇之一,就是台北县关渡的妈祖庙,每隔四年一次的游行,都要将神像从这里抬回到山街来。另一座境况很好的庙宇就是在台湾游人最多的妈祖庙,这座庙宇位于宽阔的海岸北港的南部。比邻的就是"指南宫",这座庙宇中的神像,每年在为仙公举办游行的时候,都要到山街这里来。余下的两座庙宇是作为台北市混合的宗教崇拜的中心,这是起源于地方绅士和商人的亚官方宗教文化,并随着殖民的帝国国家宗教撤走以后,又得以兴盛起来(参阅:Feuchtwang 1974)。

地域崇拜与进香朝圣的等级网络,已经在由桑高仁(Sangren 1987:第二部分)对台北盆地另一个地方的描述中得以体现。他更细致地注意到,这一等级与行政的和市场的等级是一致的,并能够系统而又详细地阐明,它也是与市场等级中的前三个中心层次相一致的。但他并不认为,在历史上,一种商业功能是最先出现的,而是成功地阐明,追溯一种祖籍的共同性以及信任而建立起来的聚落以及相互保护的模式,它同时也是一种仪式认同以及一种贸易关系的制度。分香使聚落成为可能,而一旦聚落有了商业活动之后,其又会返回去寻根。在中心的第三等级之上,到最著名的庙宇进香朝圣的路线及其香炉,是与地域崇拜联系在一起的,而跟商业中心无关。在这个层次上的崇拜中心有着自身的吸引力,即仪式上的商业活动,但并非是范围等同的商业或工业的中心。

在台湾各地的调查中,林美容(1986 和 1988)用"祭祀圈"或"信仰圈"来称谓这种由在不同层次上的游行节庆所划定的地域。而很久以前就存在的同样一种仪式地域的空间体系,其在福建省莆田地区又得到了重新恢复。丁荷生(Kenneth Dean)的研究表明,莆田的地方性庙宇的区域是明朝建立的"社"神的翻版:

> 在明朝建立后的五十年之内,在莆田下广东地区,就建立起来了官方的土地神龛,在这些神龛中,有大多数已经和为地方性的神

筹建的庙宇相融合。更有甚者,人们还会抬着这些庙里的神像围绕
着崇拜的边界⋯⋯举行游行。(第6—7页)

庙宇变成了利用租金来支付仪式表演的合同地主,而且还是地方防卫的
民团组织以及诸如修水渠、道路和桥梁这类公益事业的中心。后来在大
陆和台湾都是一样,这些拥有的庙田又被重新分配。不过,丁荷生与林
美容所做的研究证明了这些地域性信仰体系的持久的生命力。

游行与圣诞节庆

　　划分出一种地方性的最盛大仪式的途径便是举办一次游行节庆。
游行节庆的那一天并非年历上所印着的神的生日。这一天并非圣诞,而
是指为纪念神第一次被请到这个地方而举行的一次"迎香"或"进香"活
动。山街镇每年有三个这样的节日。有两个节日是为都叫翁公的两位
神而设的,另一个是为仙公而设。

　　另外,每四年的第四个年份要为广为人知的妈祖举行一次游行节
庆。不过妈祖在这个地域有着特殊而又奇异的灵验。通常她是作为保
护航海者的女神而闻名于世。由于这一原因,并且由于其传记中说她是
出生在福建这个地方,因此对她的崇拜在福建省也就特别流行,早期从
福建来台湾定居的人,常常会向她祈求,并随身携带着她的香灰和神像
越过海峡而到达台湾。不过,在山街这里,祈求妈祖是为了消除瘟疫,正
是由于她在这一点上的有求必应,人们才会举行每四年一次的节庆
游行。

　　两次为翁公举办的节庆游行构成了一个年度。在年初的时候,大夫
的神像(翁公文的一面)在二月初六这一天,会被从这一平原地带的一个
村落的根庙中迎请出来,和山街的翁公一起参与到围绕着这个镇的一次
游行中去。年尾的时候,尊王的神像(翁公武的一面)要在十月十五下元
这一天同样被抬到山街这里来。在台湾这个地方,每一个地方性的庙宇

都有两个这样的节日,分别称"年头"和"年尾"。在这个地域向翁公献祭的许多地方性庙宇,都会有这两个节日中的一个或另一个,或者两个都有,第一个节日是在一月末或者是二月初,后一个是在十月份,这两个节日都要款待从其他根庙巡访到这里的神像。虽然都是在同样的季节,但它们具体的游行日期是不大相同的。所以,这个季节是一个相互宴请的季节,朋友或者是亲戚相互到对方那里串门吃饭,并在各自节庆的那一天,到对方那里去看戏。政府压制并试图减少这类宴请,也就是减少双方社区的代表人数,最终导致年尾的游行合并在一天里举行。

每四年举行一次的妈祖巡游,将山街其他的巡游都结合在了一起。在年度游行的那一天,山街中仅有一个人有资格为仪式做屠宰以及献上整头的猪,岁末节庆的时候,献上的两头猪中,一头是由炉主献的,另一头则是由副炉主献的。但为了迎请妈祖,每个家户想要宰杀一头猪,那些不太富裕的家户头一年就要养上一头小猪,用他们家里吃剩下的饭食来把小猪养肥。另外,为妈祖的节庆所缴纳的丁钱数,是为仙公举办年度性游行所缴纳钱数的两倍。

她是唯一一位有清水祖师公的神像伴随的神,这尊神像是由台北市的根庙中抬出来的。另外护送她的还有三个年度性游行中从自己的根庙里抬出来的神像。换言之,她的游行划分并界定了从最广到最狭小的同胞地域认同的层次,即从福建(妈祖本身)到泉州以及安溪县(清水祖师公),再到从安溪迁来的后裔的地方性聚落那里,最后再到一位专门在山街修炼的普度神,即指附近的崇拜中心仙公那里。更进一步就是,在山街镇范围内,她在不同日期所巡游的地方,在年度的游行中,便成为一次游行的亚区域。

此类地域信仰组织遍及整个台湾,形式多种多样。比如费奥里拉·奥里欧(Fiorella Allio 2000)曾经对台北县的一个较大区域做过研究,其描述了在这一区域举行的对所有神的全部游行节庆,这些游行节庆的巡游活动途经这个地域下属地区的大街小巷。这些下属地区之间恰是共同拥有一只香炉,并且与在山街看到的情况一样,各地的表演队与各地的神祇之间存在一种竞争,但又并非属于同一座根庙分香出来的分支。在山街,在共同拥有香炉与分香之间,在地方的地域节庆与从一座根庙中迎香之间,它们相互的区分并不明显。但是在这两种情况下,游行的节庆活动都是在划定出庙宇的地域范围。

　　游行节日的组织就游行本身而言是一种地域性的界定。山街庙宇周围的区域由三个下属地区所组成,它们的边界也大体与行政划定的边界一致。一个庙宇的下属地区就是由镇本身以及周围的村庄所组成。在政府的行政区划当中它们是两个村,这也是地方政府以及推举乡镇委员会代表的基本单位。这一庙宇的下属地区是妈祖巡游的一个地点,并且是仙公游行节庆所覆盖下属地区中的唯一一个。第二个庙宇下属地区是指一个附近的村庄,这是一个行政村,并且这是另一个妈祖要单独巡游的地点。

　　第三个庙宇的下属地区是个多山而又远离这个镇的一个地方。在两次年度性的翁公游行的日子里,这一偏远的下属地区的人,会抬着经由山街的庙宇而从根庙中请来的属于自己的神的神像。在地方政府看来,这个下属地区就是指三个村。这也可以说是妈祖巡游的三个不同地点。它们当中最先去请妈祖的那一个村,便最先有了四年一次为妈祖举办游行的地方性传统,因而也就保持有妈祖的巡游最先停在这里的特权。在晚清重修关帝庙的时候,那里的人曾经出劳力做过石匠,因而也就共同拥有这座庙宇,根庙的神像便是由此抬来。

　　山街庙宇地域的三个下属地区中每一个地区都有它自己的与游行中的神相伴而行的年轻人的组织。第一个是指乐队班,第二个是指舞狮班,第三个是指舞龙班。由于第三个舞龙班在游行中有自己的神像,所以这个班还是一个有炉主及其助手的组织。余下的两个下属地区都只有一个由十七位代表或称"头家"联合而组成的香炉组织。

　　"头家"是在这十七户户主人家的名单中,经由烧香和木块占卜的方式选择出来的。还有,尽管它们的边界与行政上的"临"的边界是一致的,其选出来的"临"(邻里)的头家适合村一级,但有些时候,节庆上的"临"要比一个行政上的"临"要大。

节庆上"临"的头家有职责要按照所列家户名单收缴节庆的丁钱。家里只有一个人的不用缴,而且大多数新近的移民以及那些穷得没有结婚成家的人也不用缴。在官方的"临"当中有单身户,但除了属于注册登记的一个类别之外,没有别的行政上的意义。

在山街另外一个节庆中,人们也要为尊王、大夫和仙公举办年度性的庆贺,这是没有游行的自愿参与的节庆。在这三个神的节庆中,尊王的节庆是最为盛大的,而仙公的圣诞节庆,一起参与的人数最少,节庆中也不唱戏,不过,就我客居在那里的两年来看,在这三个神中,人们为仙公举办节庆是最积极主动的。

为尊王举行的一次节庆游行

为尊王举办的年度性节庆跟前任的头家联系在一起,这一头家通过新一次的旋转陀螺来决定。转陀螺是在庙里举行,时间是在前一年举办仪式庆典的那天下午。在庙里,当道士连续不断地表演着宗教仪式的时候,人们就向神占卜,由此来选择究竟谁是头家中的第十七位头人,以此作为下一年的年尾节庆上代表这个地域的人。这十七位头家中的每一位都代表着五十到二百五十个生活在这里的人。头家来到庙里,将他所在的那个"临"的所有家户户主的名字都写在红(表示吉利的颜色)纸上,而在每个户主的名字下面则是当时生活在那一家中的男性和女性的数目。在某个山街镇的"临"中,一家户主成为举办一次节庆游行的头家的机会,大约六年才会有一次(一个"临"的家户数目平均是二十户,而年度的节庆游行的数目是三次,每隔四年还会增加一次)。当然,要成为炉主,那机会就更少了,大约是少于十七次到十二次之间(十七是指头家的数目,在年头和年尾的时候,要从这十七人中选出,而十二是指在为妈祖和仙公举办游行中的头家的数目)。尽管这种经历本身是由他与儿子和兄弟甚至旁系亲属所共同分担的,也就是说他可以将他的责任分派给这些人,但是,除了孩子们之外,还有许多人从来就没有过成为头家的经历,而当炉主的经历,那更是许多人未曾经历过的。在山街住的时间越久,成为头家的机会也就越高,相应地这方面的信息也会逐渐增多,而其中所包含的社会压力以及所表现出的奉献精神也就越来越强烈。

在庙宇的前殿中,选头家的活动会持续整整一个下午。这一天,庙里会悬挂上道教圣域调解人的画像,即"三真人"的画像。神龛的桌子上放有供品以及道士做仪式用的工具。空气中弥漫着管乐、锣鼓以及道士在仪式上念咒语和迈步时摇晃铃铛的声音。这里因为有无数道的阳光从门廊下投射进来而变得明亮起来,阳光正好落在殿堂的里面映照在石地板上。这里还弥漫着烧冥币、烧香以及抽烟的烟雾。人们站在神龛的桌子旁边,为的是不碰到道士,而头家则携带着那份名单,来到神龛这里,通过用木块向神占卜,来选定下一年的代表。

节庆期间,这种仪式要比庙里所做的任何其他仪式都会吸引到更多人的兴趣和注意力,而不管他们是否是参与者。占卜用的木块有两块,形状像弓成杯状的手,两个平面对在一起握在手里,在木块的外缘有些雕刻。在通过烧香做了些沟通之后,手要握着这两块木块,握木块的姿势与上香时的姿势完全一样,并要彬彬有礼地表示致谢、感激或致意。在把它们放在手里摇晃的时候,并且是在火焰越烧越旺的时候,将它们从熏香的烟雾中传出来放到神龛上面,之后便可以陈述问题了。问题的陈述既可以是喃喃自语,也可以是清楚地表述,随后再将木块举起摔到地上。摔到地上之后,若是其中一块是有雕刻的一面朝上,而另一块是光滑的一面朝上,答案便是肯定的。这是宗教式交流的最普通形式。三岁的孩子都会学做这样的事情。在其他还没有做这种占卜的人以及一些对此感兴趣的围观者的观看之下,每一位头家都要对他手里的但不是他自己的那份名单上的每一位户主进行卜问,所要问的就是,此人是否为明年的头家,然后将木块扔出。如果回答得到肯定,他就要在这个名字的上面用一支燃烧着的香烧一个窟窿,随后对同一个名字再扔一遍。到最后,他手里的那份名单上的名字,便有了许多用香烧的印记,这便是说,连续卜问下来,得到肯定次数最多的那个人,就将成为他那个"临"的头家。

在这选举出来十七位头家的名单中,用上述同样的方式从中选出炉主和副炉主。一旦这件事做完之后,由一位负责那一天财务和各种杂事的人在红纸上写出炉主、副炉主以及其他十五位头家的姓名,这个人全天候地坐在神龛庙堂前的一张桌子旁,他一共要写出十八份。十七位头家各持一份,最后有一份张贴在庙的前殿的那面墙上。

这十七位头家的第一次活动,就是正月十五这一天在炉主的家里聚会。在那里,他们每一个人都要捐上一份钱,并在保管这些钱的炉主家里吃请。走的时候,每一个人都会捎上两个乌龟形状的红馒头。据说一旦这些馒头上过供以后,再吃下去,就会给人带来平安和运气(红色代表运气,乌龟代表长寿)。这里是在炉主家的房间里给天公上供,这时要在山街的道士帮助下,由炉主、他家里人以及已经任命过的庙的会计一起来上供。

在接下去的几个星期之内,头家就要到他们各自的邻里的每家每户地去收"丁钱",1966年那个时候是每人三台币。这个钱数针对每一次节庆游行又会有所不同,如在1967年的时候,仙公的节庆游行要缴两元五角,而妈祖的节庆游行则要缴四元五角。收上来的钱要交到节庆那一天的会计手里。每一个头家所收上来的钱数以及花费的钱数都要由会计记录下来,并在每一次节庆之后,将其抄录在红纸上,贴在庙前的墙上,张榜公布。

在举行节庆的前几天,头家要避开参加葬礼。如果在那一年里,不论哪个时候,他自己家里或是交往甚密的人家里举办葬礼,他又不得不参加,并且有些还是非常令人悲痛的,那么,他就要放弃头家的位置,而选另外一个人或者是其他"临"的一个人或朋友来代替他的位置。

他下一步要做的准备就是,在节庆前夜到理发店去理个发。到了节庆那一天,装束利落之后,他和他的家里人,要在庙外搭有棚子的台阶上摆放一张桌子,桌子上面摆有供品。因为这些供品是拿来做公开展示的,所以就要比在家里摆放得更为奢侈,这里其余桌子上的供品也是一样奢侈。在仪式的特定时间,当道士围着头家的供品绕过来以后,即开光,这些供品就变得干净了,人们又把供品带回家,准备晚上宴请时吃。在道士绕的同时,头家们手里拿着候选人名单,挑选来年的代表。至此,一年的轮值的循环就算完成,下一年的循环又开始了。

在选头家时,另外有趣的是这样的事实,即某个人会想着在下一年的节庆上,花更多的钱来捐肉以及其他供品。在选炉主和副炉主的活动中则更为有趣。人们期望他们每个人都会为游行请上一支乐队以及舞狮队。除此之外,他们每一个人还必须要在节庆的清晨,宰杀一头猪作为供品(这头猪通常是一头公猪,并在其交配之前已被阉割),然后剃光猪身上的毛,并在猪身上做些装点,然后将其放在紧挨庙门外放有其他供品的桌子旁。

选头家的程序本身是平权的,但就性别的情况来看,由于中国人亲属制度上的习惯,户主都是男性。所有户主的名字,都要平等地放到神的面前。接下来,便有了偏见。这属于外在的。虽然,节庆的丁钱是从每家每户中收缴上来的,这里不包括单身的家户以及信仰基督教的家户(其不在到神面前进行选择的名单之列),但是,最穷的人,因为他难以承受将来成为头家的额外费用,而且真要是做了炉主,还要再增加一倍的费用,因而,这类人就被省略了。所以,这里对于富人便有了一种偏爱,这是在山街人的头脑中根深蒂固的对成为头家的偏见,至于当炉主,那这种偏见就更加根深蒂固了。但与在较大的乡镇和城市里为一次盛大的游行节庆选择头家时的那种实力相比,这实在是小巫见大巫。那里不需要家户的名单。要想当头家的人，都要毛遂自荐。占卜的木块仅仅是用来从他们这些人当中选择出炉主来。由于在人们心目中，这些城市节庆中的头家的花费是非常高昂的，所以只有最富有的毛遂自荐者，才可以成为地方上的保护者。

选头家的方法本身就是一种代表制民主理想的具体体现，但是其代表也一定是一位保护人，就像把一位神看成一位保护人那样，在其面前来选代表。以平权的原则来进行选择，并有上一年的头家在场，这些对这位头家而言，都是一种社会性认可。不管他对于神的责任的信仰和情感的强度如何，他都要经由公开的方式而被挑选出来。正月十五在炉主家里举行的聚会和宴席以及他所捐的钱，都将他置于头家这个圈子之内。当他收取丁钱的时候，在他那个"临"的各家各户面前，他便是以头家这样的角色出现的。而在节庆前一天，他还要进一步做出承诺，自己要拿出钱来准备好供品，然后摆满一桌子，并在节庆那一天，在引人注目的中心地点来展示这些供品。

炉主承受所有的压力，头家需要的投入，炉主都要有，并且还要更多些。他要负责节庆的全面安排，像挑选（尽管通常是重复用先前用过的人）和雇用道士及乐师、会计、游行表演队、他自己的或者说舞狮表演队、剧团、庙的伙房以及运送迎请来的巡游的神像。他要负责选定两个演出剧目，并且还必须要查看食物的数量以及道士带来的做仪式用的器具，要查看厨师和伙计的情况，还要查看会计记录的节庆那一天的账目。

出来巡游的神像要雇车来运，然后放置在庙的前殿神龛的桌子上。上午过了有一半的时候，人们会请出一尊小一点的神像，并将这尊神像固定在一抬没有盖的小轿上，然后抬走，边走边燃放爆竹，有一面旗子与之相伴随并要敲打着鼓和钹。大的神像是固定在一个让人肃然起敬的地方，这就是在一抬有盖的大轿子后面的中心位置，这抬轿是从保存它的庙的前殿中被抬出来的。在轿椅的旁边以及在这尊像的前面有山街尊王的神像以及当地的土地公、妈祖和仙公。在这抬轿子披上红布之后才抬出去,前面有两队人开路,一队是乐手,他们吹奏着唢呐、敲打着锣、鼓和钹;一队是舞狮子的。这两支队伍都用燃放爆竹和高举旗帜来提示他们的来临。在轿子的后面,由炉主抱着尊王的香炉,要么就是由他家里的或是近邻家中的一个人来抱着香炉。另一个人会帮助他将香递出去,用此来换回每一个家户在游行的队伍经过他们的家门时供奉上来的香。游行的路线要经过山街镇的每一个家门,然后到达村落一级的下属地区,最后再返回来,这一过程前后要用两个多小时。游行先要到达这个镇通往大栅栏和台北的公路边界上。那是官方意义上的起点。在那里,会有庙会的会头以及选举出来的乡长加入进来,当时这个位置是由山街镇的一个人来担任。他们尾随在轿椅后面,只走了一小段路便打道回府了。其他的人会加入到这次游行中来。求神还愿的人殿后,跟在轿椅的后面,手里捧着燃着的香。

与此同时,厨师和道士开始做他们的准备工作。大多数游行节庆都会请另外一位道士来帮忙,他住在东部深山里。他们会将道教的帝国式宇宙观的画卷挂在神龛周围,并摆上供品。当节庆的队伍返回来的时候,宗教的仪式便开始了。

除了成为安排节庆以及在游行中分配香的总管之外,不算宗教实践者,与任何其他的人相比,在宗教活动的等级上,炉主最有可能被看成是这个社区的代表,而不管他个人的宗教信仰究竟是怎样的。其他的头家只需参加一次庙里的仪式活动,即选下一任头家的那次。在节庆期间,炉主要把摆在庙门边为天公准备的香炉带回家去。副炉主带回家的是尊王的香炉。在节庆那一天,炉主必须在道士为他表演仪式的时候,在某些专门的重要仪式上来代表他所在的社区。实际上,这些仪式并不限于节庆这一天,这里的仪式首先出现在正月十五"上元"这一天向天公做汇报上。

在游行这一天,他会亲眼看到一系列的仪式表演,这一系列的仪式把人们平时混淆的仪式与神祇区别开来,若他顺从了道士们所使用的对神正式的书面语称呼,那他就能顺从所有口头语称呼背后的多重认同。他无需从头到尾都参加仪式。但是如果需要,道士会提醒他定时参加下列的仪式活动,如道士一旦恭请来玉皇大帝,开启了天地之间的交流,这时便会有一种向神宣告地点、时间和场面并邀请他们参加的起始仪式;(道士随后在庙里建立起他的所谓小宇宙的圣域,依照法师所属的道教门派,通过标准化的道教中介而达到"太一")。随后,在米桶中点燃油灯的仪式被称作"斗"灯,这体现了节庆上所代表的整个地域的星像上的吉运。其所划分出的是"整个地域的安宁",与其他的告示和旗帜上的说明意义是一样的,并且是以炉主和副炉主的名义来这样做;(在神龛的另外一侧还有一只米桶,是道士专用的。当在他不再用自己的那些法器做仪式的时候,就把它们放到这只桶中,而那些放在庙里的法器,一般不放到这里面。并且,他还会在做仪式的过程中说,这就是他的师傅的体现,也是他的师傅将道教衣钵传授给他的体现);然后是以下面这样的顺序来请神分享供品:三界公、保义尊土和保义大夫(翁公的正式称号)以及"烈神"(即杰出的神,这是一种习惯叫法,在这里是指,特别把这座庙里所敬拜的其他诸神也包括进来);最后在庙的伙房里单独给灶君上供,神龛上的供品是熟食。

食物供品不仅摆在庙里神龛的供桌上,也摆在庙外头家的供桌上,即在庙门口及院子周围。除此之外,在头家所占的十七个位置那里,一样的供品已经堆得很多。炉主在道士为头家的供品开光的时候,要跟在道士后面。

道士在向神做祈求以及表示纪念的诵经的同时,供品也越献越多,这是对他们的恩赐表示感激,祈求他们的保佑,通过朗诵出这十七个位置中哪位户主是官员,哪位是祈求者的方法来向神汇报。当他读这个名单的时候,炉主必须站在他的身后。随之焚烧大堆的冥币来表示纪念。最后给神的军队和官员上供,另外就是给孤魂上供。然后再由道士送走神祇。供品被打扫干净,头家的桌子也被送回家去,这时各家各户的宴席便开始了。集体性的仪式至此便告结束。

圣诞节庆:仙公与尊王

在农历四月十四日仙公诞辰日的时候,要由一位和尚而非一位道士来做仪式。通常对一位单身信佛并吃素的女子而言,在她出嫁离开庙以及没有被替换之前,她都会住在庙里做些准备工作,并帮着做饭。这里只选了八位头家,也没有什么礼仪。在这个情景下我看到,家户名字的选择并不是从预先准备好的名单中读出来,而是凭着记忆说出来,最先有三次、四次或者五次肯定答案的人便被选定为头家,这个数字是随头家个人的情况而变化着来投出占卜的木块,并书写下头家的名字。这里偏见就出现了,结果是倾向于那些容易被记住的人。就这一节庆而言,并非头家来发动各种活动,节庆那一天也不是从他们那里开始,而一年接一年的轮值也不是由他们来做。这是由庙管会或者还不如说是由庙管会中那几个对仙公无比忠诚的成员所决定的。正如我们会看到的,在此节庆而非游行节庆上,或者说是在尊王圣诞的节庆上,庙管会才正式有了充分的表现。

山街的两个圣诞节庆(大夫没有这一节庆),没有一个要头家来收钱,或是在庙外桌子上展示供品。他们仅仅是给庙里神龛的供桌献上"牲礼"即可,即三五块猪肉、酒、甜食、茶和水果之类。在家里做供品,并没什么压力,而其他的时候,便有压力,比如在给一次游行节庆做供品的时候。尽管圣诞节庆的时候,神会吃某些特殊食品,如在尊王的诞辰日,他要吃肉和红馒头,而在仙公的诞辰日那天,他要吃素食,并且要在庙里面做,庙里面吃,但是,这些时候都并非宴请的日子。在仙公诞辰日供奉的肉是给"烈神"的,这必然作为一种礼品而容纳到庙宇的供品中去。正如其他宴请的日子一样,这些都是这个地域的神而非那一天的正神。在给他们上完供品之后,用肉来给孤魂上供的时间,要比在尊王圣诞那一天给孤魂上供的时间长。在山街,作为圣者和仁慈神之一的仙公,既没有肉供,也没有军队。相反,尊王和妈祖都有肉和军队。

所有花费,包括尊王圣诞那一天上演的大戏,上供用的红馒头,在仙公圣诞那一天吃的素食,再加上请道士,这些都是由自愿捐献人来提供的。对尊王圣诞那天庙里上供方式的简要描述,会进一步说明仙公的圣诞与尊王的圣诞之间,甚至是节庆的圣诞形式内部的分殊。尊王圣诞时,那八位头家中的炉主负责买红馒头以及聘请剧团,不过这些花费源自到庙里来的人的捐助,并通过投掷占卜木块的方法,来决定是否可以拿走神龛供桌上摆着的红馒头,如果占卜的结果说允许拿,那就可以拿走一个红馒头。以这样的方式带走的馒头,吃下去就会带来平安和好运。把一个馒头当成是来年费用的一份,以此来计算捐赠。这种馒头叫做"大龟",实际上,它们中有某一个就是做成乌龟形状的。另外一种红色馒头的供品也要在这一天做,但这不是由炉主到做糕点的师傅那里去订做,而是要由那些去年求过神保佑的人自己买来。一旦馒头摆到供桌上以后,其他的敬拜者便会在馒头上做标记,算是预定的供品,一直到圣诞那天结束每一个人都把他们所要的馒头带回家为止。要馒头的方式是把燃着的香插入馒头中。带走一个馒头,便是寻求一种保佑,并会许愿说,如果这一年生意兴隆,他就会在来年带一个双倍的馒头回来。

这种馒头供品叫"香片"。这种供品的账目单独写在一个本子里,账目上常常写满了捐献者自己的名字。一般都是随便由某位管清扫庙堂的妇女来做核对,她自己并不会写字。这时我看到做核对的一位会计在核对账目,他大多数的时候是做吹奏手,是山街演奏班中年轻的吹奏手之一。庙管委会的会长并不来这里核对账目。

相反,正像所有游行节庆的日一样,仙公圣诞那天,这位会长确实要去核对账目。仙公圣诞那天共捐款 3 449 元台币,节庆花费只需 1 560元。余下的钱就写成"神额",由会长保存,暂算作修葺庙宇的一项预留款。

　　我所看到的仙公圣诞节庆,节庆事务是由另外三位庙管会成员着手操办的,他们中没有一位是头家。其中有两位是从事茶叶种植和贸易的两兄弟,家里相对比较富裕,第三位是种稻谷和茶叶的农民,他在台北市销售自己种的茶叶。他们彼此商量着把余富出来的桌子挪来挪去,最后摆放好,他们还要清扫庙堂,并商量着为仙公和天公举办庆典的时间和顺序之类的事情。过了一会儿,庙里打扫院落的人也会进来帮忙。这时,第一批上供的人,带着供品陆陆续续就到了。在这第一批人当中,有一位也是茶叶商人,不过现在已经破落,并患有肺结核病。他既是一位庙管会的成员,也是一位头家。随后他便留下来负责这一天的记账。

　　捐款人一般都给二十到一百元的现金。作为回报,他们会得到一块用粉红色的纸包裹起来的小饼,这叫长寿饼。他们中有许多人在过去都曾为他们的孩子向仙公寻求过保佑,其做法便是把孩子送到仙公那里去,就像是仙公的孩子一样,人们一般也都这么叫。这种方式与认一位名义上的领养父母的方式是一样的,先要给一点礼品,对仙公而言,就是要给冥币和供品。仙公则"给"孩子大米粥喝,实际就是,在把礼品献给这名义上的父母之后,真正给孩子粥喝的人是自己的父母。而名义上养育的父母,总是有福的人,也就是说,他们自己要有许多能够养家的长大成人的子女。如果这种关系持续下去的话,他们便可能成为孩子上学、结婚、工作或商业活动的名义上的资助者。真正的父母反过来必须要宴请孩子名义上的父母,而且,孩子们要去参加名义上的父母的寿辰和丧葬的仪式宴请活动。由于有仙公作为名义上的双亲,所以山街一座矿井主人的妻子,她同时也是庙管会的成员,就告诉我说,对于宴请,完全不必有什么担心,只要在他生日那一天,向他表示一下恭敬便可以了。那一天我算了一下,在其名义上的孩子的父母中,有三分之一是庙管会的成员,他们都可能是做名义上父母的目标。另外三分之一的成员,给的是一般性捐献。还有,为了用捐献现金来换粉红色的纸包着的饼,每一年仙公的每个孩子的父母,都要重新更换一个香袋,并将此挂在每一个受仙公认养的名义上的子女的脖颈上。

庙管会会长的母亲,她也是上一次重修庙宇时主要发起人的妻子,会在现场向捐献者建议,在哪里以及如何摆他们的供品。在早晨的大部分时间里,她和前面提到的种植稻谷和茶叶的那位农民负责更换香。

庙管会的会长本人(也是山街镇学校的负责人)会到这里来烧香,并要与委员会的另外三位成员一起在和尚的身后站上一会儿。当和尚鞠躬的时候,他们也要鞠躬。当和尚跪下去的时候,他们也要跪下去。这一天以及九月初九那一天,同一位和尚还会来,他要为认捐的家户建立起一个"斗",这是我所看到的唯一一次学校的负责人参与到庙宇的仪式中来,甚至还烧了香。

对于站在和尚身后的庙管会成员而言,重要的关头就是,和尚念到过去委员会的全体成员的名字,以此来表示对天公、仙公、佛和观音尊敬的时候。此时此刻,对天公要做的就是,需要把捐款人的账本合起来,然后把账本中所有人的名字一一朗诵出来,并通过仙公来向天公祈求保佑。

1967年在那个种植茶叶人的家里,举办了一次别开生面的"表"的仪式,"表"写在一张单独的纸片上。在过去几个星期里,这个家庭年老的户主,胆结石的病痛发作,对这种病,这里的高医生有特效的医治办法。后来这位老人又跌了一跤,结果扭伤了脚。"表"的仪式是为了为他祈求健康,而且是他的老伴和儿子为他安排的单单是做仪式的一种治疗。他的老伴在和尚念颂科仪"金光明常齐天"的时候,就从为天公烧的香中拨出一杯香灰。这位老人的三个儿子对此很不以为然,但还是帮助她这样做了。接下来,表的仪式就是烧冥币。下午晚些时候,在庙外诵读新抄的表,并面朝外给孤魂献上施舍的供品。在做这两种仪式之间,来参加求神的人,要吃两顿素食,还会劝任何外人都来吃。这些饭食叫"[礼仪性的]吃仙公"。

九月初九那一天所做的以及提供的素食也有同样的叫法,尽管这并不是在仙公圣诞那一天。这时要在其神龛上建起一个斗,要由和尚念诵

《金刚经》,以此来策应同样的一种表的仪式。这一天的节庆就是所谓的"礼斗法会"。

一个"斗"便是一组象征,其代表着一个家户或者一个更大的集体单位的运气、命运或者是宇宙的状态。在游行节庆上,有一个为整个社区的地域而设立的"斗"。但在九月份的时候,表上面所列的名单上面的家户是要来在上面登记并捐钱的,而对庙管会的所有成员的家户而言,便没有必须要参加而且捐款的特殊要求。这一天相比仙公圣诞那一天,其他的山街人几乎很少参与,许多人甚至都不知道每年的这种庆典仪式究竟在庙宇的哪个地方举行。但是精确地说,积极主动地参加阳历 5 月份举行的四月十四庆典仪式的人,恰恰就是那些同样积极主动地参与到五个月以后即阳历 10 月份举行的九月初九的庆典中去的那些人,这些人便是:学校的校长和他的母亲、另一位茶叶种植商以及他的妻子和儿子、他们在茶叶交易上的朋友以及那位稻谷和茶叶的农民。

仙公圣诞和"斗"的庆典,仅仅是在山街的庙宇中举行的两种佛教庆典仪式而已。在这两种庆典仪式中,仙公完全得到认同,并且庙管会也认同他。特别是那位学校校长,他是把仙公请到山街中来的拜鸾会会长的后代。他作为庙管会的会长,虽说敷衍塞责地举办过几米长队伍的游行,那也是与尊王的道教庆典仪式有关的。

在这里所使用的"佛教"与"道教"这样的词汇,都是有特指的,而非任何传统意义上的正统纯正的那种。作为一组象征的斗以及仙公的传说,从起源上来看,都是属于道教的。可能作为一位统治党的党员以及学校中官方文化的行政人员,由于其把民间宗教看成是迷信以及反宴请的告诫,这位作为会长的教师,更有可能支持和参与到像仙公这类的圣诞庆典中来。

集体的保护与个体的成长

那么,在山街便有两种庙宇仪式的节庆模式。存在尊王这样的游行节庆,其更强调共同性和地域性界定。还存在仙公这样的圣诞节庆,其特别强调单个家户的自我选择。

这里存在节庆及其头家与公共的庙宇管理之间的一种分离,并且庙管会一定是与仙公结盟的。但凭着其完整的节庆时间表,这也是整座庙宇庇护人的委员会,翁公的庇护亦包括其中。所以,在地方性的宗教形成中,对于仙公的认同,是一种内在的过程。

地方性的地域保护是一种崇拜,这种崇拜是靠在地方上获得最高身份意识以及最大的尊敬来作庇护,但是就与控制和利用鬼的力量密切相关的节庆而言,这些保护者的身份意识却丧失殆尽。对仙公新出现的崇拜,特别是圣诞节庆而非游行节庆,更适合这一说法,因为这里的核心,更专门地集中在单个的家户及家事上。在全部的民间仪式中,人们选择有拯救力的神以及家户来作为一种时间上的延展,利用祖先以及对社会尊敬的期许而与他们自己分开。

不管是通过仅仅作为一个位置而为人所熟知的地域保护者,像土地公,还是一位更受认同的保护者,像在地方上地域崇拜节庆中受到庆贺的那些保护者,目标都是要达到神的等级的顶点,甚至还会吸收一位等级最高的神来作为地方崇拜的对象,从而把民间地域保护者的体系带进与帝国崇拜以及与帝国和民国官僚自身保持一种特殊关系的体系中去。如讲故事的人的陈述以及对陌生人的询问的回答那样,它们显然是依照帝国的等级而得到塑造的。但是依照那种等级的官方权威及其国家崇拜的权威来看,平民百姓在他们地方性崇拜中选择高等级的神便是一种反常。而另一方面,获得官僚的统治以及不经过低位置就达到高位置,这可能就要靠贿赂、靠个人的接触或者说是靠祈求来获得,过去是这样,现在依然如此。前两种手段属于不正当,而后一种途径则求助于一种正直与公正的权威,与此同时,这也是一种更有力量的保护的补充。政治保护的民间观点,遍布于地域崇拜之中,由此而遍布于每一种实践活动之中。然而所有的统治者都把这些看成是反常的,因为它们是能够替代实际的政治渠道的模式和组织。

　　在土地公那里所展示出来的对民间的、由上而下的监视以及对出生、结婚与死亡的登记，其所代表的是保护者对鬼的监视和登记，这是与管制以及国家崇拜本身的正统极为相似的。像仙公这类有着泛华人吸引力的并具有统合能力的拯救神，都是鸾书道德簿（spirit-writing morality books）中记载的典范，并很容易为渴望有官方政治地位的地方崇拜的保护人所喜爱。一方面通过压制鬼，另一方面又利用鬼，由此具有了军事支配能力的地域以及起源地崇拜的游行节庆，显然算是最为反常的。

第五章　香炉：交流与尊敬

我曾问过山街杂货店的老板和他的伙计如下的问题："在修此庙之前，人们都到哪里去上供？"他们两个人都擅长给他们的邻居和顾客提供仪式活动方面的建议。他们回答说："那时是没有必要去庙里的。每一个人都是在他们的家里上供。"

家里最简单的神龛只有两个永久性的装置，即一只香炉和一对占卜用的木块。大多数的香炉一般都是一只上了釉彩的陶质或瓷质的碗，碗底放上沙子或谷壳，在这上面铺上香灰。香是一炷炷地点。在正式敬拜时，人们会用同样的姿势举着香，这姿势便是双手合拢，两个大拇指挨着压在相互并在一起的两个食指上面。在敬拜时，要把一炷香插在大拇指和食指中间。然后将这炷香插到谷壳中慢慢地燃，香灰便落在香炉中。

烧香跟正式的敬拜一样，对其含义，人们一般都会说："烧香便是请(神)"或是"一种彬彬有礼的习俗"、"一种尊敬的信号"、"自由的交流"、"好像是发出一张请帖"或者"好像是敬上一支烟或者是一杯茶"之类。这是最高的礼仪，因为它向某个人显示了谁是能力卓越的，并会解释说，此人现在可能就是一位重要的人物，因而要好生对待。烧香跟最底层的尊敬方式就联系在了一起。有一个人就说，香是把人跟神分开，就好像是到了一个隔板后面(对神)说话。那么,烧香就是通过形式上的尊敬而达成的一种自由交流,往下说,就像是一位主人对待客人,往上说就像是臣民对于皇帝。

伴随着烧香的是香客们相互的问候以及共同进餐。初看起来,在他们中间以餐桌的形式来庆祝集体性和平等性,这似乎自相矛盾,难以理解。特别是遇到围绕着一只香炉而组织起来的组织,比如像兄弟会、秘密会社、同学会、同乡会或同业公会等团体,情况便更是如此了。① 在台北市地域保护神的节庆上,坐在一张餐桌旁的一个人就说:"明天你可能当了官,而我还只是一芥草民,但吃饭的时候,我们大伙却是平等的。"因为烧香是一种表示尊敬的形式,并且看重的是一种两人之间的以及等级性关系,所以说在神的面前,大家都是平等的。

在香烛及其烟的意象中,循着一种交流的脉络而划分出一对主体,这是显而易见的。人们向我解释说,通过烟雾向上盘旋的方式,神显露出交流的意志。香的气味到达神的意志那里,而烟雾指引着他来到人间,去处理在那里发生的事情。某个人在提到神及其模样的时候会说:"神端坐中间,在你烧香的时候,他的眼睛睁开,并开始注意你。"在一个人手举着香的时候,他要呼唤那位神的名字,同时报上时辰,交流由此开始。这个人还要把自己的姓名和住址都呈报上来。随之呈上带来的供品,这算是向神发出的一种邀请。这时可能要通过投掷占卜的木块来对这些供品加以证实,看神是否喜欢这些供品。当香炉里的香烧到一多半的时候,通过投掷占卜木块的方法,占卜者和香客开始叩问神是否喜欢,随之要求许下一个特别的愿,或者希望求得某种泛泛的保佑。在平常不大重要的日子里,家户崇拜的这种形式就简化成一种敷衍了事的烧香,然后上供品,最后再投掷占卜的木块。

---

① 对许多各类群体而言,一个香炉会就是一个正式的团体。我曾对互助社、戒赌社、丧葬互助会以及盟誓兄弟会、同乡会、姓氏会以及商贸协会的活动有过记录。在台湾,这些组织一般都是围绕着一只香炉以及一个庇护神而得以组织起来。

若是没有占卜的木块,香本身就可能成了一种媒介和交流的契机。一位曾经依靠在山街的小溪中捕捉鱼虾和鳗鱼为生的人就曾说过,他下网设套,都要烧香。如果三炷香绝对均匀地燃烧,那么这些设下的陷阱便会大有收获。他曾经在一次彩票抽奖结果正式公布之前,用上述同样的方法知道是他赢了,这件事令他的邻居们都大为吃惊。

人们认为香本身能够在所谓的"发炉"或"发火"中启动交流,当香插在香炉中而不是慢慢地燃烧的时候,会突然地从香下面爆发出火苗来。这种现象被看成是一种警示,并且被看成是要做某种预防性仪式的征兆。在台湾东北海岸地区的一位金矿工人,家中祖先的香炉就曾爆发过这样的火苗,所以他在山街的堂弟就说,他就是在那一天用镐头刨到了没有引爆过的炸药,结果他的手在爆炸中给烧伤了。我所听到的所有其他的"发炉"事件,都是出现在庙里的香炉中。据说,山街庙里香炉的香通常会在原住民来袭击他们的前几天出现"发炉"的现象。最近,在过去几年中,山街庙宇后面的殿堂中供奉仙公的香炉中的香曾经出现过发炉,随之做了仪式性的预防,致使后来什么事情也没有发生。

简言之,香是被当成有其自身权利的一种媒介,同时它也是一种表示尊敬的象征。在这两种意义中,都有把拥有一尊香炉的社会单位划分出来的那种灵验。从上面所给出的例子来看,显而易见的是,这种因某种特殊的灵验而划分出来的单位,最终还会包括一个更大的并具有包容性的单位,像对于捕猎者而言的山街的小溪、非个人占有的公共财产;对于这里特殊的矿工而言的矿井或者说矿工中的某一位受到了冷遇;还有就是对于一座汉人庙宇地域所受到的外来攻击。这里所隐含的不只是对"为什么是我"这样的问题的回答。这里的"我"也被定义为是一种社会单位,一尊香炉便是大家共同拥有的财产。针对"为什么"而言,这种单位并非完全通过非社会的自然力而对其加以选择,尽管说由瘟疫而导致的后果中,这种情况是可能存在的。相反,这种力是指那种泛化的或者说包容性的以单位形式出现的社会力,对此香炉群体而言,它便成了以自然力的形式表现出来的。

通过烧香以及把烧香当做媒介,一种社会的单位获得认同,其自身同时也获得了认同。一旦得到认同,作为一个主体,它便能够通过类似的仪式中介,对与他所挑选出来的单位相关联的拟定的情境产生作用。在这一交流与灵验的戏剧中有三个参照点,它们分别是社会的主体、巨大的力或者情境,抑或说最终要服从于它的力量以及理想的、超自然的主体。最后面的"理想"这个词,其作为一种主体存在的等级可能是多层次的,它是与作为力量、情境、终极性的第三个人相联结的。他可能是指其行政官(比如能够攻打原住民的力量控制者),或者是其物质性的存在(比如一个集中的点或者是有幸发财的一种特殊的表现)。通过说出理想的词汇的手段,第三者便能够被当成是一个主体来看待,由此与第一个主体便好像是在两厢对称的状态下进行交往,尽管实际上其中一个要比另外一个更有力量。这种基本的形式,提供了一种一个人能够了解并表征他或她存在于其中的那种结构的方法。

第一个参照点总是指一种集体性。家庭香炉的单位是指整个家或家户("合家"或"家内")。而庙宇中香炉的单位则是村落("庄头"或"村内")。如果不是在家户神的香炉安放典礼上,那么就是在节庆游行中地方庙宇的香炉经过各家各户的门口时的换香仪式中,前者会从后者的香当中分出来。进一步地对于单一个体进行分香也是有可能的。但是这分出来的香,便不再是一种交流的媒介,而是用来保护自身的媒介。从一位灵验神的香炉中取出来的香灰被当成一种药材,用水搅拌后喝下。或者在出远门以及长期不在家里住的时候,人们会把香灰装到一个小香袋里挂在脖颈上。应征入伍的男孩,他们的父母常常都会给他们带上一袋香灰。

在一则常常被引用的、有关台北市庙宇中最大的龙山寺创立山门的传说中,一位移民来的人所拥有的这样一个香袋,后来成为了一个新的崇拜中心的基础,但这仅仅是在把香袋转化成香炉的时候起才是如此。

最小的崇拜单位要么是一个个体自愿组织起来的协会,要么便是一个家户。其本身又可以与其他地域性的家户联系在一起,并且还可能会与其他作为大家共同信奉的香炉的一个分支的自愿性协会组织联系在一起,然而不管其组织规模如何微小,都还是集体性的。定期举行的崇拜仪式,大家都要参加。从高举着的表示尊敬和交流的香这类的重要事情,到投掷木块以便发现供品是否令神满意这样的仪式性工作,都有委托的人来帮助办理。摆放供品是他们自己亲自来做,烧冥币以及放鞭炮就可能交给不重要的人去做了。

更进一步说,分香灰是把家户的仪式活动结合到一种更大的地域性单位中去。香炉轮值的责任联结的是一个个体的协会或者是一个仪式性的分支单位,而山街自身联结的那些地域性的和同乡的仪式性单位本身,正如我们所看到的那样,是通过这种轮值以及通过分香而联结上一个更为中心的庙宇。这里要指出的一点就是,对于仪式单位的组织,包容性是指在几个层次上加以组合,但没有最终的中心化。如果我们排除掉作为在历史和制度上分离开来的国家崇拜的组织,那么他们既不是参加到一个单一的大一统的崇拜中去,也不是加入到单一一个地域团体中去。即便如此,但这的确是一种逐渐达到一般化层次上的相互包容的单位(家户、区、节庆地域、城镇地域、起源的地区以及其移民的散居地等)。这种包容(inclusion)既是一种组织的手段,从意识形态的角度来看,又是一种象征性的手法。通过这种手法,作为互动主体的第三者在第一者的单位之间进行调解便成为可能,尽管这第三者可能是指一套社会关系或者最终是一种包括第一者在内的兼有社会与自然两种属性的人。

庇护人

一座庙宇的公共财产的管理者与庙宇所在的社区之间的关系,非常像神与为神举办宴席的成员之间的关系。这是一种庇护(patronage)

关系。

　　建庙、添置摆设、举办节庆和唱戏时，超出征集的款额之外的花销，还有请地方上的乐队班子、舞狮班或者剧团的花销，都要通过捐赠来解决。这种捐赠是富有之人转变成地方上的名人以及由此而可能参与到庙宇管理中来的一种渠道。我记下过自1950年以来所有写在山街庙宇器具上的捐献者的名单，这些器有赞颂神的匾额、神龛供桌、两侧的供桌、一套占卜用的灵签等等，并且其中有十二个人的名字还不只一次地出现过，而其中有八个人的名字就是庙宇管理委员会里面的人。① 在山街，这种捐赠仅仅是对庇护关系的一种确证。但是在台北市，同样的捐赠，其产生的影响力却相当的大，因为庙宇的资源和网络远比物质性的东西多得多。

　　他们与社区其他人之间的区别潜在地便是与第一类捐赠者之间的区别。经常是由某个家户的户主来捐赠，做法便是给其他不是这个家户的人使用神龛上的塑像。一个家户既是一个"临"的单位又是一个子嗣群体的单位。家户的神龛被分成：一方面是祭拜神的，另一方面是祭拜祖先的。虽然说在仪式上是分开的，但家户还是一个独自的社会单位。一个家户应该让人们知道，此家户神龛上的神是非常灵验和有求必应的，并且要邀请邻居来与神进行交流，家户神龛的这一方面能够发展成一个单一的社会单位，这完全是为神及附加的神的崇拜而设置的，并且也许最终会发展成为一座庙宇。这似乎出现在现在已经是台北市一部分的艋舺这个地方早期的历史中，并且，其中有些已经成为了众多民间庙宇中的几个庙宇（参阅：Feuchtwang 1974b）。当一个灵媒（a spirit-

---

① 其余四位赞助人中有一位是已经故去的庙管会的会长，他和他的儿子以及继任者的名字作为捐献者曾重复出现。四个人中有两个人已经离开了山街镇。对于最后一个人，我只能够猜测他为什么没有被包括进庙管会中来。他是山街的居民，但是在不久的过去，他曾在山街镇以外，主要是在台北市，做很大的投机性质的投资买卖。如果他投资活动成功的话，他就会满怀兴趣地参与山街的活动，可惜他失败了。

medium）的家户神龛成为一种有灵验的仪式实践中心的时候，这种情况也能够出现。

每一项修建以及重修庙宇或者是对庙宇进行大修的提议都是一次机会，通过捐献大量的钱，一个人就成为了一位重要的捐款人，并且，由此便可以在新建或修葺抑或是在以后的基金会管理中占据一个重要位置，这一基金会可以接受捐献者持续不断的一般性捐献，进而参与到庙宇及庙产的管理中来。每一次翻新庙宇及其捐献的号召，都是对庙宇信众的规范，而捐献的钱物界定了庙宇的地域范围。

一种崇拜的历史经历的世代越久以及其流行得越广泛，从它的始祖或者始祖们那里传下来的看法就可能变得越松散。虽然如此，还是有一些持久的、极为流行的并作为核心的地方性庙宇因此而得以确立。比如台北的城隍庙就是由一位声称是从一店主那里传下来的人所掌管，那位店主的家户神原初是一尊四五个世代之前的神像，现在成了这座庙宇的正神。

从其最一般的以及隐含的意义上来说，继嗣所起的作用仅仅是对居民的代际时间进行估算，这些居民是指住在由地域界定的一次地方性庙宇节庆区域范围中的那些人。当这一地域的第一批居住者对他们自己加以界定之后，这种趋势就更为明显。他们的聚落是依照一个共同起源的地点来加以界定，并且有足够的住户可以声称是源自这里，那么他们便构成了一个比这个地域中任何其他从仪式上能够界定的群体更大的群体。然而，就像大栅栏的翁公一样，如果这座庙宇是由一个居民会来修建的，那么对这种会的界定不仅是要依照一种共同的起源而且还要依照共同的姓氏来界定，但这种情况并不怎么突出。

谈到大栅栏翁公的组织的时候，亲属制度的裂变制（kinship segmentation）这个术语便可派上用场。每个地域分支都会加"祖"字作后缀，意指从根庙中带出来的次一级祖宗画像，根庙画像则要年度性地遍巡每一分支地域。这些地域被划分成三个"房"。第一个长房，还有可能是第三个房支（但是我缺乏有关这一支的资料），都有其名下的房产，并且各房支也有房产。1960年重修大栅栏的庙宇时，从这些房产中而来的捐献最多。任何时候，房产都是顶着某位特殊祖先的名字，这位祖先的名字及其在系谱上的位置，都会在族谱上记录下来。通过以他们祖先的名义捐献房产的方式，富人们建立起了一些地区，在这些地区中，他们通过财富的积累和投资而成为一个同胞组织的地域性裂变分支。在姓氏会节庆中的其他人中间，就会有像山街那三个高氏富有家庭一样，都是以一个支庙的名义来做捐献的。他们也是山街庙宇委员会的成员。

那些以支庙的名义做捐献的人，展露的是一种居住权，这种权利跟由管理大栅栏庙宇的有亲戚的姓氏家庭所拥有的权利类型一样。他们像其创始人的后裔一样来管理它，尽管这也是一座地方性的庙宇，但是它的节庆是要顶着这个地域所有姓氏家户的名义，并要由他们来提供经费上的支持。

翁公的庙宇在地理上的分布，标示出了一种从安溪县移民来的人其后代聚落中心化的模式。① 这种模式的现代扩展就是，在台北市东郊的翁公节庆会极为频繁地举行。这些节庆不仅出现在安溪县同乡最初落脚居住的地方，而且也出现在后来从安溪县人的后代的乡村聚落中迁出来的城市移民开始建庙的那个阶段。比如，在这样的一个区域中，我就看到，这里树立起一座为土地公庙而设的香炉，而且通过在原初的乡间小庙的前面加盖一座天棚而使这座庙宇得到扩展。旧的土地公的塑像完全被藏到了一张神龛桌子的后面，桌子上已经摆上了新的观音、翁公和清水祖师公的塑像。

因此，乡间的地方性要通过这个地方居民起源地点的神来确认。许多乡民决定要开始举办一次节庆，这完全有可能是因为他们想要寻求商

---

① 从陈成香（Ch'en 1959）1959年收录的地图显示，在1926年，这些主要的同胞群体是集中分布的。在台北盆地安溪县的同胞集中的地域与刘枝万（1960）所搜集的庙宇登记册中所记录下来的为保义尊王（翁公）所建的庙宇的分布是一致的。

业上娱乐的机会。他们随之会从附近大的庙宇中迎请来一尊神的塑像，这在当时有很多的例子。这种选择便要依赖于已有的联系，并要由一群发起人将其送到乡下来，即使他们中没有一个人会把这位神供奉在自家的神龛上。

可以用树根和树枝的形状来类比这样一种组织，从某种起源的观点来看，不论是在空间上还是时间上的人为性来看，上述的类比都是适用的，并且裂变制的亲属制度这一术语也适合于这一类比。但是这很少适合于这样的事实，即这也是一种相互并不缠绕也不重叠的一种地域单位的结构。通常可以用来描述这种结构的类比，往往是指像雀巢一样的国家行政区划。

在台北盆地的所有翁公庙宇都坐落于市外。包括根庙在内都是属于他们修建庙宇的那个地方的地域性的庙宇。通过两种类比的卓有成效的结合，即亲属制度的根的类比和地域性的行政的类比，庇护的形式便采取了一种地方性的统治再加上一种世代继替这种形式。这种情形要么就是一个同胞的群体及其著名人士掌管着这一庙宇的地域，这里包括在数目上远远超过来源于其他地方的人们；要么就是有一个姓氏的群体超过一些其他姓氏的群体，像在大栅栏庙宇地域性的分区便是如此。而且，正是由于做了这种联合，才使得庇护的竞争以及社会景观的结构转变成为一种裂变制。

在一个生活富足有余的核心地点，其并非能够承受修建这一地方性庙宇费用的居民中的某位知名人士的同乡群体，它是使伸展到这个地点周边地区的一个扩展性网络的基地成为可能的一个地点。当它们中只有一个成为这个地方的地域性庙宇时，这就会使另外一个或者另外一些庙宇成为纯粹的同乡式的庙宇。对我而言，似乎有意义的是，台北市主要的地方性庙宇的历史，在它们的发展过程中，曾达到过这样的点，那就是作为商人或者是作为官员的庇护人，他们中的某些人累积了足够的力量，由此而形成一个性质特异的地理范围。由此，他们试图将他们的庙宇转变成更加泛中国人意识形态的中心，要么就是把庙宇留给作为他们庇护对象的其他次要的庇护者，通过他们的庙宇，这些人就能够保持一个根基于家的立足点。在发展这个点之后，最有影响力的庇护人的同乡式庙宇，将他们自己从一种地域性的界定中分离出来，同时保持同乡们的更加地理学意义上的扩展式的地方性网络，这一网络可以通过参照起源上的区或省的地域及其最核心的地点，轻而易举地融入整个中国的同乡式网络中去。

这便是山街的庙宇由此建立起来的那一系统的结构。其庙宇与地域性和同胞的功能相结合，对于先前的统治者而言，这个城镇从来就不是一个足以重要到成为富足有余的累积点，并用一种可能是传承下来的文化霸权以及持续不断可以获益的房产这一物质基础来做投资。在日本人规范化的重压并由此而取消了这一制度之前，为这座庙宇做捐献并管理这座庙宇以及集市区域的最后两位地方上的显贵，并非出于同一姓氏。① 这种意识形态所能提供的有关他们的庇护人的最狭窄的界定便是有关安溪起源的界定，这是大多数人都知道的事情，无需庇护者对此起源有另外的独特解释。

保佑与长寿

地方性庙宇就是根香炉的一种放大了的以及更为复杂的物质性建筑。其中，血统的规则附着到地域性界定的规则之上。一只香炉往往把宇宙中的一个地点当做是一个主体来对待。不管这是指传说式的永生还是指实际的存在，对神的尊敬都属于主体之间进行的一种交流活动。与一座家户的神龛相比，一座地方性庙宇就更像是围绕着一座香炉而有的社会性媒介的建构，这是一个把家户的神龛容纳进来的中心。这是认

---

① 山街一位年过 60 岁的人向我讲了这些人的名字，这是他父亲向他本人讲述的。

同一个更大地方的一尊香炉，其作为一种交流主体的更为典范式或效验式的在场而存在。而且，地域性的居住以及通过财产来传递血统的社会规则，在这座庙宇的建筑和维护中，都被转换成了庇护和个人的声望。

一座地方性的庙宇往往是一个过程的结果，这一过程即是指神的灵验的声望传播开来的过程。我曾访问过大多数山街人，当问到他们哪一位神最灵的时候，回答则说，这是一个个人选择的问题，任何一位神都可能是灵验的，而人们选择最多的神便是最"灵"的神。"所有的神对于给他们烧的香都有灵感"；"人们做出他们自己的选择"；"灵感便是每个人所讲的东西"。这些回答的差异仅仅表现在对整体的灵验问题予以怀疑的程度上，正是"信仰越多灵验越多"；"谁烧的香越多，谁得到的灵验也就越多"。接下来就是认为，"灵"是一个由社会制造出来的概念，就像声望这个概念一样，它是外在于个人动机活动之外的。灵和声望之间的差异之处就在于，"灵"是围绕着一个被投射出来的主体而做出的，而声望则会有多种多样的形式，如面孔或面子等，它是围绕着可以加以确认的一个具体的活着的或者死去了的个体这样的主体而做出的。一个活着的人、一位祖先都永远不会被描述为是有灵验的，尽管确实可以将其描述为具有声望的一个人。当人们向我解说仪式的时候，对祖先的感激以及对一种典范式生活的崇敬，明显地是与"求"神的恩赐活动中的"纪念"有所区别的。

虽然如此，但"灵"和声望这两者，在修建一座庙宇中还是紧密地联结在一起的。一个家户将其户主的名字写在捐献给庙里的器具上面，并列于捐献者的名单之中，这就使得这个家户作为一个重要的捐助人而有了声望。与此同时，捐献行为被看成是对神的保佑和持续保佑的一种感激。我和我的助手曾经询问过山街的居民，为什么有人要向修建庙宇做捐献。他们异口同声地回答说，富人能够承担得起要捐献出来的财富。但是对捐献行为后续的解释中，他们的回答便五花八门了。有一个人就接二连三地重复对捐献者的社会动机的解释，说他要么是在操弄一种社会责任中的"好心"或是"喜心",要么就说他是要显示在追求炫耀与社会获取上的善心。有些回答提到了宗教性的动机,即认为这种捐献是为了保佑捐献者的平静(平安)或是出于对神的诚挚的信仰(正信)或尊敬(敬)。其他的解释并非依据捐献者的动机,而是考虑到庙宇的功能。在这些解释当中,最多提到的就是,这里是一个大家聚会的地方。如果这个地方的名声传播开来的话,这里就会成为一个社会活动的中心,这是一个"热闹"的和商业的中心,这也是一个人们能够寻找到"安慰"的道德中心。并且一座庙宇就是神的住所,为的是保佑这一地域或这一"地方"的平安,并且是把地方性统一在一起的一个"中心"。

那么,一座地方性的庙宇及其庙会组织,就构成了一种把个人和地点结合在一起的庇护人与社区之间的那种庇护形式,这跟神把人和地点结合起来构成一种庇护形式一模一样。在山街,香炉的炉主是要从这个地域中的许多家的户主中选举出来的。但是对于要比山街更为富裕的中心节庆游行而言,候选人的名单限制在那些自愿承担节庆所需巨额费用的人中间,他们的名字最后以地方神的名义公布出来。并且,这座庙宇的捐献管理者,在仙公生日节庆以及九月份斗节节庆中,是从他们自己当中进行选举的。后一个节庆是祈求长寿的节庆。但是"斗"则是一种空间上的一体以及世俗运气的象征。山街富人的自选与在仙公根庙上出现的情形相似,范围更广。1967年的节庆,有千余户的认捐者,他们所带来的"斗"是以地位和费用来排列等级的。处于中心的斗是最昂贵的,接下来的是有其四分之一大的四个斗,再接下来是某些特殊的斗,最后一级就是一大堆像桶一样的平常的斗。处于中心的斗,其费用相当于750美元,这比山街一位矿工一年的收入还要多得多。这个斗后来由庙宇的管理者收藏。换言之,正像一位和尚向我所说的那样,在节庆上为了祈求长寿而做的斗,并非是一个固定地域的社区的表征,而只是一家一户自己在选举,选出来的头都是富裕的和上岁数的人。仙公被当成一位救世主,并且在仙公崇拜中,富人完全脱离开了社区。与此同时,他们保留下了这一社区本身的象征,在此象征中,他们是作为这个社区的庇护者而出现的。

政治与庇护

为了要拿出大量的捐献以及为了地方性的公益事业,像修路、搭桥、修建学校和庙宇等而组织收集更多的捐献,那么村里或者镇里较为富裕的人,就要做长期鼓动性的工作,这同时也是一种庇护性的行动,并且是对他们地位的一种巩固。记载有他们的名字、捐献的数目以及捐献的日期的本子,成了一部可资荣耀的名册以及一份地方性历史的档案。

相比用以静修的道教和佛教庙宇的创办或者祖先祠堂的创办与维护中的财产和经济活动而言,我将要述及的地方性庙宇的创办及其活动,其财产与经济活动并非十分重要。当然,土地的捐献以及给那些其他类型的庙宇的礼物也都要记录下来,并当做一种庇护性的行动来加以展示,但这并非是给一个地方的社区。这些行为被当成宗教制度本身的教义和目的中的善行而被记录下来。相反,修建和整修一座地方性庙宇,对一个地方性的社区而言,会提供许多服务、占卜、庆贺以及娱乐,这些活动对所有的居民和参观者都是开放的。当然,建立静修的庙宇可以从慈善事业和服务中获得资金,并没什么限制。祖先的财产可以为学校和教师提供资金,并且会有选择性地为某一个地方家族成员的福利提供资金帮助。地方性的庙宇或者地方上的家族的祠堂,也能够成为他们所组成的村落青苗会的流动庇护组织的中心(Duara 1988:105,123)。他们可能是土地以及水权的共同拥有者,这一地域的住户也都拥有这样一份权利(Wilkerson 1994)。但是,除此之外,地方性庙宇本身是一种接受捐赠的服务机构,而与它们联系在一起的主要活动还是节庆。每年节庆的时候,要通过从地方上收集更多的捐助来为节庆提供经费。所以,对一座地方性庙宇的捐献与维护,便跟建造和修葺地方上每个人都要使用的桥梁有着一样的功德和责任。人们期望过往的行人会对这个地方以及这里人的慷慨大为赞赏。

如果我们确信对地方性庙宇的认可是持久的话，那么对于庙宇的修葺以及举办活动这样的事情，大多也会随着地方上的兴衰而兴衰。但是，我们当然不能够想当然地认为，有这么一种持久性认可的存在。首要的一点就是，地方性庙宇本身会明显地受到当地居民构成变化的影响，还有就是，不管哪位神灵，因其灵验而受到崇拜，并为其举办节庆活动，这也会对其构成造成影响。请进来新的神之后，旧的神以及对它们的节庆，其重要性便渐渐地衰落了。每一次增加神、每一次重大的新的修建活动都会创造出一种新的庇护和产生领导人的机会，或者是为新的想毛遂自荐当领导的人创造了机会。

盖西曼（Gary Seaman 1978）在有关战后一种鸾书崇拜（spirit-writing cult）的非同寻常的详细描述中明确指出，在地方性庙宇所祈求的诸神中，存在一种公共的庇护、地方政治以及帝国科层制之间的关系。这里所描述的事件，所讲述的是一位商人，他能够解释鸾书。他是在战争期间，从日本人的法院事务中退职回到珠仔山村的。故事就是从他家里建起一种鸾书崇拜开始讲起，讲到了这种崇拜的扩展，最后到1960年，在一座新建立起来的庙宇中心重建这种崇拜的过程。这是一种鸾书崇拜转变成为一种地方性庙宇崇拜的故事。

这座庙宇建在一条小河旁边，它将村落分成两个对立的部分。在其建立起来之后，接着就是做第二项公益事业，那就是在这条河上建一座桥，随后这个地点就变成了村子里的商业中心。但是在那之前，由于鸾书崇拜的人员壮大，另外由于村子两个部分之间发生争端时，灵媒作为调解人的重要性的增加，使得双方对这两项建筑方案进行捐赠以及表示赞同成为可能。参与崇拜的成员以及他自身作为一位调解人的技巧以及政治上的创业，都是灵媒兄弟们推选他作为村里领导的基础。以参与他的这种崇拜的成员为基础及其以地方城镇为基础，其他的崇拜也都联结了起来,这样就使得他与这个镇的镇长建立起了一种联系,这位镇长是一位跟此崇拜类似的一种崇拜的成员。通过这种联系以及做选举的代理人,还有为候选人达到更高的政治代表席位拉选票,他便能够安排许多公共的劳动服务,其中有些是自愿的,有些则是由政府提供经费支持的。在这中间有两项,一项是增加一位村里的行政官员,另一项就是为村庙建筑加盖一个储藏间和一个戏台。

地方领袖的改变以及在崇拜流行性上的改变、新的崇拜的引入或发明,这些都可以影响到地方性庙宇的兴衰。这些改变本身对于经济活动和经济组织的性质的改变都会起作用。比如,农业的商业化以及小农经济的发展,都似乎是在妈祖的塑像第一次从一个沿海城镇中一个更大的以及众所周知的庙宇中恭请到内陆山街这个村落中以后,才有了上述这样的改变。在地方上,妈祖能够消除庄稼瘟疫的名声便是一种适应的结果,这明显地跟先前保佑海员和航海商的观念联在一起的那种联系相分离。经济与政治状况的改变会影响到地方性庙宇崇拜,关于这一点,另一个例子是由郭志超(1985)提供的,其所讲的是 80 年代福建省的一些情形。此时,可资信赖的灌溉工程以及足够的供水意味着求雨仪式的消失。这有两方面的发展,一方面是保障健康的看护设施的发展,另一方面是解放以后新的村与村之间关系的建立,也使得村与村之间的血仇完全消失。在这两种发展中,村庙驱鬼的神的重要性也降低了。但是,作为保护财富以及为小型工厂和商业机构抵御突发事件的神,这些神以及土地公又都获得了一种新的重要性,现在他们在村子里都占据着支配的地位。并且为了保佑车辆的运行,一位新的神被引入进来,这位神就是"车公"。

所以,地方性的庙宇以及对它们的崇拜是随着政治与经济状况的变化而变化的。制度尚存,但是对它的解释已经改变了。最近台湾一项庙宇崇拜的调查发现,在一座庙宇中,多种崇拜日渐增加,但是这些崇拜的性质,已经在改变着庙宇崇拜本身的特征。现在,这种崇拜已经变得更加个人化了,这种崇拜更多关注的是个体或家庭成就的机遇,而不再更多地关注共同的过去(李亦园 1988)。虽然这样,它们还是被包含在地方性的庙宇当中,包含在庙宇的塑像以及节庆当中。这一调查还发现了一种与世界性的和个体化的崇拜同步发展的民间教派的成长,这一教派对于道德生活的重整表现出极大的虔诚。他们中有许多都是鸾书崇拜,就像盖西曼所描述的那样。并且,正如我们在那个例子中已经看到的,地方性的庙宇能够从这种教派中生发出来,庙宇本身也包含有李亦园称之为首要趋势的明显的非伦理的以及非神灵的崇拜。这两种趋势以及游行节庆都是长期存在的。

极端的政治与文化的变迁、不同的合作方式、不同的赋予以及接受领袖的方式,都可以取代地方性庙宇制度所适用的那些东西。中国乡村经济与政治的集体化的组织以及科学社会主义的意识形态,上述与之相伴随的这样一种变迁才有可能出现。但是:

> 最深刻的遗憾就是,我们要承认,在中华人民共和国成立三十多年以后,尽管我们抛弃了封建的制度,但是封建迷信活动还在流行。特别是在经济与文化水平落后的地区,还存在着日益严重的趋势。(周英 1988)

1982 年,在福建省一个村子中,有一位 80 岁的老太太就梦见她村子里的神附体到了她的身上,并通过她来诉说,他们没有地方呆了,所以弄得他们很痛苦,村民们因而应该给他们盖一间新的房子。两个月以后,一群上了年岁热衷于宗教活动的人就到村子各处去募捐,并把整个村子划分成四片,以便以后收缴每一户标准的基本捐献,每一片都有一个负责收捐款的人。六个月以后,庙就完全建好了。最后,为这些神当中的三位神所举行的三次年度性的节庆又重新开始,第四次的节庆是为附近一个城镇里的神像而举行,其经由一系列的游行而巡访到此。正如他们所说,人们捐献是因为,如果不捐献,那就要丢面子。在他们所使用的军事隐喻中,他们会说"输人不输阵"。这其中部分只是一种传统上的"民间惯习"与"惰性"的复兴,另一部分多是为了看演出和游行才做捐献。

文化局的官员们负责教育和宣传的任务。在厦门大学一份系办刊物上登载的那篇文章(郭志超 1985),便描述了这样一个典型的闽南村落中庙宇崇拜的复兴,最后他也提到了这一点。追求进步的任务便是,要将一种更加科学的和健康的内容注入到那种传统的形式当中去,并从内部使其发生改变。我 1988 年访问厦门的时候,一位文化局的领导就曾对我说:

> 迷信行为有些方面是坏的,但有些方面还是好的,需要有正确的引导。比如,我们敢肯定地说,演戏和放电影这类活动内容对一个村子的文明建设就是有好处的。另外的例子又比如,灵媒所表现出来的用刀砍,用枪刺他们自己,而不会给他们自己带来伤害,他们割破自己的舌头,然后蘸着血写下驱邪的东西,那跟一位魔术师的的变戏法也差不多。他们的那些表演是骗人的,因而也是不好的,但是这也跟杂技和气功一样,是一种技能表演。

一位官员曾对我说,文化中心的任务就是组织、辅助、训练以及研究地方的文化活动。因此,他们保留和改进了节庆传统中的舞狮子与舞龙以及唱戏与演奏音乐等活动,通过每年组织比赛,并在给他们一些设备上的投资,希望以此来寻求消除迷信的内容。我这里就举出一个如何为了这样的目的而进行研究的例子。这是一项对一位有着将军称号的神及其历史起源的研究。研究发现,他是一位由满清征服者派来攻打明朝爱国将领郑成功的将军之一,对其祭拜是由那个时代强制要求的。"由于迷信,人们对他们所敬拜的神的历史茫然无知,但通过这件事,给他们讲解了有关他们所敬拜的神的历史之后,人们也就不再去拜了。"

随着生活水平的日益提高,许多人喜欢现代的运动、绘画以及乐器,而不大喜欢传统的表演和体育运动。文化局就鼓励人们参与到这些运动中去，这并非是作为公开的展示，像某次节庆所做的那样，而是作为一种消遣。为了晚上大家相互娱乐性表演，村民还要积极主动地参加编排、训练和彩排。祖宗的祠堂和村庙此时就成了文化的中心，这里也有电视厅和牌桌之类完全俗世的设施。人们跟我讲述的以及由文化局的官员明确加以肯定的趋势就是，夜晚的表演如节庆一般，是自筹资金的，并且祖先祠堂和村庙都变成了文化的中心，已经没有任何迷信的色彩。除此之外，文化局也在推广一种扩大的"文明"概念，这一概念会包括科学教育以及农业或园艺表演，还有就是传统与现代的艺术以及体育。

简言之，文化局的政策是要把民间宗教活动，转变成民间艺术，并将它们吸收而转变成有组织的以及自主的休闲消遣活动。其做法与民间宗教有很多相似之处。为博物馆收集遗俗以及进行地方史的编辑也属于它的权限范围，并且这中间还包括对地方庙宇崇拜的历史撰写以及对它们的艺术作品的收藏。民间宗教活动的持久性就是地方性文化的一个事实，而文化局的干部、博物馆馆长以及地方史学者都是其信息资源。不过，文化局的政策受所谓进步、健康、技能和知识这样的观念所驱使，因而除了将宗教活动的文化说成是一种落后的东西之外，任何的解释都不需要。那么，这便构成了一种完全不同的意识形态和制度，它用一种共和国的历法及其积极进步的历史取代了帝国的崇拜。

上层所关心的是找到某个中国文化的概念来帮助填补其与在地方上落实文化政策之间的意识形态的空白，在这中间，民间宗教与历史化所展示的仅仅是一种落后的象征。正如人类学者郭志超（1985）所指出的，对当前的状况以及对民间宗教复兴的一些分析都坚持认为，由于人们对他们自己的能力和知识的信赖趋势，所以依赖于超自然权威的趋势在日益减弱。但是他们发现，要说清楚传统宗教实践的惰性以及对于新的情境的适应能力是件很困难的事情，这种观点隐含了全部的有关世俗化的主题，其包含的是一种技术进步的观念或者说是对于不确定性和危险的自然状况的控制和消除在日益增加的可能性。但是，这并不能够否认新的类型的不确定性和危险,这些不确定性和危险若不是自然的,那便是社会的或者是政治的,总之是人为的。

容忍不确定性以及承担责任的途径,做出没有确定性结果的决策,还有权威的引导作用,这些都可能并非是委托给官方、国家制度以及学校教育来提供的。安全感是在"灵"的启示下才获得的。

灵、鸾书和庇护

盖西曼所研究的珠仔山村的庙宇,是从其创始人家里的一种鸾书崇拜开始的,而且这些崇拜的成员仍是庙会组织内部的一个群体。所以,相比这一庙宇有很多人参加的其他重大节庆而言,仙公节庆中的参与者属于一个内部的群体,虽然在鸾书的降神会上,实际求的并非仙公。创始人的内部群体与主要的捐献人以及与节庆参与者的外部大众之间的关系,可能是地方性庙宇制度的典型模式。

一座地方性的庙宇容纳了一位地域的保护者,并因此而涵盖了这个地域中的所有家户,真正将其划分出来是在游行节庆上。不过,地方性庙宇还会容纳那些跟此节庆无关的神。新的崇拜的成长以及对灵验的新的声望总是会有可能出现。鸾书是建立起一种新的声望的文字手段,它包含有对一种新的正统以及道德领袖的诉求。然而,拜鸾会的命运就像灵媒的命运一样,它是跟神及其灵验订立契约而写下的符咒。

"灵"是一种危险的特性,帝国以及民国的政权都寻求对这种信仰加以控制。道士对于灵有一种正统的看法。对于受过经典训练的道士而言,"灵"是从上界而来的,但是确实只有中界的人才会有。道教所要修炼的便是讲究无为而能够达到这种力量。劳格文(Lagerwey 1987:6—9)引述了道教哲学的文本,试图表明在正规的道教中跟"灵"有关的内容,他将其翻译成具有心理上的原始能量以及属于阳性的那种"神力"(potency)。不过,它也可能是女神崇拜中所具有的一种属性。

香炉传递祈求并从这种力量中产生出反应,进而带来某种东西,与这种由恭敬而聚集在一起的情形相类似的就是,倡议建庙与经营一种崇拜之间的关系。

在这种崇拜中达到共识的途径、在其外缔结政治联盟的途径、利用公共基金来寻求结盟的途径或者说服捐献者给予重大捐献的途径,都属于是尊崇美德以及个人忠诚修养的一种综合,后者体现的是一种一方是庇护人而另一方是崇拜者这样的教派形成的典型。"崇拜的组织是仪式性的祷告与个人网络之间、政治上的独立创业者与神的干预之间的一种复杂的融合"(Seaman 1978:81)。

"神的干预"是鸾书崇拜的核心,因为它们是依据于善行的一种秩序的展示和保留,正如盖西曼所总结的:

> 这是一种理想的秩序,其所依据的是玉皇大帝这位天界皇帝真正贤能的管理。天上的神是依照对一个人的行为和意图给予一种真正诚实的评价来判定及赐予福分的,而非像俗世中权力的运作那样,是依照官方的心血来潮以及彻头彻尾的政治上的考虑。
> (Seaman 1978:7)

对做功德的精细计算,便是这种崇拜中"善书"要记录的内容。对一个人一生中的善行的奖赏就铺成了一条避免下地狱的路,并使其成为庙宇中的一位神灵(Seaman 1978,第9章)。后代为祖先的地位做善行的积累显然也是可能的。换言之,一定不要把善行仅仅理解成一种个人的成就,这是世系的和孝道意义上的。确实常常会把这里所认为的美德描述成"儒家"标准的美德。

但是,盖西曼的资料中所提及的达到奉若神明的其他两条途径之一就是,要有一种死后仍存灵验的神力般的历史性人格。这样的神与作为"王爷"或"阴神"的帝国科层制中的那些人物有所区别(Seaman 1978:55)。这里体现出来的似乎是军事领袖与政治创业者其能力以及谋略的美德,能够控制魔鬼以及具有危险性同时又力大无比的神都是其典型样板。盖西曼所提及的达到奉若神明的第三条道路,就是要通过更为隐秘的自我修炼的技艺而非做公益性的事业或孝道行为,即道教或佛教有关归隐的教义(Seaman 1978:53)。所以,在盖西曼所研究的那些崇拜的文本和陈述中,在其所阐述的做功德的序列中就包括民间宗教里的诸神,这个序列里还包括三种伦理,即家族与公共服务的伦理、个人谋略的伦理以及冥想与巫术的伦理。

在庙宇的建筑和组织安排中,有为降神会预备的一间隔离开的房间,参与者身穿的蓝色长袍代表着他们的纯净以及在这一崇拜中的地位。在这种崇拜与为一座地方性庙宇及其节庆进行日常捐献的关系中,这种情形同样可以看到。在此,内在的崇尚美德,再加上财富,便是对庇护的理想界定。

正如我以及其他人(如 Brim 1970 和郭志超 1985)已经观察到的,在地方不大、财富不多的地域,资助地方性庙宇的游行节庆以及更为经常性的庙宇重修的钱,都是从庙宇四周各个常驻居民家户中收缴上来的平摊捐款。更进一步说,节庆的年度性的头领,即炉主和每一个居民区的头领都是从家户户主的一个完整的名单中,通过占卜式的投掷木块而选拔出来的。对于每一位要选的人,机会都是均等的。庙宇的记录就是一次完整的人口普查,而选举的方式则完全是平权的。但是那些自愿捐献比平常人多的人,在所抄录的捐献者的名单中的位置就会特别显眼。他们的给予能力(然而是过去获得的)便在庙宇的内在序列中取得了一份功德,同时也在平均的捐献者及其家户那里获得了一种认可,即他们做了一项公益事业(a public good)。在较富裕的地域,在一个人被选为一次节庆的头领之前,富有本身确实是一种有影响力的资本。但这却是整个区域的人都来分享他为此所提供的这份展示。庇护者的财富转变成了一种美德。

并不是所有地方性的庙宇都是在鸾书崇拜之外构成的。也并不是所有的鸾书崇拜的庙宇都变成了地方性的庙宇。相反,它们似乎通常有一种更一般性的表现(参阅:Overmyer 1985 和 Jordan & Overmyer 1986)。但是我敢肯定地说,有许多的例子可以用来佐证我所提到的那个例子,即一座地方性的庙宇容纳了一种内部的鸾书崇拜。

我之所以想要引出这样的例子,就是认为,一个教派的神灵,或者带有公开性的伦理方面的属性,越是绵延不断,那么对一位英雄的"灵"的尊敬的关系以及有关他的传说故事,便会愈加的隐秘。灵的传播和声望是地方性的庙宇崇拜、对他们的节庆以及他们每日在占卜以及个人与家户的许愿中所关注的核心特征。那种关系的内在伦理能够在拜鸾会和善书中看到。在此两种情况中,之所以有权威是因为这种权威的形式是从过去传下来的,并且此二者在接受那种传递的过程中,都形成了一种现在的集体性。它们的社会与政治含义,可以从庙宇和节庆把参加者编成内圈和外圈以及安排领导者的方式中窥见一斑。不过,基础还是一种力量的组织安排,它围绕着出乎意料的礼物的降临、抵御恶魔的魔鬼式力量而展开。

在一个香会当中,平等的家户加入进来,并通过服从于一个保护者而组织起来,这不管它们是构成一个自愿的以及排他性的组织,还是一个包容性的地域组织。在谁应该作头领这样可能会出现冲突性的决策和选择的时候,就要服从于用香、占卜的木块以及有关"灵"的故事的方式来加以解决。平等的原则在这里得到了体现,至少是在宴席会以及较小的地域性节庆上,情况就是如此。但是它的普遍性意义是指围绕着神圣中介者所达成的一种共识,是将民主的表决转注成多数人和少数人这两者。

机遇与传统

1988 年的一天晚上,我由东道主们陪同去泉州城的关帝庙参观,我为房前屋后有新的木雕以及房梁上的神像而赞不绝口,接着又到后面的一座阴暗的正殿中去。在那儿我认出了一桶占卜用的签。挨着它的是一张放着油灯的桌子,旁边坐着一位老太太,一本很大的写有标准注释的旧书摆在她的面前。在看到我注意到了这本书之后,陪我一同来的一个人就问我,是否有心测一测自己的运气。我真的这样做的时候,感觉到的是不知所措,我就问是否我应该像其他人那样先要烧香。可能是为了想使我摆脱紧张,他们就告诉我说,这是不必要的,可以让我直接去摇晃签筒。人们提醒我,应该问一个问题。我照着去做了,摇出了签,并将其握在手里。随后我便站在正神的神龛面前,这位正神的塑像用帘子遮盖着。占卜的木块早已放在了桌子上面。我拿起木块,以恭敬的姿势高举木块呆了会儿,然后将其投掷到地板上。投掷出的结果是正面,我就把摇出的签给了那位老太太。我所求的是什么呢? 在她查找与签的数目相对应的记录的时候,我告诉她,我的问题就是,我是否会再回到这里来。在看了一眼书上写的内容之后,她回答说:"也许吧,也许不会!"

如果真的要回答的话,我会得到一种安慰。但是情况并非完全如此。我还默默地在我自己的怀疑之外提出了一个问题,并按着跟我同来的人都一样的标准程序来做。作为一名考察者,对于我已经知道和我曾经研究过的那一领域而言,我是熟悉的。由于我所关心的是要把这些考察继续地做下去才去问这样的问题,这就会使我文化上以及学术上的冷漠起伏不定。这种参与性的活动,也并非只是一种为猎奇而做出的行动。相比参与性的展现,其更感亲切,因为这一问题与我所想的那件小事情是一致的。我确实想再有一次访问,并继续我的这种观察和描述以及长期以来一直吸引着我的其他与此相关联的活动。确实,我想要把它们当成是我的可预见性生活的一部分来看待。我感到自己流露出了一种愿望和不确定性。

从我先前已经得出过结论的研究来看,对其重要的行动者而言,诸如此类的占卜活动,都是对不确定性的一种标准化和外在化。在我所做的这一次微不足道的宗教实践中，机遇，更宽泛意义上所指的不可预见的终极性，还包括那些已经经验到的机遇，都被安插到一种仪式的程序中去。与机遇恰恰相反，这种仪式具有传统的属性，这就是说，它具有一种在地方性文化环境中的重复性以及熟悉性。

由于这里并非我的地方性环境，我是从很远的地方来对这样一种文化做访问的，将我的不确定性以及寻求一种新的机遇来继续从事对变迁中的中国社会的研究转译成一种熟悉的仪式，这便使我由此而跨越了一个巨大的以及难以应付的沟壑。对于当地人而言，这种翻译可能只是跨越极小的一个沟壑。不过最经常进行转译的是庙宇周围提供的仪式和塑像，人们熟悉的礼物捐献以及让环境改变一下的这些活动，其所表达以及用以计算的方式跟庙宇占卜的说话方式大不一样。庙宇的塑像以及节庆、崇拜和占卜的实践所传达的是某种权威。

1967年元月，有一位妇女到山街的庙里来，想通过摇签的方式来寻求指导。她那时处在严重的经济窘迫的状况之下，这就迫使她想要把自己两个儿子中的一个卖给另外一户人家。但是她对于走这条路心存顾虑。由于她不大懂得抽签的程序，便跑去向一位妇女打听，这位妇女后来就跟着她来到庙里。这位妇女的朋友和丈夫恰好也是我的朋友，后来我就跑过去问他们，他们是怎么指导这位有难处的妇女通过此种程序的。他们回答说，首先一定要想着问题的情境或者一个实际的问题。接下来就是以恭敬的姿势接过占卜用的木块举在手中，这种姿势就像向上级以及客人问候一样，求问占卜的人应该向神（在这里就是仙公）报告户主的地址和姓名、现在的状况以及要问的问题和希望得到的结果。接下来就是投掷占卜用的木块，随之便有肯定或否定的结果，问卜的人就会问或者暗示为什么会有此种反应。她继续投掷木块，直到对她已经修改过的问题或愿望做出肯定性的反应为止。程序便是如此。

从庙宇的墙上挂着的小本子上相应地撕下一张纸片，上面的两行文字就是对问题或者是对所希望的行动路径及其结果的解释性回答。身处窘迫境地的那位妇女所得到的回答就是,不管留还是卖她的儿子,都会有一个好的结果。

我确实不知道她最终做了些什么。但是我想,这个程序帮助了她以特定的方式来思考以及描述这一处境。与通过鸾书以及向一位童乩灵媒或者其他占卜者询问相比,这是一种最一般的占卜方式,没有什么花费,简单而又不费时间。在那些其他形式的占卜中,这算是一种更多依托于一座地方性庙宇的占卜形式。确实,我要说的是,这是提供这种占卜形式的一座地方性庙宇制度的一部分。在任何的情况下,通过求助于它,一个社会的主体,其在那一处境中的境遇以及未来如何,都会以一种特定的程序得到陈述。

这一程序包括一座地方性庙宇的背景和个人的类型,即对于问卜人而言,她所指涉到的以及她所代表的(她的家)的那些认识或不认识的人、在占卜程序中帮助过她的人、其所求助的神,还有提议捐助修建神位以及庙堂的那个捐献者的共同体。这一程序看起来就像是一台戏,并且确实会在这一剧场的其他场景中以及在节庆日游行所及的整个场景中得到重新上演。这是另一种时间的表现。这里描绘历史的准确性并不是关键性的问题,除非当把另外一种历史性当做新兴的权威,以此来对这一崇拜及其庙宇横加干涉时,情况才会如此。崇拜和庙宇及其占卜用的木块,还有其节庆的日子,这些一起构成了有其自己先前时间建构的一种不同的权威。

占卜是一种公开决策的呈现,这通过其他的人以一种标准的形式体现出来。这种情境跟参与者所熟知的其他形式的计算方法不同,它让人感到不确定。所以,这是一种隐含有不可计算和不确定的情境,关乎气候、市场或者政治前途的不可计算和不确定。通过占卜,不可计算或者运气就转变成了一种确定的时间,使其具有了一种时间感,而决策和结果便被赋予了一种权威。这一情境及其结果就转变成了"灵"或者"命"

以及通过求助于"灵"而对"命"的改变。但要注意,这并非意味着一种宿命论,并不存在对事情发生的无可奈何,因为毕竟目标是要达成一项决策。并且,如果提出一项决策,它也可能不被接受。即使如此,这种决策和活动就已经被认可过了,即以一定的方式得到认同,在时间的意义上进行安置,并且是在特定的代理人的形式之下,因而便被赋予了一种特定形式的权威和认同。

但这并不意味着,这个得到过认可的对象,其全部活动因此都会得到认可或者想要寻求受到此类权威的认可。其他的活动,或者即使是同样的活动,情境改变了,那就需要通过其他的方式来卜算,它有赖于所能够获得的或者已经掌握了的手段以及尚存的不确定性条件。确实,对重大的最终结果进行计算的那些正在变化着的手段和条件,还有对那些被看成最终结果要加以计算的东西进行一下历史性的分析,这可能是研究占卜的流行以及在实践中变化的最恰当方式。

与此同时,让我用由一座庙宇所提供的对于权威化的评论来得出我的结论。

神是政治权威与裁判的象征。但是他们总不在场。他们是权威、保护和裁判的历史性的隐喻或类比。他们还是这位祈求者其时间连续体中的人物。他们以及庙宇界定了一个丰富的社会主体,在一种尊敬的关系中,将这位祈求者及其情境联系在了一起。其代表的是下面某一种形式:

1. 一个地方某个姓氏的人家和子孙以及他们共同享有的"平安";
2. 一户人家的神龛及其所辖地域范围内共同享有的平安;
3. 在一普遍性的崇拜中的家户及其美德的恢复。

一座地方性庙宇就是将上述三者结合在了一起。但是在其制度中占主导的还是"灵"的权威性,在这种权威中,所追求的是有选择性的拯救、保护以及成功。

其固有的形式及其可辨识的责任是哪一种？这种结合在一起的活动的合与分又是什么？我对这一问题的回答来自于两方面，一方面是对占卜以及崇拜的戏剧表演的一种考量，另外一种来自于作为公共事业的地方性庙宇和节庆的组织。它们代表的是在一种地方性历史与文化差异的网络中的地方性的历史及其文化，它们代表具有竞争性的地方自治主义以及个人庇护，它们也模棱两可地代表着平权式的联系以及对于一种庇护人与领导者之间内部循环的尊敬。不确定性和不可计量性的不断变化的状况改变了这种崇拜的内容和性质。但是它们的权威则是以同样的方式，即通过"灵"所传播的历史性以获得它的独占性而被建构出来的。

由于这种权威，家族与公共服务以及自我修养的伦理得到传承。凭借同样的权威，其他自我防御以及地方性忠诚的伦理也得以传承。

这种应付机遇的传统方式，在现代化的过程中是否会消失，是件很难说的事情。台湾和闽南的情形都表明，地方性庙宇的制度到目前为止已经适应了这些过程，地方性庙宇的权威和伦理，可以提供一种安全感和平稳感以及对社会责任感的提醒。另一方面，另类的历史知识和点拨、集体责任的其他形式以及其他种类的公开的庆贺和消遣，这些活动都可以取代地方性庙宇中固有的那些东西。

表 征

把烧香的行为描述成许许多多自由交流状态的一种，这在论述它究竟像什么的时候大有益处。但是，我们已经认识到，不应该再忽略香是在燃烧这样的事实，这里不是一张请柬或是递上一根烟，或者像其他的比喻所说的是一种电话铃声。烧香跟讲究尊敬的交流形式大不相同，比如祝福、礼物的供奉和接纳、磕头和祈求，当对着一个人做这些事情的时候,并没有烧香或是以烧香来开始。

如果不能够将这种差异描述成一种公开的交流(opening communication),那便能够将其描述成交流公开的一种表征(a representation of the opening of communication)。但是这仍然留下没有回答的问题,即如何精确地描述所表征的东西,还有就是如何去描述一种实际表征的关系。

"交流"显然含有一个或多个相应对象即刻的以及延迟的呈现,对于这些对象而言,那位初始的对象指向了一种信息,简言之,其隐含有不同对象之间意义的传递。相反,反应存在着不对等性,由尊敬引发的反应,很快又会使其本身受到怀疑。愤怒的沉默或者是满意的尊敬都可以被登记为缺乏反应。另一方面,同样的一种缺乏又可以被登记为一种反应可能性的缺失。

然而,在每一次对烧香的解释中,都将那种可能性排除在外。确实,许多人把香描述为一种信号,由此而引起某一位应答对象的注意。并且在求香的人烧香的时候,与之相伴的无一例外都是用简单语汇以及正规的文字写下香客的姓名和地址(住址)。因此一次公开的道教打醮仪式(以及丧葬仪式)常常被称为"发表",即"发布一次纪念"。

应该引起注意的是,"表"这个字有时要比翻译成"纪念"更精确些。这是一个与"表征"有着非常近似内涵的一个词,它是指祈祷者或者祈求、外化的愿望、受委托的或被转化了的政治意愿、服从等等。那么,对于一种意志行动的启动而言,烧香期望的是求得圆满。对它的期望,也出现在仪式的句法当中,圆满在这里是通过燃放爆竹来划定的。圆满只是祈求这一行动本身的圆满,并要感谢它的认可。这是一种仪式性的,并且必须要使其圆满。尽管这种祈求所指的必须是有名姓的一个主体,并且要比香客本人对这一主体的认同还要有加倍地认同,但是祈求者至少还要确保知道对祈求做出反应的所有方式,同时还要服从于它。这便是由烧香而引发的"交流"行动跟其他任何形式的交流行动的差异所在。

这是先把反应的所有可能性变成疑问，然后通过对反应的非常充分的准备来做解答。

同样的仪式序列可能像纪念和颂扬那样，里面并不含有许多祈求的成分，这里的活动并非是一种激发而是一种记录，在这种记录中，有名姓的、受到颂扬的对象被当做一种过去的呈现、一种记忆、一种历史或者家谱上的一个点而获得表征。

在对这一寻求"反应"或者说出"名字"的对象的命名与选择当中，在总能得到圆满的仪式循环阶段之间的某一特定时间中，登记下来的是一次节庆以及节庆再次出现之间的反应，或者登记下来的是仪式期间非常局限性的占卜木块出现的概率，那么这其中所获得圆满的是什么？所要表征和记忆的是什么？所要占卜和记录的东西又是什么？

这些问题是不需要回答的。它们所描述的是由烧香所激发出来的行动，这火和烟，这慢慢燃烧的香及其味道，其既提供了表征又提供了反应，既提供了认同又有了记录，这是一种持续不断的交流，每个交流的阶段都有圆满可得；点火便可能出现闪耀，愿望就有或没有可能得到满足。能闪耀的火光也点亮了塑像的"眼睛"，并被影射到作为一体的"斗"的镜子中。这里所做的是一种过分的交流，在交流的表征本身不断重复的时候，交流也就成了多余。

烧香在这里所暗示的是一般性的宗教仪式概念的第一层意思。宗教仪式呼唤的是一位假想的对象。宗教仪式表征了那一对象，所用的方法就是，体现出一种超乎寻常的圆满，一边在做祈祷，一边就会得到反应，有些反应会让人起疑心，但是对于大多数的反应还是要服从。其结构期望得到反应，其仪式使其圆满。

这也涉及宗教仪式的第二个方面，即在呼唤一个假想的对象的时候，其结构的不对称性和间接性。其虽然遥远，但是仍能将香客容纳进来。烧香及其所期望获得的圆满，在有第二个人烧香，并且还有了些应验的时候，不管这种应验是正面的还是负面的，这种圆满都是对一个地点的认同。眼前的"自我"是在仪式的陈述中来加以界定的,而非仅仅由姓名和地址来界定,不过要依赖于仪式性的陈述得以实现的那些原则本身。这些仪式性的陈述的独特之处在于,通过呼唤第二个假定的对象,这个对象就表征着第三个对象,其容纳了第一个对象的存在状况。在提供对第二个对象的反应或记录中,仪式就将第一个对象界定为受到认可的对象。这些仪式性的陈述界定了一个对象其从开始烧香到接受应验的过程。它们具有一种过渡性(transitivity)。

这种过渡性所描述的是相对于第二个人而言的这一对象的位置和关系。存在有三种过渡性之间的分化,它们是灵验、适应与纪念。灵验(Effective):是指第二个人占据或者介入第一个人曾经呆过的地方,这里有对命运的摆布、星座力量的宇宙观或者是地狱行政的等级。适应(Adjustive):指在第二个人以及第一个人有过的状况之间,不做什么区分;就像巫术或工具性的仪式中所做的那样,直接去面对它。纪念(Commemorative):指把第二个人当成记忆或历史来给予祝贺,因为在这里,对于姓名和名望或者子嗣的界定,都跟祈求以灵验来改变注定要下地狱的命运的做法大不相同。

我想把这一点发展成为一个概念,使其能够经受一般性效度的检验。宗教仪式就是一种圆满交流的表演,它呈现出一个假想的对象。这种表演就是灵验、适应或者纪念中的一种加诸于一个第三者身上,其包括正在表演的对象被界定与得到确认的那些状态。

界定所指涉的是受到呼唤的主体,即指第二个人。在汉人的宗教仪式中,在灵验、名气以及继嗣这三种混在一起的历史撰述中存在着一种分化;即是说,把后来的人界定为① 地域或者是命运的保护者,② 英雄以及③ 祖先。英雄和祖先是义务和荣耀的代言人,而非灵验或者工具性的结果。通过这三项原则,就把道士从(历史性的或者是祖先的)庆典的主宰中分化出来;并且以一种更加复杂的形式,以地域保护者或者以眼下的灵验来启示命运的姿态,地方性的或者民间的崇拜也从官方的和祖先崇拜当中分化出来。

　　是表征还是纪念？是占卜还是记录？这些问题的回答所强调的是中华帝国宗教体系中另类宗教的此一种或彼一种。地域性的崇拜特别强调另类的道教而非其他，下面我就述及道教的问题。

第六章 道教及其崇拜者

地方上地域保护神的游行节庆是一场宏大的道教仪式的缩影。这种道教仪式就是人们所熟知的"醮",是一种重新调整宇宙的仪式(the rite of cosmic re-adjustment)。正如山街的人们曾经说过的,过去尽管每两个月一次在家里馈饲神的士兵都要打醮,但那是在扩建以及重修庙宇的时候才会这样做。

我已经指出,帝国的国家崇拜的仪式和组织与这种道教仪式之间关键的对比性差异。"醮"算是一种重要的另类仪式,其在整个帝国范围内进行地域性界定和确认。这也是要由文本来加以证成的传统。但是这些文本本身又为启示性的氛围(the aura of revelation)所证成。

到目前为止,已经有一些在台湾和福建所做的有关"醮"的记录和说明[这在劳格文(Lagerwey 1987)的研究中有所撰述,但也可以参阅萨叟(Saso 1972)的研究]。有关其科仪的最完整讲解已经出版了几大卷,这里包罗了道教教义中尚有生命力的仪式中最精华以及最重要的那些部分。这中间有许多是由日本和西方学者撰写的,他们都是多多少少参与过给道教教义编排索引这项计划的研究者,这项计划是由施舟人(Kristofer Schipper)在巴黎的"法兰西高等教育学院政治系"以及莱顿大学(University of Leiden)主持完成的。我从与施舟人的谈话中以及他的著作《道教的身体》(*Le Corps Taoiste*)中获得了诸多教益。施舟人以及他的同事们的著作,对于中国民间宗教的任何理解都是至关重要的。但是我并非一位有关道教教义方面的汉学家,他们的著作是把文本学者与那些对道士所做的仪式的详细的观察记录综合起来进行研究。劳格文对"醮"本身的解释性说明,其中所讲到的仪式,通盘都是由台湾省台北市的道士陈教主所做。我会经常求助于这种解释,但是我不会再重复它,也不再讲述"醮"的仪式的从头到尾的过程。我建议读者不妨可以去参阅劳格文的著作。

劳格文是从内部来说明,即是从道士的观点来说明,但我想要与此保持一段距离,以此来充分地表明,这种观点与向道士所修炼的地方性崇拜做出捐献的人的观点之间的差异。

道士就是指做科仪的专家。在受到一种初步的引导而进入到道教的技术和神秘的宗教仪式中去的时候,要当能够做"醮"的道士,就需要一种长期的文字上的学习。然而,一个地方性的代表并不雇用他们来为其地域性崇拜的庙宇献祭。做醮是将地域崇拜本身向外扩展,并带入其中心的道教自己的神龛上,由此更进一步地将道士的初步知识引入到更玄奥的知识中去。一般是把在其中心的崇拜的对象转移到祈求者的社区代表的位置上去以及转移到一种洁净观念下的宇宙等级中所含有的东西中去。即便如此,与官员和文人他们自己所做的那种排他性的国家崇拜不同,道士以及他们的乐队班子都是雇来的,由于有雇用关系的这种控制,这使得他们除了在做"醮"本身的仪式之外,再没有任何的权威。

正 一

曾经存在许多的道教的中心和传统,但是我这里要指出的就是"正一"(Orthodox Unity)这一种。其教义的系谱可以追溯到张道陵(或者简称为张陵)的启示中去,张道陵生活在公元 2 世纪,作为道教的创立者被称为"正一",人们将其算作是第一位"天师"。

现在声称是从天师直接延续下来的已经到了第六十四代,天师也成为在台湾登记注册的各类道教的招牌人物。不过,天师已经不再具有其师祖那种正统道教的权威了,在他从江西省龙虎山迁走以后,这种权威便没有了。自 10 世纪以降,这座庙宇都是天师的中心庙宇。他的前任天师 1931 年被迫从这正一的中心离开,原因是共产党的武装要在包括龙虎山在内的边区创建最早的一个解放区。

任何时候,正一道教本身都有许多修炼的套路,在那里,各种各样的以及常常是竞争性的仪式实践、科仪以及冥想的技术得到传承。通过各种各样证成的途径,并且常常是要由道士在龙虎山潜心修行,随后他们会追逐一种权威,这种权威是一种启示性的权威,是传说中第一部道教典籍《道因篇》的作者老子通过天师所启示的那种权威。

除了这种系谱上所追溯到的一种起源上的启示之外,还有,从 10 世纪来看,对天师传人的一个山区中心而言,正一道教的特征便是,他们都过着有家口的婚姻生活,并靠别人雇佣他们驱除魔鬼以及帮人治病为生,这里包括"打醮"时做的公共的驱魔以及宇宙重新调整的仪式。其他的道教中心,比如茅山派,讲究的都是一种僧侣式的生活秩序。凭借的是教化以及研习经典的传统,他们通过带徒弟而有了诸多的后学之人,历经十几代,并以那一传统的最初创立者,即《道因篇》的作者为起源。对于神秘的回归以及从原初的虚无而来的这一观点而言,老子(或者直译成"像老年人一样的婴儿")是一位核心的人物,这一点构成了道教科仪以及历史的核心。茅山以及其他僧侣式的道教派别都认为,在天师那里存在道教启示的一条途径。但是他们的科仪和冥想以及身体体验,是为了达成身体的净化以及用来朝圣,而非要服务于一个社区以及一位崇拜者。

中国文化与习俗方面的文本研究者,经常把民间宗教描述成含有对道教非常混乱的解释的大杂烩,它们都是江湖医生、巫师以及灵媒的所作所为。通常称这些人为"小法士",以区别于对经典的道教经籍以及令、舞还有法术表演有娴熟掌握的法士。在台湾北部的一位法士就向我讲过,他是属于道教"三奶教派",这一派精于法术,它是从"道法二门"派中分支出来的,而大多数台南的法士都源于"灵宝派"。这两个教派均属于正一派的一部分,两个教派的法士都有权威和本领来表演调整宇宙,即"醮"的大型仪式,而这种仪式,小法士是不能够参与的。这种大型的仪式,既包括经典经文的吟颂,也包括"法"的表演性活动。但是,后者会伴随有用本地方言而不是经典的高音来念颂的经文,并且,它的主体是民间宗教的神而不是正统道教的更加抽象的"天尊"。当他们在表演"法"的时候,道教的法士近似于依附地方文化的小法士。

道士寻求既与巫师又与民间崇拜建立起一种权威的关系,他是以其道教科仪参与进来的。在帝国时代,正是由于作为官方文化的专家,并且与民国时期的知识分子依照另外一种对待知识与历史真理的概念将民间宗教看成是混乱一团一样,道教的法士也把民间崇拜和巫师看成是粗陋、随随便便以及混乱不堪的。然而,道教中博学的人以及所有其他对文本传统加以提倡的人,还有对记录下来的事实和起源加以分类的人,反倒与民间崇拜保持着密切的交流并有很深层次的涉入。

皇帝与道士

从"混沌"的能量源泉而产生出来的道的启示绵延不断,这启发了数代学者的思想,这些东西都保存在道教的教义当中。这些文本描述了老子所说的回归混沌的重复出现,其他的材料所包括的是从其他纯灵而来的启示。在任何情况下,启示(revelation)都是道教及道士历史的特征性权威(依据 Schipper 1985:25 和 Lagerwey 1987:255 的观点)。启示是道教的独一无二的源泉。它们是道教对帝国的要求。但是正一道教也能够将自己当成一种理想化的地方性的国家而呈现出来,这在天师的早期历史中不乏先例。

在第三代天师的时代,即汉朝后期,正一道教已经在今天的四川省变成了一个神权政治的国家。这是由众所周知的"黄巾"、"五斗米道"或者"稻米啄"这样的起义所导致的一个后果,这些都是在天师传教中所给予的命名。他的统治是由地方法士所掌管的支系而组成的,并以用来对疾病和邪恶加以净化和禁闭的房屋为中心。他们也是军事组织的中心,因为法士既是驱除魔鬼的人,又是一位发号施令的指挥官(见 Mather 1979:105—106,Welch 1958:116 页以下,以及 Lagerwey 1987:255—256)。以他们自己的权威而建立起来的道教的神权政治是短命的。但是作为治病、军事组织以及纠错和净化的中心的地方性的地域崇拜的观念,则已经变成了正一道教其制度的一部分。并且,对于政治建树而言,道教的权威具备一种替代性的力量。

在汉朝灭亡之后,在3—6世纪之间,经历了数个支离破碎的帝国朝代,并且许多在唐宋时期重新联合起来的帝国统治,都以法士的鼓动为其发端。这种鼓动便是通过一位法士借助启示而对皇帝提供的一种教导,这是将皇帝当成一位圣人或者"圣"来建构,照此重新建立起神圣或者圣人统治的时代,这些都属于儒教和道教的经典神话的一部分(Lagerwey 1987:245,和 Mather 1979:112—113)。

与此同时,一种历法和一种宇宙秩序得以重新建立,这在官方崇拜中,是通过正确的牺牲来标示的。但是这些并非后来的朝代最终采纳的历法与崇拜。它们更加接近于地方性宗教仪式场景所适用的历法。对这些历法的一种详尽的解释是由斯登完成的(Stein 1979:70—1)。这是由所谓天腊、地腊、道德腊、岁腊以及王侯腊这五"腊"以及三"元"来划分的。这三元已经变成了三分宇宙的标志以及民间年历的历法。在道教典籍中,"三元"便是社区与神灵的聚会,由此向三官汇报。这些时刻是指出生、婚配和死亡登记的时刻,而有关犯罪的记录则是通过地方信仰中的土地公和灶神汇报的(Stein 1979:72—77)。这"三官"便是指天官、地官和水官。天官是在正月十五这一天,现在流行的说法叫灯节;地官,或者说阴曹地府,是在每年的七月十五,这是跟对孤魂的普度有关联;而水官,或者说河流,其虽在地上流淌,却把天和地联系在一起,从历法上看,跟十月十五日联系在一起,在山街以及其他地方,在划分出一种地域性的庙宇节庆上,它可能也是一个重要的日子。对于道士而言,这个季节大多是在做打醮的仪式(Lagerwey 1987:21)。

每次由一位道士所鼓动的一种帝国统治,同时也是天师及其正统的继任者的一次重新就职。正因为如此,道教才会陷入到与佛教、儒教以及法家,就有关礼与非礼的问题、圣人及其他们堕落的途径以及对平民中并非纯正的崇拜加以谴责的争论中去。特别是在最后这一点上,道教最容易受到攻击,正如斯登(Stein 1979)所指出的,包括走火入魔的"淫"祀在内,平民的崇拜常常与道士的家庭有密切的关系,道士都会公开声称自己与这类家庭毫不相干,就好像使一条突显的线条难于描画。然而,实际还是能够描画的,这里所依靠的便是一种成文的典籍。这由一种注册或者等级以及一种历史所组成,而这种历史所描述的要么是过去朝代的皇帝,要么就是希望有这样的皇帝出现。

米歇尔·斯特拉克曼(Michel Strickmann 1979:179页以下)曾经描述过这种等级。这是4世纪以降,源于作为道教中心的茅山派的住庙修炼的文本融入到天师的教义和实践中去的那一部分。陶弘景(456—536年)所著《登真隐诀》"综合了茅山派启示中所发现的不可见世界的科层等级的资料以及那个时代其他的道教以及坊间文献而写成"(Strickmann 1979:179)。这一著作中有一章是有关"真人以及其他力的等级和功用",这一章后来经由普通的书写、誊抄和印刷的方式以及以单行本的方式传播开来。在这本书里,天上存在的东西,在这个无法看见的世界中,被分成七个等级。最顶上的两个等级是纯真的层次,这里住着永恒的灵魂,其中的第一种尚没有,而第二种已经以各种各样的方式在俗世上展现出了他们自己的样子。接下来的三个等级是永恒和仙的等级，这里的事物通过它们的优点以及各种各样预先净化的方法，而在秩序井然的宇宙中获得了它们真正的位置。第六个等级是洞天，它是在地下，这里住满了已经成仙但还与他们地上的灵魂相联结的人。最低一级的就是阴间以及黑夜的"六天"。它包括三官在内。

正如这一文本中所解释的，三官是对死鬼进行审判的法庭以及权威，这包括那些已经成为民间崇拜的诸神，在他们连续不断地以及全身心地投入血腥的人世间身体、肉欲以及因暴力而死亡的事务中去的时候变得不洁净了。

> 当三官对新死的人给予审判公布之后，三官也可能会为他们在其他众幽灵中间安排个小小的行政职位，或者分配一些有报酬的徭役性劳动，比如到黄河源头处去搬石头。在昏天黑日的放逐中，死去的人要用血供来喂养，这些供品是从他们的公共庙宇或者（对于那些尚未达到来世的贵族地位的人）是由活着的后代来供养。
> （Strickmann 1979：181）

像这些编纂在道教典籍中的经文，常常会以"隐"、"藏"或者"密"这样字眼的题目出现，因为它们都是加入道教家族延续中来的处方与记录以及这些专才在净化科仪中的职责。净化也可以通过做功德、合乎礼节、讲究孝顺、有克制的行动以及服务于社区的活动而获得。功德的获取是"公开的"，这包括为了增进礼仪行为，而在饮食、呼吸、炼金术以及冥想上使用秘密的科仪和秘方，并通过驱除世俗和荒淫的恶魔而实现拯救的目的。这位仪式专家应他所在社区的人们的要求所表演的技能，往往是那些通过带徒弟而传授的使人能够登堂入室的深奥知识，这种知识的隐蔽，一层高过一层，也没有什么表现，并且高一层就比低一层次更加纯净。

许多不纯洁的人对神的崇拜以及许多旁门左道让人着魔的崇拜，在这些道士中的文人学士看来（并且还在坚持）并非是治疗疾病以及纠正过错行为的有效办法。相反，对地公和灶神崇拜的小屋，即指最低等级的矫正，照正一道教的文本来看，就是只有唯一一扇面南的窗户的孤独而又寂静的小屋。那里的摆设是一张书案以及一只香炉。在书案的旁边写下要祈求的事情，比如要祈求消除疾病，这同时也是一种精神上的缺陷，通过向地方神诉说，最终向三官诉说，而后求得化解。

照《登真隐诀》来看，三官住在北方，那里也是引发"古气"的地方，这会引起疾病、邪恶以及灾难(Stein 1979:67)。作为这些房屋保护者的道士，他在这个地域中作为家户的记录者、报告者以及防范者而活动，并在他们祖师的世系中达成功德与损德的积累，与此同时，还要运用针灸、配药以及科仪来治愈疾病。他会与地方上的土地公和灶神订立契约，但也会作为为三官服务的身处高位的专才而出现。三官处在跟邪恶与损害的根源同样的位置上，并以此来阻止它们的活动，而道士在破坏与惩罚的原因中是一位法士和专才。这里，独特的世系以及作为保护者的模棱两可都是显而易见的。从帝国朝廷的观点以及儒、佛、法以及道的权威传统之间的竞争来看，道士对不洁净的密切关注是极为重要的，但是也有其自相矛盾之处。

正如劳格文所说，道教正统及其历史就是一种启示的历史，并且这是一种通过着魔或者做梦而获得的启示。与儒家的文人学士不太一样，道士通过驱魔来矫正。依照他的教义来看，他们所驱除的是被排挤到东北方向去的、冻结在泥土中或者隐蔽起来的不洁净，所激发出来的是邪恶或者腐朽的东西，这是附着了"淫"或者"邪"的魔，其与校正式的着魔不同，同时也与在教义的登记簿当中那种高等级神灵的着魔不同，或者是指作为道教启示的一部分来加以传授的秘密的以及专业性的知识。正如施舟人(Schipper 1985)所指出的，道士并不使用灵媒的神灵附体技术，而是使用冥想以及身体的技术来达到洁净的状态。在这种状态中，启示也被说成是被赐予的。这些纯净的启示可以成为一位职掌统治的君主以及一位挑衅者确立权威的一项资源。所以，它们也能够成为帝国统治时期的一种危险。

包括《登真隐诀》在内，茅山教派的启示，被斯特拉克曼描述为弥赛亚式的[1]和自杀性的行为，因为他们所开出的饮食食谱与达到真人的食谱是一样的。

> 在天上原本是真人的精致宴席，到了下界，就成了致死的毒药，在一个所有天上的价值观都被完全颠倒过来的世界中，通过什么较好的手段，可以让人具有从堕落的必死性，向熠熠生辉的永恒性进行转换的效应呢？当这种符号最终由不可见的世界来给予的时候，这种专才，就会通过准备和吞食真人在天上的滋养来完成其实践计划。在参与共同的活动当中，他至少会完全让其俗世的生命死亡，并由此而更进一步迈向使其完全参与到星系和谐运动中去的那一终极目标。（Strickman 1979：190）

同样的启示还提供了享受皇帝庇护的道士的权威。对于他们而言，满足吉祥命运的符号便是一位圣明皇帝到来的符号，他不是带着某种毒药而来。或许，成仙无需通过自杀亦能实现。

在唐朝和宋朝都有几位皇帝（劳格文提到的有唐朝的第一位和第六位皇帝以及宋朝的第一、第三和第八位皇帝），在通过源远流长和倍受尊敬的茅山道派法士点化这种媒介，或者是发现了一个成文的文献而领悟到一种启示后，这些皇帝先后都照此命名以及修改了他们的年号。这些启示以及与之相伴随的这些符号终究是一种发现，那就是在道教最高等级的至善或真人当中发现了某位皇帝到目前为止尚未知晓的祖先。

在后来的文献中，江西省龙虎山正一教天师们，便被认作是见证和恢复这类符号的解释者。凭借这种服务，他们受到了帝国丰厚的庇护。

---

[1]英文原文为 messianic，意为类似救世主一样的行为。——译者注

"给予他们相应的名号,渐渐地也给他们妻子和母亲以封号,随着时间的延续,他们占有的土地也越来越多,他们甚至还会与皇室缔结婚姻"(Lagerwey 1987:259)。

从僧侣式的道教变迁来看,对于天师即意味着是净化和成仙的茅山道教而言,这也是一种皇帝与道士之间关系的变迁。帝国对天师的接纳,更多的并非是要证成什么,借助道教的恢复健康的技术以及赋予民间宗教以权威,他们得以为皇帝服务或者是使他统治的那个朝廷或者朝代更加卓有成效。对这些晚近的朝廷而言,官方崇拜是从一种没有什么神秘性的传统中获取权威,并把道德矫正放置在中心的位置上,从而与民间崇拜保持一种排斥性的距离,在这方面是通过保甲制度来施以那种教化和训导的控制(参阅第三章)。

劳格文提供了一个解释明朝与道教正统关系的至关重要的例子。这是 1417 年,帝国通过注册的方式,而对姓徐的两兄弟所建立起来的民间崇拜加以接纳。他们的崇拜,最初是公元 983 年在福建省开始的。1263 年这一崇拜曾经受到过一位宋朝皇帝的册封。但是明朝的这次册封,则把这种崇拜带进了帝国都城之中。正像许多对其他的民间崇拜的接受那样,它是进入到了官方所要礼拜的神的最低的层次上,但劳格文明确指出,这对于正一道教的延续却有一种特殊意义。

帝国对这种崇拜的接受通常是用一种印有皇帝名号的碑刻来实现的,而这一碑刻很快又会成为一篇道教文本的序言得到刊印。就其本身来说,这一碑刻与官方命名的城隍、关帝或者妈祖这类碑刻并没有什么差别(见 Zito 1987:344—8,和 Watson 1985:299)。这一碑刻赞颂了两兄弟的贤德,首先就是承认他们已经成仙,并且已经获得了上天的委任。碑刻所盛赞的情景,其中有一个情景曾经令皇帝感激至,一个给两兄弟的新的称号又加封到已经由天官封过的兄弟俩的头上,这一情景就是,在一次治疗中,他们借助自己的力量让皇帝起死回生。

由于正一道教与授予这些称号的明朝第三位皇帝之间的密切关系,

一套新编的道教典籍,即一种道教教义的再版在 1445 年获得批准。这里包括了崇拜徐氏兄弟的一套完整的道教科仪。劳格文提出这一点是要表明,对于明朝帝王家族而言,崇拜以及道教是何等重要(Lagerwey 1987:261)。从相反的角度来看,明朝的帝王家族对于正统的道教又是何等的重要,这肯定也是正确的。帝国权威对于天师以及他们的正统是至关重要的。但是道教对于帝国统治的重要性又是什么呢?

从 5 世纪以降的一些皇帝,"视他们的圣谕为一种更大的道家天道的反映",并且命令收集道教典籍并加以分类(Bolz 1987:5)。在明朝第三位皇帝命令之下的编纂工作,并非像唐宋时期的某些皇帝所做的那样,想要用道士来对其统治世系加以鉴定。由于有他自己的权威存在,所以他并非通过官方崇拜来使其天命得到认可,这种官方崇拜的神圣性也并非源于道教教义。相反,正是他自己要授予徐氏兄弟以称号,而非其他。更进一步说,当民间崇拜被包容进官方帝国的认可中去之后,这并非通过道教的渠道,而是通过明朝具有自己文本传统的仪式和崇拜的帝国等级体系,这更多的是与儒家的经典学说而非道家的教义密切相关。许多崇拜本身,或多或少是与道教的科仪紧密地联系在一起的,但是帝国的偏好是承认,他们的道教只是一种控制以及与佛教的形而上学还有儒家伦理相融合起来的一种活动。劳格文所引述的明朝开国皇帝在 1374 年为《大明玄教立成斋醮仪》一书所写的引论中便清楚地谈及这一点:

> 禅与道都在于投身到个人修炼以及个人才能的精进上去,这些都仅仅是为了自我。[佛教]之教化[可能是指白莲教]以及正一[道教]集中于拯救、特别强调孝子以及慈爱的父母。它们增进了人际关系并丰富了地方性的民俗,他们的功德确实伟大!(Lagerwey 1987:260)

劳格文通过指向道教编纂的一个关键文本,而将这种综合返回到道教中去,这一文本同样是用一种道教的民间通灵观,而把佛教形而上学与儒家伦理融合在了一起。这一文本便是《高上玉皇本行集经》,"从其在宋朝第一次出现,一直到现在的台湾,都还是一部关键性的道教典籍"(Lagerwey 1987:263)。这是为民间诸神的领袖玉皇大帝而撰写的一部典籍。劳格文注意到,依照道教的历史来看,这首先是由徐氏兄弟吟诵出来的。这便引导他得出一种偏向道教的结论,那就是,明朝对徐氏兄弟的崇拜以及对正一道教法士的接纳,是把道教当成一种国家的宗教,并且,与此同时,又把民间诸神全部接纳进来(Lagerwey 1987:263—264)。但是他的主张依赖于一种断言便是,"所有的民间宗教都是属于"道教的(第264页),并且附带地假定,"外族的"清朝并不把道教看成一种国家的宗教,因为清朝是满族而不是汉族。所有这些主张都是错误的。但是他的这些断言很有些启发性,特别是他指出了一种道教自己从中寻求权威的方式。

正如劳格文所做的以及高层次的道士所可能会做的那样,以为所有的民间崇拜均被明朝的皇帝所接纳,那便是错误的。能够支持这样一种看法的唯一一条途径就是,当时是将所有那些在道教教义中未获认可的以及所有那些没有帝国的碑刻以及封号的,都标示成"民间宗教"而排除在外。由此,这些民间宗教便是无足轻重的,因为它们是乡野的,并且属于异端。劳格文承认,在权威上,道教的主张凌驾于所有民间崇拜之上,正如道教教义的文本所做的那样,这是要除掉"淫"并在定义上将余下的崇拜纳入纯正的与正统的道教等级的最低层次上,而不管这类追随者是否将道教的文本上的教义当成他们的权威。

进而言之,他似乎是主张,不管帝国权威所接纳的东西是什么,都会被道教的正统所接纳,或许这就是道教正统如何壮大自身的原因所在。劳格文主张,道教正统的权威要大于皇帝的权威。不过,皇帝接受道教对皇权的启示是时断时续的。在明朝承认一般道教并通过官方册封天师而加以接受的同时,皇帝也接受了一种新儒教的融合以及一种官方祭坛的等级和历法,其中可能会包含道教因素,但并非依赖道教来对其自身加以鉴定。

正一道教对于民间的、公共的崇拜具有一种重要价值。而国家行政的官方崇拜则属另外一类。这两种帝国的道德控制的渠道,融入到已经受到认可的崇拜中去,因为在大多数情况下,它们都会受到正一道教一派道士们的献祭。但是大多数的民间崇拜并不在帝国的注册范围之内。它们往往出现在地方官通过城隍以及保甲制度实施的薄弱的道德控制中,或者它们也会出现在其所雇用的没有直接受到控制的那些道士们的身上。其对于源自天师的鉴定能力的信赖,充其量只是偶然发生,并受到严格审查,这实际上不过是道教家族中职业上的一种竞争而已。

委身帝国权威之下的道教典籍编纂工作,到明朝便结束了,但是这并不意味着,清朝的皇帝,尽管他们个人遵从满族的宗教,他们就会停止这样的帝国实践,即通过对值得称赞的、被认可为有灵验的神授予称号的做法,来赋予民间崇拜以权威。恰恰相反,实际上跟明代皇帝的做法是一模一样的。作为皇帝,满族朝廷参与到了同样一套官方崇拜中去。

道教启示的编纂,变成了一种对具有帝国权威的教义的保留,这是因为,其想要对一种易变的传统性加以控制。在由皇帝钦定的编纂当中,道教提出的主张是,尽管皇帝终究是一位圣人,但是还有一种超越于皇帝之上的原始力的启示。因此,正如 5—13 世纪所做的那样,这就可能会出现一种所谓"先验距离"(a superior distance),其是指在一个秩序井然的宇宙中,皇帝施以统治的天命真实与否的一套知识或者先验科学。正一道教追求对他们所认为的走火入魔和不良启示加以控制,这体现在通过梦、灵媒以及其他书写工具所接纳的那些带有竞争性的崇拜,这跟皇帝和他们的臣属的关系是一模一样的。这些都可能变成一个新的朝代的启示。但是,道教正统本身则是获得这种原始混沌的一个来源或者获得原始真理的一个胚胎。

与人间的皇帝相对等的玉皇大帝,作为民间诸神的领袖而被容纳进道教科仪中去。但是在重构道教等级的道教神龛上,他却被搁置在一旁,比老子和三官还要靠边一些(Lagerwey 1987:37—39)。道教的等级以及在其中被加封的位置,包括原始天尊的位置,就像是一种科层制的等级。科仪规定了形式、成文的顺序安排以及等级的象征,如封印、长袍、花冠和剑等等,这些都像是在朝廷中所使用的东西。但是它们所指的是一种宇宙观,这种宇宙观至少在明代是与历法、天文学以及帝国仪式的祭坛分离开的。道教正统的仪式,在任何情况下以及在所有的时刻,另外还有在驱鬼以及净化的仪式上,都是独特的。

当把帝国的仪式建立在道教的宇宙观之上并有着同样的记数方式与模式的时候,帝国的仪式就成了一种仅仅通过矫正而与原始的以及循环往复的基本秩序相和谐的净化。在帝国都城当中的祭坛以及庙宇的仪式中,天对于地的调整就属于一种相对于下属而言的特权,这是在行政中心的神龛和庙宇进行仪式发布,由此而形成与其他崇拜之间的一种严格等级。但是这种控制是通过排他性的优先权以及范例,并由那些受过教育并通过八股考试的人进行监视而实现的,这跟着魔、启示以及驱鬼毫无干系。驱鬼的行动成了一种命令、一种军事的动员和实施,在实际当中,这就是一种由帝国军事力量所实施的对国家领土的布防。但是,由民间崇拜及其地域家户的领导者所雇用的道士,他们所实施的公共的净化仪式,在团练中真实可见,并且在游行中,他们所走的一些步法,与道教法士在庙里更为精致而又神秘的仪式上所走的步法也是一样的。除了这些展示之外,地方性的团练,其所作所为代表的是地方上的绅士和领袖,他们支撑着一种帝国秩序。不过他们也可能被组织起来参与走私、绑匪、抢劫等活动,或者参与打击其他备受帝国力量关注的地方性团练。在这类情景中,更有甚者就是,当他们在反抗帝国代理人的劫掠时与其他的民团联合起来,便成了混乱的力量或者说是与时下帝国统治的那些秩序相左的另类秩序。

道士的驱鬼代表了一种对初始洁净的启示或重建,其与帝国统治的仪式和实践并不一样。一种在正统的道教科仪中所具有的救世主式的感召,能够对这种地方性的团练的反抗组织给予激励并赋予权威,不过它们也会出现在华北白莲教之类的经卷中。从黄巾起义以降的历次中国历史上的起义,无一不为这种启示所激励。

正统的道教与这样一种历史有着一种模棱两可的联系,这种联系遍布在其科仪的帝国式顺序安排的那种编纂的权威以及其与民间对"灵"的崇拜的密切关系之中,而"灵"就是一种通过地方性的灵验而展示出来的启示。在有关起义的历史中,我认为对这种模棱两可最好的解说就要数那些流行的小说了。《水浒传》为游击战和毛泽东的其他战略提供了一个范例。这一百单八将都可以算是土匪,但他们最吸引人之处恰恰在于,写作者将他们都描述成正直的土匪,他们自己已经脱离开了说不上邪恶但也够得上残忍的统治。并且很显著的一点是,他们得以逃避这一统治的地点往往是一座天师的道观。而一百零八位土匪也是以三十六天干和七十二地支来代表的,其一定的联合,或者以一种不同往常的形式掠过国家的天空时,就会招致大乱。这些构成了神的士兵们的天营(参阅第二章)。

台湾的学者侯锦郎所做的这项研究,引起了我的注意。他将现在台湾的信仰和实践与两千年以前所做的同一信仰和实践的历史记录综合起来加以考虑。他称这种星座的影响为"灾星"。

> 对灾星的信仰,在最早期的道教组织建立之前,便已得到了传播。并且,他们不加任何自己的东西来接受它。有了这一点,在《道藏》以及其他道教文本中,便可解释有关这种信仰并不存在什么系统理论的事实。有的只是祈求的仪式和仪文集,即一个完整的用于实践的武库,目的在于维护[由这些实践而获得的]忠诚。(Hou 1979:226)

这些都是道教驱鬼的实践,因为灾星进入了这一范畴之中,这一范畴包括受到限制的灵魂以及发射出来的那些陈腐的东西,其地点上的四分点是会受到三官保护的,在那里,他们也会受到这一等级中上位权力的限制,这是通过命令以及在道教仪式中的舞剑来实现的,这也包括集体性献祭的"醮"在内。

今日的台湾,在这些灾星的影响中,有三个特别令人惧怕的用来驱鬼的灾星,它们分别指"太岁"、"白虎"以及"天狗"。他们的特征,在表明过年的民间年历中得到了突出的展现。它们令人惧怕的联合,也被称为"过关",要越过的是一个人生辰星座的影响,或者是越过标示家庭中重要事件情景的影响,诸如婚姻和丧葬,或者越过在修筑或修缮一座房屋还有诸如一座庙宇这样的公共建筑中,负责定日期和看风水的那些影响。在这每一种情形中,与灾星的每一次相克,都要求有避开或者是补救性的驱鬼仪式。但是对于这三者而言,只有天狗完完全全是有害的。对于太岁可以向它祈求保护,就如许多模棱两可的其他魔鬼的影响一样。白虎是一种星座的影响,它是与五行之一相对应而联系在一起的位于西方四分点上的一种象征,它们总会相遇,但保持克制或平和。恰如侯先生所使用的恰如其分的类比一样,它们就像是帝国的官员,凭借着通行证可以偶然相互冲撞和冒犯一下(Hou 1979:228)。对于道教正统而言,它们是较低层次秩序的外在魔鬼,是要受到驱除和限制的,这种做法与民间对它们的防御性的概念又是一致的。

道教正统保留有神权政治的要素,并根基于其上。这是对权威的一种启示以及对帝国的宇宙观体系以及民间宗教的一种包容,这是把地方性的崇拜当成道教统治与净化的一个细胞的一种模式,其最初起源的文本就是有着多种多样启示的文本,并将这些文本编纂成由皇帝钦定的一种教义,由此便将知识和实践的传授记录下来。这种记录,有一部分靠编这种钦定的文集,还有一部分通过各自的师徒谱系以及自道教开创以来从其道教研习和传授中心而传播的教义。但是与帝国权威的那种联系是另类的,并且在授权问题上也潜在地形成了一种竞争性的资源。

庙宇中的道教祭坛——醮的献祭

　　就像官方崇拜中公开的祭坛一样,由道士放置在庙宇中心的祭坛,就要比其所取代的崇拜更为优越。但与官方崇拜不同之处在于,这是不固定的。法士可以将其放置在其所需要的地方以及放置在最盛大的科仪"醮"的仪式当中,通过这种途径,也就是要经过许多的门,这里也包括玉皇大帝自己的门,在冥想式的旅程状态之后,他便得到了转化。这里所做的这种冥想式的旅程,其所要达到的终点,便是将道教与地域性的社区联结在一起,因为他的这一旅程是通过不同层次的比喻来表征的。据此,他所获得的是对庙宇所在的地域及其不祥居留者以及神灵的一种净化,所借助的方法便是向三官报告以及拜见玉皇大帝。在庙宇之外,借助同样的旅程,用地方性的神以及更加带有本地特色的"法士"的道教仪式,来呼唤五个营地的天兵和天将(Schipper 1985:28—29)。

　　站在"醮"的中心的法士,其所展露的是一种由此登天去拜见玉皇大帝的技艺。随后他就会进入"醮"的核心性的一种神秘活动中去。他在道教天庭的等级中处于较低位置,但是他将自己等同于老子,由此便有了一种远远超越于玉皇大帝之上的力量来源,跟这种力量相比,玉皇大帝也不过是其中的一种表现形式和一个特例而已。

　　在一次冥想的最后,他会变成一种弯腰弓背的姿势,他的头点地,背躬得像一只龟壳,走起路来也像一只乌龟,他由此而得道成仙,这是先前茅山派道士们熟悉的一种自杀行为。他所做的所有这些活动,都是通过有训练的呼吸以及内部的言语来实现的,他们要集中于意象以及将其身体的某一个适当部位当成一个小宇宙来看待,与此同时,他的助手会在他静静地做祈求的时候走出去活动。这时在其下身会看到其小腹部的"丹田"部位有如一新生的婴儿,他将其运气到心脏部位,在此,婴儿变成一位真人,这是一位国家的官员,其两侧站着两位将军,他们向上经过气管,经过十二层的塔而到达口腔,经过头下部的熔炉达到鼻腔,经过中部的熔炉到达眼睛,经过太阳和月亮门而到达它们中间的空间,并从那里向上通过头顶到达一个固定于其顶部结点上的一个火焰状的桂冠。在那里,他们把醮的献祭的通告呈现给玉皇大帝。不过,那也仅仅是一个半路上的点,因为他们还要返回到小腹的那一点上做乌龟状,真人由此变成了一位让人肃然起敬的长寿圣人。在这一完美的点上,即叫作"杀龟"的点上,通道已经变成如周期性的洪水一样返回到它们的母性创造起源中去。这是与"禹"这位伟大的人物保持认同,他对水的控制,使地球和陆地的轮廓在天空之下得以显露。乌龟是在北方,这是驱逐魔鬼和实施控制的地点,龟壳便像地球的表面。北方同时也是"禹"的父亲的坟墓所在地,他的父亲治水失败了,但是"禹"自己返回到了他父亲死去的地方。道教的回归与原始的混沌是与万物之母之父保持认同。(见Schipper 1982:134—135,和 Lagerwey 1987:132—134。)

道教仪式的地域也称"道场",即"道"的圆形领域。这也是对任何道教祭坛落成时的一种称谓,不管它是为生者准备的,如举行一种盛大的或者小型的"醮"的时候;还是为死者准备的,当以同样长的时间以及以相同复杂程度的科仪做功德仪式的时候。

对于道教而言,这是一种归隐山林的翻版,是天地之间一个冥想的场景。不过,这是一种内在的场景,而非那种在山巅之上公开的和暴露在外的场景。设计也总是一样。道士的装备包括所有的图形表征以及构建这种道场所必需的仪式性法器。作为其中心,就像在道教的神权政治中用以崇拜的屋子那样,在那里,最早的天师建立起了他们的权威,这是一只香炉,其形状和火焰代表了一座山峰和集体性的净化通道,而且最后与神仙的纯洁的居住再次融合在一起,并坐落于中国人的世界地图上遥远的西部边陲称为"昆仑"的山峰之上(Schipper 1982:125—126)。但与其僧侣式的分支所不同的是,正一道教还是保留在人民之中的,这是在其社区之中求得归隐,而且确实是在社区的中心而非在其之外的山上。

与帝国都城之外敞开的祭坛上的皇帝一样,在一种神的等级顺序中,法士是一位核心式人物。但是,道教的祭坛并非一层一层排列的,因而也就分不出层次上的高低,但这反倒成了一种等级,就像帝国的城市那样是通过围绕着一个南北方向的轴来布置的,在这里,北方是至高无上的位置,因而要面朝南;东方又优越于西方,祭坛周围的第八和第十座门,原则上是保持开放的,而在它们之间对角线的轴就是施以影响以及进行转换的通道,这又总是以北方的点为至尊。

法士位居山的中心,并有"高功法士"的称号。这一称号指的是受到任命的法士,尽管他所表演的都是经典的道教修炼所保留下来的仪式。所有这些都表明,至少是通过任命,否则是不易区分出正统的传统以及地方性的更加带有本地性的道教倡导者的。在台湾,其在殿堂中所表演的仪式会逐渐使他达到一个点,在那一点上,他会用"中尊"的称号来换取某一俗世间的名号,施舟人将其解释为"大师,宇宙德行巡视官,依照自然的原则而受命来传播文明"(Schipper 1982:129,128 页的说明)。道士所表演的仪式以及在一次"醮"当中或者是在一次年度性的微不足道的地域节庆的形式当中所呈现出来的纪念活动,都是对神话中大禹行为的重新扮演。道教的法士重新创造出一种有序的宇宙。并且在他所要呈现的一种对社区的代表人物加以怀念的表演上,他也会表现出与大禹的再次结合,通过一种重新的扮演而使禹再一次出现(Lagerwey 1987:154)。

简言之,在道教的科仪中,法士被安置在一个与皇帝等同的位置上。确实,同样用来指称道教祭坛的词"坛",也被用来指官方的祭坛。但是每一位法士都完成了向这种帝国顶点(imperial height)的转换,而在帝国的行政都城的开放的祭坛上表演仪式的官员,都只能由皇帝一个人来授权。他们并非等同,因为皇帝是自己来练习和表演最高级的仪式。

道教的坛的周围是由画像和姿态随意的塑像所划定的一个外层界限,塑像的名字与帝国行政祭坛旁边的那些受到祭拜的塑像相似,但也不完全雷同。劳格文从台湾所拍的照片显示的是下面的顺序:四位元帅(黑康元帅在北,蓝温元帅在东,白高元帅在西,红赵元帅在南)是内坛的保护者;还有许多对自然现象赋予分封式称号的长官(风伯、雨师、雷公、闪电娘娘);以及许多没有称号的神灵(土地、金刚、山神)。

在上述这些之外,是未受崇拜但得到邀请来参加宴席的死者的灵魂,它们要受到拯救并要在普度中返回到另一个世界中去,这便是"醮"最远离中心的以及最为壮观的仪式。这是用灯向他们发出邀请,如果可能的话,这些灯漂浮在庙宇地域边界范围内的河道、溪流或湖泊的水面之上,经由这里而将邀请传送给散布四野的鬼魂。在庙宇的地域边界的最外层,便是四方的四位元帅的塑像,每一位元帅占据一方。他们通过恐怖式的压制骚乱和邪恶的影响,来实施保护的职责,否则便与饿鬼无异。

所以,从庙宇实际区域的地域边界到位居其中的中心祭坛,朝向法士冥想的地点建立起了一圈一圈的同心圆,其潜入他的身体之中,潜入庙宇的城墙之内,而门则是要紧闭着的。在边界的最外面,便是这一地域鬼所在的位置。

在围绕着法士的同心圆式的排列层次之间,也就是内层祭坛空间的最低(南方)点,便是三官的祭坛。在它的后面,更靠南的位置上,站立着聚拢来参加仪式的社区代表。在这些代表两侧南边所排列的同样的位置中,法士已经安放好这一祭坛的庙宇崇拜的塑像,而挨着这些,便是从这一区域的祭坛中取来的小庙的塑像和家户的崇拜。在对他们的功德经过讨论以及依据道教本性的原则对它们的位置做出排序之前,这些代表以及他们所崇拜的神像都要受到控制魔鬼的官员对他们的监视。

神秘而又玄奥的中心科仪已经详尽地描述了外层的意义。在"醮"的期间会为此而提出安排好社区事务的训诫。这是由负责"醮"同时也负责请道士的委员会提出来的。比如 1967 年,在台湾北部的树林镇,我曾观察过一次"醮"。许多的文献材料都书写在粉红色的纸上,这里显露出来的是从地域上来加以界定的社区头人以及他们在一种仪式秩序中的位置和认同。在仪式期间,他们献计献策,这些计策,对整个社区加以确认和安排而言,确实卓有成效。

外层的秩序

这三天的"醮"的仪式,是为了修缮并重建一座名为"简宫"的庙宇而举行(更精致的要举行五天)。这是树林镇的一座主庙,这里有一离台北市不太远的很兴旺的市场集镇。① 其正神"保圣大帝"的地方性崇拜,始于 1788 年。实际上从其开始创建时起,这便成为每年都有一次游行节庆的一种地域性的崇拜。到了 1927 年,由于修铁路的原因,搬到业已成为一个新的商业中心的地方。我参加的这次"醮",就是为了庆祝它重修四十年而举行的[参阅有关这个集镇的庙宇及其崇拜的历史撰述,这是由一位地方学人王世庆(Wang 1974)撰写的]。

"醮"局印刷的第一项文献就是一份最重要时刻的年历,还有那些用来算命的天宫图,即应该避开,否则冲撞了就会有一种灾星影响的那些东西。这种贴在墙上的"公启",足够分给每家一份。上面还有为每一个家户的净化而准备的训诫,这是在"醮"开始准备的第三天要印好的。有人会通知各位家长要贴上新的用以劝告的对联以及纸做的装饰品,还要对房屋以及家门前的地方进行喷洒和清扫。从那时起到最后一天仪式之后,每一天都适合在家里祭拜。就像新年一样,这个时候要避免闹分家、争吵以及污言秽语。就我所听到的情况而言,还是有过一次争吵的事件发生,原因就是,人们说一个选民的邻里有合谋滥用捐献品的情况。

---

① 我要感谢武雅士,他曾在这个镇以及这个镇下辖的地区生活和做过研究,因而介绍我和他的当地朋友们认识。

"醮"的头人和代表受到威胁而做出了让步。但是有一位退休的公务员在一旁对这位选民劝解说,在这个时候吵闹会破坏整个"醮"的氛围。

有十四个重大的时刻要避免冲突:

1. 在准备祭天的时候,即举办"醮"之前五个月,这期间各家各户都要做准备,并要穿戴整齐参加到庙宇的活动中来。

2. 在"醮"的仪式开始之前的二十天,要为在外层所建的四个祭坛举行落成典礼,其中一个或几个是为这次"醮"的核心供品而设立的。外层的祭坛全尽是庞大且色彩斑斓的建筑,这是四层楼高的一座建筑,其中收藏有从属于这一庙宇地域范围之内的富裕家户祭坛上送来的塑像和手工艺品,为了敬重这个地方,他们中有些人还要另外以个人名义把塑像从他们喜欢的庙堂中迎请出来。在中心祭坛的南面,是为天上三界而准备的三根篙。正是有了这一祭坛,主持司祭的道士才会出现,在此迎请众天神,发表纪念式的祈求。天篙位于为孤魂准备的灯篙上位的一侧(见下面第4条),用以邀请天庭诸灵魂并为他们领路,每个都有单独的一盏灯,这跟为地狱诸灵魂准备的东、南、西、北、上、中、下七斗的诸灯形成了对照(其中一位道士向我做了这样的解释)。第三天,道士从其底部的舞台登上中心外坛,在此发表祭文,祭文上面罗列着社区代表的名字和职位。

3. 在举办"醮"(当仪式开始之时)的前两天,这一地域每个地方的神,都应该受到邀请,并要被带到醮的中心庙宇中去。从这一天起,直到仪式的最后一天,每家每户都期望给神的士兵献供品(犒军)。

4. 同一天要升起灯篙。这些灯篙都非常高,每一根占据四方之一,称"千灯篙",灯篙上面有很宽的横杆,上面挂有纸灯,用以在普度仪式的第三天,邀请远处的孤魂来参加给他们的献供。在建起灯篙的那一天,每家每户的人都要穿戴整齐,并在某一灯篙下面献上供品。

5. 三整天的"醮"的第一天夜晚,斋戒便开始了。这时要禁吃酒肉,直到仪式的最后一天中午,禁忌才获解除。屠户也要在这一天停止屠宰,直到仪式的最后一天,才可以开始屠宰。这一天是馈饲孤魂的日子,也是晚上举办家家户户宴请的日子。

6. 在这同一天,天空四方的斗星灯要被放置在庙里并点亮。这是这个地域生者的代表以及每家每户的灯(见下面《仪记录》第14条)。

7. 在同一天晚些时候,敲鼓和发表这两项"醮"的仪式开始。这是由道士所做的最盛大的仪式,也是以力量来召集神灵清扫祭坛以及周围的污秽(参阅:Lagerwey 1987:第6章)。

8. 在举办"醮"的第二天晚上某个时候,为孤魂准备的灯会被放置在庙宇地界内的郊外的水面上。人们会把篙扛到庙里来,然后在游行中举着篙来到水边,准备在放灯时用,每盏灯都被放置在一个小木筏上,并在漆黑的水面上散布开来。随后,篙又被放回到它们的位置上去,宛如灯塔一般。

9. 从第三天的头一个小时(即半夜)开始,可以酿酒,供奉的猪可以带走。这些猪都是各家各户为这一节庆而养。早晨将猪屠宰之后,对其做适当的处理,然后被抬到庙里参加比赛,最重的猪便是获胜者,然后将其呈献给庙里的神以及其他地方性的崇拜,这些神的塑像也都集中在那里。

10. 在第三天一大清早,为了感谢天的仁慈的酬赏和有求必应而要鞠躬表示致意。这里呈现出来的是一种纪念(Lagerwey 1987:第9章)。

11. 在第三天下午早些时候,要为孤魂饿鬼举行普度仪式。

12. 在所有其他各类仪式表演完毕之后,祭坛尚未关闭,此时要将龙收藏起来,并答谢驱除庙宇区域内的虎。这是一种驱除魔鬼的秘密仪式。

13. 在同一天晚上晚些时候,会做答谢祭坛和灯篙的仪式。

14. 第二天清晨,虔诚地把在这一地域聚会的诸神送回他们各自的殿堂中去。

这都是些准备工作;并且大多数是按"醮"管理委员会所提出来的规则进行分配的。这表明了平常一家一户的仪式,如何以及在哪些方面得以卷入。

由管理委员会所提供的另外一份重要文献是在庆典举行之前两个月所开的一次会议的日程安排。它之所以重要是因为,这表明了组织者自身的特权在哪里。这次会议由五人管理委员会召集。这次会议本身便是扩充人数的一个机会,把对"醮"的使命给予资助的重要捐赠者添加上去,从而使得委员会成员总数超过了二十人。

这一议事日程是为"醮"祭当中的职责做分派。一开始便是那些担负着集体表征的仪式角色的名单。有炉主,他承担着管理委员会主任的职务;还有四位副炉主,其中有一位是助理;有主会及三位副手;主醮及三位副手以及负责祭典部职责的一个人。其余的各有其责:

职责安排:

1. 在两个月之后,这种安排到了树林镇主要崇拜的根庙里(位于台北市以及其他附近的城市那里),并且将他们所崇拜的神的塑像放回到轿椅上去,大多数的时候都是用卡车来运。但是到了大家聚集起来的树林镇边界那里,人们要以步行的方式将塑像抬到主要的庙宇中去。从十二个"临"当中邀请来参加的乐队班子、武术表演队员构成了庙宇的地域范围。他们在游行中的队形以及在游行中偶然加入进来的各种各样的队列,都在向这个地域的神发出邀请,邀请它们在醮的期间来庙里。

2. 搭灯篙以及摆放给饿鬼供品的摆桌子的职责分配,是在一位庙管会成员的权威之下实施的。他下面的一位副手,即一位副炉主负责献祭仪式；还有两个主要的仪式角色，一个是"主坛"，这个坛是指一个精心制作的、层层罗列起来的彩色平台，几乎与灯篙高度一样，这是为显示对庙宇建筑之外的天神的荣耀而建；还有就是"主普"，他是负责为饿鬼准备供品用的桌子。

这两位头人或者主人，构成了所谓"四大柱"。这由庙宇外面的四张大的纸质画像来代表，并在每一个天庭的外坛中得到复制。但是他们，或者说他们的保护神，也会在内坛中得到表征，委员会成员作为这些保护神活生生的表征在那里活动，同时也作为由主持仪式的道士为四方的天庭提供代表的受益者。

就四大柱而言，主祭自己站在与炉主等级不同的第三级。人们告诉我说，命令这一柱的神是黑色勇士，民间通常也都知其有"玄天上帝"的称号，即指最高级的驱鬼的神。这便把供品的那一柱与四方四圣的北面对应起来。他们常常会以各种各样的形式坐落在内坛之中。在其他的表现中，他们可能是指"四灵"，即在醮的期间，庙宇之外以及庙宇区域中的四个外层堡垒旁边令人异常恐惧的武力保护者。这四组样式会依据一个人所要求的道教传统而改变，也会依据仪式性的背景而有所变化。但是共同都认同北方的那一位，即上面所提到的主祭，他是一位黑色勇士，是道教科仪文本中最重要的一个主题，在这一教义中，其被命名为"文"，并在许许多多其他的称号上面又加上了一个元帅称号。

人们向我所说的其他三个柱的庇护神的名字，与劳格文所给予的"四圣"和"四灵"的那些名字不大一样。这四柱围绕着炉主法士而各就其位，这样的顺序分别是，主天，即（正一）天师；主祭，即玄天的帝国统治者；主坛，即观音菩萨（这是我的看法，不过令我迷惑的是，这一救世的神可能也适合在最后一柱上，但我这里所写下的神却真的更适合于这一柱！）；主普，即矫正命运和德行的神灵，这是土地神的正式称号。（不仅在劳格文的著作里，而且在所有对"醮"的观察描述中,都没有以任何方式提到过这一套四大柱。)

3. 安排每一个祭坛上的地方神的塑像;此责任被分派给了四柱以及一位助理炉主。

4. 购置祭坛桌子上的供品以及摆设的资金分配:供品合128 500台币(在当时的汇率是合1 147英镑和3 212美元);购买摆设是109 700台币(合979英镑或2 742美元)。

5. 抬灯篙到水边以及将它们放置在木筏上漂流的那一岸边位置的安排(对那个地点要进行一番研究之后才做决定)。

6. 向天鞠躬致意,并向饿鬼布施供品,这不仅在庙里要向天致敬,还要在庙外面的每一个坛上向天致敬;因而,他们会同时在庙里以及在外坛进行布施。

7. 庆祝活动:体操班用台币20 000元;保健班2 000元;表演班13 000元;纪念活动班85 000元;奖金累计要达到60 000元台币。

8. 印刷社区所有代表以及为醮捐款的人名单,用以纪念,同时要在庙宇的墙上张榜公布。

人们向我说,由这一委员会以及由庙宇管理委员会所捐献的钱的总数在50万到60万台币之间(合4 464到5 357英镑之间,或者12 500到15 000美元之间)。这些钱都是用来修缮庙宇的,并要设"醮"纪念,以示落成。庙宇修缮基金差不多有100万台币。炉主的首席位置要授予为这两个基金捐款最多的人。"醮"管理委员会余下的人由那些对这两个基金,即为庙宇以及为"醮"捐款的数量居于第二位的人所构成。但是"醮"管理委员会,至少在其扩大的形式上,与庙委会不一样。它只是为了"醮"才存在。

醮的整个花费要远远大于由这一委员会的成员所捐献的基金。从一位里长的儿子所作的整体花费估算来看,大约要1500万元台币。地方性的报纸报道说是花了3000万元台币。当然,这有可能是到目前为止所收集到的基金总和,因为这有两个重要的事实。每一位里长都会从其所管辖的里的户主那里,收取每人 20 台币的固定捐款。另外还有 200 斗以上的认捐额(见第 14 条)。

为"醮"所做的准备工作中包含一种人口统计、一份定钱,另外还有一种社会压力,因而也就很少有哪户人家会赖着不交。这种压力来自世俗以及宗教权威的一种结合。"醮"的管理者和领导者们都有地方性的影响力,并且选他们出来是通过占卜,也就是通过在主庙所崇拜的神面前投掷占卜的木块实现的,并从先前通过占卜而成为"醮"的代表候选人的户主名单中进行甄选。

9. 纪念性礼品。

10. 突发事件的安排。

11. 电力设施。

12. 建起一座表示敬意的弓形门(我认为这仅仅是为了荣耀这一地点及其庙宇的)。

13. 服务点(在这里人们能够找到帮助和信息)。

14. 使用空间排列图来清楚地知道,为活着的人所准备的应该放在庙宇桌子上的灯的具体位置。

除了那些炉主以及四柱之外,这一空间排列图命名的位置都是较次要的位置,比道教祭坛还靠南。这一位置是在仪式表演过程中,在圣物被安置好之后而得到命名的,每一个位置也就是占据这个位置的代表的个人名字。总之是要把 221 个位置和名字都画出图来。首先是那些已经给定角色的管理委员会成员。接下来就是在庙宇地域范围内十二个"临"的代表。其余的便是代表着他们家庭的个人,他们在已经认捐之后被接纳。获得一个最普通声望的位置要花费掉 600 台币,获得一个最高声望的位置要花费 12 000 元台币。这 221 个位置本身并不参加所有的仪式。参加过三天三夜的三十八项"醮"的仪式程序的,按次数分配灯的位置。

灯本身就是指放置在一只桶里的油灯,还有一面命名的旗帜,一面反射灯的镜子,一把尺子,它代表的是一把剑以及对适宜生活空间进行测量(Saso 1972：108；是以剑和尺来代表),以及表明灯有熄灭危险的一把剪刀。这些桶也被称为"斗"。火焰代表的是所命名的地域单位与称之为"元辰"的那一星宿位置的光之间的联系。这便是旗帜上所标示的家户、"临"和社区的命运以及德性之所在。其光亦受到暗淡的以及不洁净的神灵的攻击,或者它也可能自己就熄灭。并且,同样是这一百零八颗灾星也会对它构成威胁,从而迫使它返回到自己的位置上去(正如台北一位道士向我所讲述的那样)。作为一种整体性的净化以及驱魔仪式的"醮",所包括的是点亮、擦净以及保护整个社区的灯、社区代表们的灯以及大量捐献足以够代表资格的家户的灯的那些仪式。

    15. 在游行中带着斗灯。

    16. 斋戒以及关闭庙门。

管理委员会后来还提议补充了人数,有一个人的头衔是负责组织和协助鬼灯篙,另外 个人确定两天的游行路线和时间安排,这两天的游行,要经过这一区域每一个庙宇,并把他们的神灵(以及塑像)迎请到中心庙宇中来。并提醒说,应该以香来使神灵得到愉悦。还要宣布向天还愿的斋戒以及做其他禁忌活动的日期,这在主庙以及其他两个与之相连的庙宇里都可以见到。

    上文"醮"的委员会文献提要中,未曾提及的便是要举行许多天的戏剧表演这件事,这是为了使神和整个社区得到愉悦。这里,首先一条就是要提及那些由地方演员组成的剧团。这些人都要参加游行,他们乔装打扮,表演的是呈现民间戏剧中的场景。晚上的戏剧表演,完全可能是由另外一个会或者另外一个委员会组织安排的。任何时候,大多数的表演都是拿捐献者基金的钱来资助,从这个基金中直接拿出钱来支付给演员,捐献的数量和捐献者的名字会在戏台旁边公示出来。这些并非都要通过"醮"委员会。

　　这些文献表明,醮的哪些部分相对于内圈之外的东西而言是重要的,这些包括从四周的庙宇中将塑像迎请进来的游行、外部的祭坛、灯篙、去水边放灯的游行、斗灯以及社区及其代表们的纪念仪式、这些醮的庇护者、供品以及在祭天的祭坛之外所表演的仪式、这里的摆设以及庙宇中的祭坛。

　　另外还有戏剧演出,对作为供品的圣猪的称重,还有种种的普度仪式以及在第三天对饿鬼所做的抚慰仪式,这些都在拼在一起有几百米长的桌子上举行,上面摆放着从各家各户中带来的而不是由醮的基金提供的供品。

　　人们会因为对安排科仪活动备感乏味而走得远远的,留下来的完全都是些社区代表。这是盛大的展示,人们会注意到,在地方性的政治中,谁跟谁是在借助一种庇护来相互竞争。特别是年轻人、地方家户中年幼之辈以及大多数在过了受义务教育的年龄之后而接受了台湾社会新文化教育的人,都会作为不相信的观看者来参加树林镇的"醮"。对于他们而言,"醮"就是"好看",就是"热闹"。还有就是,这是由他们的家乡或村子所举办的最盛大的演出,这里所有的家户都对此做出了贡献。夜晚,镇上的人会一边闲情慢步,一边又欣赏这一景观。

　　在仪式的第二天晚上,将灯送至水边的游行开始之前以及结束之后这段时间是最拥挤的,场面也很生动,甚至有时会有让人吃惊的场景出现。一位若隐若现的女性萨克斯管演奏者在灯光从金色变为绿色中变换着颜色,相伴随的是喇叭、小提琴以及咯咯作响的敲葫芦声。在跨越一个空旷地带,去某个遥远的天坛仙宫的那盏灯的路上,一盏煤气灯投射到一位妇女身上更多是阴影而非光亮,这位妇女坐在一个乞食的罐头盒前面给一个小孩喂饭,而其他的人则在她周围的草地上懒懒散散地躺着。每次我经过那里的时候,她都坐在那里呻吟。她是大量的乞食者中的一员,他们中的大多数的人都因各种各样的原因而丧失了独立生活的能力。(第二天,他们中的某些人可能就有权利从各家各户带来"施"给饿鬼的供品中拿出一些来吃。)千灯篙顶部有毛刷做的叶子在风中摇曳,抗拒着黑暗。夜晚的空气夹带着从各个方向传来的喧嚣。这里有一个咚咚作响的大鼓和婉转悠扬的歌声,还有从河边那一灯的长龙方向传来的敲击铙的声音。每一盏灯都被放在一座纸房子中,这是在为死去的灵魂做功德的庆典上建起的灵屋的模型,这些屋子的门上都贴有一幅对联,上面并非是通往天堂的良好祝愿,而是说这里离地狱尚有千里之遥。在另外一个方向,一队白色的勇士扛着戟和剑朝着发出鼓声的方向进行操练。而用花生油炸臭豆腐的味道也从另外一个方向上飘过来。在舞台上,一种交战国辉煌的历史,伴随着一只硬鼓的咚咚声,而在漫不经心地演奏着。这种场面一直会持续到深夜。

这些都是我的印象以及受场景的激发而产生的联系和想象。其他人的注意力也许会被带到其他的呈现、沉思、纪念以及对立上去。但毫无疑虑的是,这些沉思、声音和味道都是突显出来的,由此而引起了人们的注意,并因此而有了对此一情境的记忆,或者是纪念和参考。毫无疑问的是,它们都是围绕着一个中心,即一座庙宇而被组织起来的,界限就是这一居住的地域,在这个地域里来邀请客人,时间限定在这一节庆的三个白天和三个晚上。

危险和驱魔

同时,为此仪式专门从海岛另一端的港口城市基隆请来的道士,正在护佑着这一祭坛。这也是一种激动人心的负重杂耍、旋转以及舞剑的表演。但看到和听到这些的只是作为他们的朋友的其他的道士以及为这一仪式做出安排的各路灯的代表们,表演的地点是在关起来的庙门里面。这是一种舞剑的戏剧,在五个方向(四个在外层,一个在中心)上的每一个方向都会喷射出纯净的水来。表演者面朝南,用冗长的咒语进行解说,以此召唤四方的代理人以及土地公"摆脱掉污秽"。我并没有注意到在树林镇使用这一文本,但是这可能会与台南所使用的文本略有不同,在那里由道教法士随着咒语直接写下社区的代表。"至高无上的、原初君子之嫡孙的儿子"的头上承受着南方红鸟的三个平台,踩着北方脚下的黑色勇士,跨立在东方的绿龙和蓝龙之间,并使白虎紧跟其后,他命令这些代表,即"献祭的官员,天上的管事",通过他们的身体的所有的毛孔和部位,来接受其纯净的神灵之水。他随后读了一封信,这是许多信中的一封,这是一份在"醮"的过程中,由道官书写和燃烧的契约与供品,以正一道教最初的"盟约"形式而与天上最高等级的力量建立起一种牢固的关系(Lagerwey 1987:97)。在把这一点告知了南方的一位将军后,便用香摧毁了污秽。

在道士受封的过程中,是由法士来决定与作为"鬼神"的神结盟。鬼神同意服从法士的命令。帮助活着的人,这是一种功德,并由此而在天庭的等级中获得晋升。"法士提供给鬼神的职业就是一种由'历史上'的诸神成功地从事过的职业"(Schipper 1985:28)。类似的一种盟约要由受过高深修炼的道士确定。这是一种更加抽象地体现道教宇宙观的一种盟约。尽管如此,这些道士还都要忙于一种驱魔的活动。

在台南,跟在树林镇以及在台北我参加过的另外一次"醮"不同,祭坛的净化由一魔虎(即一位戴着一个面具的道士)的侵入而达到极致。疯狂的敲锣打鼓之后,这位法士便冲进了祭坛。他左手举着一只做仪式性净化用的装有神水的碗,而他的右手则握着一把宝剑,他会在这里横跨一大步,然后旋转,面朝北从他的口中喷出从碗里吸进的水。这时许多鞭炮引信都开始点燃,随之是演奏刺耳的双簧。鬼赤着脚,穿上了褪了色的虎衣,并从最北方的角落里冲到祭坛的空间中去。法士为鬼寻求出路,其从祭坛空间的一头跑到另外一头,翻着筋斗,从祭坛悬挂物下面观看。突然他闻到了身后的味道。他抓住社区的香炉并带着它跑掉了。他身后的法士用剑向他做多次的攻击,几乎要穿透他。当证实这样做还不够时,他就会怒视这只虎,并向他喷射神水,最终要按住这只虎,令其返回到最东北方的那一角上去,因此这位法士喜气洋洋地喊出,"现在我接近了东方的边界"。最后,法士通过把写有"鬼"字的符放在曾经放置过虎面具的一只米桶上,由此而把魔虎固定在那里。在那里他会用他的剑在那个汉字上画五道水平的线和四道垂直的线,这就像一张网把"鬼"捕获一样,随之用宝剑画一个"山"字下有一个"鬼"字的符号而将其镇住,然后把宝剑直立地插入米中。这时他将头上的一顶火焰冠加在上面,并给桶里装着的东西盖上印。从那时起,魔虎就转化成门的守护者,通过这一道门,其侵入到祭坛空间中去,这时要焚烧供奉给他的冥币(此过程的全部细节取自:Lagerwey 1987:99,102)。

在台北地区,也要上演同样的驱虎的戏,不过这是单独的一次仪式,即"安龙送虎"(龙送虎)的仪式,外加赐封祭坛。确实,这比赐封道教祭坛更有一种持久的目的,因为道教祭坛毕竟只是暂时坐落在庙里。龙是庙宇得以建立的场景,安置龙就是安置庙宇地域本身的风水。在树林镇,这一仪式是最后举行的,即在最后一天晚上很晚的时候举行,不过要在道士们的祭坛被拆除之后,并且在拆除庙外的外坛以及焚烧巨大的护卫者的画像之前。在我所参加的其他的"醮"当中,龙的安放是在第一天的一大清早,即把道士们的祭坛建起来之前。

正坛供桌背后的一种稻谷的形状就代表"地龙"。耳朵用金色的冥币包裹而成,胡须用插上去的香来代表,眼睛长得像鸡蛋,前额有第三只眼睛以及一个"王"字,眼眉像一把瓷勺,舌头像一盏点着的油灯,爪子以及后背有三十六片鳞,此外,尾巴尖及六足像油灯的七柱火焰。围绕着它放置了二十四只碗,每一只碗里放着肉和酒之类的供品,全套的供品都摆在前面。在其左边是一只小的纸做的龙,即指东方的龙,在其身上披着蓝色的布,上面写着:"宣布为平定左侧蓝龙的仪式而接受上天的命令"。在其右侧是一幅虎的画像,它身上披着一身白衣服,上书同样的宣告送走右侧白虎的文字。它们每个面前都放有供品和香。

正对着"地基龙"头部的左侧,放置有一块上面盖有黑布的瓦。

在祭坛的桌子上摆放着稻米的"斗",每一个方向及其中心都放有一只,并以适当颜色的辟邪物放置在每一只斗的面前,与之相伴随的有剪刀、尺子和镜子,这表明了庙宇的地域及其全部居民的四方以及与中心的联合。

三位庙宇的看护者(他们都是法士)之一,要敲二十四下鼓。他以香和酒向龙和虎鞠躬表示敬意。这就引出一位道士,他曾经帮助法士表演过醮的科仪,随后一直还做这种仪式,但并不在主醮的科仪之列。他走着禹步,标示出斗星,将其印在瓦片上,随之将其打碎。他用在空中舞动的剑,在地基龙的上面写下命令,并用神水向地基龙和左手的龙喷洒。随后,取一只活鸡,敲破鸡冠,用其血滴来点。首先是点八卦图,其位于法士以及打"醮"的法师的祭坛上,然后是点庙宇范围内五斗中的辟邪物,再后是左龙,最后是地基龙,点的位置是其前额、眼眉、口鼻、舌头、下巴、脊背和尾巴。正是经过这样的程序,一尊塑像才被点画出来,就像一个装有精神力量的容器一样,它因此而具有了生命(参阅:Feuchtwang 1977:589)。

道士从摆在祭坛桌子上的一只桶里抓出一把米、钉子和硬币,然后将它们撒到四个方向以及庙宇中心的位置上去,每一次都会被庙宇的看护者幸运地抢到,正如哀悼者会在刚刚埋葬完一位新丧的祖先之后,从坟茔的吉利位置抢到撒出来的米(庄稼的丰产)、钉子(男性后裔)以及硬币(财富)一样。

乐队班从庙里走出来,边走边表演。人们在庙内外燃放鞭炮,以此来宣布下一项活动的开始。由于这是庙里的第一项活动,所以只有那些指定的代表能够参观,由于是在深夜,要躲避的东西就可能会出现。道士因而又拿起剑来挥舞,这次是压制虎,并且是用严厉的命令,抓起它大步往外走,当它冒出来的时候,就将其夹在他的胳膊下面隐藏起来。这时只有一个庙宇的保护者与之相伴而行,他行走到这个镇的边界上,在那里他用剑设下了陷阱。此时,纸的画像被点着,并且在其燃烧的时候,他会命令虎躲开。另一方面,蓝色的龙会被埋葬,但实际埋葬的是曾经用作地基龙的前额和两只眼睛的鸡蛋,这在庙后面的一个地方秘密进行。

一位庙宇的保护者告诉我,如果人们都知道了这个地方,整个地域就很容易受到与这种驱魔和净化正相反的骚扰。一个人可能会在地基龙头部所在的位置上,用埋一颗铜钉、滴一滴狗血以及倒人尿的方法便能够弄乱和破坏这个庙宇所在地域居民的风水。在这个地方不远的庙里做事的此地一位小道士就告诉我说,他就曾经做过这种事。人们会因此破财,神灵还可能会不附体到灵媒的身上,神的塑像会开始剥落,大风会把庙宇卷走,邻近的人也会感觉不舒服。道士也会被他的某些门徒告发,遭受痛打之后送去法庭。正如一位看庙的人所说,对道士这类人要非常小心,他传授这些秘密,因为可以用这些来欺骗社会。这也许意味着,这位不好的道士至少还会受到其门徒们的赞许。

不管他们是大巫师还是小巫师,雇用道士所做的这种服务主要就是用来驱魔。在正统的传统中,"醮"本身就是一种精致的净化仪式,通过诵读以及表演科仪,而真切感受到宇宙秩序产生的各个层次和阶段,这是一场用以净化身体以及净化一个地方的道教宇宙的戏剧表演,这个地点包含外在的、入侵的、混乱的联系和影响。这是在使其各就各位,就像对祭坛赐封中所做的那样,在那里,他们保护着门户,以防进一步入侵的出现。依据这一庙宇地域本身来看,这种驱魔仪式与更为小型的驱魔仪式之间的唯一区别就是虎受到了驱除,而非转变成一位保护者。但是这仅仅是一种因强调而得出的差异。在其地点上稳固了的东西可能变成了具有侵犯性的东西,而被驱逐的东西能够变得具有侵犯性,这时,保护者与折磨者的塑像之间的区别荡然无存。道士深奥的知识,能够被人们用来建立秩序,或者是用来破坏秩序。皇帝的知识也不过如此。

"醮"与政治秩序

高与低、内与外之间的区别,通过边界的划分而得以保留。"醮"所保持的边界并非仅仅是道教祭坛、庙门以及这一庙宇区域的地域性边缘。这些东西本身使得其他的东西井然有序。在它们中间保持了一种区分,这种区分是由盛大的科仪和训导以及继嗣传承的真实性而得以保持的,这是正统的净化与驱魔之间的一种区分,也是一种更加经典的与一种更加地方化的、地点更加确定的驱魔之间的区分。它们是通过净化、躲避、选择以及优先入场权而加以界定的,并在秘密的正统仪式以及外层的公开展示之间做了区分。这些区分建立起了一种表征关系,即在正一的净化秩序、巫师的表演("法")以及身体健康状况或者是家庭的、经济的抑或是政治命运的社会现实之间的一种表征关系,这种表征体现在话语和规范之中,而"醮"在这些话语和规范之中,被看成一种浪费和落后的娱乐活动。这些区分中的每一项区分,都关乎差异与入侵的问题,而非仅仅是隐喻性的表征。因而,区分的每一面都会侵入到另一面上去。

用占卜的方法来选举整个区域的家户代表,其范围限定在了依照财富与地位而定的一个人数有限的名单之内。正统的法士受雇于镇上的富人,并且特别为那些寻求政治地位的人所雇用,由此将他们的财富转变成了选票,办法就是通过修缮庙宇以及大力倡导为此修缮而举办"醮"并捐献引人注目的资金。然而,在"醮"举办过不久之后而举行的竞选镇长的活动中获胜的人,就不再担任什么仪式性的角色。他甚至连为了宴请而杀猪都不做。他抱怨这一节庆的铺张浪费,诚心诚意地接受官方的国民党的观点,说这样的做法纯属浪费,与此同时,他选举中的所作所为却让选民们清楚地知道,他对此镇上的这座庙宇以及其他庙宇的重修都曾给予过很多的捐助。他是庙宇委员会的一位成员,而非"醮"的一位管理者。而在另一方面,他的竞争对手却是"醮"的一位管理者,并且在其中承担着主持仪式的角色。

有一种类似的差异但存在互动,这便是在道教的"醮"当中主持仪式的角色、另类的民间展示与作为官方国家的退避之间的差异,在帝国的时代,这些差异已经能够产生出一种近似的计策上的选择。仪式上的领导行为与政治上的领导行为是相互关联的。但是仪式上的领导行为本身,同时又恰是一种政治上的领导行为。这从来就不是一种对它的复述,也不是一种对它的表征。"醮"过去是现在也还是一种政治领导行为的改版。其所唤起的历史和秩序是另外一种秩序,这种秩序不是源自晚期帝国、民国,便是源自社会主义共和国所主张的秩序、历史以及领导行为的教条之类的东西。

"醮"的组织及其大多数的展示,在道教科仪中并没有提到,如"醮"的管理、其所组成的"临"的界定、为了筹款而收定钱时的家户和每一个成员的名单、外坛的设立以及有价值的东西和坛上面灯的展示、游行和戏剧表演、巨大的保护神塑像的建立、千灯篙的竖立以及在将猪呈现给神还有给饿鬼舍饭之前铺张的宴席等等。然而大多数的花费都还是用在了这些外坛的展示以及越来越丰盛的宴席上。它们都是些吸引人的东西。在邀请上也别具特色,通过遣词造句,溢美之情流于言表。客人受到主人的邀请,邀请他们来桌旁造访、观瞻以及小坐。

游行、地域的崇拜、宴请以及戏剧,这些都是一种固定的和有组织的传统,与更具文本化传统的"醮"以及帝国的官方崇拜别无二致。但是,对后两者而言,是"醮"而非官方崇拜为这种民间传统提供了一种最接近的、内在的,也可以说是强迫的以及差异性的正统参考。

第七章 翁公，玩偶的真理

　　在山街这个小镇上，最初建立起来的地方性崇拜，其供奉的神，一般都称为翁公。在第四章中，我曾描述过一尊来自中心庙宇的翁公塑像每一年是如何沿着一个较大城镇的道路前行，通过游行而将其送至许多邻近地方中去的过程。在山街，这一天是每年的农历十月十五。各家各户都要为游行的费用捐款，而且几乎每一家都要举办宴席。所以，近乎每一个居民、每一个年幼的学龄儿童，都把这一节庆描述成跟戏剧、展示和活动差不多的事情，也就是"好看"和"热闹"，并将庙宇的崇拜和节庆等同于翁公的崇拜和节庆。

　　就"翁公"而言，词典上的定义几乎是没有名字，叫他是"老神"或者叫做"塑像"，或者像传教士所给予他的称谓叫"偶像"（Douglas 1899）。对于许多参加者而言，有关这一节庆的目的，要说的全都在这里了。对观察者和参与者而言都是一样，进一步的探究会增加一些信息，但是这只会导致说法不一，有兴趣的问题并非是它们之中哪一个是真实的，而是它们中每一个施展的权威究竟是什么。我所描述的翁公是一种典型的翁公，从其他的地方性崇拜的神像中也可找出类似的形式。

　　这要先从塑像本身入手研究。在山街庙宇神龛的前面有一尊正神的塑像,这位正神穿着与帝国军人一样颜色的服装,手里挥舞着一把利剑。在其面前有一个大香炉。在其每一边还有两个小一点的香炉,在翁公那里也有同样的摆设。大小香炉之间以长长的封号作分隔,一边是"保义尊王",另外一边是"保义大夫"。如果进一步做探究,任何一位知道和记着山街庙宇节庆年度性周期的人,都会将前一位看做是一位将军。在山街,十月十五日为他而举办的节庆游行是最盛大的年度性节庆。人们会把第二位认做是这位将军的后勤官,每年农历二月初六,也有一次为他而举办的单独的、小型的游行节庆。结果,单一的一尊塑像,就被分成了两种认同和情景,并且被分成了两种荣耀性的称号。

由于每一节庆都有它自己出巡的塑像,这些塑像会在节庆所在地域的边界上相遇,并围绕着这一地域进行游行,然后跨过这个地域,到达一个圣地,这里有一尊塑像,还有从山街自己的庙宇中迎请来的一两只香炉,这条线路将我们带到两个分离开的庙宇那里。每一座庙宇都很古老,像将军的庙那样,位于一座大的古镇上。它们都是"根"庙,山街的两个香炉就是从这一根庙中分出来的,并将它们作为两种崇拜分支的中心。而且,在进一步询问守护那座古镇上较大一点庙宇的人之后便会发现,分香的踪迹甚至还会扩展到跨越了台湾海峡以及第一位来岛居住的人初来的那个内陆县那里,这就引出了另外一个分香的故事。这并非是一种崇拜分成几种崇拜的故事,也不是单一一个神分成两个神的故事,而是三个人把大陆上的一尊翁公的塑像、翁公夫人的塑像以及一只香炉带到台湾的故事。他们将这三样东西分开,每一个都成为一个独立的、分支的崇拜,并将其与这三个伙伴的每一个家户的姓氏联系在一起。依照许多山街人的说法,这三个姓氏是张、陈和高,另外一种不同的说法是指张、林和高这三姓。(林姓和陈姓之间混淆不足为奇,因为只有其他这两个姓的群体,还在积极地从事对翁公的独立的庆祝活动。)

所以,通过把姓氏与地点的起源合在一起的做法,山街的居民以及台湾北部的许多城镇和乡村便以彼此竞争而又相互串通的方式,把他们自己的节庆彼此联结在一起。其中有些就是利用姓氏这一便利条件，使自己跟某个节庆或其他根庙的节庆保持认同，由此来让人们记住。另有一些通过为从根庙中迎请来的塑像举办一系列的游行，原因仅仅是大家都来自同一个地方。还有一些地方性游行节庆只包括当地居民。在此之上，便是其他起源地点的根庙崇拜，由此便能够描画出一幅整个区域相互串庙又彼此竞争的庙宇区域的地图。

通过年度性的节庆以及相互邀请参加宴席这样的方式，追溯到的是一种多重含义的崇拜史。其权威隐含在节庆以及崇拜本身的真实之中。有关权威建立的故事，便是指由占卜提出问题并将其神话化，另外便是从这些崇拜的"神像"中生发出来的灵验。这包括在闽南平安地翻过山峦而建立起聚落，而后是跨越海峡，又在台湾建立起聚落。许多老人曾对我说，为了这种平安而携带着有灵验的神，这在他们的节庆中得到记忆，恰是因为神兵们巨大的幽灵般的影子，吓跑了前来偷袭的山地"土著"（在台湾叫"蕃仔"）。供奉给神灵的香一闪一闪的，这是在提醒即将来临的攻击，由此而让居住者的军事组织保持警惕。

另一条路径就是文字上的参照。循着这种路径，家庭以及翁公既有的名字得以展现。他们与其祖先在台湾瓜分了翁公圣物的那三个姓氏名称之间没有一致之处。曾经有人说，这位将军和他的后勤官是指许远和张巡，不过根据资料的不同，说法也不一样。在任何情况下，只有张姓声称，对此有据可查。翁公私底下让我们看到了另外一种不同于节庆所提供的真实性。

山街一位小学教师和这个学校毕业的许多学生，都向我讲述了学校历史课上的一个故事。这个故事讲的是许远和张巡这两位将军在抗击蒙元，保卫宋朝帝国最后一座城市时受到围攻的故事。为了给士兵提供粮饷，他们先把自己的马匹给杀掉了。随着围困的加剧，许将军就让士兵将他的妻子（另一种说法说是他的小妾）当做食物给吃掉了。最后许将军被俘虏，但拒绝投降，他狠咬牙龈，口吐鲜血，以此来嘲笑抓他的人，随后被处死。

　　当地的一个学龄儿童在重新讲述这个故事的时候,并没有将他和庙里的翁公之间扯上关系。另外一位从这个学校毕业的年龄大一点的人,确确实实将此与翁公联系在了一起,但她坚持说,其他人称之为翁公的那位庙里正神的塑像,可能全中国都有,也可以说是官方崇拜中的神农氏,他是民间都熟知的"五谷帝",即农业上的保护神。以前也曾有过这类的联系。我在庙里曾发现一份从一部发行量有限的书中誊抄下来的手抄本,这是一本讲述有关神农氏的故事的书,书中还提到台北县其他地方对神农氏加以崇拜的庙宇。这本书开篇所谈的就是,以鸾书的形式,通过道教神龛上的最高神,他的贡献得到褒奖。这位年轻妇女家里的户主,即当地的一位医生,便把这两次的游行节庆说成是一种感恩行为,这是翁公向玉皇大帝每年两次的播种以及所给予的两次收获和希望表示感谢,但是他自己并不称自己为神农。我所提到的例子只是下面诸种方式中的一种,通过鸾书、通过画像图解的重新归类以及通过我这里已经描述过的其他分离点,同样的崇拜可以同时引出多种的叙事。

　　通过学校的历史再去查找文献,那么学校里提及的皇朝的历史就可以在朝代的历史中得到验证。张巡和许远的名字并非出现在宋朝而是出现在唐朝。在《后唐书》中,张巡是一位很杰出的人物。他是一位榜样般的勇敢的领袖,而许远只是他的一位将军。张巡出名首先是因为他对友情忠贞不二,由此也激发了他的部下严守纪律和忠诚。他以这种热情参加战斗,这一点在他每次都会用力呐喊,致使嘴角流血,牙齿咬碎的行为上得到明显体现。那么,在这一最经典的文献材料当中,我们又找到了令人触目惊心的有关这位英雄人物的生动素材,这是山街的人向我讲述的,并且内容还非常详细和丰富。为当朝的皇帝抵抗叛将以及觊觎王位的安禄山势力,张巡率领着几位将军誓死保卫着大片的城池,安禄山后来为他自己的儿子所刺杀并篡夺了他的位置。叛军包围了城池,一年之后,大部分的地区也都陷入敌手。但是,张巡和他的军队坚持在城里抵抗。当食物都吃光了的时候,军队就开始杀小孩子来充饥。讲故事的人说，当他的士兵采取这样一种穷途末路的做法时，张巡对自己尚留有小妾而感到羞愧不已。他随后便杀了自己的小妾并将其给士兵们分食。随着围攻的继续，人们效仿他们将领的做法，杀掉全城的妇女供军队充饥，之后就是杀掉老人。最后他们还是不得不投降。但是在向叛军投降之前，张巡大声疾呼，咬碎了牙齿，满怀热情，跪倒在地，面朝西，对着皇帝所在的地方大声说道，他虽无计可施，但即使自己死后变成鬼也要坚持作战。当叛军首领强行把张巡的嘴掰开时，看到他只剩下三颗牙齿了。为他的忠诚所打动，叛军对张巡给予了厚葬。

不足为奇的是，在有关唐代的战争记录中，还有其他保护城市以及朝廷的战争记录中，这些将军以及他们的英魂都会受到祭拜，某些时候还会由帝国立下碑文，从而为官方崇拜所接纳。比如，在对浙江省宁波市及其各区县的地方史有关官方崇拜的记录研究中，我发现有一份长篇的记载中就提到，有两个朝代都对一座为这些将军而兴建的庙宇大加赞许。据说，南宋第一位皇帝（他的统治时间是从 1127 到 1163 年），从征服了他的帝国北部半壁江山的大辽军队中逃跑出来时，恰好就藏身在这座庙里。仰望天空，他看到的是半空中这些将军们的旗帜，庙门上面布满了蜘蛛网，这使得大辽的军队匆匆而过，确信不可能会有人藏身在那里。作为酬赏，皇帝差人做了几尊新的将军们的塑像安置在这座庙里。到了明朝万历（1573—1620 年）年间，这座庙宇毁于大火，坍塌一片。这一情况被上报到了府县那里，后来有圣旨同意他们可以使用从贪官污吏以及盗匪那里收缴上来的财产，来重修这座庙宇（《坛庙·邪忠庙》，1560）。[1]

---

[1] 正像在福建省的那两座庙宇一样，陈泗冬（1991:367）已经从乾隆统治时期（1736—1796 年）泉州地区的档案记录中发现了一些可供参考的资料，这是有关张巡和许远这两座庙宇的一些材料，后来关公这位最著名的神也被加了进来，构成了"忠将三人行"的格局。有一座庙在泉州城西南方向上的胜德铺，另一座庙在这座城市东面凤山脚下，两座庙建于 1139—1163 年之间。陈泗冬另外指出，张巡和许远是被当做一对所谓"文武尊王"而在整个泉州地区而不是整个福建地区的庙宇中受到敬奉的。

这一参照途径,将我们带到有关忠诚与官方统治的防范的历史,也带到了朝代的线索以及"宜"的真实性上面去。翁公的两个称号都包括对"宜"的防范与保护。毫无疑问,他们用以表示效忠的有些令人恐怖的极端做法以及以父系原则为依据来生食人肉的做法,使得这一故事具有了感染力,这种感染力几乎就是一种魔鬼般的力量。山街那位医生对此一称号渲染式的解释,实际上就是一个帝国"宜亭"灵光闪现的故事。在空中似乎可以看到两位神灵的形状,并认出这便是许将军和张将军的身影。即刻火光便消失了。这是在答谢皇帝所给予他们的现在这样的称号,之所以有这样的称号,所依据的既有这个亭子的名字,也有他们自己的行为。但是,在山街,对翁公的崇拜并不是因为这一点才成为帝国官方崇拜的一部分。实际上山街的庙宇建立起来之后,还一直像其他庙宇那样举办自己的节庆,并没有官方册封这回事。凭着他受过一些中国古典文化的熏陶,这位医生便从这一方向入手来找依据。

"宜"(翻译成英语是:propriety)这个词,也用来指主要的宇宙力,如阴阳、五行之类。这指的是另外的一种参照。

山街有两个大一点的杂货店,有一位店主的妻子,曾经给我讲述过一个故事,这个故事跟那位医生提到翁公时所讲的火烧亭子的故事一样。她也讲述了尊王这位主要的将领,牺牲了他心爱的小妾的故事。但是在她的讲述中,这位将军并非自愿受虏,而是吞金自杀。这是将对朝廷的忠诚跟类似道教成仙术的做法结合在了一起。

这一方面的参照确实由施舟人所提出。在1967年他就和我讲过有关他所研究过的巡回演出的木偶剧团的事情,研究地点是在台湾东北方向的沿海城市宜兰。在剧团的全部剧目中总会出现三尊小丑的塑像,这三尊塑像通常被称为"三兄弟",但是也被说成唐朝三位将军,即张巡、许远和雷万春。在他写的有关木偶剧团的短文中,他记录了自己对有关三位小丑在道教文本中身世的研究,他的结论认为,依照明朝编纂的正一道教驱鬼仪式的文本来看,他们是统帅着天上"风火部洲"的三位元帅

(Schipper 1966:86—88)。

作为玩偶,这三位元帅在全部剧目中都占有一席之地,其完整的角色在理论上都要由七十二个头和三十六个身体所组成。这个数目是与一百零八个灾星或者吉星星宿的影响保持一致,但是,施舟人亦将其说成是"宇宙中神灵的总和",照此看来,这是道教在把民间宗教吸纳进来(Schipper 1966:81)。

对于这样的一种角色而言,这三位小丑各自代表整个表演和玩偶艺术的庇护者。

> 每次亮相之前,后台总要举行一次短小的仪式。三个小丑被挂在放有供品的桌子后面,接着为了给这些玩偶"开光",还要再表演一种仪式,由此而赋予它们一种灵魂,使它们重新回到灵的存在中去。(Schipper 1966:81)

在一位同伴演员演出他自己那场戏之前,为了对关帝(即指战神和财神)表示尊敬,也要举行同样的庆典仪式。画像、面具、玩偶都被当做是其本身充满着权力的一种表征而受到尊敬。但是,在木偶剧团的例子中,这种表征被用来驱鬼。在山街有许多煤矿,其中,最大型煤矿的矿主和管理者都会雇佣许多山街人为他们劳作。这里的安全标准并不规范,常常会有危及生命的意外事故发生。有人就曾对我说过,在 50 年代就曾经发生过一起事故,以后矿工们便拒绝下井,一直到矿主请来木偶剧团驱逐了晦气以后,他们才肯开始下井,现在,据说鬼吃矿工的现象又增多了起来。驱鬼的玩偶就是钟馗,他是一位伟大的斗士,他的画像醒目地画在庙门上,印刷的画像则贴在家户门上,这在全中国都一样。

道士和驱鬼者的参照线索,都要从"翁公"的名字本身开始。当我要求将这个名字写下来的时候,"公"这个字总会被翻译成"神"或者直截了当就是"神像"。这只会把我们引到对任何神的无名的敬畏上去。但"翁"这个字的线索很复杂。有时这个字会被写成"红"字(这是普通话中

221

的一种写法,但是在台湾人以及厦门的方言中则写成"翁"这个字)。也许这仅仅是庙宇中的塑像本身红润的、忠诚的以及军人面孔的一种反映。更多时候,"翁"这个字常常写成"老人家"(普通话中写作"翁"字),这是对某位祖先或者起源的一种尊敬。但是"翁"这个字另外一种写法是一个很少见到的汉字(在普通话中发"王"的音),并且是一个不大容易翻译的字。[①] 在道格拉斯(Douglas)所编纂的厦门方言词典中,还有巴克雷对此所做的补充当中,根本就没有提到这个字。在具有权威性的《辞海》中,这个字指的是一位一瘸一拐行走的人,或者是一位矮小瘦弱的人,在马修(Mathews)所编《汉英词典》中,有一个句子曾用到这个词,他把这个词翻译为:"一位暴露于太阳之下,竭尽同情心的瘦弱之人"。

照葛兰言的观点来看,这样一位瘦弱之人的塑像,指的就是一位封建时代的王子或者一位起中介作用的人物,他会通过自己暴露于雨水和炎热之中,而最终有了使老天发洪水或是持续干旱的那种力量。另一方面,一瘸一拐的形象是指大禹的跛足行走以及跳跃式的步伐,他控制洪水的行为,会在"醮"和小型的仪式中不断地由道士来重复表演(Granet 1953:247)。在晚期帝国的时代,道教仪式和在外面祈祷的官员以及龙王或者城隍的塑像本身,都曾被用来祈雨或者是止雨(参阅:Feuchtwang 1977:603)。

实际上,在台湾,"翁"这个字通常说的就是玩偶。

每一种有关"翁"的版本,都表明了各有其道理的一种认同和叙事上的多义性。但是道士的版本则表明,每一种表征都是它自己的认同和力量。道士的参照线索把我们带到了最简单的,几乎是像"偶像"一类匿名的指派上去。在施舟人对文献的追溯当中,看到的是一种天庭上道教正统的官位等级。在那里,帝国正当的称号也意味着宇宙的原始力。但是

---

① 这一称号以及其他所有的称号、名称以及这里所提及的汉字,除了"红"和"老人家"之外,都由刘枝万(1960)在论及"保义尊王"中予以记载。

每一种象征，比如禹的跛足、驱鬼的玩偶、为了警醒近在眼前的攻击而为翁公烧的香，这些都是指近在眼前有力量做出反应的客体。其对占卜做出反应并控制反应。

书写、意象、行动与隐喻

"巫"这个字是指着魔或者是灵魂附体时的舞蹈。英文通常是把它翻译成"sorcery"（巫术）。灵媒被那些有文化以及有科学知识的人贬称为巫师。道教中的文人雅士把民间崇拜的塑像以及灵媒当成玩偶一类的东西来看待，其任务只在于作解说。

在其自身的真实性（authenticity）和权威性方面，每一种正统都要通过一系列的表征而达至终极，这种表征的最高形式便是书写。对于道教而言，这种终极便是指"混沌"。对于帝国的崇拜，这指的是天的秩序（Heaven's order）。对于科学的共和论（scientific republicanism），这是指一种进步的、建设性的知识以及当前统治者以民族文化观念为前提的历史。

在这些变迁的过程中，由于偏爱终极的、权威性真理本身以及偏爱自然的或者政治的秩序而抛弃了这些表征。最粗俗的表征，也便是最不活跃的表征，其错误百出，但紧密相关，如塑像、玩偶、灵媒、展示、游行和剧场之类。将它们解释成书写和词语上的正统会好一些。而将它们说成是通向秘密知识的途径也会好一些，在这种知识中，书写本身就是一种记忆。

从一种表征转换到另一种表征，从展示到书写，到耳濡目染地在新手或资深者中间传递真理，这些都不仅仅是跨过了表征的关系，也跨过了矫正与否定的关系。

通过本书，我们体认到，道教是一种内部表征并对地域崇拜及其节庆加以否定，因为对于所有表征的秩序而言，如帝国的、共和的以及佛教式的或者救世论的，道教是涉入最深的，全身心地投身于为地域崇拜做服务。但是与其他表征一样，它也从中被抽走。

由一位得到正传的助手来为法士翻页的放置在神龛上的道教科仪的文本，其本身仅仅是一份活动程序的备忘录，是指管弦和吹奏乐器的敲打和演奏，是指在空中所写下的文字以及在一种仪式性的预定程序中由法士所唤上心头的意象（Schipper 1982：130）。处在这些活动和声响中心的法士，常常会表现出静止与沉思的状态，这里恰是他们所激起的所有事项的中心点。在他的心灵之中，道士会把他身体的这一点想象成是宇宙的意象。经过这种修炼之后，就可以将它们在宇宙观上适当的颜色的意象带到心灵当中去，这即是指，在罗盘的每一个点上都有其相对应的颜色，此时伴随有呼吸而将心智集中在身体能量的通道上，并且默默的背诵，他在做着一种与祭坛上表演的外在仪式相平行的内在仪式。

另一方面，他手掌上的点，就是一幅宇宙的地图。并且，他是以与他的助手的运动相平行的隐秘的手的运动来接触到这些点。

正如施舟人所观察到的：

> 我们在宏大的道教仪式中心，又找到了这种在法士及其玩偶、赤脚法士解释者及其灵媒之间无法分开的一对新的搭档，其中的某一个人总是在想着另外一个人在说什么……

> 道教的大士，通过在他建立起来的空间的中心所作的仪式性沉思而成为中尊。他由一位说出他的思想以及默语的助手来与之匹配，以此来当做他的内在活动的外化。为了给香炉举办安放仪式而后成为中尊，即大士，这是初步集中在三乘八的气（元气）以及实际的呼吸运动之后，再将社区的香炉放在他的右手上，由此而开始了解说的仪式（要由与之匹配的人来说出）：

> 昏暗、原始以及本原这三气的天上三位高高在上的远古君主，从我自己的身体当中，唤来三（界）和五（洲）中那些值得称赞而受命

的人、香的使者、骑在龙身上的信使、保护着香的金童、传递口谕的玉女、在今天五帝的象征之下被任命的官员，这总共有三十六位。每一位都向前走，以得体的服饰以及庆典仪式出现在神官面前，即此一地方的土地神会告诉他说，我现在在这里烧香，为的是登上祭坛以及为了[命名]这个地点而去实践"道"。我想要让生命的宇宙之气徐徐而降，传遍我的全身，以至我的真诚的希望可以迅速地与浩瀚天空中金门的玉皇大帝的宝座相互交融。（Schipper 1982：131—132）

他的助手所操演的行动、节律和声音，代表的是沉思的法士平静的运动以及内部的表征。在法士身体上所出现的这些东西，代表的是一种集中，这也是一种转换式的运动。这里转换的是什么呢？依照他自己的描述来看，法士从一个普通的人的身体转变成了有着"中尊"名号的身体。在仪式上完成这种转换的点就是由法士通过在他的头顶上设定位置来划定的，这个位置正好是在他头顶之上的一个点。这种火光的意象与香炉中香的火光遥相呼应。他得要从他自己那里走出去，并且要放弃他的名字、地点和世间的位置，简言之，依照道教的教义，他由此而变成了仙。他因此便开始通过各种各样的代表着他的进一步变形的步骤而完成一种终极的统一。这一中心性的终极的点以及与之相呼应的表征既是指出生又是指长寿，这体现在道教的创始人及其复生的老子的名字当中。

这可以说是去除掉了某种精神上的成就，即指与秩序的本原相结合的成就，从自我以及从一个地方及其居民当中，去除掉了意象、历史以及身世。但这只不过是一方面。净化并非与世间和俗世远远地脱离开，还要与它们遥相呼应。

表演宏大仪式的一位法士，他就是一个将其本身与大周天的秩序结合在一起的小周天。依照道教的形而上学来看，他、他的身体以及其所留驻的地方，所依靠的是与构成整个宇宙一样的原则、相位和力量来安排自身顺序的。这可能更容易被认作是一种宗教，或者说是在仪式与沉思性的活动中得以实践的一种哲学。它引领着人们到一个地方上去，并且马上便融入到对宇宙观上关乎事物终极本质的领会之中。但是，即使是在其自己的经典科仪当中，道教法士靠的是用他自己的身体来进行"交流"，代表的是一个地方。他与之相连，并与民间的、世俗想象中的鬼神体系（神、他们的士兵、灾星、鬼以及污秽，跟道教文本中对这些东西的称谓一样）相连。他自己的技能、自己的爱好就是要把这些东西与那些经典的科仪结合在一起，从中他得到启示。那是他的技能，甚至是他自己的秘密知识，他会将此传授给下一代人，这很像传统中医郎中那种传授技艺的做法。

对一位道士（实际上是一位占卜者）而言，作为这一体系的专家，她或他所运用的计谋便是，在一位问卜的人与一种情景之间建立起来的关系中提出他自己的一种见解。这便形成了一个点，通过这个点，针对某种特殊的情景，就可以把关系、表征或者诊断这些多样性的体系综合在一起。这会注意到两种关系，其一便是从法士的一种形而上学的体系以及一种科仪实践中进行学习，而另外一种就是为问卜的人服务以及为地方性节庆、治疗和防范的那些故事和想象服务。道士为了自己做功德而服务的地方是一个点，在此点上结合了诸多的体系以及在小周天中所复制出来的一种道教正统。① 它们之间相互都不受制约。

法士以及他对经文的记忆不仅要与跟他受过同样训练的助手相匹配，而且还要与法士本乡本土的记忆相匹配。他作为一位法士，所做的事情是驱魔，与此同时，也是一位净化的大士。在经典科仪当中，受人尊敬的天上的神仙被人们不加区分地顶礼膜拜。道士也去求神并与神灵结盟，借助表现他们历史的简短的叙事歌谣来引发对神灵的祈求。这些叙事歌谣都是说书人在茶馆中所讲的以及演员在舞台上所演的故事的

---

① 这些想法是受到冯珠娣（Judith Farquhar 1989）的研究中所得结论的启发。我无比感谢她慷慨提供论文供我参考。

简写本(Schipper 1985:31—32)。

道士就是表演仪式。这种表演就是一种命令的等级,它与帝国的统治所表现出来的久远性和历史性的那种命令等级十分相像。但是道士并不是帝国统治及其国家崇拜中的一位官员。他没有训诫的权力或者说实施控制的权力。他更多是在庙宇对面的戏台上演出仪式性的戏剧,而不是在庆典仪式上施展威权及其制裁。不管是道士用来表演还是用来娱乐的剧场,都是帝国而现在是民国统治的怀疑对象。道士和乐师的角色在剧场里能够也确实可以相互替代。据称剧场以及仪式再生产出战术以及宫廷听众的礼仪。演员自己表演的是驱魔的仪式(Ward 1979)。节庆上的戏剧表演是在向神献供,同时又使老百姓得到娱乐。但是仪式性的表演具有一种既不同于民间娱乐,又不同于军事技艺以及宫廷礼仪的神秘性。

重新思考一下在驱逐白虎时的书写表演,这是一种来自庙宇中相互矛盾却富有力量、危险却又必不可少的力量。这是一种驱逐魔鬼的行动,其中要用一把剑来给魔鬼写下字符,然后在字符的上面画上网状线,由此使魔虎就范。这种书写的活动既有武也有文。不过这跟先前所提到的任何实际的军事命令或民间字据不大一样。

在半空中或者是在稻米上用宝剑书写下的字符,尽管不是真实的,却清晰可见。另外一种仪式就是画"符"。这些符都是命令和许可,是真实的,书写在纸上面。不过它们都晦涩难解,甚至比古籍中的文字还要难于理解。它们甚至不像古代的书写文字,比如公元前两千年为了编年和占卜而刻写在甲骨以及青铜器上的文字那样得到了辨识。它们是巫师和行家们最隐秘知识的标志。这里的所谓字符是一种仿照古文字而作的一种发明,在其本身已经经历了的数个世纪之中,有一种传统便是经由法士而向徒弟传授。在神、鬼以及它们的中介之间所写下的盟约和命令,都是带有神秘性的。但是在求神时,道士的表演所使用的都是民谣和压韵的对联这类最民间化的清楚易懂的文字。

1967 年农历十月十五日在台湾石淀庙对面临时戏台上上演的短小精悍的折子戏，这可算是正戏开场之前的祈福。

然而，另外一种仪式性的书写就是鸾书中的劝善书，这是一种拯救者的仪式和占卜，与驱鬼之类的仪式相比，它更为雅致。其采用的形式与道士求神时所采用的人们乐于接受的民谣形式一样。两者使用文字的形式都一样平易且隐蔽，通过其形式和传授方式上的模仿古人，致使这种书写施展出一种启示性符号的权威。它预言了一种原始的真理，这种真理带有普遍性或者地方性。这也是对那种真理启示的记录和重复，是其传统的重新开始。

地域崇拜节庆本身，是对超自然的灵验以及源于它们地方性传统的那些启示的重复。游行的节庆以及地域的崇拜便是一种传承的方式，其信息通过对私事进行占卜时得以表露。一年当中，这种占卜都在一座地方性庙宇的神像前举行，并由户主们来主持。

鸾书是把道德系统与个人希望结合在了一起(Jordan & Overmyer 1986)。它创立并恢复了一种交流的传统，这种传统与地域崇拜的地方传统节庆的复兴相似但又试图要超越它。这种传统更可能是一种宗派式的。当地方性的节庆要通过年度性表演的循环来铭记时，一种方式是通过鸾书，另一种方式是通过更加精致化的道教正统，并通过一种启示性的书写来显示它们的权威。

道教的书写以及其他姿势，根据的都是道教的科仪，并从一种最深层的启示中获得权威。法士的修炼和仪式目标指向一种所有形式和运动的原本的起源。但在另一个极端上，道士的表演从最外层的展示上获得权威。为了这一展示，人们要把一次节庆整体的位置画出图来，并要动用大量的钱来举办奢侈的宴席以及享受戏剧的娱乐。

这种展示的魅力对于不介入的人而言便是一种情景性的社会压力。他们至少知道，这一情景是对他们自己以及其他人卷入深度以及贡献的一次考验。他们会记下自己贡献多少，为这种外来的政治压力所做的服务有多少，还有，仅仅是为此节庆而组织起来的暂时性政治中自己投入了多少。另外一个吸引人之处是台上台下所提供的娱乐活动、游行队列的边走边演以及站在外祭坛上的展示。这里的压力和娱乐都基于一种对此情景及其活动的传统性最基本的认可。不管是在庙宇的外面，还是在庙宇的里面，神像经由古装打扮而具有了一种传统性。

一位道士表演的是一种命令与控制的古代意象。他在行动也在讲故事，但仪式并不是传说。它们并不是发生在一种叙述的序列之中，也不是发生在舞台上。故事的结束并不是一种道德意义上的、一种狂欢式的或者一种悲剧性的结论。它们并非传说，因为它们的地点是在一种科仪的序列之中，而它们的舞台是一种地理上的空间；它们的结论仅仅是一种恰到好处行为的结束。

这由香来宣布。道士与神灵的代理人的"交流"是通过地方性庙宇中的香来实现的。烧香并不含有与任何其他的意象之间隐喻性的关系。它是而且代表着一种交流的权威，即跟一种让人感到荣耀的过去进行交流并遵从于它。其他权威的意象都可围绕着它来实施。香激发了一种光宗耀祖的纪念，即针对宗祠中以及家户祠堂中祖先的纪念。在官方崇拜中，香也激发起了同样的纪念，这是针对官方历史中圣人和英雄而言的纪念。但是在地方性的庙宇及其节庆当中，香所激发的不仅仅是荣耀，还有尊敬。它在另外的传说般的权威中附加上了一种灵验上的圆满。

香与火

地方节庆的科仪是一种对宇宙的调整，是对一个居住地域魔鬼影响的驱逐。家户以及地域社区本身是用香以及一束火焰或者是一盏灯来代表的。代表一个家户或者是代表一个居住的地域，并且表示与地方性庇护者的神像进行公开交流的象征符号就是灯以及放置在一个量米的容器中的镜子，这个容器英语称一蒲式尔，汉语称一"斗"。

构成斗灯的整套象征，出现在宇宙调整这样宏大的仪式中，其情景特别突出，还有便是出现在山街以及台北有关成仙的多重性崇拜之中，其仪式大多是普度仪式。不过在此两种情景之下，这些象征都具有保护的含义，因为不管是在祭坛的中心，还是一个带着运气来这里的家户，都会通过重新点燃这一地域的或者是家户最初结合时的火焰，并保护着它，去抵御灾害性影响的侵袭。在道教仪式上，这种火是与"分灯"仪式联系在一起的。这种仪式不仅仅在大型的醮仪上会看到，而且在所谓"送宿星"这类专门驱鬼的仪式中也会看到，这是通过做仪式来消除一百零八颗宿星的影响(Hou 1979：194—199)。

恪守经典的道士以及拯救论者崇拜(salvationist cults)的坚定信徒，在一种混乱而又误导性的驱鬼活动中以及一种恢复和谐的更为抽象及道德化的意义之间，可能会存在明显的区别。但是对于那些雇用法士来驱鬼或者是由他们自己来做一些简单仪式的外行人而言，原初结合的纯光与灾星的影响之间的区别极为模糊，至少是自相矛盾的。

这种自相矛盾，在一位法士向我所讲述的有关斗灯象征起源的一则故事中，表现得极为明显。这个故事是说有七位天上的神仙。他们中有一位名字就叫吕洞宾,他看上了另外一位神仙,这位神仙尚与世间有着联系。她和她的哥哥"合"都是地上的神仙,但是,吕洞宾想要将这位妹妹带到天上去,并让她做第八位天仙,从而形成在中国各个地方都有过描述的"八仙"。"合"便策划用现在所谓"斗灯"的做法,把吕洞宾留在人世间。这些象征是一种消除吕洞宾进行上下沟通然后返回到天上去的办法。"合"用这样的办法让他的妹妹在其身边呆了三年,但是最终,吕洞宾还是克服了地仙的种种阻挠,带着"合"的妹妹到了天上。

斗灯;代表地方性宇宙调整的一套象征。在斗的前面有一盏油灯,火代表着温和的星光。尺子和剪刀作为一种工具,用以防御来自宿星影响的威胁。这些东西以及临时放上去的一包烟,都被摆放在一只米桶当中。米桶以及印在立于它中间的带有冠冕的旗帜侧面的文字,指的是宇宙以及地方性地域四方的每一方的斗星星座。在带有冠冕的旗帜正下方的窄木条上写着:"平安合境"。这个地域是指山街这个地方,而这一象征所在的神龛的桌子,摆放在翁公的殿堂之中。

在山街以及在台北的吕洞宾主庙中,他都是一位以"仙公"这样的神而闻名的历史人物。这座主庙是台北市附近一座非常大众化的山庙。在这座庙里,人们会向青年男子讲述一个危险的故事,故事讲道,如果他们不想让神把他们的女朋友勾引去,那就要牢牢地抓住女朋友的手。有关这个故事的所有版本中,都说到了灵验。火和香是给塑像"开光"的最基本的而且真实存在的象征,并且还希望借此而从一尊塑像或者是任何众所周知具有灵验的其他中心那里获得交流。

"灵"是超越于一般之上的一种力量、智慧和效验;这是一种干预、治疗或者转运的力量。依照这种力量,作为个体的户主便会做出决定或者是减少不确定性,比如在赌博或者参加考试的时候,情况便是这样。在宇宙三分为天、地、人当中,"灵"是与人相等同的。它特别跟那些有着非同寻常的生活以及死于非命的人联系在一起。这是一种在葬礼上受到控制并被分离(驱除)出去的力量,即跟祖先和名称尚存的死者的坟茔相分离,并且在把他们以及他们的祖先重新结合进他们居住的"临"中去之前,要做到跟他们活着的后代和他们的家户相分离。故此,"灵"更多的是与不被记忆的死者即鬼相等同的一种力量。因此我认为,"灵"这个字,最恰当地应该翻译成人的魔力(the demonic power of humans)。但这个词通常仅仅用来描绘一种有益的、用于保护的力,进而指明这样的鬼是正直的,是一位神。邪恶的力量不可言说,正像在大声提到像"魔"以及"鬼"这样的词汇时,只能用委婉的语词来替代,另外像要得到矫正和拯救的东西,都要用些委婉一点的词语。在另外一面,称谓邪恶力量的"后果"可有许多的词语,比如"杀"、"乱"、"邪"等等。

香、祈求或者占卜,所交流的是期望,实现的是一种灵验的仪式性圆满。它标示了一种仪式,这种仪式在普通人的地方性崇拜当中就是灵验。

香和火划定了防御魔鬼力量威胁的内部空间,在这样一个空间当中,通过庆祝和言说带有保护性的"灵"而避开了不可言说出来的带有威胁性的"灵"。香、火以及游行中的仪式性戏剧将家户联结在了一起,并划分了此一空间的边界。由此而追溯到起源以及朝圣的地点,追溯到这一崇拜过去的中心,追溯到居住者祖籍的中心或者是居住者前往抑或心目中贸易以及政治往来上的中心。

这些崇拜的对象就是各种的称号(titles),它们被当做"灵"的占有者来对待,这些称号体现于它们抵御了瘟疫、流行病以及其他灾害上。在年度性节庆中所使用的"福"和"平安"这样空洞的辞令,都是一种表达性的工具。一年当中,户主可以借此来对那些记忆深刻的事件和特殊的问题,还有紧急的不确定性等等,而求助于这些崇拜的称号。

从捐赠者的刻名到占卜用的手册(这些都属于年度性纪念活动的仪式性延展的书面记录)来看,新的崇拜以及由其所带来的问题都是突然出现的。它们构成了不确定出现的"福"与"平安"的一种地方史年度表。它们也是一个地方居民引以为荣的纪念碑,它们是伴随着容纳这些崇拜的建筑而出现的,并与其他地点及其竞争性的节庆保持有认同和亲近。游行节庆日是神所独有的日子,对那个地方的年历而言,这一天也常常是独特的。而其他日子的节庆,则被想成全中国都一样。

地方性崇拜的庙宇和节庆就是一种自我组织以及庇护的混合体,凭借这一点,地方上富有的人便获得了当代表的地位,这是因为,他们对其他居民做出了贡献,还因为是由他们来表达了一种感谢,感谢地方性保护神将"灵验"赐予这个地方,由此而保护了这个地方以及他们自己的"福气"。这些感谢是以戏剧、音乐和武术表演的形式而举办的庆祝。邻近村落和集镇的演奏班子会受到邀请,同时还会给他们一些酬劳。在游行队列中,这个地方上自己的演奏班子特别显眼,但不用付表演的酬劳。其他的时候,这个班子的成员又会担当起防火、看青或者民兵的职责,这是驱魔仪式的民间翻版。他们是自己地方上的保护者,外面的人看他们似乎与劫匪无异。

在帝国的宇宙统治所及的较远的边界和较近的边界被表征出来之时,"灵"的正直而又像魔鬼一般的自相矛盾变成了一种更加明晰的区分与分离。甚至在对帝国统治明显的复制当中,老百姓的地方性崇拜是独特而又具有异端性的。

帝国的宇宙统治要么是一种命令的等级,要么就是一种拯救式的等级。较高位的神可能是正直的命令者,是宇宙和谐本身的保护者。这些神包括三官,最后的发令官玉皇大帝,还有最有声望并且为帝国所接受的崇拜对象,如军事和商业上的神"关帝"。他们对人世间控制较低级"灵"的控制者发号施令,特别是指那些人们所描画的阴曹地府中的角色。处于较高位的神是指救世神,多是指像观音这样的佛教神,或者是道教真人中最具启示性的神仙,是他们在控制着宇宙运动的和谐以及能量运转,比如吕洞宾这样的神仙。他们凭借做功德或者凭借教导集中能量修炼而做出干预。

香和火是呈现给处在高位的、正直的命令者以及处在高位的仁慈的拯救者的见面礼。但是位于最高位的神,并不受肉和米饭的供奉,而有"灵"的东西,则受此供奉。只要是食物,什么食物都行,摆放在供奉给他们的香、蜡烛和酒旁边。很多做工精细的"冥灯"以及祈祷文,也全都要在他们的塑像前面焚烧掉。仪式所用的文本是仪式专家内部高级的修炼内容,这些专家会受雇并被安排到地方性崇拜节庆的最中心和最内部的道场中去。

两类处于高位的神,抛开与他们力量的较低级的对象,如宿星的影响、魔鬼、受谴责的以及混乱不堪的东西的关系之外,便没有什么意义可言。一旦描述成有了"灵感",那么"正义"、"功德"或者"清"这类的东西就显得稀缺了。

处于较高位的神的命令,是在一种帝国的行政结构中得到认可的。这种结构更多的与军事统治,而不是与帝国行政中用来表明其自身文明优越感的儒家伦理有更多的联系。拯救神的干预以及处在低位的正直之人,在许多的情况之下都会反对动用破坏性的正直(destructive righteousness),反对武力惩罚的恐吓。中国年历上出现的最具民间性以及最具普遍性的春节,恰是这样一种推迟愤怒的年度性重复。

帝国军事命令中,更为正统的一种观点是将地狱的审判与惩罚描绘成一个天地两分的世界。这是一个由城隍和土地神的结构来确认的世界。除他们之外,还有对魔鬼发号施令的大王(诸如阎罗王)以及为不知名姓的死者准备的神龛。在此之上,是帝国行政城市独立的官方祭坛,并以天坛为终结点,而在天坛那里主持仪式的人,就是拥有天子称号的皇帝。但是地方性崇拜的神,凭着他们的称号,凭着他们自己的节庆以及他们在灵验上的名声,构成了一个网络,这个网络是在土地神之上与城隍之间这个等级中形成的。由此把跟崇拜中心相联系的地方史插入进来，并与中国王朝大一统的以及单一中心的历史形成了对照。

那么，对于单一中心的历史表征结构而言，我们能从中找出什么意义呢？当将其作为一种永恒加以表征时，这种意义极为明显。故事所讲的是要忠于职守，比如那位受他的妻子所驱使，凭着前所未有的冒险精神和正直，而把土地公送上帝国高等法庭的人。他和他的妻子后来变成了新的土地公和土地妈。

但是正像那个故事的内容曲折一样，这仅仅是三分宇宙中中层的一种属性，即人间的属性。而过年关的故事，其所关心的是中间这一层在完全摧毁之后，人们应该如何避免灾难。

地方崇拜以及它们的网络具有什么样的历史意义呢？它们是对令人不可思议的运气改变的纪念，并对好运表示感激。真实事件的发生，往往归咎于具有魔力的附体者的灵验。一种正直的魔力的增长，不仅使邪恶的魔力不得靠近，而且也使皇帝的权力不得靠近。

在什么意义上，这些历史就成了宗教？

地方性崇拜及其神的历史性格，是在超越了死亡以及死亡的永恒状态中得以表征的。破坏性的或者良性的中断都是因意外的、恐惧的或者渴望的但却未曾预料到的事件所引起的日常活动的中断。这一事件变成了一种象征和一种仪式的情境，它的历史性变成了对其他事件以及潜在的灾难或者许诺的一种隐喻。这些象征和情境的核心是包括灵验在内的圆满交流的表演（the performance of completed communication），即香与火。凭着一种与过去政治人物和活动不可能有的相似，历史的隐喻及其节庆被神圣化。与此同时，它们会对古风尚存又近在眼前的一种地方性自我组织、庇护以及联系进行纪念并给予确认。

交往和联系设想了边界与分离。地方性节庆的边界，指的便是那些地域以及这一地域所有家户的边界。它们也是在节庆仪式中内部的边界,即道士最内部的单独的祭坛。但是在另外的极端上,这一节庆极为宽泛地划定了民众参与到戏剧、故事、占卜以及宴席中去的范围。而在内容和形式上正在发生变化的掌管幸福的权威,构成了另一极的权威与认同。跨越了这些边界,即是指从家户到地方、以客人的身份从一个地方到另一个地方、从庙宇的外面到达庙宇的内部去进行交流或者逾越,这些都达至权威的较高等级并实现了自然与社会状况的良好秩序。赋予权威的东西总要以时间性的术语来表达,由此跨越边界而达至一种较高级的、既往的秩序上去。这也是一种灵验,或者说是对眼下的以及小范围的地方性秩序的干涉。

将这种边界的跨越描述成和谐的,那可能就是错误的或者说是片面的。我希望我已经指出了,尚有一种带有威胁性的反向逾越(a threatening converse transgression)的存在。而把由地方性节庆所提供的那种认同,看成是对眼下的统治及其仪式性的政治秩序的一种支持性的补充,由此而将其描述成一种带有整合性的东西,那也是错误的。我希望我已经指出了,有一种紧张关系的存在,这种紧张关系便是指,恰恰是在对帝国的秩序加以复制的地方会导致一种分裂。在衙门、货币以及军事王权上的帝国意象的差异性,跟其相似性一样明显。

第八章　宗教的政治与政治的仪式

在本书的研究经历数年之后,中国人的生活已经发生了巨大的改变。政治秩序及其革命便是其中的影响要素之一。对帝国宫廷想象的地域崇拜,变成了另外一副模样。这里包括急剧的经济转型。因此,对于这些变迁,至少应该说些什么。在这些变迁中间,地域崇拜会有什么情形出现?它们自身会有怎样的改变?

脱离开帝国的典籍、仪式与宇宙观权威的维系之后,现在中国的宗教传统和运动本身重新受制于另外一种权威。它们千方百计地强调自己是一种科学或文化的遗产,并以此面目在地方上或者是一个公共的空间中展现自己。它们使自己历史化,这是有关中国人或者说中国人民的宏大叙事中最具雄心的一种叙事。这部分地也是国家的一种用心良苦的政策。然而在其他方面,他们的统治上存在差异,中国(包括台湾)已经建立起了一种文化政治,这种文化政治使得地方历史及其形态更具自我意识,并以诸多局外人的观点来进行反思,这包括政府的文化出版部门、海外华侨及其他的观光客等等,还有一些宗教社团。

地域性意味着地理学,不过有许多可供想象的中国地图存在。凭借地域崇拜及其朝圣与文化区域的中心,可以画出一张地图。而另外一张便是经济等级的地图,中心是在上海、广州、香港、重庆、天津和台北这类大城市。这些大型的城市是不同范围经济的大本营,如国家的以及区域经济的。最近的一项变化就是,港口日益增加,同时有了其他方面的联结,与中心,还有与超越国家边界的联结。但是在1890年和1990年中间,区域内部和区域之间的空间分化从未停止过(Skinner 2000)。

第三张是政治等级的地图。中国在漫长的20世纪,先后建立了中华民国和1949年后取而代之的中华人民共和国。到了21世纪,"中国"即是指一种文明,一个民族,两种制度,中国大陆与香港、澳门特别行政区以及台湾地区。①这对于文化政策以及对地方性的重新界定,进而对于地方传统以及宗教遗产的重新界定都具有重大意义。

这些地图中没有一张是固定不变的,也没有一张是异形同构的。比如,由于投资和产业的转移,台湾的经济日益与大陆联结在一起,并与大多数的省份有了更多的联系。另一方面,通过对位于福建省的祖先起源地与文化区域中心的访问和交流,台湾与大陆东南沿海的福建等地正在重新建立起闽台文化区。然而,与此同时,台湾极少数"台独"分子在政治同时也在文化上企图主张台湾独立,改变海峡两岸同属一个中国的事实。即使关系有所改变,但是找出一种途径,来把台湾和大陆之间三种不同的地理关系统一在一起,在未来的数年中仍是政治家们活动的重心。

注意到这些复杂性之后,我现在要从它们之中选取出一些影响到地域崇拜以及地方命运的中国地图特征上的一些明显转变。

宗教的管制

19世纪末,所有风起云涌的反抗清廷的起义,都无法与宗教和政治

---

① 这也包括许多少数民族地位人群的小范围自治,这些少数民族是在政府把多数人口的民族确认为一个民族之后得到确认的。参阅:纳日碧力戈(Naran Bilik 1998)和丛大昌(Cong 1997)。

脱离干系。如西北的穆斯林起义,而秘密的基督教太平天国起义,曾经建立起了跨越数省范围的一个王国,并维持多年,而反对帝国主义的义和团运动,其本身就是一个宗教加民兵的社区网络。[1]但到头来,最终都只是一场世俗化的共和自强运动,而非一场远离帝制之国家、远离其宇宙观仪式及其新儒家正统的宗教运动。

这可以追溯到共和运动的国民党和共产党这两个党派,在日本人侵略和占领的八年(1937—1945年)之后,是一场使人民饱受疾苦的内战。不过,二者仍存在两方面的共同之处。其一就是作为"人民"代表的职业化,而非依靠天命来进行和谐的统治。另一个就是大众识字以及科学教育的推广。所有这些现代教育与宪政观念,都从日本国内传入,另外还有欧美的现代教育以及宪政观念,其中就包括一种世俗化的以及宪法上对于宗教的界定。"宗教"是一种把信仰以及文本权威很好地组织起来的制度。这上面附加了世俗的现代性的观念,同时附加上了帝制国家对地方性庙宇带有肉体性的、戏剧化的以及军事意味的节庆的怀疑与指责。

括而言之,在大陆和台湾,都存在着一种政治与宗教的制度化分离(an institutional separation)。确实,宗教这一范畴本身已经作为这种制度化分离的一部分而得以引入。这个新的词汇通常意味着"宗教"这个词汇再加上"祖先传统"与"教化"。适合于这一制度的范畴,比如修道院和教堂,由于它们的爱国性质而给予登记,并认可其宗教自由。其他的各种形式就可能是"迷信",或者用另外一个欧洲的词汇来表达就是"迷惘的信仰"(errant beliefs)。[2]在台湾,"迷信"是一个反面词汇,其范围遍

---

[1] 有关穆斯林起义可参阅:葛兰德尼(Gladney 1991:351,脚注117)所引:朱文江(Chu 1995),亦可参阅:李普曼(Lipman 1990);有关太平天国可参阅:史景迁(Spence 1997);有关义和团运动可参阅:柯文(Cohen 1997)。

[2] 1949年以前,民国政府治下的对宗教和迷信的抵制运动可参阅:杜赞奇(Duara 1995):第98—110页。

及整个学校系统,其影响之烈,在我 1966 年初到那里的时候,人们在回答我有关节庆仪式的询问时,在讲述仪式的故事和解释之前,总会听到他们说自己是在"信迷信"。

在大陆,"迷信"并非只是一个反面词汇。它也是一个在中华人民共和国各类刑事法典中使用的词汇,并与旧有的禁止秘密结社以及利用邪说来发动运动进而引起动乱或者其他的犯罪与淫乱行为的词汇比肩存在。在中华人民共和国宪法中,宗教信仰自由是受到保护的,同时要求宗教团体、宗教活动场所依法登记。国家的管理部门视非法的宗教活动和宗教组织为一种威胁,这体现在几个方面:对公民的身体或者借助欺骗造成伤害,扰乱公共秩序,或者最严重的是阴谋破坏法律、颠覆国家政权以及最终想要推翻社会主义制度。其他的就仅仅被看成是"落后"而已。练习气功的组织亦要登记注册,归属气功管理局。这样做的结果是,这些活动被认为是"科学的",否则在法律上就会被当做犯罪或者迷信活动来对待。迷信活动以及没有注册的宗教活动会受到管制而责令禁止。警察可以阻止非法的聚会,还可以拆除非法建造的庙宇建筑,但更多的时候会因为官方的政策及其条款尚没有关注到此,使得这些活动处于法律上和意识形态上的边缘以及不确定性的状态而受到默许。

"迷信"是对民间文化许多落后方面的一种整体谴责。凡属不适于一种科学与民主的统治理想及其现代化目标的都属于这种谴责之列。落后便是耻辱。因此,干部们会通过执法部门来破除或者削减这些非法的民间仪式活动。与此同时,"迷信"还有其他近义词,不太有谴责意味的词有"风俗"或者可以合法使用的"文化"这类的词汇。现代性的意识形态要么是将民间宗教看成推进现代文明的一种途径,看成是需要保留的遗产和地方性习俗,要么就是将其看成能够吸引游客以及城里人和海外游客寻根怀旧的东西。仪式、节庆以及建筑物,甚至灵魂附体都可以转变成一种表演和技能,或者变成为传统和文化。依照法律,"迷信"活动是利用落后愚昧的东西来进行伤害和欺骗。因此在政府执法时,这种活动总是连带有欺骗或者伤害的法律责任(Feuchtwang 1989)。

帝制时代以来,多多少少的一个重大变迁就是,现在宗教活动通过非宗教的制度而反映出它的合法性来,其领袖往往都是一个俗世国家里的行动者。在大陆,土地的集体化以及工业上的国家行政变成单位制,对其员工而言,单位既是工作之所,亦是家庭之所,由此而创造出一种社会主义者的政治文化的专一特征,进而将宗教的教育和实践边缘化并使其个人化。另一种变迁就是,20世纪的中国对于迷信的谴责是由政府管理来实施的。

宗教制度瓦解,地方性活动重新增强

抛开20世纪前半叶的暴风骤雨不谈,大陆在中国共产党的行政领导下所经历的那些漫长岁月里,其自身也经历了多次转变。首先从1949—1953年之间有一种转变,这是城市从军事区转变为完全由各行政部门来掌管。与此同时进行的土地再分配,使得中国农村变成了一家一户的小农经营,取消并将族田以及地方性庙宇的公共土地(包括大型庙宇、修道院、教堂以及清真寺的土地)加以重新分配。

随之村庄和小城市经历集体化而变成大公社,这种过度的集体化经过1958—1961年的饥饿之后才逐步得到削减和瓦解。经过一个短暂的间歇,一些庙宇和祠堂得到重新修缮,而在1964—1978年这十四年中,热火朝天的群众政治运动,又将许多地方庙宇、祠堂以及公共仪式予以破除。

集体化使得经济、政治与居住单位及其联系合而为一。因而即使先前的公共建筑和活动受到了瓦解,但是地方性还是得到了强化。然而自1978年以来,又再次回归到了集体化之前的包干到户的状况。这其中主要的差别在于,打工挣钱和商品经济大量增加。虽然这并非普遍现象,但是在1978年以后,通过经济改革而挣得的财富中,有一部分很普遍地用在了重修庙宇和祠堂以及恢复仪式活动上面。经济的层级、政治性的中心、居住与地域崇拜以及进香朝圣再一次不是被描画在同一张地图上。另外，人口流动以及彼此联系急剧增加，小地方不再像过去那样，靠着从其他地方来的一种见闻或者是对其他地方的一种记忆来生活，而是直接可以看到从各个地方回来或参观的人。不过在转到这一点之前，需要了解一下地方性得到强化的这十几年来所发生的一些情况。其中政治的仪式取代宗教的仪式就经历了一个漫长的过程。而在大陆，政治仪式最为高涨的阶段，在其历史记忆中，已经构成了一个整体性的事件。

很少有这样的一种对不连续性的划分，一前一后之间的线条是极为清晰而又明显的，就宛如死亡与复活之间的线条一样。在中国的仪式与宗教活动的历史之中，带有明显标记意义的事件便是旷日持久的打击宗教迷信及其场所的运动，这是肇始于 1964 年的"社会主义教育运动"以及持续不断的"破四旧"运动，即指旧的思想、文化、习俗以及生活方式。其中从 1966 年开始的十年，它有一个专有的名字叫"文革"。对于中国民间宗教的任何解说，这些问题都是至关重要的。幸运的是，有足够的描述性的研究开始去测度集体化的意义，并开始去理解这些年代中政治仪式的影响究竟怎样。

极"左"时期打击宗教活动，其本身并非什么新鲜事情。值得注意的倒是它的彻底与迅捷。中华人民共和国的每一个地方都因此而受到了影响。在这段时间里，这些打击使得几乎全部公开的宗教活动都销声匿迹，同时，除了少数国家文物得以保留下来之外，其余的宗教建筑在 1964 年以后都受到程度不同的破坏或被改造。遭此浩劫之后，直到 1978 年的改革开放以及对大众政治运动的反感，一些公开的宗教活动才开始有所抬头。1978 年以后，在各个省份出现的所谓"四旧"的复苏，就是一种地方性的而非国家发动的事件，但因为它的出现是一个带有普遍性的事件，因而准确地说，要把它拿出来做单独的描述。虽然如此，这却不是一个相互分离的有关过去的故事，即宗教传统的集体性的过去与大众运动的政治性的过去之间的分离。两者共同存在已经有许多年，这是政治仪式建立在宗教传统之上,并取而代之。现在通过政治仪式而引申出来的集体主义理想以及自我的感受本身变成了一种传统,所有的复兴都建立在此之上。

1964—1978 年这十四年间的群众运动,对于强化一种新式的聚集大众的政治仪式是至关重要的。这是由中国人实施的频繁而又持久的仪式,是其他任何仪式都无法比拟的,并对每一个人都造成了影响。这十四年本身是群众政治运动的一个累积,其最初的做法是没收富农和地主的土地,并通过各个村的农会再加以重新分配的群众运动。但是尽管将他们的土地没收并重新分配,但是庙宇和祠堂还在。通过向村里各户分摊费用的做法,节庆仪式依旧举行,虽然规模有所减小。节庆中受到庆贺的、有求必应的、法力无边而又刚正不阿的有神明的传说故事,跟道德以及革命行为宣传的新式群众运动的政治仪式相互并存,且处于紧张之中。学校用为人民服务和大众参与革命变革的理想来塑造意识形态主体。所主张和所做所为都要以革命的观念以及群众的观念为主导,但必须受到作为领导者的中国共产党的管理并服从其领导,后来这种领导个人化而成为毛一个人领导。儿童在学校和公共场合所表演的舞蹈和歌曲都是程式化的。通过练习,每一个人都能不自觉地做出这些动作,比如坚定的大公无私、远远凝视着未来东方耀眼的阳光、愤怒而又刚毅的抗击中国人民的敌人的那种目光朝下看的动作以及热情地向着伟大领袖毛主席的方向眺望的动作等等。

就整个乡村而言,曾经有过一个短暂时期,这期间节庆游行为共同参加生产劳动所取代,去的时候会带上鼓、钹、红旗和标语之类的游行道具。这就是 1958—1961 年的"大跃进"和集体化时期。随之在 1961 年以后,有些地方就又重修起庙宇和祠堂,或者是开始进行这方面的活动。依据赵文辞(Madsen 1984)对珠江三角洲一个村落的详尽研究,只是在1964 年,学校与党的运动才开始在村一级大范围地产生影响。城镇下来的工作队和年轻人,他们的工作对此有推波助澜之力。工作队加剧了这两极之间的紧张,一极是无私地忠诚于公共事务的一种平权的道德,而另一极是一般人都会接受的,那就是任何参与公共事务的人首先要忠于自己的家庭。

一方面是全心全意地服务于公共事务,另一方面又期望保持你来我往的互惠和讲究感情,结果这种不和谐导致了腐败恶名的出现。从城镇下来的"四清"工作队员与最穷的农户同吃、同住,并付给饭费和房费。几个月下来,工作队员们给村民树立起了一个活生生的大公无私、廉洁自律的榜样形象。最后由年轻人和穷人带头排演斗争剧。他们同样会招集大家聚在一起,批斗地主和富农,并对 40 年代以及 50 年代早期的干部进行清查,被揪出来的干部要站到戏台上,戏台下面是聚集起来的村民的呐喊与声讨。

从城里来的年轻人,他们是自愿来乡村的,并尽全力来宣传毛的社会主义。他们相互竞赛,在田地里拼命苦干,做这些都是想让人们看到,他们是大公无私的榜样。他们还建立起了天天学习会。另外,还会通过村里的大喇叭,每天数次播放各种事例,表扬好的政治表现以及工作成绩,批评落后的人和事。生产由此得到推进,物质条件也有所好转。偷盗行为减少,为集体做事的观念受到尊重。还有一些其他的会,这些会把土改以前很久远的故事编成剧目来上演。在上演的时候,那些遭受过这种痛苦的人们都会有共鸣,并让听者的眼泪夺眶而出。就像在犹太人的逾越节一样,大家最后会在一起吃忆苦饭。

在与 80 年代改革初期移居到香港的村民的访谈中,赵文辞对这些政治仪式得出的结论是:

> 并没有导致一种全身心地相信不要为个人利益着想而只为集体利益着想的信念,但是确实从情感上培养出来了一种强烈的对毛的伦理观念的崇敬,由此而使农民们渐渐地对工作队的宣传鼓动将信将疑。(Madsen 1984:137)

然而翻过几页以后,他提出了这类影响所具有的长期影响力:

> 结果,学毛思想的仪式给农民保留下了一些旧的道德传统,比如[事实上这是最重要的],观念中的一个好人就是,对待整个村子就像对待他的大家庭一样,并且还把这些观念与毛的全心全意为人民服务的那些教诲联系在一起。(Madsen 1984:149)

换言之,他们并没有摧毁旧的道德传统,而只是对它们进行了修改,把集体主义加诸虚构的亲属制度之上。

在比邻的福建省,另外一个村落叫美法村,村民陈万生也有这种说法。他是一名共产党的干部,1961 年的时候,曾经支持过对其宗祠的重建,帮助过他自己的家族村落反击因盗窃而结下世仇的邻近房支。后来因受到打击被捕入狱,整他的人就是强烈崇拜毛的政治与仪式的那些派别。1994 年,他对我的同事王铭铭说:

> 我尽量想着像党教育我的那样为人民做好事,而且,依照党的原则,我什么也没有做错。在 50 年代,我的所作所为得到了党的承认,我还得到了提升。那我为什么还会被关进监狱呢?

照他的看法,忠实于他的村民,是他作为革命领导者行为的一部分。而作为村民认同的核心象征,一座祠堂、一座村庙以及其中所蕴涵的历史感与道德感,这些都并非“迷信”。这是他所服务的人民的公益事业。依照同样的精神,继续声称为人民服务(准确地说,正是这种忠诚,反过来赢得了村民的尊重),又是他在“八十年代”和“九十年代”组织大家重修了村庙和他家族的祠堂。为人民服务,是他所说的以前曾经做过的,而且是终其一生都要做的。①

---

① 关于此人及其村落故事的更详尽材料可以参阅:王斯福和王铭铭(Feuchtwang and Wang 2001)。

政治仪式及其长期的影响

对于想要深入细致地研究政治仪式以及他所说的政治仪式的苦行僧们在村落一级的影响,那么赵文辞的解释便是极为有价值的。他所仰赖的仪式与宗教概念源自克里福德·格尔兹(Clifford Geertz),但塔尔·阿萨德(Talal Asad)对此有恰如其分的批评。格尔兹和赵文辞预先并没有想弄清楚,他们从一种特殊的政治体系中抽离出来的"仪式",其含义是什么。这是从制度上把政府与宗教区分开来,但这种区分又是"公共的"制度与"私人的"良心的制度这一更大的区分的一部分。这种区分,外加上基督教教义的强化,就把"信仰"变成了宗教的本质。在中国,20世纪的先后两个政权,它们在政治上都一度主张将基督教排除出去,但并没有获得完全的成功。确切地说,在60年代产生过广泛影响的政治仪式中,这种区分倒是得到了消解。相反,先前(宗教与迷信)的仪式反倒没有在制度上得到区分。政治仪式完完全全取代了它们,而它们自身与政府也无法区分开来。

我想,用塔尔·阿萨德的批评来思考仪式会更有教益,但做法与其系谱学的做法不大相同。他将三种不同的仪式内涵,排成一个年代上的序列,这些仪式内涵出现在现代宗教范畴之前,并且出现在研究仪式的学术权威将他们自己的权威性概念加诸仪式概念上面之前。我不是将它们看做任何仪式都有的四个方面,而是看做同时在起作用的四个方面。① 这四个方面分别是:(1) 作为预定好的为神祈祷的表演仪式;(2) 作为塑造美德和愿望的适当而带有惩戒性表演的仪式;(3) 作为装

---

① 阿萨德的系谱学反对任何一种仪式概念的普遍化。我这里所说的,有冒他对格尔兹所指责的同样的危险,也就是把一种历史的宗教(在这里是仪式)概念,通过将其实质化而转变成为一种泛历史的概念。我要说明的是,我是从实用的角度来使用这一概念的。如果我能够在描述分析中发现其有助益,那么由此就可以将其应用到另外的历史上去。当材料迫使我返回到概念上来对其进行修改,或者表明其缺乏应用性,那么其谱系上的独特性以及某一个仪式概念对某一段中国历史的契合性便会昭然若揭了。对中国而言,第一个修正就是,把他在欧美思想中格尔兹位居这一谱系末尾的一系列的仪式界定都结合在一起,放到一种时间里。

扮与模仿的仪式；(4) 作为象征性行为的仪式(具有多重意义的行为)以及借用格尔兹(Geertz 1966：7—8)有关宗教的用语就是，使其在此世付诸行动的有关此世的表述模式。这些或多或少都能够应用到大众运动的政治仪式中去。最不大适用的是"为神祈祷"这一项，它已经被转变成一种奉献给伟大的革命理想的祈祷，比如对于人民大众而言，革命领导者的形象就成了历史目的的象征符号，而不是一个外在的神。大众聚会就有装扮与模仿的特征，在那里，每一个人都清楚如何去表演。不过，对于 70 年代的多数人而言，对此也许都会感到厌倦。

从阿萨德的仪式概念中，我最想汲取的概念是惩戒与塑型效应(disciplinary and modeling effects)。革命的仪式行为，其最为强烈而又经常性地是对学校儿童、学生和军人产生影响，但又不仅仅局限于他们。自 60 年代中期开始，每一个人都卷入到由每个工作单位和乡村生产队组织的学习会当中去。这包括仪式性地谈论自己学习毛泽东、列宁和马克思著作的体会，并通过艺术学院或工作单位自己所画的男性、女性以及少年儿童的宣传画来确立榜样的风范和姿态(Evans & Donald 1999)。每天还要在毛主席像面前跳"忠"字舞。

在 1966—1967 年之间，城里受到动员的青年人组成了红卫兵小分队，负责进行胸怀政治的仪式训练，这种仪式曾经遍及整个国家。在集会上广为散发红宝书，并从中抽出一些，变成最高指示，收集并交换像章，张贴大幅标语，声讨阶级敌人，由此而引发组织并开展对阶级异己分子、刑满释放人员、戴帽分子以及受到打击的人员的斗争会，这些都属于当时公开的一幕。所有这些都是一种表演，并且是从孩子的歌曲和舞蹈中就能够了解到的群众斗争形式。这些仪式活动，将表演者塑造成社会与社会转型的无名的英雄人物，培养他们强烈的对中国人民大众未来的热爱以及对国内外敌人的仇恨与恐惧。每个人都恐惧成为敌人，而以一个革命者为荣。热心为人民服务以及为平等的同志关系服务，恐惧暴露出自私与修正主义，这些成为许多文革回忆录的主题。那些岁月以及其中的政治学,已经由中国共产党作出决议给予正式指出,那是一个过度激情与暴力的年代。在那个年代里,彻底曾经是值得赞许的。但今天,"文革"却受到了"彻底"的否定。

"文革"是一种多年累积起来的政治学,与群众运动有着一样的基本要素,那就是用标签把人分成阶级,再把人与其敌人区分开来,然后给每一个人都安插一个监视者。利尼·怀特(Lynn White 1989)在总结了他有关群众政治仪式的详细研究之后写道:

> 毛及其高层对手,作为长期的追求平权的社会主义者,并没有什么影响力,反倒是作为短期的政治策略家,却很有影响力。这些领袖人物,全都沉醉于在这个很长时间处于分裂状态的庞大国家中发动统一性的行动,而且他们还发现了一些可以应用的政策……其中这三个最为重要[贴标签、监视以及发动群众],它们都包含有如何划分"敌我"的做法。看出阴谋、拥有敌人、划分清白的人与不可救药的肮脏者、"划清界限"等全都变成了国家的政策。这对人造成影响并非它是一种心理学或意识形态,只是因为它是政策。这意味着要用好和坏的名称来给人贴标签,对他们进行监视以使好人受益,使坏人受到限制,通过发动运动,使某些人觉悟,而使其他人感到震慑。中国的上层领导者(其对手不考虑在内),较之社会哲学家更具有政治技巧。他们也有理想,但对他们而言,最主要的问题是在于实施。(第 315 页)

他对政策的强调,有赖于他把政治看成是一个自上而下的过程。有这种对于由上而下策略的强调以及另外一种对于其影响的假设,人们一定会奇怪,为什么他没有对其意识形态的影响给予足够的重视。这肯定是一种由中心而向外的动员技术的政治学。但是由于自 50 年代初以来,动员的政治学已经把中国大陆结合而成为一体,并构成两代学生少年时代生活的一部分。这种累积本身便是一个困境,即中心变成有许多的偶像(毛和工人、农民、战士还有社会主义改造者中的模范人物),他们由被动员的大众所创造,也为这些大众而创造。与此同时,行政控制机构本身受到瓦解或者被剔除。从 1966—1968 年的十八个月当中,毛事实上就是由青年人领导的自我组织起来的大众力量的一个权威人物。通过在每个工作单位以及每一级行政上建立革委会,党的政治秩序得到了重新更替。一方面是政治的行政,即党—军队—国家,另一方面是生产、教育、文工团等组织,它们之间的区分得到重新制度化。革命的仪式性表演,现在就被融入到生产队以及工作单位的群众集会当中去,这些仪式包含有对那个自发组织起来的群众运动时代的回忆,这种热情随着 1976 年毛的逝世才慢慢减弱。

　　在前苏联,通过加强国家控制、扩大持不同政见者的人数以及经济停滞的方法来架空集团社会主义。在中国,这种架空是一个相反的过程:"文化大革命"是一种特别的理想,矛盾之处在于,群众全身心参与的是由国家领导的大众权力,并动员他们去实现人人平等的目标,甚至还把复仇与嫉妒看得很高尚。通过一个政党对历史作出决议的做法,群众运动的政治学现在被"市场社会主义"所取代。①

　　有关对这段时期记忆的解释,大多主张将这种记忆看做是一种残留,因为它是不能够重复的。与此观点不同,我则将其看做是一种长期效应。② 我

---

① 1981 年,在中国共产党成立六十周年以及毛逝世五周年的日子里,中国共产党为此举行了纪念活动,并对其历史功过做出了评价,认为:"毛泽东同志是一位伟大的马克思主义者和一位伟大的无产阶级革命家、战略家和理论家。在'文革'期间,他确实犯有重大的错误,但是如果我们能够从整体上来评价他的行为,那么,他对中国革命的贡献远远大于他的错误。他的功绩是主要的,而其错误是次要的。"(FLP 1981:56)与东欧集团式的"实际存在的社会主义"(actually existing socialism)的结束完全不同,而与勃列日涅夫时代苏联经济停滞的结束也完全不同,中国是结束了一场最初是复兴,然后是将其日常化(routinisation)的大众革命。

② 比如,刘禾(Lydia Liu 2000:768)从流行的大型电视连续剧《北京人在纽约》中抽取出了一幕。在这一幕中,移民来的企业家跟他的女儿争吵,女儿脱口说出"你是个臭资本家",在"文革"中,这是最厉害的谴责。这对于中国大陆的观众而言,一定是再熟悉不过了,有趣之处是因为,这已经变成了一种时代的错误,特别是在这个故事所讲述的背景下。刘禾指出,这推进了改革的意识形态,即新富的成功,不是因为他们的特权和关系,而是因为他们有企业家的精神,并付出了努力。但是,"这把一种历史带回来,仅仅是要将其深深地埋葬在集体记忆之中",她这样的说法是否对呢?

并非是在想象一种类似的政治热情复苏的可能性。这种效应是双边的或者三边的,并带有讽刺意味。但是集体主义已经变成了一种传统,随之成为一种资源,即能够回忆起来,并能够作为一种用以批判当前腐败与不确定性道德权威而传承下去的一整套的价值观和选择。比如通过管理村庙和宗祠的重修而继续为村里人服务的那位退下来的干部,人们相信,他与镇里的干部和村书记不大一样,后者以修路为名,掏光了村民们的口袋,而受到损毁的房屋,也只得到一点点可怜的补助。而他却可以利用这一权威及其自己的关系,来设法抑制上述那些人对于自己村民的掠夺性剥削。

群众运动仪式的长期效应在一位参与者的回忆中有明显体现(Chen 1999)。比如陈晓梅曾经自愿要求到很远的北方农村去扎根锻炼。她是中国青年艺术剧院一名舞台设计师与一名女演员的女儿。她凭借现在作为一名美国学者的身份,来回忆当年在农村进行群众运动的岁月,这是在用一种现在无法提供的语言做回忆。这是一种带有福柯意味以及其他取向的语言,其体现了阿萨德对仪式概念的重新表述。我想这有助于她以及我们去理解她所参与的政治仪式的过程及其效应。所以我按照年代顺序从她的传记体文章中摘取了一些段落。在这些段落中,她所描述的内容,我认为应该归诸作为一种惩戒而加诸她身上的仪式意象以及行动之后的效应,由此而不由自主地就会生发出自我与他人以及她自己的某些感受。这并非是一种统一的效应。意象和行动都是模糊不清的,这种模糊不清,开始的时候留给她的是一种轻松而自由的感受:

> 我是在这样一种文化里成长起来的,其中过去是通过宣传画来记忆和谈论的,这里有建构也有重构,我就是那样的一个我,一个社会所期许的我。我相信,出生在一个话剧艺术家的家庭中,我要学着跟我父母那样,尽心尽力地在舞台上去表现工人、农民和战士,我必须要学习这些文化榜样,以改造我自己,并成为他们所能够接受的一员。(第226页)

> 比如,四年级开始[大约是1963年],我就要在早上五点半起床,然

后赶紧去学校点煤炉子,还要为老师打扫办公室。老师们则是全身心地在把我们培养成为无产阶级事业的合格接班人。多少个下午放学之后,我都徘徊在新华书店门口,对墙上宣传画描绘的优美身躯投以羡慕的目光,随之会花掉口袋里仅有的一点钱,这样我便可以带上几张宣传画去教室,我的同学们也就能够同样受到鼓舞了。我们都相互努力,争当"五好标兵"的光荣称号……我拿这些宣传画给同学们是不记名的,就好像雷锋叔叔所做的那样。雷锋叔叔是来自人民解放军的一名国家英雄,他经常激励我们为人民做好事而不求表扬。(第106—107页)

绘画、宣传画、艺术品、展览馆以及国家认同,还有各种的叙述,全都变得模糊不清,一股脑地全进入到我童年时期最有价值的记忆中去。童年时代最为光荣的一件事就是,经过努力,我当上了少先队的小队长。我还记得,作为小队长,我带领着全班同学在一个周末去了景山公园,在那里学着扮演躲避日本侵略者的游戏。我们的军事行动是要冲上山顶,摧毁敌人的封锁,这是从连环画《铁道游击队》(1956—1958)上学来的。这一活动使我们变得很充实,通过游戏、运动、演戏以及少先队队礼,便能够使我们重新激发起对神圣的革命事业的追求。(第109—110页)

她注意到,换着穿打了补丁的男孩子的衣服如何受到了表扬,同时这又如何给她带来了一种愉快感、一种舒服感,还有就是受到羡慕以及因为劳动和大公无私而受到表扬的那种获胜感,这些都强化了她的自我认同。做好事以取悦于父母和老师。这让人兴奋而又高兴,利尼·怀特在对群众运动的政治学加以解释时,没有提到这一效应。但是注意,掩饰并不一定排斥对其内在感受加以惩戒这种效应。模范的表率作用有两种,一种是表演,再者就是理想。当受到召唤,要求为农民和农业劳动甘愿做奉献的时候,就表现为:

> 这令人欢欣鼓舞,我们相信(就像毛主席教导我们的那样[通过标语和大段的语录节选]),革命青年只有到广大的农村去,才能够完全地发挥他们的才智,增长他们的见识。连环画、宣传画以及报纸新闻故事都在不断地传达这一信息。确实,只有 15 岁的年纪,离需要的最低年龄还差一岁,没办法,我只好央求学校,让他们允许我跟随同学们一起参加到去农村的集体行程中去,这次行程看起来让人激动人心。(第 106 页)

正是有了这次安排,她到了北方农村。在那里,她必须要帮助村里安排政治斗争的仪式活动。在这个村子,她呆了几年,后来被村民选为"工农兵"学员之后才返回到城里去。在村子里,她得热情工作,就像与她同时代在南方插队的敖美华那样。敖美华后来去了香港,成为赵文辞村落研究的助手。

陈晓梅参加政治仪式活动的岁月,是具有讽刺意味的岁月,甚至让人回味悠长,像她自己所说的那样,挥之不去。除了她所提及的令人愉悦的政治仪式之外,那时在群众运动的仪式安排上也大有笑话可讲。比如毛的仪式造就了一种三边紧张。由此引申出了一种为大家所公认的公益感,并以此来评价官员以及"人民"的代表。与此同时,公众与人民的界定是,要以忠诚于自己的人民为标准,也就是以亲属关系、私人关系以及地方感来界定。另一方面,划定阶级成分的做法,又使村民们变成了地主、坏分子或者右派和反革命分子的子女,这些人与人民的敌人是画等号的,要揪出来批斗。但是在对这些人民的敌人加以妖魔化的过程中,恰恰也出现了一种混淆。这种混淆是指从已经有的驱鬼的词汇中抽取出来一个词,再加上一个新的词汇"血缘"。

"血缘"这个词汇是伴随着西方优生学著作的翻译而进入到共产党和国民党的政治话语中去的,优生学讲求的是生存斗争与人口卫生,这就将一个家庭转变成为一个种族的抚养单位及其血缘。[1] 共产党的领导

---

[1] 冯客(Dikotter 1992:175—195,以及 1998:104—114 和 142—146)对国民党和共产党把人口优生学和阶级分析混在一起的做法进行了讨论,国民党强调知识与艺术血统的优越性,共产党则强调工人和贫农的出身。

人反戈一击否认这一观念,不过也引入了另外一种划分,叫作"人民"和敌人之间的"政治血缘线"①,这是在群众运动期间使用的概念,这种划分还会由这些敌人的子女继承,并写在他们的户口本上。不断揭发"坏"分子,成为"文革"中红卫兵的一项主要活动。这些已经被贴上标签的人都变成了穷光蛋。鬼和乞丐变成了政治血缘线之下的危险人物。在这一画面中,他们是革命以前的残渣余孽,这里含有一种历史的意识形态,即把历史与政治相结合,并且无可避免地与政治运动相结合。在这样一种人民的历史观中,其敌人是要被打败的,随之敌人也就变得卑鄙并带有危险性。依照血缘的标签,运动中招贴画上便有魔虎、大救星以及美女蛇之类。② 党的报纸鼓励年轻的红卫兵去"扫除一切牛鬼蛇神"。高原就

---

① 参阅:杜登(Dutton 2000:8—9)。在1966年3月和1968年初期,红卫兵和高级领导干部起来反对血统论,强调阶级出身。而相反的理论则是看重在持续不断的革命实践中加以检验并被证明是正确了的社会所需要的能力。到1968年,这场论证才得到折衷的解决,那就是继续强调阶级出身的遗传性,但是又认为,它有通过实际工作检验加以改变的可能性。

② 对民俗学者和革命表演队所收集上来的民歌和舞蹈加以推陈出新,这一政策在40年代早期,也就是延安革命根据地刚刚建立之时就已经固定下来了。有些民间戏剧还得到上演。比如《红灯舞》这场戏,在与之相配的共产党革命的造反歌出现之前很久就已经出现了。歌曲中就有这样的话:"第一我劈向鬼门关。/不用交租,不用纳赋。/不用送粮,不用交钱。"(Holm 1991:201)不过,恰如大卫·霍尔姆(David Holm)小心地指出的,造反可能并不止于此。它还要对一场成功而又完整的革命加以欢呼庆祝。不论是那一种方式,"鬼门关"都是要提到的。它变成了阶级敌人的门。霍尔姆观察到,欢呼雀跃之时,唱得最多的《东方红》里称毛主席为大救星(1991:333)。

　　土改时以及清除右派运动中给他们贴上标签的坏分子及其子女,在60年代中期成为家喻户晓的斗争对象。他们是鬼门关的绊脚石,并且还被描绘成一种威胁。而在关系复杂的村子中,邻里因为害怕受到连累而躲避他们,否则他们很可能就是下一次阶级斗争运动的靶子,到时候,村干部们就会通过恶毒地攻击这些受排斥的人而批评他们政治觉悟上的落后。安戈(Jonathan Unger)访问过当时还是一个年轻人的一位妇女,甚至经过十几年的平静日子之后,她尚能把此事件描画得活灵活现,那就是一种对鬼的恐惧:"我害怕阶级敌人。就好像他们要害死我们,要毒死我们,杀死我们,甚至吃掉我们。我将他们视为凶神恶煞。我思路混乱之时,就不敢跟他们谈话了。"(1998:98)60年代毛就专门用鬼的形象来描绘隐藏起来的坏分子。比如他将他们描绘成以美女装扮起来的蛇。同一年出版的一本小人书中恰恰也描绘了一位英雄,他最后杀死了一位这类有蛇身的女鬼(Unger 1998:97)。

　　这些都是借助共谋而将民间宗教的象征符号吸纳进一个中心化的解释共同体中去的诸多例证。不过,它们也是用民间宗教意象的力量服务于非宗教的政治运动的例证。

是一位在宜镇中学就读过的寄宿生,他曾经以当选班里的"文革"委员而自豪。有一天他回家的时候发现,有人贴大字报声讨他父亲,直到此时他才知道,他父亲在邻县任职时,背上了自私领导的恶名。大字报上,他父亲的名字"山桂"被改写成了有着同样发音的另外两个字:山鬼(Gao 1987:128)。

古老的鬼的形象蕴涵一种重新焕发起激情的力量。这就是为什么它们会被用在杂志和宣传画上的原因。但是,这些力量也侵袭着社会主义革命以及大众民主的阶级修辞,因为这让人联想到由此而生发出来的这些力量背后的神话与仪式。在群众运动期间,村与村之间进行竞争比赛时,经常会有阶级修辞的逆转。家族内部的斗争,不可避免地会跟对旧的传统的攻击混在一起。安戈(Jonathan Unger 1998:95)就提供了一个例子。在广东乡村,有一座村庙就是由另一派村子的人给烧掉的,名义就是为了打击封建迷信。这个有村庙村子的红卫兵同样以打击迷信为名,毁了烧他们村庙的人村子附近的一棵古树。这座村庙据说对这个村子的风水有利,而那棵古树,据说有助于让嫁去另外一个村子的新娘怀上孩子。这两个村也一直在用水权问题上存有长期的暴力冲突。

应该指出的是,一开始便有不赞同的意见存在。但这是一种看法上的差异,它们由革命运动的政治学所塑造,采取的共同方式便是自我牺牲式的革命(Chen 1999:115—117)。当大多数狂热的人认识到,弄虚作假的阴谋家与农村悲惨的现实,跟宣传画上农民与乡村干部形象之间存在着强烈反差的时候,理想也便随着这类政治本身一起幻灭了(Chen 1999:106)。但是这种理想的幻灭,也留下了一份对毛时代有怀旧感的遗产,这也是对那个时代人跟人之间虚伪与贫困的怀旧。

另一名红卫兵马波(Ma Bo 1995)的回忆便属于这种怀旧感,在我看来,这与陈晓梅的回忆形成了鲜明的对照。这本书是奉献给"文革受害者"的,其中所讲述的是一位受害的英雄、一位硬汉子、一位哥儿们的故事①。马波客居布朗大学之前是一位作家,此时恰逢他的小说英文版问世。不过他的这种事后觉醒(hindsight),并没有学者给予分析。只是说它语言平淡,焦躁中夹带反讽。但这本书中,拳打脚踢、恣意忘形的故事以及不顾千难万险忠于朋友的伦理,并非完全没有艺术性。

他的经历似乎已经留给他一副面具,而且这副面具还在受到以热情为基础的革命道德及其仪式还有一种对其背叛的强烈感受的影响。在北方内蒙古大草原渐渐远离革命热情的典型场景下,剩下的只有对狭隘的战友的忠诚。虽然如此,在触及他的理想同时又触及他期望在体力活上比其他所有人都做得更好这两点时,在革命熔炉中经受过考验的坚强意志,便很容易跟他自己对意志坚强的自豪感混淆在一起。十几年以后,他也一样承担起制造历史的使命,用他自己的解释便是,这一使命成为历史上最大的精力浪费,这种精力是用在了在荒漠上建设城市以及将草原变成可耕种的土地,这种精力牺牲了生命,却一无所获,因为最终还是一片荒原。一个具有象征性意味的场景就是扑灭一场草原大火,几乎所有学生连队的成员都出去扑火,但由于错误指挥而壮烈牺牲。

马波首先想到的是自己的利益,但腐败的干部却想利用革命运动来除掉那些可能要揭发他们两面派行为的人。他厌恶那些不称职的学生连队指挥员。但他又不愿意自己挺身而出,为自己本人以及他的革命观点辩护。那些诚实的、称职的以及没有什么权力背景的人支持他,或者想要确保他在挺身而出为自己以及自己甘愿为之勤奋工作的原则进行

---

① 在1988年中文版第一版中,《血色黄昏》的作者给他自己起了个名字叫"老鬼"。詹纳(Jenner 1992:206)提到,这是第一个把中文俚语中的"哥儿们"看成如硬汉一般光荣的例子,他细心地将其翻译成英语里的"mateship"(伙伴)。詹纳没有管这本书本身所要表达的东西。他简直忽视了这样一种伦理,那就是两千多年流传下来的"好汉"的故事。"好汉"就如同游侠一般,到处寻找不公正的行为,并凭借着他们自己身体上高超的技能来施展他们的公正。这是在民国时期因犯罪帮派的原因而降低了其声誉的一种伦理。我认为,这个词告诉我们有更多的东西,特别是它告诉我们"文革"那些令人啼笑皆非的事情。

辩护的时候不会受到伤害,但最终还是受到了阻挠而失败。后来他决定自我流放,变成隐居者。他所做的是同样一种奉献,那就是在一个他曾经辛勤而又毫无目的地工作过的一个废弃了的采石厂,将他的经历写下来。

自相矛盾与讽刺都体现在书中杀狗的两张插图上。第一张是在痛打先前的牧场主的时候,凭义愤而杀掉的一只狗。这位牧场主曾经在1969年重新搞阶级斗争的时候,被马波和他的亲密同志们揪出来作为斗争对象。第二张插图杀的是马波自己收养并喜爱的一只小狗,但是它咬羊。杀掉这只狗,也是出自义愤。如其所述,杀掉这第二只狗与杀掉第一只狗一样,并没有感到因受伤害而有什么同情感。但是后来在他以男子汉的气概反对一位腐败的指导员而被划成反革命之后,他确实描述了他对那位老人的自责。接着后来,同是这位他将其狗杀掉的老人,在他躲在采石厂生病的时候来照顾他。从开始的一种完全分裂、抑制同情心,到变得自责,最后出现的是感谢和感激。以同样的方式,事后觉悟的讽刺为回忆和写作之后以及充满革命热情的时期之间提供了一种联系。那时他杀掉一个被打倒的牧场主的狗的时候,可能并不会把一个阶级敌人与一个穷困潦倒的人联系在一起。这里的联系是制造出来的,因为他的一个连队同志当时就劝告,在阶级斗争中不能讲这种联系。在他向我们诉说他以及其他的人如何不理会这善意的劝告时候,他还是向我们诉说了那个时代他的想法,即一种男子汉气概混合进他在孩童时代就受到榜样般影响的兄弟情意和同志关系,这也包括他的父母(二者都是30年代的党员)以及后来的红卫兵派斗的影响。

陈晓梅和马波的故事,全都包含通过政治仪式以及参与阶级斗争而得到塑造的内容,这会形成一种持续的效应,其在理想破灭之后,还会存留在记忆之中。这是一种年轻时的记忆,但是在对待当前的事物中,它还是宝贵而可资利用的判准。

作为同样一种塑造的结果,在让村民们回忆从土改到十年"文革"结束这段时间的体验时,他们都说是混乱、恐惧和饥饿。但是联系到现在,还是这些村民,在回忆这些年的时候,又将它说成是一个有保障、诚实和朴素的年代,这与追求自身利益的改革国家的政党形成了明显的对照,并怀有嫉妒地将自我描述成浮华的城市生活的对立面(Liu 1995)。村民们将毛时代由集体培养起来的理想,加在了对诚心保护村民的非党员领头人的尊敬上面,他们选这些领头人来替换一个腐败的干部(Ku 1999)。毛已经成为了对当前腐败加以批评的一种手段。对村民们的忠诚可能与对革命理想的忠诚之间有着联系。但是当前的一些干部从他们受益人那里抽取过多的税额,这可算是一种对革命理想的背叛。

大众运动的另外一个持久的影响就是,以平等的同志关系以及相互支持为由,大家聚集在一起,这已经成为了一种习惯。还有就是像马波那种哥儿们间的忠诚,附加上一种毛以前的虚荣传统,这样其他的传统就会被聚集在一起的同志关系这一新的传统所改造。

忠诚与地方性共同体

依照受赵文辞访问的人所述,在村民们聚集起来的时候,妇女们最乐于演唱歌颂毛泽东思想的歌曲。对我而言,这似乎令我想起了旧的传统。16 世纪以来,妇女在化外和尚们严守祭教(ascetic vows)的共同体中扮演着非同寻常的角色,后来这些化外和尚人数极为壮大,成为一个很庞大的教派。他们有意不遵从佛教削发的约束,在民间故事中这样的佛教徒被指责为堕落,并遭到人们的嘲讽。这些化外和尚聚在一起诵读从正统的经卷以及新的宝卷中抽取出来的段落。他们捐赠印刷品和赠送宝卷,并建聚会的厅堂,男男女女都聚在一起,对于儒家正统而言,这也算得上一种耻辱。还有更耻辱的,那就是他们印刷那些不遵从婚姻的具有榜样意义的女子的传记。这些故事以及有过同样作为的女神的故事都强化了这种风气。这在赵文辞研究的地点表现得很明显,在那里,妇女们组成了一个像尼姑庵一样的共同体,直到她们靠干丝织业能够独立生活为止。①

　　就像以前其他人所做的那样,在群众运动的年代,这些讲求苦行的化外和尚的聚会暗地里还会照样举行。许多地方开展了打击宗教的活动,并对这些暗地里的聚众修行嗤之以鼻。在美法村,有人跟王铭铭讲,上岁数的一些村民就曾经用这种方式继续祭拜一尊被抢救出来而得以保护的村神。在"文革"期间,村民们建起了既是基督教又是天主教的基督堂。我想从这些例子中提出一个主要观点就是,毛的仪式活动本身对他们的影响。这可以从赵文辞对 1979 年以来有关中国天主教的研究中选出一个例子。他参加了天津天主堂圣母升天节(the Assumption)的活动,这是一个经过正式注册的活动场所。他首先注意到,"在 90 年代初期,尽管教会有新的令人不快的分裂,而且尽管有征兆显示,新换届的政府要限制宗教活动影响,但是礼拜仪式似乎还是令人激动且愉快"(Madsen 1998:3)。另有一些天主教徒认为,这些仪式活动是有违信仰的,因为这些活动是由国家设立的一个部门而不是由教会来组织的。争论就在于:由谁来选主教,罗马还是北京?在教堂外面,一些为了信仰而排斥国家权威的信徒,跪在圣母像前唱颂圣歌。他们还在一个小本子上签名,上面有他们主要的立场观点,令人惊奇的是,他们所用的多是"文革"中用来反对修正主义的语言:"这是一个'路线问题'",其声称,"即是一个信徒要不要信仰耶稣的问题"(1998:7)。

　　在信新教的天主教徒中也有这种情况,官方的中国天主教会的权威受到他们一些人的排斥。他们保留了一种均等与平权的精神,这非常像集体主义时代所鼓励的那种精神,不过相互之间称"兄弟"和"姐妹"而非"同志"。他们所强调的是非神职的领导、参与式的民主以及相互支持

---

① 有关宝卷的历史可参阅:欧大年(Overmyer 1985),有关丝织女可参阅:托普雷(Topley 1975)。

(Hunter & Chan 1993:82 以及其他个案:185—218)。

除了这些信仰的共同体之外,有时还会受到一种平权思想的影响,中国的基督徒就像生产队时期所做的那样,传承的仅仅是一种有关共同体的更为广泛的以及地方性的感受。赵文辞报告说,在犹太教—基督教的全部十大戒律中,第四条尊敬父母持守得最好,而对当地的天主教共同体的忠诚则位居其次。他称这种实际存在的天主教是一种"民俗"文化与一种其他力量妥协的产物(第 80 页)。先将他所谓的正统搁置一边,这一观察印证了他以前对毛主义的研究,即对地方的忠诚是作为一种德行而被传承的,甚至还被翻译成是另外一种信仰。

总之,我看到了过去集体主义时代对于地方性界定的两种影响。一是作为一种记忆的集体主义者的理想的连续性,它在当前的其他形式中得到了体现。另外就是分户单干成为界定地方共同体的基础。对集体或者共有土地的再分配,最为重要的是通过土改以及最近的土地承包,由此仪式的责任跟生产队脱钩,这便意味着村基金要依赖于各户的捐献。有一种村基金是来自重修村庙或者祠堂以及集体性仪式活动时各户的捐献。另外一种是来自官方的基金,这是从地方性的人头税以及由村里和私营企业缴纳的各种费用中抽取出来的,这些是由村干部管理的,仍称为是"集体的"。作为普遍性事件的"文革"以及在政治上将其划入错误的过去中的划线条的做法,使村庙与生产队在新的现实中恢复了一种记忆。在考察这一恢复是如何发生的之前,将其跟台湾地区出现的一种同样的恢复做一下比较会具有启发意义。

台湾的殖民断裂

在台湾,有一种与上述类似的但更早一些的事件,此事件使得一种过去的地方性的宗教得以恢复。这就是日本的殖民统治者试图将台湾的宗教完全日本化。这是由一个不太强劲的控制体系来维持的,就像

"文革"一样,它时间一样很长,也没有一种强劲的文化变迁的政治学在操纵。

日本占领的最初二十年(从1895年开始),发生过许多次的武装反抗事件。在这些事件中,有一次是由一个宗教会社发起的。这一会社以鸾书和台南一个城市祭教聚会的厅堂为基础,他们密谋建立一个独立的"台湾国"(Jordan & Overmyer 1986;34 和 Jones 1999;65)。所有其他的祭教教徒都聚集在一起,这引起了警察的怀疑。避开警察的怀疑以及不断骚扰的唯一办法就是建立起一个"爱(日本)国佛教会",并将其附设在日本佛教等级中的"佐藤派"之下(Jones 1999;66)。另一方面,鸾书变成了 种地下活动。在这一省的帝国的都城,所有国家崇拜的庙宇和神龛都遭到了破坏,而其他城市的庙宇也都掌握在日本人的手中。庙宇必须要注册登记,给庙宇注册登记的委员会叫"神明会",地方上的敌对分子受到殖民政府的信赖而被安插到委员会中去。城市的庙宇及其节庆不再是同乡会和少数民族语言群体的中心,而是变成了台湾殖民地的中心。这对于乡村的地方性庙宇也一样适用。山街注册登记的庙宇委员会的成员中并不包含此时兴旺发达起来的鸾书会的成员。鸾书会就增加了仙公祠,并委派了庙宇的实际管理者。在以注册登记作掩护,鸾书会保留鸾书的传统(Fetuchtwang and Wang 2001)。

在节庆和诸神的网络中,地域崇拜的地方性界定,曾经是指起源于大陆的地点和庙宇。现在仍是如此,不过受到另外一种取向的影响而发生了改变。

台湾自1919年以来受到明治维新时期日本人的统治,并把对他们的殖民统治纳入到日本国的统治中去,这样他们就可以按照他们所认为的现代脉络来发展经济和文化。因此在1937年,政府的政策发生了改变。正是这一年,日本军队侵占了中国的满洲里。为了清除庙宇和节庆的浪费、庸俗以及混乱的局面,同时把台湾的新兵纳入到日本军队中去大陆作战,新的政策就想把殖民的对象变成帝国的公民。因此,说中文和写中文受到禁止。日本语成为学校里被教授的语言。这就成了一种"国语",在大陆,国民党使用同样一个词,也叫"国语"。每一个行政村都有一所男女合校的小学,在 30 年代,大多数学龄儿童都要入学。在1936—1944 年之间,台湾"公民"说日本语的比例增加了一倍,超过了70%(Jones 1999:82)。各家各户都被责令将其供桌换成日本式神龛中用的供桌,还有从日本帝国神庙中请来的护身符。寺庙不是被毁掉,就是变成了日本式的佛教或者是神道的朝拜地点,而其土地及其他财产也被没收。当地的日本官员执行此政策的严格程度大不一样,有些地方根本不理会这些,有些地方实行得却极为彻底(Jones 1999:87)。

取消其他仪式的情况则很少出现,这跟大陆群众运动的政治仪式大不一样。但是伴随着一种战争经济的强制性掠夺,地域崇拜及其节庆都暂时停止下来,这些庙宇也多因此而年久失修。在经过了这一人所经历的破坏之后,重修这些庙宇就成为了一个新的开始。在台湾个案中,它是一种传承的再创造,是在新的中国人的民族主义的情景下以及在其国家注视下的一种复兴。

1945 年以后的复兴是渐进的。由于国民党政府在大陆内战期间大肆贪污掠夺,造成人们生活极度贫困,因而大家捐赠的钱也很少。与1915 年的那次事件相比,1947 年举行的反抗政府的示威游行,对于试图导致台湾分离起到了推波助澜的作用,其根基是由知识分子和专业人士而非某一个宗教组织领导的一次民众运动。那时对游行示威者的残酷镇压导致了数万人被杀害或被驱除,这已经成为 90 年代有台独政治意识的人的一种重要的社会记忆。但是在随后的四十八年中,它成了一种在"中国"认同之下的潜在情绪而发挥作用,用以与大陆相抗衡。在那期间,随着人们收入的逐渐增加,各处的庙宇和节庆都逐渐恢复起来。在山街,来自政府改革措施的唯一限制就是,要求人们在每年农历七月和十月举行的一系列的节庆和宴席的日子里,家户和村落的竞赛范围要有限制,不能逾越地域界限。

1949 年以后,退守台湾的国民党政府确立了一系列的改革措施,并开始了土地再分配,这其中就包括地方寺庙拥有的土地。有些佛教寺院已经荡然无存,而其他所有的庙宇仅仅留下了土地和建筑。与大陆的情况一样,现在每次修葺和重建,还有所有的节庆活动都要完全依赖摊派和捐款及其存款利息来实现。整整十四年完全没有政治仪式,要想恢复起来是很困难的。但恰恰是在"宗教"与为其注册登记的世俗国家之间的制度化分离,也恰恰是对一种意识上的地方历史连续感的恢复,再加上同时并存的学校教育体系,一种国民党观点的中国伦理与文明得以传授(Chun 1996)。

在 1995 年,台湾当局对 1947 年的大屠杀表示"道歉",公开举行纪念活动,并正式宣布第一次示威游行受到镇压的 2 月 28 日那一天为官方每年的纪念日。而地方性庙宇和节庆的取向也变成了一种独特性的启示,人们开始追溯从祖先下来的联系和网络。这建立在过去对日本民族主义者的殖民统治的反抗之上;相反,在大陆,地方庙宇的恢复是建立在对地方性的依恋以及略微带有一点失落的集体主义理想之上的。但是不论在大陆还是在台湾,世俗政权中,一种民族形成的政治学还是占据主流的。在此之下,二者都把地方庙宇的重建看成是对地方文化的一种保护,尽管政府和实际参与者各自的观点不必相互一致。

毛以后和蒋以后

在大陆和台湾,尽管是由政府来实施强有力的控制,但是一个具有最高权力的集权的政治秩序的主张已经旁落而无指导意义了。不过在台湾,原来国民党的军事卫戍统治在 1987 年变成一个市民政府后,台湾人的文化认同以及多元民主政治都日益得到了增强。这与大陆出现的政治控制的松弛虽并非一回事,然而也有许多明显的相似之处。在这两种政治制度中,有意识地增进娱乐和大众文化已经变成政策、政治以及资助活动中的一个重要词汇,而作为大众文化生产和交流的途径也变得多元化。尽管并非全部,但是在很大程度上,文化政策已经取代了意识形态的宣传和审查,并与商业性的、追求利润的组织有所不同,相互有了协商的可能。

在大陆一个重大的不同就是对地方性边界的保护。而在台湾,工作、经济财富以及组织的城市化,已经使得乡村居民彻底进入大城市的势力范围之内。由于这是一个繁华而人口稠密的岛屿,最远和最中心的地方之间几乎没有什么迂回和往来的中间地带。的确,在台湾,遥远的地方和蛮荒的地方都一样昂贵,贫困的乡村几乎不存在。所有地点在时间、距离以及雇用上都离中心很近。在这一点上,与大陆任何一个省的情况相比,差别都很大。在大陆也有越来越多的移民,这波及到大陆最远的区域。但这是严格划分出层次的。大多数的村民要到某一个大城市去,行程都很遥远而且很辛苦。

到了80年代末,大陆有经济活动能力的人开始专注于非农业的工作而不再参与农业生产。在台湾,二十多年以前就已经实现了这一转变。从行政上来说,在大陆,大多数的政府单位都是在一个区域范围之内,每一个区域在其中心都有一个小城市,而只有极少数的家庭能够获得进到大城市去就业的机会。成千上万的农民工远离他们的户口所在地,他们的家人还留守在家里。他们每年只能在农历新年的时候回去探亲一次,多了就承受不起。但是有相当多的城镇农民工离家就很近了。这属于城镇化。乡村和城市之间的社会流动增长迅速。但是到目前为止,乡村的地方性只是到了乡镇和小城市这一级。

很快我会论及在大陆,由于受这些因素影响,地域崇拜的恢复存在着不均衡。我首先要关注一下宗教活动的层级,不论是在大陆还是在台湾,现在都是围绕这些层级在活动,而在有些地方则超越了这些层级。

台湾和大陆都一样,过度的物质刺激以及竭力投身于全球经济竞争中去,这一方面导致了喋喋不休的牢骚,另一方面则是寻求精神慰藉与公正。人们寻求在一个混乱而又腐败的世界中进行道德重整,这种感受,以前是从有灵验的地方庙宇的神龛那里获得的。但除此之外,某些政治宣传也会吸引一些人的注意力。① 在大陆,其他具有新的宗教共同体意义的地点也已经出现,它们并不与地域性有关,但还是在一个公共场所,人们会在那里进行表演。在城市、乡镇以及农村,像太极拳这类通过深度呼吸而使气血循环以调整身体的锻炼,在公园这类的公共场所里经常可以看到,并且通常都是跟随一位更有经验的练习者在练习。以同样的方式,退了休的男男女女很早就起来,大家会聚在一起跳交谊舞。

例如,在北京的城府小区,每天晚上跳北方大秧歌的人会自发地聚在一起舞上两个多小时。他们是在 1996 年组织起来的,组织者是一位80 岁的老太太,她曾经跟 30 年代的一位大学生学习过跳舞。② 这些跳舞的人也参与地方性的婚礼以及其他节庆场合,为其提供音乐和娱乐。他们成为了这一小区里一个有组织的非正式网络的中心。不过,他们主要的活动还是晚上的表演,这是他们自娱自乐的一种形式,同时也为地方居民和过路人提供了一道风景。他们有两种倾向上的划分。一种是带有集体化理想的倾向,在这里,这一舞蹈已经将村落和乡镇的节庆活动转变成为一种对稳定团结局面的庆祝;另外一种倾向就是恢复原先的传统,在演技上下功夫,从而使他们的表演更加专业化。集体主义者占据主导,但他们并不是依照任何外来的教条进行表演,官方的教条就更不用说了。这些集体主义者们挪用了一种在中国共产主义革命早期历史中进行合理合法宣传的表演形式,但是现在,他们拿来作为他们自己休闲活动的一种形式。他们选择一天中以及人生中的某一个时间来跳舞(许多参加者都是退了休的),这就是离开工作组织以及在工作单位有组织的娱乐活动之外进行,不过仍保留着集体主义的精神,从中享受着一种仪式性的约束,

---

① 有关这些被安·格罗斯特(Ann Anagnost)称之为帝国的行骗者,或者被田海(Barend ter Harr)确认为是一种魔鬼范式。参阅:安·格罗斯特(Ann Anagnost 1985;1997;第二章)和田海(ter Harr 1996)。

② 我自己看过这个表演队两个晚上的表演,但是这一段落的所有信息,都来自格拉泽(Florence Graezer 1999)的研究。

这种仪式将他们紧紧地拴在一起，成为一个网络。在中国东北的沈阳市情况也很明显，退休的人乐于与现在党的领导和工作单位保持一段距离，有些年岁大的退休干部会聚到公园里，一起讨论当地的时事。他们曾经领导过一次和平而又组织良好的抗议游行，用以反对那些使他们的利益受到损失的某些地方干部，这些人开着漂亮的小汽车、占用农民的田地，更有甚者，由于个别干部的腐败，致使一家银行倒闭，他们数千元的存款也被挪用（据《纽约时报·新闻服务》称是 372 000 元）。

　　另外一种有派别之分的仪式约束就是气功。这是通过步法、冥想以及呼吸训练来调节气能的一种做法，它有多种多样的形式。自 80 年代以来，它变成了精神与身体调整的一种庞大的运动。① 这些调整练习的男女气功师们吸引着大批聚集在大厅或者户外的追随者，其中有些气功师自称自己在治疗和拯救上有着某种惊人的力量。但是男女气功师方法的基础都不是这种大型的聚会，而是在户外小规模聚集，练习者在一天里的某一个特定时间自己练习，由此而创造出他们自己的同志般的友谊，并与他们所学的身心调整的信条混在一起。

　　在其自身早期的政治发展中，毛泽东也强调群体练习对调整身心的重要性。政府的宣传画也在宣传身体锻炼的重要性。气功等方法有类似的目标，其中也含有集体主义的精神，并强化了从汉人仪式中抽取出来的那些要素，即道德上以及宇宙观上的教化。与北京秧歌舞表演者的做法相似，一大批的练习者均是退了休的人，他们尚怀有对集体主义理想的记忆。河北省太行山腹地的十里店村，在其举办关帝庙会期间，就有修炼佛教的人通过仪式向人们展示这种优越感和对世界的认识。他们以跟庙会节庆不同的方式在一个横幅下面进行表演性练习，尽管当时并没有外国的游客在场，但是横幅上却是用中英文列出了全国修炼此佛

---

① 有关 80 年代气功的兴盛可参阅：朱晓阳和佩里（Zhu & Perry eds.，1994）。

法的地点。①

宗教传统中有一种就是重新提出并创新一种另类的带有超越性的权威。这可能是气道、阴阳以及灵的宇宙观中的一种权威，也可能是同时具有佛教、道教以及新儒家特点的重新表述。它可能是一种融合了佛教、基督教或者伊斯兰教诸教义的新的超越性的基础，也可能是对参与任何政治事务的一种退缩，由此而躲避到精神上相互支持的共同体中去，比如像教会以及聚会的地点等等。

自 70 年代以来，特别是自 1987 年军人统治结束以后，台湾佛教组织在财富的极度增长、影响力和规模壮大上都可算是一个例外。在这些岁月里，大量的佛教组织脱离了"佛教协会"的掌控，这个协会是政府与既有的僧侣等级之间的一种正式联系渠道。这些佛教组织成为传媒、教育以及福利方面比较有影响力的机构。其中有许多都是由尼姑领导的。她们强调在家修行，并强调入世。②

这些便是地方性庙宇得以恢复的宗教与政治背景，是一个民族的故事及其国家、仪式性训练的松散会众以及超验共同体的地方性组织的历史背景。不论在台湾还是在大陆，这些新的宗教机构都无法逃避某种政治化，因为它们总得要受制于政府，并受到监视，要么就是成为对立派。而且在大陆，这还包括集体政治仪式训练之后的那些效应。

大陆地域崇拜的复兴

官方对大陆宗教活动复兴的评论性分析，都弥漫着一种意识形态的味道。有人指出，需要有一些更深刻的意识形态研究，但问题是，缺少有这样的干部来做这件事，并且，通常有不少党员他们自己就参与到了建庙活动

---

① 我的同行王铭铭先生曾经目睹此事，并向我讲述了其经过。

② 像以前一样，对于台湾的佛教史，我都仰赖于琼斯(Jones 1999)的杰出研究，其最后对这一非同寻常的并带有创新性的发展给予了描述。

中去(周英 1988)。在这里,用谴责"文革"来弥补研究的空缺。而宗教活动的复兴构成了另外的信仰共同体、另外的道德权威与安全感的来源。

比如,目前日益增多的干旱和洪涝灾害,它既是极没有安全感、危及生存的一个原因,同时也是政府有责任要着手解决的事情。在政府官员指责农民不讲科学,说他们过度放牧,在坡地上种植粮食作物不肯种树的时候,农民们恰恰也在指责说,需要对大面积的环境进行治理的时候,政府却无动于衷。最极端的时候,他们还可能会指责政府官员的不负责任,对于环境项目的基金不管不顾,或者因为工作失误而使环境受到破坏。在中国两个不同的地方的事例可以说明这究竟是怎样发生的。

在陕西省最北部的三级行政村杨家沟村,就存在着一种政治上的真空。90 年代后期,其党支部书记就没有做过党的工作,他的全部时间都用在了跑运输上。集体的另外一位领导,即村长,因怀疑他有腐败行为而受到冷落。村民们一直生活在这片土地上,直到 90 年代,随着干旱变得越来越频繁,人们才开始想着要从这里迁移出去。60 年代以前,村后的山上曾经有过一座供奉三位龙王的庙宇。因为干旱的缘故,此庙就有了每年三天的祈雨仪式。最后一次祈雨是在 50 年代。三十年以后,此庙得到了重建,年度性的节庆也得到了恢复,并照常举行祈雨仪式。随后在 1995、1997 和 1999 年有三年的干旱。祈雨仪式伴随着干旱而一样有规律地出现。① 杨

_____

① 在 2000 年写这篇文章的时候,甚至有更为严重的干旱,我非常期望参加农历六月底举行的另外一次祈雨仪式,(现在)每年都正常举行了。有关杨家沟的信息都来自郭于华的研究,她不断地返回到这个村子去做持续的田野研究,我对于这位同行在田野资料上的慷慨相赠表示非常感谢。还要感谢罗红光先生,他在杨家沟早期的调查以及持续不断的田野工作引起了郭于华的注意。

这个村子 30 年代存在过的四座庙宇中,只有这座龙王庙和观音庙得到了恢复。另外修建了一座从来没有过的庙宇,叫"黑虎灵官庙"。这是由一位灵媒筹建的,其根庙坐落在另外一省,名为白云山。后来在 1996 年,这位灵媒过世,黑虎灵官庙每年的庙会便停止了,对黑虎的庆祝,跟龙王庙每年一次的庙会合在一起举行。换言之,龙王明显地是处在优越的位置上,因为这不是为了个人的许愿而是为了村集体的事务。这个委员会的管理者很有成效,其掌管着收缴上来用来修缮村庙以及从各家各户收上来在每年庙会时用来请唱戏班、请乐手以及买供品的钱,这个人曾经是村书记。村民们对他很尊敬,乐于将他所做的公益服务跟那位受人怀疑的村长相比较。除了他之外,组织安排龙王庙年度节庆的还有六位"纠手",这个村的三个区中每个区各出两位,隔个一两年会从乐于"给大家办事的人"中选出新的纠手。

家沟的农民称他们自己为"受苦人"。

1999年,村民们选出一位新的村长,但是现在他的权威还是要通过重修龙王庙来获得。这个村子在抗日战争和解放战争中因为出了一位共产党根据地政府的主席而闻名。毛主席住过的窑洞就保留在村子的中心。1999年,乡镇的书记陪同县里的干部由三辆小汽车随行仪式性地拜访了毛的窑洞。在村子外面,这位书记邂逅举着龙王庙中一位龙王牌位的游行队伍。他也许是听到了村民们求雨的呼喊和回应:"上山采云,沿河取水。"他让车队停下来,饶有兴味地询问发生了什么事情。村民就跟他说是干旱的缘故。一位县里的干部劝他继续前行,让那些村民继续干他们的事情。后来一些村民就跟来访的研究者说,这些干部在干旱问题上一点事也不帮他们。"在我们农民求得一点雨的时候,政府干部一点也没有用,他们什么也不能够给予我们,所以龙王就是我们受苦人的头。他特别灵。"每次祈雨仪式过后,总会下些小雨,至少管点事。

在大西南,四川省的一个山区乡镇,1992年的一次严重的洪涝和泥石流,损毁了数幢建筑物,村民和政府之间的紧张关系达到了极至。在得知农产品降价、官员腐败以及上级官员压制刚刚恢复的民间信仰,摧毁了一座地方性的庙宇之后,他们群情激愤,无法抑制。1992年,村民们坚持重修了这座庙宇,同年换了一位新的乡镇领导,关系才有所缓和,较之前任,这位新的领导表现得更加宽容。他们将佛教加到这一信仰中去,在政府看来,佛教更像宗教(Flower & Leonard 1996和1998)。

在有些地方,从宗教活动的消失以及宗教建筑物的拆毁或者挪为他用,再到其重新得到恢复之间不过二十年。在这些地方,恢复就是在现在的人的回忆中使细节尚存的图式得以涌现。在其他地方,从拆庙到再重建有超过三代的,这些都是在县志和其他记录中有记载而非存在于现在人的回忆中,这属于他们所知晓的有关自己历史的一部分。有许多地方根本就没有什么恢复,尽管有些模糊的记忆存在。我选择河北和江苏这两个最靠近中国两个重要中心北京和上海的省份来说明这样一个事实,那就是,没有哪个省没有过宗教活动的复兴。[①]

在河北省的白沟镇没有庙宇得到过重修。作为著名的箱包市场的复兴与繁荣,寺庙无处存在,只有一座回民商人的清真寺,这座清真寺除了有在政府监督下的年度性事务之外,并没有什么宗教的仪式活动。但在镇所属的一个村子小营村,1949年以前当过教师,1997年已经82岁的一位老人就回忆说,他小的时候,村子里有三座庙,并有庙会。[②] 没有一座庙后来得到过恢复。相反,在同一个省的另外一个地方的范庄庙会便得到了兴旺发展。每年农历二月初一到初三,人们会在一个开阔的农贸市场中心搭建起一座醮棚。[③] 一个很长的红色条幅横挂在棚前,上书"龙牌盛会传千古,世代威名震四方"。龙牌经过十五年以来不断地加大与更新之后,现在已经是既高又重,龙牌上面刻着"天地三界十方真宰龙之神位"。伴随着引人入胜的神秘场景,伴随着鼓乐队、武术表演队的表演以及爆竹的燃放,龙牌被从头一年放置龙牌的会头家里抬出来,然后举行游行,最后将其安放在醮棚的重要位置上。

没有任何复兴的白沟镇,这里曾经特别是共产党、国民党以及日本人激烈争夺的一个区域。他们之间的分界线常常不断变动。也许是因为这些永久的记忆创伤,不论在乡村还是在城镇,在后六十几年里,没有

---

① 另外已经提到过,王斯福和王铭铭(Feuchtwang & Wang 2001)给出了福建南部美法村的一个深度的个案研究。在其他省份从事地方性研究的著作中提到过重修庙宇的最为详尽的研究还包括:福拉尔和列纳德(Flower & Leonard 1998)在四川的研究,景军(Jing 1996)在甘肃的研究;罗红光(1998)在陕北杨家沟村旁边另外一个村子的研究,以及萧凤霞(Siu 1990)在广东的研究。

② 有土地公、关帝以及保佑生育的神娘娘。有关小营和白沟的所有信息都要感谢郭于华还有罗红光以及中国社会科学院社会学研究所的其他同事在这个镇以及这个镇所属的所有其他村落所做的调查。

③ 下面的描述都是根据我在1996年3月与中国民俗学会的同仁一起去那里的所见所闻。

一部电影重塑过这个地方早期的历史意义。相反在范庄镇,对庙宇的记忆却是比较晚近的,因为这些庙宇最后都是在 60 年代被毁的。[①] 与白沟不同,在 1945—1949 年之间,范庄的地主和家族长既是国民党也是共产党寻求的对象。

现在龙牌是在会头家里。[②] 其庙会是一次各类表演者的户外狂欢,同时伴随有许多像书法表演这类精英文化活动,而在醮棚里,则由妇女们诵经。在 1996 年,地方电视台对此也开始关注,并尽可能地将各类事情都解释成为是传统习俗、宗教以及文化等,这些形式是审查机构所许可的。凭借着庞大的资金,许多受到损毁的庙宇,特别是一座龙王庙,已经得到乡镇文化局的批准,可能即将修复。

在南方的江苏省,记忆中的庙宇和节庆尚未得到恢复的另外一个完全不同的地点便是震泽镇金星村。金星村里年过五十的老人,都能够非常准确地回忆出来以前村里三座庙的位置。代表这三座庙宇的那些老树还活着。其中有两座为尼姑庵,第三座庙宇是为村里原先一位富人办宴席而建,这位富人还是年度性的丰收节庆的主要捐助人。老树现在还在,一棵掩映着一座工厂,另一棵树所在的地方曾经是一座学校,现在是一座仓库,第三棵树所在的地方是一个废弃不用的仓库。[③] 恢复的唯一信号就是那座依仓库的山墙而建的建筑物。这是一座没有登记注册的庙宇,而且也只有少数几个上岁数的人去那里烧香。在震泽镇,已经建

---

① 作为一个繁荣的市场中心,除了龙王庙,村里的能人们还发起修建了一组跟县城的庙宇相近的庙宇,有城隍、文昌帝君、关帝以及其他许多样子小一点的神。另外还有三座天主堂,现在至少有三间以上的天主教研习室。这一信息从王铭铭处得知,对此以及其他的帮助,我深表感谢。

②2003 年庙会之后,此龙牌就已经固定在村里新建的"龙文化博物馆"中,不再是放置在会头的家中,但依然由各会头轮流供奉,只是哪一年该是谁供奉,他要住在这新建的博物馆里。感谢北京师范大学岳永逸博士提供这一信息。——译者

③ 这里以及后面许多有关震泽镇金星村、开弦弓村以及庙岗村的信息,我要感谢常向群以及她在伦敦城市大学从事博士学位研究时所做的令人惊异的透彻的田野研究。其中有少许一些是我自己 1990 年和 1995 年所做的短期田野旅行和访问所得。

起了一座很大的教堂。许多从金星来的男男女女参加到其活动中来。对于丧事活动,金星的村民不允许请佛事活动,因为干部们阻止他们这样做,并把做功德的仪式看成是迷信活动。所以有越来越多的人信奉受到许可并有注册登记的基督教,他们这样做的最通常理由就是,他们现在不再信奉各种神,也不再害怕鬼了,或者也不再为烧香、买冥币和爆竹而浪费钱和精力了。他们所罗列的这些,都曾经是传教士的所作所为,现在则为没有宗教的政府所认可,即基督教不是迷信。

同是在吴江县,骑车不远就到庙岗镇。那里有一棵银杏树,已经有三百六十多年了,紧挨着这棵树就是一座"老太庙",以附近的太湖而命名。每年除夕晚上都有数千人跑到庙里来烧头一炷香。这座庙并没有庙会,但是年三十的晚上,整个镇的村民都聚集到那里,这便构成了这个乡镇的地域崇拜。自1979年以来,此庙重修过两次。"文革"之初,这里还是一座相当可观的建筑,有些厅堂,还有一座院落。后来,与其他所有庙一样,都被毁掉了。在90年代初,曾经在一个很小的范围内重修过,但是到了1996年的春天,与镇里所属的其他所有十八个村非法重修的村庙一起被毁掉了。

因受到邻近省份浙江省温州市庙宇之大以及参加庙会人数之多的震撼,江苏省的官员试图加强他们作为强大的集体领导的声望,他们这个领导班子曾经在本省工业化和经济繁荣上做出过巨大的贡献。他们在每个乡镇都召开了干部会议。在庙岗镇,村里的高音喇叭播放着由镇党委书记宣讲的有关迷信的害处以及对精神文明的危害。由集体企业的工人以及各村的干部所组成的工作队也即刻成立,在一个早上,他们就将过去两三年里非法重建的所有庙宇都砸了个稀巴烂。但是,村民们农历每月初一和十五还是要到这些废墟上去烧香。庙岗镇开弦弓村的村民就说,下葬后"五七"的最后"四七"到一个公共的庙里去烧香,这是一种习俗。而且,这些庙里的神也比他们家里的灶王更大而且更有用。在1996年这同一年,从震泽来的基督徒们,就曾经到村子里来,帮助一位从开弦弓去庙岗参加礼拜仪式的基督徒妇女操持过葬礼。他们来的人很多,还有一位牧师和一个乐队班子,乐队班子的表演引得村民们争相观看。基督教可能会对他们有些吸引力,但是到目前为止,显然尚没有吸引到像金星村那样多户的村民。

在1999年,除了老太庙之外,其他庙宇都未曾得到过重修。在这两个村,有同样的可能性使两座旧庙被重新回想起来,但最后在金星村仅存少许的复兴。那么为什么是在开弦弓村而不是在金星村,村民们更有毅力坚持在旧庙的庙址上从事复兴活动呢? 在此案例中,我想关键的因素是在于新的地方繁荣与社会保障的制度及其领导者的成功还是失败。这两个村子都是一样,80年代和90年代前五年,当村里的支书和村长,对村办企业的管理者掌握有相当大的任免权的时候,其村办企业就会发展和繁荣。经济收入相当大的一部分都投向基础建设、实用设施、学校以及社会保险等方面,并使得所有的村民都受益,而且也为他们提供了进企业工作的机会以及一份稳定的收入。在金星村,这种状况持续到1999年。收费和利息的大部分收入都用在了修路、安装有线电视、房屋修缮以及维护低息贷款上面,同时还用在基本的设施上面(像煤气、电和水之类),每家每户也都能够享受到各类的保险,像防火、防意外事故、医疗、教育、入托、养老金等等。开弦弓村所获得的集体利益少而又少,在90年代中期,整个庙岗镇的集体企业都开始变得摇摆不定。另外,村民们日益明显地觉察到,企业越办越对村里和乡镇里的干部们有好处,而他们自己则没有任何利益可沾。有一个村子的党支部书记就是因为腐败而引退,但并没有谁来替换他。后来村民们选出一位私营企业主的普通村民当村长,主持村里的行政工作。这个村子的选民,其他大多数村子的选民也是一样,他们明显地喜欢跟温州发展模式非常接近的模式,那就是由村民自己来掌管企业。他们可能不再相信所谓企业的"集体"领导能够给他们的未来带来什么保障。所以在庙岗镇,有许多村民通过烧香,也就是向神请愿,借助显露灵验的占卜以及通过修庙和举办庙会而设立组织,他们又重新树立起一种非政府的权威。这里存在着一种既古老又能够回忆起来的集体村落的制度形式。在这一点上,他们预期,也可以说是推动了税收政策的全面改变。

1999年,也就是老太庙得到重修的那一年,整个江苏省的集体政策得到了彻底的改观。省里有关部门确定,私有化毕竟是未来经济繁荣的最佳道路。随之,金星的集体企业变成了私人持股。依照原来曾经当过村长现在卸任下来的一个人所说,人们现在要自己来安排缴纳一些基础设施以及其他福利的费用,所以感觉到并没有什么安全感,这些以前都是由村里行政负责来为他们安排的。我们不得不问,这是否带来了一种宗教的复兴,如果是这样,是否也有一种庙宇的复兴或者说基督教的蔓延。

在庙岗镇,老太庙得到重修并受到保护是因为有一位台商捐助。这位台商想要开办一家种植腌菜植物的园子的想法,得到了镇领导的批准,原因就是,这样可以促进地方经济的发展。还在被毁掉的庙宇那里坚持烧香祭拜的村民,后来就去找他,希望他能为重修这座庙捐款,他最后答应从投资给庙岗镇的资金中拿出一部分来捐助重修事宜。修庙的支持者也跑到镇里去说,重新修庙合理合法,因为可以吸引到旅游者。镇政府也确实向上级领导打了报告,请求支持,不过没有等到有任何回答之前,重修庙宇的事就已经开始着手落实了。重修庙的钱从附近各村的信众那里捐得,同时帮助修庙的人也不计工钱。

未曾得到恢复的庙宇往往是那些跟农业生产有关联的节庆。在比邻庙岗镇的开弦弓村,每个小队都供奉有一座刘皇的像,这是一位军神,保护着村民免于干旱、洪涝和蝗虫等灾害。[1] 在遇到干旱、洪水或者瘟疫灾害的时候,村民们就会跑到刘皇像那里去办庙会。这座庙就尚未得到恢复。在20年代,吴江县的县长就曾经对迷信大加谴责,并拒不同意举

---

[1] 根据:许文初(1996)。费孝通所述刘皇的故事可能指的不是同一个刘(Fei 1939:168)。

办庙会游行,而在帝制时代,这曾经是县官应尽的义务(Fei 1939:169)。在开弦弓村,各家各户聚在一起,抬着刘皇的塑像,为庆祝丰收而举办戏剧表演的仪式丝毫也没有得到恢复。这在 30 年代就已经停止了(Fei 1939:103—104)。

在已经得到恢复的老太庙那里,强调的重点也发生了改变。在 30 年代,那里只有一位主神,庙也因此在明朝得以修建。这位神号称"太湖老者",家姓邱,尊号"平国土"。他的塑像配以长长的白胡须,立在正堂中间,旁边的殿堂的塑像是他的子孙和三位夫人。旧庙中尚有一具木船的模型。当太湖下暴雨的时候,船家就会喊这位老者的名字寻求保护。到了 90 年代,村民们把庙的名字常常不说成太湖老者的庙,而是说成老太太庙,因为主殿的神案上面,摆有六尊光彩照人的陶瓷菩萨像,当地人称作观音娘娘。也还有一位老者的像,不过太小了,被放在旁边的一张桌子上。

太湖地区曾经经历了从农业以及渔业向家庭企业的转向。另外一个主要的转变是受到了庙岗文化局的保护。这种保护是由外商提供的,更进一步说,这种保护是由对地方性文化遗产的保护而获得的,很大程度上这是来自于本县土生土长的著名人物即人类学家兼高级领导的费孝通教授本人著作的影响。这些著作为避开把庙宇诋毁成迷信,进而可以争得对村民们从事宗教活动的许可提供了一条途径。同样在陕西省,有一座娘娘庙就是在地方上的旅游局、村行政以及各种地方团体的共同支持下而得以重新修复起来的。①

大陆地域崇拜复兴中所包含的最后也是关键的一点变化,在最后一个庙宇复兴的例子中有明显体现。这个例子来自于太行山区,即在山西与河北交界的十里店村,在 40 年代后期,共产党在转到北京之前,曾经在这里建立了最大也是最精干的行政机构。那个时代,曾有柯鲁克夫妇

---

① 王铭铭跟我讲,他北京大学的学生田青 1999 年曾以这个村子为题完成一篇硕士论文。

(David and Isabel Crook)着手对那里进行了研究,他们同时还参加了革命,并留在了中国。这一根据地,宛若一个小的王国,国民党和日本人都无法进入。在柯鲁克夫妇最初做研究的年代,在十里店有许多庙宇。村北的小山上还坐落着许多道观。现在那里是一所学校所在地。在村子的每一个角也都有地域性的庙宇,其不但起着社庙的作用,而且还担当着抵御外来人的神圣的保卫作用。发起建这四座庙宇的人是几个亲属团体,称为"门",如"付门"就是指付家这一门。其他庙宇中有些像县城的国家崇拜,虽然缺少一座城隍庙。这些庙宇中包括有一座龙王庙、一座关帝庙以及一座三官庙(分管世界的上、中、下三部分)。有些庙是区域崇拜的地方化,如女娲,其在黄河流域比较普遍。

到了90年代,有三座庙得到了重修,占了村子四个角的三个角,有一座女娲女神庙、一座九爷庙,还有一座关帝庙。一位曾经协助过柯鲁克夫妇做研究的老村干部,正在筹划第四座庙也就是另外一座关帝庙的重建工作。在跟王铭铭讲这事的时候,他反思了为人民服务发生了怎样的改变。早年他是通过组织并参与修水渠以及蓄水池以蓄积天水,由此来证明自己的领导能力。现在他组织重修村庙,也是在做同样一件事情。[1] 换言之,他是按照广大村民的意愿在做事,并把一座村庙看做是一种公益事业,就像福建南部美法村的陈万生所做的那样。

在管理村庙事务中,通过这一社会主义者对于领导者行为的期望的例子,我们看到的是村庙性质的重大转变。

结　论

上个世纪初,庙及其庙会组织在中国的东南部是一种由地主、庙田管理人掌控的村政府的一种形式,而在华北的村庄里,它们则由管理青

---

[1] 王铭铭和他的学生胡宗泽一起到那里。胡宗泽在北京大学以对十里店的预备性再研究完成了一篇硕士论文。

苗以及灌溉的一种保护型的精英来掌管。他们这些人便是杜赞奇（Duara 1988：15）所说的一种文化网络的中心，他们将村民与镇和县里的更高身份的士绅联系在了一起。但是在上个世纪前半叶，也就是民国统治的时代，他们受到国家的改革者以及掠夺型经纪人的排挤、诋毁或者取而代之。在我的案例中所呈现的 90 年代新兴的文化创业者，像十里店和美法村那样退下来但受到人们尊敬的干部以及像庙岗村那样的企业家式的领导。其中也应该包括那些从管理宗祠以及地方性庙宇中获得了村民们对他们权威的认可的那些人，而不只是那些仍然靠村书记或当选村长这类党的职位而获得权威的那些人。①

在小城镇以及村落中，杜赞奇所谓的"地方社会"中有着民间文化机构的一个网络，它既是一个村民由此向上获得权力与资源的联结点，也是领导者进行竞争的一个场域。在上世纪之初，这样的一个网络是地方社会的基本的联结点，邹谠（Tang Tsou）曾经将其简洁地描述成是地主、学者以及士大夫的有机的统治阶级（2000：207），不过他还应该把商人及其行会包容进来。在第七章中，我已经指出地域崇拜中心的多重性。很早以前，施坚雅（Skinner）已经指出过多中心的市场等级（1964—1965，1993 年重印）。如我所已经强调的，它们并非能够精确地相互重合，也不能够描画到仅有一个中心的共和国的等级上去。不过，将庙宇和宗族的管理者和领导者与地方上的商人、学者以及地主甚至是帝国统治的官员联结起来的这一网络，确实将各种相互都有一个中心的等级关系梳理得很清楚。这是一个基本的联结，其维持着行政等级并对此至关重要。但是民国的建立摧毁了这些联结，由此而将学校教育、税收、招兵、选举以及大众动员都推到这些中心之外。地方性的庙宇便没有这样明晰。那么，如我所描述的，上世纪的后半叶，伴随着土改和集体化，庙宇以及庙

---

① 干部以一个村子的宗族组织为基础来筹办修路以及建学校这类公益事业的例子，可以参阅：王斯福（Feuchtwang 1998：68），而作为被选出来的一位领导，其在新祠堂修建中担当核心的组织者，并与所有被任命的干部完全不同的例子可以参阅：顾豪本（Ku 1999：310—319）。

会的资源遭到另一种命运。

在集体化的十几年里,这些网络是在单一的一套机构之内或之间,并相互叠加,如按地方宗族来划分小队,按庙宇覆盖的区域来划分大队,这都使他们失去了上一级的中心(即宗族和进香的庙宇)。乡村的行政还紧密地与镇政府联系在一起,并构成了一个与中央政府相联系的一个专门的节点。所以,今天通过地方庙宇以及宗祠来进行上下联系的人并非是最根本的。这些构成了一种平行的联结,与政府的机构比邻,而非在其下。

庙宇和祠堂是村民的公共财产,但又在私人和政府共同拥有的土地以及企业之外,并超越于政府的党派政治之上。其意义代表了一种公益,并体现着近来渐渐消失的集体主义的精神。在大陆,共产党是通过如下几方面的混合来进行治理的,它们分别是集体管理、受到调控的市场力量、作为企业家的国家干部通过运用他们发许可证的权力管理企业以及一种中国市场社会主义的官方意识形态。通过捐助修建庙宇和宗祠,再加上他们对于集体主义的记忆,村民们便有了他们自己的有关公共权威的主张,并与官方将中国社会主义与私营企业混合在一起的意识形态交织在一起。然而,与此同时,他们的权威构成了对那些干部加以批评和反对的基础,这些干部跟民国时代的国家经纪人有着较为相似的手法(Duara 1988:250—253)。

地方性崇拜将一种历史的地方性意义与神灵的超越性的权威结合在了一起。这可能使得会众形式的聚集(congregational forms of gathering)盛行起来。全新而又庞大的、带着世界性眼光传道的佛教和道教已经在台湾出现。所以用来治疗并有灵媒沟通的神龛和庙宇,在山街和台湾各地便有可能激增。大型的组织以及用以医病的神龛,它们吸引的都是信众而非包括当地的所有人。但同是这些信众,他们同时也能够捐助并参与到地方上地域性的崇拜及其自发的狂欢表演中去。所有这些都为寻求一种着眼于"前现代"民间文化的自我意识提供了公共的空间,但是,由于其地域性的特质,地方性庙宇在这样做的时候,更多的时候是与一个国家相关联,并有不同层次的近代政治史融入其中。凭借其自身的权威与地域性的等级,它们转而成为地方政客的一种资源以及做出自主道德判断的基础。

参考文献

Ahern，E. Martin(芮马丁)(1973)：*The Cult of the Death in a Chinese Village* (《一个汉人村落的死亡崇拜》)，Stanford：Stanford University Press.

—— (1981a)：*Chinese Ritual and Politics* (《汉人的仪式与政治》)，Cambridge：Cambridge University Press.

—— (1981b)：'The Thai Ti Kong Festival' ("土地公节")，in Ahern，E. M. and Gates，H. (eds)，*The Anthropology of Taiwanese Society*，Stanford：Stanford University Press.

Allio，F. (2000)：'Spatial Organization in A Ritual Context：A Preliminary Analysis of the *Koah-hiu* Professional System of a Tainan County Region and Its Social Significance' (《一个仪式背景下的空间组织》)，"第三届国际汉学会议"论文，台北，南港："中央"研究院。

Anagnost，A. (1985)：'The Beginning and End of An Emperor：A Counter-Representation of the State' (《一位皇帝的始末：国家的反表征》)，*Modern China* Vol 11 no 2 pp 147—176.

—— (1987)：'Politics and Magic in Contemporary China' (《当代中国的政治与巫术》)，*Modern China* Vol 13 no 1 pp 40—62.

—— (1997)：*National Past-times：Narrative, Representation and Power in Modern China* (《现代中国的国家的过去时代：叙事、表征与权力》)，Durham and London：Duke University Press.

Balazs，E. (1965)：*Political Theory and Administrative Reality in Traditional China* (《传统中国的政治理论与行政现实》)，London：Luzack.

Bilik，N. (纳日碧力戈)(1998)：'Language Education，Intellectuals，and

Symbolic Representation: Being An Urban Mongolian in A New Configuration of Social Evolution'(《语言教育、知识分子与象征性表征》), in William Safran (ed.), *Nationalism and Ethnoregional Identities in China*, London: Frank Cass. 第 47—67 页。

Bolz, J. (1987): *A Survey of Taoist Literature: Tenth to Seventeenth Centuries* (《道教文献汇编:十到十七世纪》), Institute of East Asian Studies China Research Monograph 32, Berkeley: University of California.

Bredon, J. and Mitrophanow, I. (1972): *The Moon Year* (《阴历年》), Hong Kong: Oxford University Press, 1982 edition.

Bourdieu, P. (布尔迪厄)(1977): *Outline of a Theory of Practice* (《实践理论大纲》), Cambridge University Press.

Brim, J. (1970): *Local Systems and Modernising Change in the New Territories of Hong Kong* (《香港新界的地方制度与现代化变迁》), unpublished PhD thesis, Stanford University.

Chard, R. (1991): 'Folktales on the God of the "stove"'(《"灶神"民间故事》),*Chinese Studies*, 12:1, Taibei.

Ch'en Cheng-hsiang (陈成香)(1959):*Geographical Atlas of Taiwan* (《台湾地图》), Research Report 93, Taibei: Fu-min Geographical Institute of Economic Development.

Chen Xiaomei (陈晓梅)(1999):'Growing Up with Posters in the Maoist Era'(《在毛时代伴随着宣传画成长》), in H. Evans and S. Donald (eds), *Picturing Power in the People's Republic of China*, Lanham, Maryland: Rowman and Littlefield Publishers.

陈泗冬(1991):《泉州海外交通与海神信仰》,载《中国与海上丝绸之路》,福州:福建人民出版社。

Chu Wen-djang (1955): *Ch'ing Policy Towards the Muslims in the Northwest* (《清朝西北的穆斯林政策》), Ph D dissertation, University of Washington.

Chun, A. (陈奕麟)(1996): 'From Nationalism to Nationalizing: Cultural Imagination and State Formation in Postwar Taiwan'(《从民族主义到民族化:战后台湾的文化想象与国家建构》), in J. Unger (ed), *Chinese Nationalism*. Armonk: M. E. Sharpe. Pp 126—147.

"寺祭","祭祀","寺祭祀",载《大清会典·礼部》(1690)。

Cohen, P. (柯文)(1997): *History in Three Keys: The Boxers as Event, Experience and Myth* (《历史三调:作为事件、经历与神话的义和团运动》), New York: Columbia University Press.

Cong Dachang (丛大昌)(1997):*When Heroes Pass Away* (《英雄何时消失》),

Lanham：University Press of America.

Cormack，J. G.（1935）：*Everyday Customs in China*（《中国日常习俗》），London.

Day，C. B.（1974）：*Chinese Peasant Cults*（《中国的农民崇拜》），Taibei：Cheng Wen Publishing Company.

Dean，K.（丁荷生）(1988)：*Taoism and Popular religion in Southeast China：History and Revival*（《华南的道教与民间宗教：历史与复兴》），PhD dissertation，Stanford University.

—— (2000)：'Lineage and Territorial Cults：Transformation and Interactions in the Irrigated Putian Plains'（《宗族与地域崇拜》），"第三届国际汉学会议"论文,台北,南港："中央"研究院。

Derrida，J.（德里达）(Spivak，G. 翻译)（1977）：*Of Grammatology*（《文字学》），Baltimore and London：John Hopkins Press.

Dikotter，F.（冯客）(1998)：*Imperfect Conceptions：Medical Knowledge，Birth Defects and Eugenics in China*（《杂种的概念：中国中世纪的知识、出生缺陷以及优生学》），London：Hurst & Co.

Douglas，Rev．Carstairs，with a supplement by Rev．T．（1899）：*Chinese-English Dictionary of the Vernacular or Spoken Language of Amoy*，London.

Duara，P.（杜赞奇）(1988)：*Culture，Power，and the State：Rural North China，1900—1942*（《文化、权力与国家：1900—1942 的华北农村》），Stanford：Stanford University Press.

—— (1995)：*Rescuing History from the Nation：Questioning Narratives of Modern China*（《从民族国家拯救历史：民族主义话语与中国现代史研究》），Chicago：University of Chicago Press.

Durkheim，E.（涂尔干）(1982)：*The Rules of Sociological Method*，London：Macmillan.

Dutton，M.（杜登）(1988)：'Policing the Chinese Household'（《中国户口管制》），*Economy and Society* 17：2.

—— (2000)：'Inflections of the Sacred：Mango Mao and Other Stories'（《圣者的多变：毛的芒果及其他故事》），会议论文：*Diasporas of Mind/Dilemmas of Culture/Diverging Identities：New Directions in Contemporary Chinese Cultural Studies*，London：University of Westminster.

Eberhard，W.（爱泼哈德）(1958)：*Chinese Festivals*（《中国节庆》），London and New Nork：Abelard Schuman.

Farquhar，J.（冯珠娣）(1989)：'Multiplicity，Point of View and Responsibility in Traditional Chinese Healing'（《多重性：传统中医中的观点与责任》），paper presented to the American Sociological Association.

—— (1991): 'Time and Text: Approaching Contemporary Chinese Medical Practice Through Analysis of A Published Case'(《时间与文本:通过对一本出版物的分析来研究中医实践》), in Young, A. (ed.), *Paths of Asian Medicine*, Dordrecht: D. Reidel.

Fei Hsiao-tung（费孝通）(1939): *Peasant Life in China*（《江村经济》）, London: Routledge & Kegan Paul.

Feuchtwang, S.（王斯福）(1974a): *An Anthropological Analysis of Chinese Geomancy*（《中国风水的人类学研究》）, Vientiane and Paris: Vithagna.

—— (1974b): 'City Temples in Taibei under Three Regimes'（《台北三区的城隍庙》）, in Elvin, M. and Skinner, G. W. (eds), *The Chinese City Between Two Worlds*, Stanford: Stanford University Press.

—— (1975): 'Investigation Religion'（《研究宗教》）, in Bloch, M. (ed), *Marxist Analyses and Social Anthropology*, London: Malaby.

—— (1977): 'School Temple and City God'（《文庙与城隍》）, in Skinner, G. W. (ed.), *The City in Late Imperial China*, Stanford: Stanford University Press.

—— (1989a): 'The Problem of "superstition" in the People 's Republic of China '（《中国的'迷信'问题》）, in Benavides, G. and Daly, M. W. (eds), *Religion and Political Power*, Albany: State University of New York Press.

(1989b): 'The Study of Chinese Popular Religion'（《中国民间宗教研究》）, *Revue Europeenne des Sciences Sociales* 27: 84, Geneva.

—— (1991): 'A Chinese Religion Exists'（《存在一种中国人的宗教》）, in Baker, H. and Feuchtwang, S. (eds), *An Old State in New Setting : Studies in the Social Anthropology of China in Memory of Maurice Freedman*, Oxford: Journal of the Anthropological Society of Oxford.

—— (1998): 'What Is A Village?'（《什么是村落?》）, in Edward Vermeer, Frank Pieke and Woei Lien Chong (eds), *Cooperative and Collective in China's Rural Development : Between State and Private Interests*. Armonk and London: M. E. Sharpe.

Feuchtwang, S. and Wang Mingming（王铭铭）(1991): 'The Politics of Culture, or A Contest of Histories: Representation of Chinese Popular Religion' (《文化的政治学,或者一种历史的竞争:中国民间宗教的表征》), *Dialectical Anthropology* 1:1.

—— (2001): *Grassroots Charisma : Four Leaders in China*（《基层克里斯玛:中国的四种领导》）, London: Routledge. P140.

FLP (Foreign Languages Press) (1981): *Resolution on CPC History* (1949—

81)(《中国共产党决议》), Beijing.

Flower, J. and Leonard, P. (1996): 'Community Values and State Cooptation: Civil Society in the Sichuan Countryside'(《社区价值观与国家政权补选》), in Chris Hann and Elizabeth Dunn (eds), *Civil Society: Challenging Western Models*. London and New York: Routledge.

—— (1998): 'Defining Cultural Life in the Chinese Countryside: The Case of The Chuan Zhu Temple'(《界定中国乡村文化生活:以川主庙为例》), in Edward Vermeer, Frank Pieke and Woei Lien Chong (eds), *Cooperative and Collective in China's Rural Development: Between State and Private Interests*, Armonk andLondon: M. E. Sharpe.

Gane, M. (1983): 'Durkheim: The Sacred Language'(《涂尔干:神圣语言》), *Economy and Society* 12: 1.

Gao Yuan (高远)(1987): *Born Red* (《根红苗正》), Stanford, California: Stanford University Press.

Geertz, C. (格尔兹)(1966): 'Religion As A Cultural System'(《宗教作为一种文化体系》), in Michael Banton (ed), *Anthropological Approaches to the Study of religion*. London: Tavistock Publications.

Gladney, D. (杜磊)(1991): *Muslim Chinese: Ethnic Nationalism in the People's Republic* (《中国穆斯林:中国的族群民族主义》),Cambridge (Mass): Harvard University Press.

Graezer, F. (1999): 'Le "yangge" en Chine contemporaine: pratique populaire quotidienne et vie associative de quartier', *Perspectives Chinoises* 53, pp 31—43.

Granet, M. (葛兰言)(1925):'Remarques sur le Ttaoisme ancien', in Stein, R. (ed.) (1953), *Etudes Sociologiques sur la Chine*, Paris: PUF.

郭志超(1985):《闽南农村一个社区的民间宗教传统》,载《人类学研究》,厦门:厦门大学。

ter Haar, B. (田海)(1990): 'The Genesis and Spread of Temple Cults in Fukien'(《福建庙宇崇拜的谱系及其扩展》), in E. B. Vermeer (ed.), *Development and Decline of Fukien Province in the 17th and 18th Centuries*. Leiden: Brill.

—— (1996): 'China's Inner Demons: the Political Impact of the Demonological Paradigm'(《中国的内鬼:魔鬼范式的政治影响》), *China Information* Vol 11 nos 2/3 pp 54—88.

Hamilton, G. (韩格理)(1989): 'Heaven is High and the Emperor is Far Away: Legitimacy and structure in the Chinese state '(《天高皇帝远:中国国家中的合法性与结构》),*Revue Europeenne des Sciences Sociales* 27:84, Geneva.

Harrell, S. (郝瑞) (1974): 'When a Ghost Becomes a God' in Wolf, A. P.

(ed.), *Religion and Ritual in Chinese Society*（《中国社会的宗教与仪式》），Stanford：Stanford University Press.

Henderson, J. (1984)：*The Development and Decline of Chinese Cosmology*（《中国宇宙观的发展与衰落》），New York：Columbia University Press.

Holm, D. (1991)：*Art and Ideology in Revolutionary China*（《革命中国的艺术与意识形态》），Oxford：Clarendon Press.

Hou Ching-lang（侯锦郎）(1979)：'The Chinese Belief in Baleful Stars'（《汉人的灾星信仰》），in Seidel, A. and Welch, H. (eds), *Facets of Taoism*, New Haven and London：Yale University Press.

Hsiao Kung-chuan（萧公权）(1960)：*Rural China：Imperial Control in the Nineteenth Century*（《中国乡村：十九世纪的帝国控制》），Seattle：University of Washington Press.

Jenner, W. (1992)：*The Tyranny of History：The Roots of China's Crisis*（《历史的残暴：中国危机的根源》），London：Allen Lane, The Penguin Press.

Jones, C.（琼斯）(1999)：*Buddhism in Taiwan：Religion and the State 1660 - 1990*（《台湾佛教：1660—1990 宗教与国家》），Honolulu：University of Hawai'i Press.

Jing Jun（景军）(1996)：*The Temple of Memories：History, Power, and Morality in a Chinese Village*（《记忆的庙宇：一个汉人村落中的历史、权力与道德》），Stanford：Stanford University Press.

Jordan, D. & Overmyer, D.（乔丹和欧大年）(1986)：*The Flying Phoenix：Aspects of Chinese Sectarianism in Taiwan.*（《飞翔的凤凰：台湾汉人教派的诸方面》）Princeton：Princeton University Press.

Ku Hot-Bun（顾豪本）(1998)：*Defining Zeren：Cultural Politics in a Chinese Village*（《界定责任：一个汉人村落的文化政治学》），University of London：unpublished Ph. D Dissertation.

Lagerwey, J.（劳格文）(1987)：*Taoist Ritual in Chinese Society and History*（《中国社会与历史中的道教仪式》），London：Collier Macmillan.

Levenson, J.（列文森）(1965)：*Confucian China and its Modern Fate；a Trilogy*, 3：*The Problem of Historical Significance*（《儒教中国及其现代命运》），Berkeley：University of California Press.

Levi, J.（简乐为）(1989)：*Les Fonctionnaires Divins：Politique, Despotisme, et Mystique en Chine Ancienne*（《神官：中国古代的政治、专制与神秘性》），Paris：Editions du Seuil.

李亦园(1988)：《台湾民间宗教的现代趋势》，载《中国宗教的伦理与现代化国际研讨会》会议论文，香港：香港大学。

林美容(1986):《从祭祀圈来看草团镇的地方组织》,载《"中央"研究院民族研究所集刊》,62:53—114,台北:中研院民族学所。

——(1988):《从祭祀圈到信仰圈:台湾民间社会的底层横生与发展》,载《中国海洋发展史论集》,3:95—125,(台北:"中研院"中山研究所)。

铃木法一郎(1934):《台湾旧惯习俗信仰》,高贤治和冯作民译,台北。

刘枝万(1960):《台湾省寺庙家堂调查表》,载《台湾文献》,第2期,第2页。

Liu, L.(刘禾)(2000): 'Beijing Sojourners in New York: Postsocialism and the Question of Ideology in Global Media Culture'(《北京人在纽约:全球媒体文化下的后社会主义与意识形态问题》), Positions 7:3.

Liu, Xin(刘新)(1995): Zhao Villagers-Everyday Practices in a Post—Reform Chinese Village(《兆村——改革以后一个中国乡村的日常实践》), University of London: unpublished Ph D dissertation.

罗红光,1997:《权力与权威——黑龙潭的符号体系与政治评论》,载王铭铭、王斯福主编(1997)《乡土社会的秩序、公正与权威》,北京:中国政法大学出版社,第333—388页。

Ma Bo(马波)(1995): Blood Red Sunset: A Memoir of the Chinese Cultural Revolution(《血色黄昏:中国文革回忆录》), New York: Penguin Books.

McCartee, Rev.(1869—1970): article XI in Journal of the North China Branch of the Royal Asiaric Society.

Madsen, R.(赵文辞)(1984): Morality and Power in a Chinese Village(《一个汉人村落的道德与权力》), Berkeley: University of California Press.

——(1998): China's Catholics: Tragedy and Hope in an Emerging Civil Society(《中国的天主教:一个正在兴起的市民社会的悲剧与希望》), Berkeley, Los Angeles, London: University of California Press.

Major, J. S.(1987): 'The Meaning of Hsing-te', in Le Blanc, C. and Blader, S.(eds), Chinese Ideas about Nature and Society; Studies in Honour of Derk Bodde(《中国人有关自然和社会的观念》), Hong Kong: Hong Kong University Press.

Mather, R. B.(1979): 'K'ou Ch'ien-chih and the 'Taoist Theocracy', in Seidel, A. and Welch, H.(eds), Facets of Taoism(《道教面面观》), New Haven and London: Yale University Press.

Mathews, R. H.(1956): Chinese-English Dictionary(《汉英词典》), Cambridge, Mass.: Harvard University Press.

Mauss, M.(莫斯)(1979): 'Some Recent Services of Psychology to Sociology'(《近来心理学对社会学的一些贡献》), in Sociology and Psychology; Essays by Marcel Mauss, London: Routledge & Kegan Paul.

Menshikov, L., Petrov, V., Rudova, M. (1988): *Chinese Popular Prints* (《中国民间印刷》), Leningrad: Aurora Art Prblishers.

Naquin, S. (韩书瑞)(1985): 'The Transmission of Shite Lotus Sectarianism in Late Imperial China'(《晚期帝国白莲教的传法》), in Johnson, D., Nathan, A., and Rawski, E. (eds), *Popular Culture in Late Imperiall China*, Berkeley: University of California Press.

Needham, J. (李约瑟)(1959): *Science and Civilisation in China*, 3: *Mathematics and the Sciences of the Jeavens and the Earth* (《中国的科学与文明, 第三卷: 数学与天和地的科学》), Cambridge University Press.

—— (1965): '*Time and Eastern Man*' ("时间与东方人"), Occasional Paper No. 21, London: Royal Anthropological Institute.

Nddeham, R. (1972): *Belief, Language, and Experience* (《信仰, 语言与经验》), Oxford: Basil Blackwell.

Overmyer, D. (欧大年)(1985): 'Values in Chinese Sectarian Literature: Ming and Ch'ing Pao-chuan'(《中国教派文献中的价值观: 明清宝卷研究》), in Johnson, D., Nathan, A., and Rawski, E. (eds), *Popular Culture in Late Imperial China*, Berkeley: University of California Press.

Palmer, Martin (ed.) (1986): *T'ung Shu: the Ancient Chinese Almanac* (《通书: 上古中国的年历》), London: Rider.

Palmer, Michael (彭文沽)(木标日期): *Stone Lake Market in Late Imperial Times* (《晚期帝国时代的石湖集》), unpublished chapter of a PhD dissertation, University of London.

Perry, E. (裴宜理)(1980): *Rebels and Revolutionaries in North China, 1845 – 1945* (《1845—1945 华北的起义与革命》), Stanford: Stanford University Press.

Potter, S. H. and J. M. (1990): *China's Peasants: the Anthropology of a Revolution* (《中国的农民: 革命的人类学》), Cambridge: Cambridge University Press.

Rowe, W. T. (罗威廉)(1990): 'The Public Sphere in Modern China'(《现代中国的公共领域》), *Modern China* 16:3.

Sangren, P. S. (桑高仁)(1987): *History and Magical Power in a Chinese Community* (《一个汉人社区的历史与魔力》), Stanford: Stanford University Press.

—— (1988): 'History and the Rhetoric of Legitimacy: the Ma Tsu Cult of Taiwan'(《历史与合法性叙事》), *Comparative Studies in Society and History* 30.

Saso, M. (萨叟)(1965): 'Chinese New Year's Customs in Taiwan'(《台湾汉人的年俗》), *Journal of the China Society* 4, Taibei.

—— (1972): *Taoism and the Rite of Cosmic Renewal* (《道教与宇宙重整的仪

式》), Pullman: Washington State University Press.

Schipper, K.(施舟人)(1966): 'The Divine Jester: Some Remarks on the Gods of the Chinese Marionette Theater'(《神丑,有关中国木偶戏中诸神的几点说明》), *Bulletin of the Institute of Ethnology*, Taibei: Academia Sinica,21.

—— (1977): 'Neighbourhood Cult Associations in Traditional Tainnan'(《台南传统的拜鸾会》), in G. William Skinner, *The City in Late Imperial China*, Stanford: Stanford University Press.

—— (1982): *Le Corps Taoiste*(《道士的身体》),Paris: Fayard.

—— (1985): 'Vernacular and Classical Ritual in Taoism'(《道教中原初的与古典的仪式》), *Journal of Asian Studies* 45:1.

Seaman,G.(盖西曼)(1978): *Temple Organisation in a Chinese Village*(《台湾乡村神庙研究》), Taibei: The Chinese Association for Folklore.

—— (1982): 'Spirit Money: An Interpretation'("冥币:一种解释"), *Journal of Chinese Religions* 10.

Shahar, M. and Weller, R. (1966): *Unruly Gods: Divinity and Society in China*(《淫神:中国的神性与社会》), Honolulu: University of Hawai'I Press.

"释典序"(1686):载《红公经世录》1835 年版。

"祀典",载《台湾县志》,1721。

Siu, H. (萧凤霞)(1989): *Agents and Victims in South China: Accomplices in Rural Revolution*(《华南的代理人与受害者:乡村革命中的同谋》), New Haven and London: Yale University Press.

—— (1990): 'Recycling Tradition: Culture, History and Political Economy in the Chrysanthemum Festival of South China'(《传统的循环:华南的菊花节中的文化、历史与政治经济》),*Comparative Study of Society and History*, pp 765 - 794.

Skinner, G. (施坚雅)(1965): 'Marketing and Social Structure in Rural China: Part2'(《中国农村的市场与社会结构:第二部分》), *Journal of Asian Studies* 24: 2.

—— (1964—5, reprinted 1993): *Marketing and Social Structure in Rural China*(《中国农村的市场与社会结构》),Ann Arbor: Association for Asian Studies.

—— (2000): 'Space and Time in the Analysis of Chinese society'(《中国社会分析中的空间与时间》),paper presented to the Third International Conference on Sinology, Academia Sinica: Nankang, Taipei.

Spence, J. (史景迁)(1997): *God's Chinese Son: The Taiping Heavenly Kingdom of Hong Xiuquan*(《上帝的中国儿子:洪秀全的太平天国》), London: Flamingo.

Skorupski, J. (斯科拉普斯基)(1976): *Symbol and Theory: A Philosophical Study of Theories in Social Anthropology*(《象征与理论:社会人类学理论的哲学研

究》),Cambridge：Cambridge University Press.

Stein，R.（斯登）(1979)：'Religions Taoism and Popular Religion'(《宗教的道教与民间宗教》), in Seidel，A. and Welch，H.（eds），*Facets of Taoism*. New Haven and London：Yale University Press.

Strickmann，M.（1979)：'On the Alchemy of T'ao Hung-ching' in Seidel，A. and Welch，H.（eds），*Facets of Taoism*（《道教面面观》),New Haven and London：Yale University Press.

Suzuki，S.（1934)：（trans Feng Zamin）*Taiwan Xian Guanxi Yu Xinyang*（《台湾旧观遗俗信仰》), Taibei.

"坛庙"，载《宁波府志》(1560)。

"坛庙"，载《宁波府志》(1733)。

"坛庙"，载《鄞县志》(1788)。

Teiser，S. E.（太史文)(1988)：*The Ghost Festival in Medieval China*（《中国中世纪的鬼节》),Princeton：Princeton University Press.

Thaxton，R.（1983)：*China Turned Rightside Up：Revolutionary Legitimacy in the Peasant World*（《中国巨变：农民世界中革命的合法性》),New Haven and London：Yale University Press.

Topley，M.（1975)：'Marriage Resistance in Rural Kuangtung'(《广东乡村的抗婚》), in Margery Wolf and Roxanne Witke（eds），*Women in Chinese Society*. Stanford：Stanford University Press，pp 71 76.

Tang Tsou（邹谠)(2000)：'Interpreting the Revolution in China'(《解释中国的革命》),*Modern China* 26:2. pp 205—238.

Jonathan Unger（安戈)(1998)：'Cultural Revolution Conflict in the Villages'（《乡村中的文革冲突》),*The China Quarterly* 153

Vandermeersch，L.（1995)：'An Enquiry into the Chinese Conception of the Law'（《有关中国人法观念的一项探讨》), in Schram，S.（eds），*The Scope of State Power in China*，London：School of Oriental and African Studies，University of London and Hong Kong：Chinese University Press.

Vermander，B.（1999)：'La loi et la roue：l'irruption du movement Falungong et les avatars de la "civilization spirituelle"'，*Perspectives Chinoises* 53 pp 14—21.

Wang Mingming（王铭铭)(1995)：'Place，Administration，and Territorial Cults in Late Imperial China：A Case Study From South Fujian'(《晚期帝国的地方、行政与地域崇拜:闽南的一个个案研究》),*Late Imperial China* 16:1，June pp 33—78.

Wang Shih-ch'ing（王世清)(1974)：'Religion Organisation in the History of

A Chinese Town'(《一个中国城镇历史上的宗教组织》), in Wolf, A. P. (ed.), *Religion and Ritual in Chinese Society*, Stanford: Stanford University Press.

Ward, B. (1979): 'Not Merely Players: Drama, Art, and Ritual in Traditional China'(《不仅仅是演奏者:传统中国的戏剧、艺术与仪式》), *Man* 14:1.

Watson, J.(华琛)(1985): 'Standardising the Gods: the Promotions of T'ien Hou ("Empress of Heaven") along the South China Coast, 960—1960'(《封神: 960—1960 中国南方沿海的天后升级》), in Johnson, D., Nathan, A. and Rawski, E. (eds), *Popular Culture in Late Imperial China*, Berkeley: University of California Press.

—— (1991): 'Waking the Dragon: Visions of the Chinese Imperial State in Local Myth'(《醒龙:民间神话中中华帝国观》), in Baker, H. and Feuchtwang, S. (eds), *An Old State in New Setting : Studies in the Social Anthropology of China in Memory of Maurice Freedman*, Oxford: Journal of the Anthropological Society of Oxford.

—— Rawski, E. (ed.)(1988): *Death Ritual in Late Imperial and Modern China* (《晚期帝国与现代中国的死亡仪式》), Berkeley : University of California Press .

Welch, H. (1958): *The Parting of the Way*(《岔路》), London: Methuen.

Weller, R. (魏乐博)(1987): *Unities and Diversities in Chinese Religion* (《中国人宗教中的合与分》), London : Macmillan.

White, G. (1976): *The Politics of Class and Class Origin: The Case of the Cultural Revolution*(《阶级与阶级起源的政治学:以"文革"为例》), Canberra: Australian National University Contemporary China Centre.

White, L. (1989): *Policies of Chaos: The Organizational Causes of Violence in China's Cultural Revolution* (《混乱的政治学:中国"文化大革命"中暴力的组织根源》)Princeton, New Jersey: Princeton University Press.

Wilkerson, J. (1994): 'The "Ritual Master" and his "Temple Corporation" Rituals'(《"仪式法士"与其"庙宇团体"的仪式》),"民间信仰与中国文化国际研讨会"论文,台北:汉学研究中心出版社。

Wilson, S. (ed.) (1983): *Saints and their Cults: Studies in Religious Sociology, Folklore and History* (《圣者及其崇拜:宗教社会学研究》), Cambridge: Cambridge University Press.

Wolf, A. (武雅士)(1974):'Gods, Ghosts and Ancestors'(《神,鬼和祖先》), in Wolf, A. P. (ed.), *Religion and Ritual in Chinese Society*, Stanford: Stanford University Press.

Wu Cheng-han (吴承汉)(1988): *The Temple Fairs in Late Imperial China*

(《中华晚期帝国的庙会》)，PhD dissertation，Princeton University.

许文初(1996)：《江村—江镇；庙岗发展的脚步》，载吴江市政协编，《文化》，北京：中国文化出版社。

薛艺兵和牛犇(1987)：《屈家营"音乐会"的调查与研究》，载《中国音乐学》(季刊)，第 2 期，第 81—96 页。

Yang，C. K.(杨庆堃)(1961)：*Religion in Chinese Society*（《中国社会中的宗教》)，Berkley：University of California Press.

周英(1988)：《封建迷信与泉州文化》，载《泉州文化》，第 5 期。

Zhu Xiaoyang(朱晓阳) and Benjamin Perry (eds)(1994)：'The *qigong* Boom'（《气功热》)，*Chinese Sociology and Anthropology* 27：1，Armonk：M. E. Sharpe.

Zito，A. R.(1987)：'City Gods，Filiality，Hegemony'（《城隍，孝行，霸权》)，*Modern China* 13：3.

附录一　什么是村落？[①]

　　完全可以从地理学上，将一个居住的地方描述成是一个分散的或一个集中的聚落。但首先要把它看成是单独的"一个聚落"(a settlement)。确实，一个地方的辨别通常需要一个名字和一种历史。它们与描述一个地方的地理特征联系在一起。使得这个地方成为一个有限制的区域，一个共同居住但又细分为亲属与邻里的"内部"(inside)。这样一种"内部"本身又将被包括在一个更大的有限空间之内。这是一种包容性的等级式秩序。简言之，一个村落就是一个地域归属的界定。在开始提出本章标题的问题时，先把"村落"简单地理解为一个次级的地方，它超越了家庭和亲属的邻里关系。但既然其名字和边界是历史性的，那么相同的名字就可能有跟不同的居住者们相关联的不同故事，当然这个名字很可能就是讲述这相同或相似边界的地方故事中获得成功的那一个名字。

　　我们不该假定只有一种这样的界定，也不该假定那些不同的界定相

---

① 本文最初发表于 Eduard B. Vermeer，Frank N. Pieke，and Woei Lien Chong，eds.，*Cooperative and Collective in China's Rural Development：Between State and Private Interests*. Armonk：M. E. Sharpe，1998 pp46—74. 中文版曾以《什么是村落？》为题发表于《中国农业大学学报》（社会科学版），2007，1：15—32。

互是一致的。为着不同的目的,或根据不同的形势,居民们可以依据不同的边界来确定他们生活的区域。我们应当留意到一个地方居民不同认同的一致或近似一致的可能性。在具有强烈一致的地方,可能是由于该地方如此界定,而对这里的居住者们造成一种强烈的感受。这种界定越与其他的居住者共占,那份感受也就越与此休戚相关。另一方面,在他们居住的地方,也可能有不同的地方感,即该地方的边界可能不清楚或存有争议。作为一个地方,它对某一些人来说,可能要比对其他一些人更为敏感。我寻求表明两件事情。首先,而且在理论上更重要的是,要着重于感受性的问题,这即是指对他们居住于其中的有限空间的感受性上的变化。第二点是紧随上一点而来的一个更具描述性的事实,一个"村落"在不同的地方性上是指不同的事情,而在任何一个地方性中,依据居住者和目的的不同,情况又会不同。

我所提出问题的主要经验基础,有赖于1991—1993年在我的全面指导下由中国同行对中华人民共和国十个行政村落进行的一系列研究。[①] 尽管有国家政府及其管理条例的存在,但是,在地方政治文化与经济状况之间还是存在一定的差异,特别是由于80年代早期,作为集体生产的小队、大队和公社组织的解体,使得对于有关当代中国的概括不是表面化,就是不能令人信赖。这里并非试图去说明所有被命名的村落和村政府之间的相似之处,而最好还是尝试着去说明差异的范围如何。

在这样做的时候,我将区别下列制度,其中的每一个都产生出有边界的地方性的感受。首先,从传统上说,有一种远古时期的感受。这所

---

① 这是由"联合国经济与社会研究委员会"提供财政支持的一项研究计划。此一研究在于调查乡村社会支持体系与地方传统的转型。我极为感激ESRC和这项研究中的各位同事:常向群、郭晓临、卢飞云、潘建雄、钱闻宝、沈关宝、王铭铭和朱为敏。这些村分布在五个不同的省当中,它们是:甘肃、安徽、江苏、福建和云南。[本文最初发表于:Stephan Fetuchwang, 1998, "What is a village?" in Eduard B. Vermeer, Frank N. Pieke, and Woei Lien Chong, eds. , *Cooperative and Collective in China's Rural Development*: *Between State and Private Interests*. Armonk: M. E. Sharpe. pp46—74.]

指的是常常像"自然村"那样被看成是"自然的"村落。对于"传统的"和
"自然的"而言,我所指的就是村民对地方性和长期性的感受,而不管实
际的连续性方面的文献材料如何,也不论任何自然环境的客观或科学公
断的知识是怎样的。其次,从行政方面来看,它所指的是一种国家与政
府的政治组织,其具有一个革命的、世俗变迁的历史。对于一个村落而
言,行政就是所谓的"集体"或下一级的政府制度。

第三种制度,它是通过亲属制度和朋友关系,而把家户或者政府单
位和经济活动联结在一起的民间组织,这里对此也有所介绍,但只是简
略地加以介绍,并且这仅仅是作为对上述两种制度所产生的任何地方特
色的一种纠正。

这类制度的定义,及对"传统"所含有的意思(当然不是指某种一成
不变的以及不合时宜的约束)的讨论,将在以后的章节里论述。我有关
特色问题的全部讨论都是从它们的精心制作中产生出来的。但首先应
该理解它们之间相区别的一些形式上的特征。

这三种制度之间的差别在两个方面是不完全的。它们并非是相互
排斥的。它们的差别依赖于看得见的、历史性的和推论式的分离,而不
是理论概念上的分离。70 和 80 年代的经济改革确实对于行政的和自主
的经济组织之间的分离产生了影响,但是,它们并没有真正地分离开。
它们不仅相互依赖,而且从某种程度上讲,还相互一致。的确,作为所谓
集体制度的中国村落,它是一种自治和行政式的经济组织之间的联结形
式,也是"传统的"地方与行政制度之间的一种联结。

但是在这两种制度上,一种地方感的世代(generation of a sense of
place)有所不同。"传统的"地方秩序向上向外,从低层广泛的或裂变式
的认同而达到较高层的秩序上去。"集体性的"地方把一种政府的界定,
即由中央而下达的界定与一种由下而上的经济组织竞争式的和相互联
系的秩序结合在了一起。我将讨论到,在中国的不同部分,这些制度中
的某一个或另一个要比其他地方界定的感受和与之相关联的历史感更

有特色。然而,这里需要有更多的概念性梳理,而且我所给出的差别都是暂时性的。如果它模糊了共占空间的重要意义,它们将受到排斥。

理论取向

我要提出下列问题。乡村居民以什么样的力量和共同界定而把他们居住的地方看成是一个大家共占的或共同的认同? 这里的答案对于那些对政治文化与环境问题感兴趣的人具有某些意义。对一个地方的认同,是获得依附性责任的初步条件。对一个地方而言,依附性责任又是政治的先决条件,它控制着各种条件的联合,而这些条件又构成一个生态的环境。

有几种不同的方法可以表达这个问题。一个是集中在对生产手段和消费单位的控制上面:它将涉及法律和习惯上对财产的权利和形式的描述,并要了解,随着从对土地和水的多项权利中区分出所有权,从余下的权利中区分出使用权,从次级的租赁中区分出租赁权之后,它们之间是如何结合在一起的。答案将在于依赖、控制和排他性的关系,它是由这些权利和形式限定的:不管是由辨别得出的共占依赖、控制边界,还是排他性的形式,生产手段和超越家庭的生活。

提出共同认同问题的另一种方法将集中在政治与行政组织,即指从政府和非政府两方面所界定的权力的地域与功能性的范围,区别行动者和领导者,评价政治参与、资源基础和领导者行为的特征的本质和程度,最后研究一些权力的持有者,如灌溉权力或强有力的保护组织。这里的答案得自于任何超越于家户之上的领导(追随者)、庇护(保护关系)、权威(尊敬)以及政府(服从)的那种等级式的和横向的边界。

一方面是与财产相关,另一方面是政治上的回答,二者不可或缺,我也不会忽略它们。但采取哪一种严格的分析框架,都有可能疏忽属于村民自己的共同的认同、利益和责任感。为了确保它们都被包括在内,我将集中于一些制度和话语，它们提供了集体的主体位置，这即是指共同认同的形式，它使"外部的"责任同"内部的"对抗或共同性区分开来。

政治和经济的制度能以不同的方式分离开来。这包括部分交叠的中介者彼此的边界定义各不相同。例如，控制水的管辖范围就不同于控制交通的范围，而二者又都源自那些跟军事命令相类似的东西。一个人根据制度和它的直接利益点来定义地方和社会认同是真实的。这些直接利益包括：灌溉、道路维护或防盗。这些都是功能性的制度。我关切共占空间的多种功能意义和把内在从一种外在中分划出来的一般感受。那就是"传统"和"集体"的地方所提供的，即是各自以不同的方式包含着与那个地方相关但又不同的第三级中心的分支制度，"集体"由此而进入到不同的功能性司法权（functional jurisdiction）的行政界定中去。这里我将注意力集中在一个地方水平，即我所称的"次级"水平，并局限在影响到那个地方认同感的包容范围的等级上。

大体上，地方共占的主体位置，其包括次一级的分化以及提供不同的解释和有关归属问题上的相互有抵触的诉求。它们的边界，从理论上讲，也存在很多漏洞；它们从上面和旁侧交叉。这些边界的确定和特征，可以因不同的制度和话语而有所不同，它们可以不一致。但找到那样一个次级地方存在的条件有许多，另外，一种制度在任何一套话语中还可以找出一些定义上的一致性。而且，一致性程度越大，地方特色也就越强烈。

中国农村的现代与传统制度

在本世纪的进程中，关键性的制度差别已经建立，其创立了一种二分法，并成为社会科学的拜物教，这即是指现代与传统的二分法。这里，"现代"是相对新近的制度，它有着世俗的和正面的政治与政府的历史以及它的行政、话语、财产和意识形态，这些都是民族国家形成的一部分。

它们将自己与旧的制度区分开来。而真正标定为"传统的"以及其他诸如此类的标定(如"落后的"和"迷信的"或不太扎眼的词汇,如"宗教的"或"习惯的")都属于这种区分的后果。它是基于特定历史目标的制度上的分离,形式上也是因政策和司法的运动、财产和崇拜制度的打破而造成。这种分离是长期社会转型的最重要的建构性效应之一,为了方便起见,在中国历史的长河中,我们可以将其称为共和的革命,尽管它与由朝代统治所划定的衰落日期相比,算是一个较长的转变过程。

以村落的观点来看,"传统"制度就是那些通过该制度而对一个农业国家的反抗或至少是防卫反应加以组织的制度,并以此为基础而建立起了同样的国家。即使这些制度从未完全或在任一时间里和它的行政及它的再生产有过一致,但是它们本身仍是由(但不是必然由)农业国家的文化和强制力量而形成的制度。现在它们是在另一种国家及其政治之下的"复兴",又由于另一种历史规划而与之分离。① 很必然,我这里用现代的、世俗的和历史的方式来写,但对其他时间和地方意义保有话语上的敏感性,并且不会是一种进化式的或发展式的大事记那样的写作方式。那么,什么东西得以延续下来,或是"复兴"了呢? 而什么东西没有呢?

在中国乡村,已经延续了很多世纪的财产和认同上最普通的基本单元是指一位丈夫、他的姓氏、祖上的谱系以及私下继承的财产。家庭之外,在后来封建和民国早期的中国,集体财产,在不是商业组织或封建国家的时候,它就是属于宗教的或祖先的。宗教财产是那种寺庙的财产,如在山上或城市里的圣山上、祭祀中心的财产以及在城镇和乡村的庙宇或祖先祭祀的财产。它们与伊斯兰教和基督教很少有什么相同之处。庙宇和祖先的信用是由土地和建筑物所组成,它们的收入来自于这两种

---

① 两种历史之间的差别,需要撰文详加讨论,这里无法述及。我以列文森(Joseph Levenson)有关绝对与相对历史的区分为基础,已经有了一些这方面的细致研究。参阅:王斯福(Feuchtwang 1992)。

财产,并利用它们来举办活动,如庙会的收益和租金。庙宇的土地和祖先的信用是村落合作的主要形式,专门租用土地给村民或子孙,用其收入来举办对祖先或庙宇的庆典仪式。在有些地方,大多数的土地由其他地方的地主所拥有,而本村的村民只占据很少的一点土地,这类信用上的土地是述及"村地"时主要的或唯一的基础。

民国时期的政府引入了另一种集体财产的形式,由"公共"或政府确定的合作或集体,而不是由宗教或祖先的形式来确定。甚至更激进地,他们寻求把农村传统的村落跟行政等级衔接起来,成为一个自治政府的单元。我将探讨这种革新形式以及新的集体财产种类在村落层次上的多方面成功。这样做时,我也认为有必要指出,现在变成一种地方分离感的那种被我称之为"传统"的以往事物,在这其中以及在此之外,新的"公共的"和"集体的"的传统已经被引入进来。

我认为,询问传统制度是否真正为过去的重复,这是没有多大意义。询问它们是否是全新的也没有多大意义。对于萧凤霞(Siu 1990)而言,珠江三角洲菊花节的恢复,已经使节庆本身完全与社会主义市场经济改革活动及其政治制度相适应了,这些节庆该被看成属于相同历史条件下的一部分。当然,这比简单地说它们是复苏、是历史压抑的重返在结论上更为可取。我曾提及的这种分离一定是对任何一个结论所作的先前的考虑。分离本身是新的,这样说时,我站在萧凤霞一边。但同时,它又需要两个(或更多个)制度体系,每一个都有自己周期性的节律和特殊的变化时刻,彼此相互的效应也必须加以讨论,而不是对一个单独的历史时刻和效应总体的想当然的看法。

在叙述中,村民们确定他们祖先的过去和所发生的事情,叙述中也包括了不同的制度、历史感以及认同感,它们彼此相互关联。我仅考虑它们结合在一起的一个方面,即是指次级的地方感。但是我们也要讨论一个更具理论意义的问题,即历史学家能对同样时间、人口或地方(比如中国),从多个方面来加以书写。中国人口统计的变迁、或者中国经济、或生态事件、或中国政府、或中国佛教的历史，它们在每一种情况下都是由有意义的循环和改造事件来彰显的。而这些事件又不一定在年代顺序上以及数目上与其他的历史周期及其他历史事件相一致。例如，一个国家统治的周期，相同制度的恢复，为方便起见，我们可以称之为"传统"和"宗教"，这本身要比民国具有更长远的历史。在那个周期里，产生民国的转折性事件，对于宗教制度而言是很有意义的时刻，但它并非是像中国政治历史中那样的一种整体上的转变。它不是一个完全不同的宗教或意识形态制度的替换。

另一方面，这些统治靠的是一套新的意识形态与统治制度，以新的一套权威、历史、教育和知识来作为主导因素。在这种情形下的统治以及复苏就显得效果明显。由此而使它们得到疏离而分化。接下来的改变就是，使它们在时间上变得有悠久感，即变成了一种宗教或地方性的风俗和传统，并成为更大范围的人民对其地方性和自传体的民族认同。然而，从宗教制度自身的角度而言，还顽强地存在一些一直沿续下来的起决定作用的地方，这些地方并非仅仅是次级的认同，而且也是次级的商品生产和消费的政治领导与经济组织。在这类地方中，把它们的历史写成是晚期中华帝国的一部分，实际上也就是当今的历史，甚至在更大范围上，是另一种资本主义劳工市场的新国家的历史，这一点必须要谈到（如：Wilkerson 1990）。

一个传统的地方

"地方"（places）是以这样的方式来描述，那就是通过此描述，这些地方能够为人所认识并与其他的地方联系起来。家谱把一个家庭与继嗣分支的其他家庭联系起来，"地方志"则是把一个地方与更大的地方联系起来，包括整个中国，不止是地理上的，也涉及庆典秩序以及善行与功绩的经典或正统。

在这种对一个地方的撰述中,我想梳理出社会与自然意义的共占环境的理念,它是在普通中国人的习俗和实践中得以完善的观念。这种对环境的看法,会由于一个社会中介者而增进或变成对他人的伤害。这种想法源自所谓"风水"的堪舆技术。有关风水环境的纠纷频频发生,与财产边界纠纷相比较来理解共占环境在风水中的意义是一个不错的研究途径。

许多农村邻里的纠纷都是因加盖一座建筑物,如厕所、猪圈等引发的,在别的人家看来,这些建筑物延伸到了走路的过道这类公共财产空间。过道和边界是联结在一起的,稍后我再来谈这个问题。非常类似的纠纷是有关同类建筑行为的视觉侵害问题。邻居们认为,这会影响到他们的幸福,如果他们认为对他们有害,他们就会出来反对。但这种情况下,公共财产并不是私人财产之间的边界。其包括这两者。这与关注噪音以及其他诸如此类污染的群体有着类似的关联。由于"风水"一直是可见的,所以可以说其实践、文本、专家和仪器(磁罗盘及其象征环),这些都是一种公断视觉污染的方法。既然它是发现地球内部"气"聚拢起来的位置的一种技艺,那么它也是增进寻求风水的人其眼界和幸福的一种方法。

气流就如同土地以及河道的高低起伏一样是可见的。从堪舆上而言,通常将它们描述为脉和形,借此可以追溯到更中心的分支,最大范围可追溯到代表整个中国的昆仑山脉。这些分支所组成的模式各不相同,其预示着不同的命运。但作为模式,它们通常以双重的视角受到吸引并深信不疑,即指从上面和里面来定位的不同视角。它们是在一种俯瞰下的多种水平模式所观察到的和可绘制的内容,其本身就属于一种既有客位和高处的视角,还有从自身内部所看到的内部气流的视角。对于这个能看到的表面,可以被当做是一个身体,并可以用传统中医的方法来对待。风水专家能够通过对一个选定的地点注毒或通过改变视觉外貌来改善它,使之成为一个气的聚集点,如建议在哪儿种树、挖水坑或建塔,或在哪儿挂起盾牌以此避免邪恶的影响等等。但这些行动，在其他的人看来也是对同一环境的影响。

这个想象的水平线明确了内部和外部的地域边界，内部指的是可视点，但它也有着自己"内部"称为"穴"的空间，在这个"穴"里的每一个人，都根据所涉及的流动与外部边界的公共位置而受到影响。内部空间可能是指坟墓、房子、邻居、乡里。在这个环境的诊断和处理上，存在着以两种方式建立起来的对公共财产的假定，一种是通过地缘，而另一种是通过血缘。它的居民被限定为家庭成员，他们的永久居住地并不仅仅是在这里。这里只不过是近来演化出来的一个起源地。居民决定他们自己及其后代命运的主线是男性。这条起源线是社会认可的共同视角，它把一个区域内的某一个点界定为可观察点，当然，这既是指一种时间上的也是指一种空间上的点。

跟污染一样，公共利益的计算在这里是指土地、水、大气和景观，其中包括建筑环境。它们被当做公共的存在而被分享，但它们也被用于个人利益上。任何边界根据其内部的不同地域或系谱位置，都可以被看成包含着来自同样气流的不同利益。每一个兄弟及其后代，都可以因他母亲的坟墓而得到不同的命运。也有在这个公共的存在下运用手法来获益的，这样做会使其本身发生改变。另一方面，当涉及邻里关系时，公共的存在既可能是好的，也可能是坏的。例如，在台湾一个小镇的一条街上，第六十号就被认为是风水不好的，因为里面住的那么多家，最后都沦落成卖女为娼。

通过风水可以了解一个地方居民家庭的命运，即"运"。同时，用其他中国式的占卜看相的方法，还可以找出补救的办法，即命运能够被改变。在水平范围内的建筑物和自然面貌的外形和布置都有其延展性。

简言之，尽管它们都是自然形式和可见到界限的建筑与自然环境，但在边界纠纷问题上所显示的共占环境概念，仍然不同于风水纠纷中所显示出来的概念。二者都从各团体的公共财产中挖掘利益。但边界的纠纷要么是私人财产之间的纠纷，要么是私人财产之间的公共区域的纠纷。在风水中，公共区域也包括私人财产，甚至是当私人财产的所有者在为他们对财产的所有权发生争执时也是一样，二者皆为共占环境的一部分。风水的逻辑更多是包容性的，缺乏明确性和固定性，但同样也易于引发纠纷。小路和大路是发生纠纷以及给予界定的地点，因为在涉及家庭财产、邻里关系以及大家共占的环境问题时，这两类的逻辑都会涌现出来。

风水中运用的许多宇宙观，是由道教仪式和地方性节庆唤起的，所以我把它们都包括在"传统的"制度里。包括那些地方性节庆在内的道教仪式，的确是改善或保持集体命运的方法。尽管它只是一套仪式，但其中的制度却各不相同。保护神的年度性节庆相对于盛大的"醮"的仪式是一种小型的庆典仪式，"醮"的仪式是在对地方性的庙宇加以重新修葺时举行的，此类"醮"并非经常举行。这种仪式及其小规模的形式显然是在用一种地域性的界定来给一个地方划出界限来。这个地域的家户通过每一个"临"的次级地域的代表而联合起来，任何一个次级的地域都可以轮流负责组织节庆和仪式，但重点还是在于联合。分化、愤怒的语词、消极的情绪都是危险的，这就像过农历新年的情形一样。这一情境的时间或庙宇神龛的空间是唯一的焦点，在这些地域所唤起的是整个宇宙及其世代。地方性的地点与这种整体强劲的力量之间的关系，需要通过邀请、愉悦以及运用适当的次序在适当的地方见到天帝和鬼来重新调整并加以协调。作为边界的岸边、道路、河流，都是天外的神和地下的鬼受到邀请的边缘，在此之外的魔鬼，都是要杀戮的。中国的每一个区域都有对这种自身作为一系列地域的界定，这些是通过进香朝圣、轮值以及出巡边界而相互联系在一起的（Feuchwang 1992）。宇宙观上的地方在此只是一个有着边界的发源地。在与其他这类地方的关系上，它是主体，并且它也有次一级的分化，但不像风水那样的概念，在其内部，它没有更进一层的主体位置，这里，整体就是指一个不同的地点。

然而,统一在一起的地方,仍是存在对发源地有争议的地方。继嗣的原则可以说是对地域统一产生作用,以此来建构一种对这一地域有特权的等级。至于"风水",这两个原则都总是存在于那里的,尽管以各种各样的平衡方式存在着。在整个中国,存在一个或两个姓氏在其中起支配作用的聚落。在中国的东南部,继嗣通常是整个核心居民的组织原则;村庄也常是以继嗣分片的,但即使在中国东南的继嗣式村庄里,宗祠作为地方感的核心,但是在神龛中,地域性的头领仍然有自己的为保护神准备的庆典中心,有时则是一个奠基或传说上的祖先,也会被当做地域保护者来加以祭拜。在许多不存在占支配地位的姓氏聚落中,地域保护神就是对一个传统的地方加以界定和认同的基本核心。但祖先崇拜、族谱以及对坟墓的关心,都不会因为这样的原因而使作为起源和归属感中心的功能丧失殆尽。

一个传统的地方,这包括一个所谓的"自然村",简言之就是一个仪式上的和有历史的单位,它的居民可分为由一个起源聚落而来的后代子嗣以及(但实际上近来已是)后来的移民者。作为大家共占的环境以及作为大家共占的命运这种公共财产,其可以通过宇宙起源仪式的调整或是通过风水处理来加以补救。这包括私人边界和共同财产。单单在风水上,每一种分化对大家共占的环境而言,都是一个选择的焦点,而且在宗祠和庙宇仪式上,也存在单一焦点的一种地方分化。

风水的话语以及祖先和区域保护者节庆都是确定一个聚落的手段。其中每一个都以相当不同的方式操纵着区域边界以及继嗣这两项原则,但是由"风水"层次所确定的这个地方的边界或许正是保护神所护卫的区域。

道路、河流以及桥梁是边界和联结点,也是公共财产。它们的建设和维修的组织方式都是一样的,无论如何对次级地方的界定(second order place definition)都是地方性的核心。从传统上讲,这里的次级地方的界定,是为它们的建筑所设立的一种地域性、祖先领袖与庇护的体系，或者说是一个为了对其加以维护而轮流负责的体系。它们固定了水平线，这也是风水景观的关键要素。地方性的庙宇和宗祠，或最古老聚落中的祠堂，都包含了体现次级"穴"的视角上的神龛，而这正是超越了家户神龛传统的次级主体位置的神龛。

现代的行政制度已经在大多数地方取代或遮掩了这些传统的制度。但传统界定的内在原则型构的是一个不同的地点，凭借一种不同的时间性，这是指谱系和小宇宙意义上的时间性，其能够使现代的制度受到瓦解。这可以通过一系列的小事件来加以完美的说明，正如帕梅拉·列纳德（Pamela Leonard）所研究过的四川省的某个村庄一样，作为同一世系的地域分支的广信和广军这两大家族间的族内血仇械斗，就使共同道路遭到破坏（Leonard 1994：182—183）。① 每一方都谴责对方以及地方政府是在利用官方的特权来贪图私利。广军或他的姻亲们曾堵塞过两次道路以泄冤情。首先，他堵塞了他和自己的对手各自房屋之间的公共过道，迫使来访的官员得通过他家的厨房或寻另外一条路通过。在改革开放以后，当他的对头广信当选为模范农民之后，广军的一个亲戚就把她房子前面的房檐扩展出来，以致阻塞了联结广信家院落与大路之间的一条小路，这使得官方代表们比以前更为明确地知道，该要去访问村庄里的哪一部分和这双方中的哪一方。

这些小路明确了村庄内的边界，此外，这个地方的景观也由坐落在村庄里的庙宇而得到了确定。此座庙宇成为在更大地域范围内对地方性宇宙的力量加以界定的核心，这又通过控制雨水、洪水和泥石流的龙神庙的节庆上，以风水语言和醮仪的形式，象征性地让人知晓。为龙王举办的节庆的复兴，是在一场可怕的洪水和泥石流之后才会出现的，同

---

① 我对约翰·弗劳尔（John Flower）和帕梅拉·列纳德（Pamela Leonard）为我提供的一份他们最近的论文深表感激。该论文是一篇民族志报告，它用惊人的材料与直接引证的材料，表明了必须要把政治、道德和物质环境放在一起来讨论，就像在村民的故事中他们自己讲述自己的事情一样。

时村民还将原因归咎于糟糕的政治领导对山石和树木进行破坏性的开采和砍伐以及命中注定的无法抗拒的力量。原先是镇政府占用此庙。后来庙里的一些设施也被镇政府所用,余下的用作了生产队贮存稻谷的仓库。不过在把庙里的东西全部占用的同时,庙里的香却为人们小心翼翼地维护并一直点下去。在 80 年代中期,庙宇得到重建,为神举办的节庆也得到了恢复,这些都使其卓有成效地成为另一种话语以及对另一个地方加以界定的中心,这个地方凭着自己的权威感和道德正义感而与乡镇平起平坐,但实际上又不完全一样。

这两者是怎样结合起来的呢? 这是约翰·弗劳尔(John Flower)和帕梅拉·列纳德所写的那一章的主题。我在此所希望和增加的是根据帕梅拉·列纳德对自己的说明所做出的结论:"庙宇的再生不只是传统主义者对环境退化、政治腐化、经济萧条、社会衰变以及道德衰败所做出的反抗;它也是从历史记忆中汲取的表达新价值观的创造以及对现在的言说"(Leonard 1994:260)。换句话说,就是这包含了不止一种的历史记忆,这即是指同时存在的话语和制度的结合,也是一种不同的历史结合以及对地方与变迁的推算。一方面是反对和否定的判断,而另一方面又是对改变的认可和对一种更加美好生活的渴望。的确二者都可以由一个人的嘴里说出来,如列纳德引用村民的话来说明从前的苦难时代,也会骄傲地讲述庙宇这类的制度,并会将其看成是一种道德善良的核心体现。而这每一种其实都是从不同的方面讲述以及推断出来的社会记忆。

因为此二者都是沟通的边界和手段,所以从另一个方面来看,道路便是让地方发生转变的重大利益。道路的重建以及在原本没有路的地方新建道路,这些都是出现纠纷的场所,并会由此而对一个地方给予重新界定,道路的修建调动了现代与传统的历史记忆,甚至还会对它的界定加以改变。它是通过切割而把一个地方划分开来,或是通过促进与更高层次的沟通,而使得这个地方变成一个界定不太明确的地方,从而使得这一较高层次地方的特色变成当地居民的特色。

在我们的调查中,在福建新近几年有一条联结城乡的新公路穿过了某个村子,路的两边已经建起了新工厂、批发零售商店、多层楼房和住房,里面住着来自县城和其他村子的新居民。有许多新的家户都是因为供水方便的缘故而早已定居在此的村民。这些新的居民与那些来自两个自然村的单姓老住户混住在一起,两座宗祠中的一座已经完全被新的多层砖房所包围。你能看到房顶弧形的瓦片,下面是一个市场的货摊及带水池的桌子,这里充塞着混凝土的空间,地上混凝土的支柱间有水平的卖台区环绕。穿过大厅的中门,那儿从前曾是田野,远处可看到一条河流,现在在这里是一个臭气熏人的垃圾池。

多层楼房是村干部鼓励修建的,属于村发展规划的一部分,由此而把这个地方的许多区域及其家族都包容进来。这个自然村的名字"北石头"现在成了这一发展规划的代称。对这个地方整体的特征以及界定是说它正在逐步变成一座城市的一个区,显然年轻人更喜欢这样的说法。但是这个名字也包含了一段记忆。房支的长者就说,这是他们的祖先给这个地方起的名字,这个长者还曾为这一宗祠争取过适当的贷款,尽管至今也没有成功,但他们仍在努力争取。"文化大革命"期间倒塌而又失修的后大厅正在重建,四周是搭盖的脚手架以及混凝土材料。在崭新的涂了红漆的圆木柱上有金黄色的祝词,人们告诉我们说,这些都是写给那些身为村干部的"败类"们的,上面写着:"要想子女孝敬,先得积德行善;要想发家致福,就要识文断字。"这种对政治领导们无声的指责,即他们忽视了对祖先以及同宗同族的人应尽的孝道,这并非仅仅是对传统权威加以重新界定的一种象征符号。另外从这个村子出去的华侨也有了联系,并利用他们所能拥有的任何影响力,来为政府已经同意但尚未拨款的一项请求提供赞助。这一请求就是要在街道后山的一片空地上修建一座全新的宗祠。如果能成功的话,那么"北石头"便会有两种界定。但是这两种界定的规模、边界以及本质将会变得完全不同,尽管宗祠还会保留对久远的社会记忆的认同。既有传统意义上的又有行政意义上的对地方的界定,这些界定通过它们的标记而出现了转变,这些标记也是往来交流的线索。

在晚期帝国时代及民国早期,实际上很多村子的土地都被不在地主们所占有,而像缫丝厂这类的村工厂也有外来的股东,这一事实提醒我们,风水和庙会节庆的边界,并没有而且很可能从来就没有跟村庄财产中的所有利益边界相一致。甚至从村庙本身或者从没有村庙的村子中而来的那些与更大的村子和乡镇的庙宇联结,进而与进香朝圣区域的中心的联结,它们可能会比由超越于家户之上的祖先与由地域上最低一级的标记所划分出来的命名聚落能够提供更强有力的归属上的核心。此外,大多数村子在任何时间都会有一些将自己排除在节庆之外,把自己当成是客人的居民,因为他们仍被认为(或他们自己认为)是暂时的居民或外来者。尽管如此,通过多种多样的关系以及利益联系,距离最近的庙宇区域边界的范围和标志确实得到了界定,并且会依照行政上的以及集体的制度,而连续不断地在地域上来对一个地方加以界定,并通过命名而加以确认。

政府行政引入了第二种原则,它从历史上,即在帝国的以及民国时代的中国,根据地域认同以及继嗣原则来加以界定,由此而划分出跨地方的边界。但民国时期的革命,却造成了彻底的分离,它的制度比帝国统治的郡县制度更加协调一致,也更加巩固。行政上的一个地方,其特色是对传统上一个地方特色的一种强有力的、有时甚至是无法阻挡的挑战。

一个行政的地方

当然,行政的组织原则是指从一个中心下来的政府。它是从一个传统的地方到一个更具包容性的自然或宇宙概念的参照系上的逆转。首都便是宇宙、宇宙观或者政治上的中心。传统的地方是从下面以及向外而界定的场所，而行政的地方则要靠一个外在的、向下的包容性的秩序来加以界定。传统可以隐含有一种差异性的、有潜在破坏性的等级次序，而对边界以及内陆加以控制的行政而言，军队驻防和巡逻都是由更高级的中心来强制执行的。而对于税收征缴、劳动服务以及相互监督而言，定期注册制度则是有意要跨越传统聚落的边界（Dutton 1992：第 3 章）。但最终，由于军队的驻防，由于从上面得到鼓励或强制，注册人的单位就可能会被当地化或被吸纳到地方精英的制度以及他们要加以庇护的地方中来。在从下而来的方向上，当地化的过程会包括先前由节庆划定边界的仪式性的铭刻。从上面而来的那一方向上，当地化的过程也会借助一位地方精英而树立起一些典范式的人物，并灌输一些国家正统道德的权威观念。

在共产党政府治下的行政边界的税收，与帝国时代的注册体系有着某些相似之处。这种税收制度，也有意地跨越了为人们所认同的聚落边界，并把那些并非通过继嗣或地域起源而联结在一起的传统地方结合了起来。在帝国时代与共产党执政之间，出现的是军阀与国民党时期的注册与税收体系，也正是它使得行政等级次序与村落之间的关系发生了改变。

杜赞奇曾提供一些材料表明，晚期帝国时代的国家与村落及其土地的关系在军阀与国民党时期就得到了改革。这是指他所描述的一种经纪关系。税务经纪人和保护人以及地方绅士，分别处在县行政与村落之间的几个层次上（Duara 1988：第 2 章）。不过在 20 世纪初，村落变成了一个强行征税的税务注册与保护单位。在新兴的民国社会制度下，村落变成了一个自己投资规划的征税人。最早由地方的庇护者们所组织起来的组织，如民团组织和青苗会，后来都出于同样目的而由国家主办的公共协会所取代（Duara 1988：第 5 章）。另外，民国政府鼓励新协会与旧协会之间的抗衡。一个普遍的现象就是村学校协会的建立，以此来反对迷信,并推动一种新式的、有远见的,或者说现代化教育的发展,学校基金的一部分从地方节庆所捐供品中抽取。换句话说,地方领导者们,他们早先曾经是经纪人、剥削者、庇护人和赞助者,现在则又加入到这些由国家所认可的新的村落权威角色中去,这是根据地方政府的发展标准而来的经济、教育与基础结构的改进所出现的权威。

国民党的民国行政是杂乱拼凑的,很大程度上依赖于地方上的统治者。在那些因改革而出名的县中,比如河北省的定县,村落的"公益会"就比其他地方进行得深入。1929 年在全国范围内公布了一部"县级重建法令",法令要求建立乡镇与村落政府及其次级政府组织(类似由"甲"而组成"保"那样的组织)。我们在文献记录中以及上了年纪的村民的口述中都发现,福建省安溪县几个地方政府都已下到村落水平。不仅将节庆税收用于学校,而且船运组织也被纳入到一个协会之中,所委派的村正是一位贫穷但受过教育而且不是村落家族或其房支的头人。在云南北部的永胜县,我们在同一本资料中还发现,一个"保"的管事曾经积极主动地让富裕的村民拿出钱来修建桥梁和道路。

为了税收行政的目的,早期的民国政府寻求在村落建立清晰的地域边界,并要标明土地是哪一个村落的,是否为村民自己所有(Duara 1988:203—207)。共产党政府领导下的土地改革完成了固守土地的过程,使村落的土地与村落的居民紧紧地结合在一起。国家对迁移的严格控制,使得这种结合更加牢固。但土地改革也启动了一种消除私有财产基础的过程,并取缔了先前的村领导及村的组织原则,集体化也经历了此过程。

这个过程大概有五到十年的光景,到 1955 年,形成了高级社,居民、土地以及行政到那时才有一个最为清晰的界定,这就是一个曾经有过界定的村,即一个家庭以上、政府行政以下的一个单位。但也正是在这个时期,公开的协会,农民、青年和妇女的群众组织取代了旧有的组织,较大一点的村落和小城镇变成最低一级的农村党组织以及国家最低一级的信用社和供销社。党变成了由中央对地方村一级的公共的以及政治的权威给予承认的手段，并一直保持到现在。而在经济上，国家组织的市场与分配体系成为统一的税收体制。

在村落之上，政府行政的边界和单位从军事区变成了省、地区和县这样的区划，而集体化又把曾经是以市场为中心的鲜明等级转变成与行政中心及其边界相一致。新型的统一行政，其最低一级的组织就是公社，最低一级的党组织就是大队，最低一级的生产与分配单位就是小队，并涉及大量的重新命名以及重新划分的边界。村民们在不时地记得和继续使用那些旧名词和旧名字的时候，也学会了使用这些新的居住地和经济上的词汇与命名。在我们的研究计划所涉及的十个村子中，仅有一个村子的名字是集体化时定名的，其他的仍保留它们在共产党执政之前的名字，尽管它们中有些村名也不过是在国民党重新划分村落边界的时候才起的名字。另一方面，仅有两个村子的行政边界明确地（还有两个可能）与传统的地方相同，而且现在也被命以同样的名字。在所有的情况之下，行政村落以及在它之前的大队，都包括一些在共产党的政府加以界定之前并不属于这个村子的部分。我已经提到过福建的两个联结起来的单姓家族村落的情况。这里说到的是小一点的那个家族村落，而且在摧毁旧式的对家族忠诚的影响上取得了暂时的、部分的成功。在所有村落中，地域性的庙宇和宗祠受到破坏，或者因为有仪式上的禁忌而挪为他用，而新的政治庆典仪式、会议以及动员的地域性单位，又把由传统仪式所划分出边界的不同区域结合在了一起。集体化是一个新的时期，它是一个比土地改革时期还要长的一个时期，也是与界定村落边界同步发展的一个时期。

然而，曾经承袭了集体边界的行政区划，现如今却失去了对产品和分配的垄断。更有甚者，行政区划再一次成为其他对地方界定中的一种。土地重新分配给家户、资本主义生产关系的再次引入，使得市场等级得以重新出现。庙宇及其区域体系的复苏产生了其他种类的吸纳层次,一个家户和一个村落在这些层次中安置自身,同时也被这些层次所安置。

行政的、市场的、财产和仪式性的等级确定又是彼此背道而驰的。一个地方本地化的仪式和地方性的历史以及谱系上的界定得以重新出现。但是依我的观点看,一种完全无法逆转的村民公共生活的实际是,国家的经纪已经转型为由国家将村落的权威与地域性的界定全部包揽过来的一种体制。国家的包揽不限于税收这一件事情上,它也是一种村落经济权力的制度,这些经济权力包括对已经界定为是"集体"自己的资源订立合同的权力、代理的权力、批准的权力以及经营的权力。这会变成将一个地方理解为"传统"的一种新方式吗?

对于村落或更小的居住单位,即指邻里或独立的小村庄而言,居民们所熟知的还时常是大集体时所指定的名称。他们常常称村子为"小队"而不是"小组",依照现在行政上的说法该叫"小组"而不是"小队"。同样,作为行政管理一部分的大一点的单位叫"大队"而不是"村"。这多数还属于一种记忆上的惯性。刚刚过去的集体化本身造就了一些习惯用法。通过在紧张的政治事件中的使用,通过村民谨小慎微有时还是积极热情的使用,这些用法融进日常生活中,并相对稳定地持续使用了二十多年。对于小组以及行政村的新的行政上的指定,还要花费几年的时间才能变成大家习以为常的事情,因为太缺乏接纳这些命名的政治事件出现。另外,在集体的指定中也有一些一直保留下来的正确的东西,并在党和国家内部使用时得到认可。村被称为"集体"和"公益"制度,注册为村和乡镇的企业也属于这种制度。国家承认村是最低一级的有效行政,即城镇("乡"或"镇")之下的自己负责福利的自主单位。

"集体"是官方的,并在党的政策实施范围之内。但这并不意味着会一直保持如此。但是在此作为政府一个单元的村落制度,肯定是要保持下去的。通过这样的界定,外加上其他对继嗣、地域和财产上的界定,村落便被认可为一个地方。但其经济权力的大小、它们是如何被组织起来的以及对它们做了些什么,则大不相同。

一个集体的地方

90年代的中国,每一个行政村都会有一个村委会("村公所"或"办事处"),村委会有着大量的对居住地或邻里,即称为"村民小组"的管辖权,每一个小组都由村委会任命一位组长。村委会的领导核心是由一个主任、一个书记和一个文书组成的三人小组。他们与其他村委会干部们常常都是村党支部的成员。

在1990年8月公布的一份名为"村级组织建设国家工作会议纪要"(中共中央文献研究室和国务院法制研究室1991)中就强调,要把村委会当成国家乡村社会基层组织这样的重要任务来抓。1991年的那份文件所强调的内容包括:至少在某些地区要由乡镇来为村干部发放工资。[①]在我们研究过的云南的两个村子,这也意味着三个主要的村干部应该去他们未曾任过职的村子服务三年。这还可能包括其他挣工资的干部,如村经济合作社的主任,他实际上通常从事农业工作。但不管乡镇预算是否有这一项,也不管村干部们是否征收这一项税款,给他们所发的工资必定是一件由地方来出钱的事情。1992年2月,中央政府发布了一个文件(第二号),内容就是,要进一步强化乡镇政府,其重点就是有关县级财政的支出方面(Leonard 1994:159)。同时,对村级组织的强调,从官方上可以解释为,这是在鼓励加强村民代表大会的政治参与。村干部可以通过选举而选出,或是由这个村民代表大会任命。但由我们的调查来看,在任何村子里,村民代表大会的作用或者影响力都不十分明显。显然,乡镇和村落作为中央政府的代理人,在鼓励把商品生产和市场交换作为物质发展的刺激因素的进一步改革上,被看成是起着重要作用。毫

---

① 感谢郭晓临提供的资料。

无疑问,取得巨大成功的乡镇和村办企业在这一点上还有很大的潜力待挖掘。但是,我们应该记住,他们的成功是极为参差不齐的,且呈现出地理上的相对集中的趋势。至于对政令本身的强调,这是带有全国性的问题,但这里也含有一种可能性,各种解释之间是相互矛盾的。哪一种解释会被地方采用,将依赖于中央改革者的努力(这些改革者当中也是分派的),同时也依赖于当地的资源和地方官员的政治倾向。

乡镇政府将村委会当成是它的前哨。但小组长和其他干部们,如管计划生育工作的妇女以及多数小学教师们的薪水,通常要由村里家庭税费来支付,这就如同各种各样的基础投资、公益事业以及福利供给一样。所以,它们的数量、质量和程度,都依赖于能由村里作主的资源的多少。"集体",也就是说行政村仍然是在家户之上的一种主要的社会保障的责任制度,这些责任的资源,有赖于集体征税的权力或是作为经济产品的经营者凭借自己的权利而获得的收入。

村行政有权力控制的两大资源就是土地和工业或其他的商业企业。从法律上讲,作为国家代理人的行政村是分配给家庭的那些土地的所有者。实际上,现在这就等于是一种余留下来的权力。因为一个家庭由于年老、疾病、土地贫瘠或不能传给养子等原因土地闲置,人们只好放弃耕种从村中承包来的土地,土地又被村子收回。另外面临要照顾缺少土地的家庭,村里因而需要对土地进行调整。在过去十年间,大多数村子在重新调整各家各户的土地分配时,这种余留下来的权力便派上了用场。这样的调整至少有过一两次,调整的依据就是家庭人口的变化。除了中央三令五申强调,为了保护生产效率而进一步稳定土地政策之外,并没有迹象表明,政策上会有什么大的举措来对土地进行大范围的重新调整,相反还是维持零零碎碎的土地回收的行政政策。土地的集体所有制名下余留的权力,主要通过向使用土地的企业征收土地占用费以及向承包契约一方的各家各户征收各种税费得到体现。

每一个村党支部和村干部们,也具有履行多数是从乡镇政府传达下来的政策的权力。有一部分政策涉及家庭经营土地时种子、新庄稼、水和肥料的使用问题。农业推广点虽不是每个行政村都有，但是大多数村中都有，不过活动开展的情况则大有不同，并且对他们处理问题的方法也不大认可。村行政帮助管理灌溉系统，制止因公共用水而引起的不可避免的纠纷。但灌溉系统的维护却多种多样，尽管都收了灌溉费，但有些村子维护得很好，其他的村子就可能维护得不怎么好。与此类似的是，多数村子都设有化肥供应站，富裕一点的村子还有拖拉机站。但对所有这些服务，家庭都要付费。

对于政策落实问题，人们经常会讲的故事体现的都是一种矛盾心理。我们研究的两个村子，就坐落在云南盆地北部的一个地方，这里，种植作为口粮的稻米是农户的主要任务。乡镇试图贯彻一项政策，引种烟草这一经济作物，这样一来，就可以使地方税收的基础水平有所提高。镇上分配给每个村子一定的指标，在一定的土地上种植烟草。在我们所调查的这两个村子，人们要完成目标就意味着要把一些种植稻谷的田地改成种植烟草。各家各户都愿意用山边地而不是用山谷水浇地来种植烟草。干部们只好成群结队地去拔掉他们要求种植烟草的那些田里的稻谷。即便如此，这两个村子也没完成种植烟草的任务，因此，干部们就失去了原本许诺在他们完成任务之后发放给他们的奖金。地方村干部们尤为对贯彻这项政策感到心理矛盾，因为他们也同意作为口粮的水稻种植比任何其他作物的种植都有农业上的优先权。但最后，他们还得一丝不苟、忠心耿耿地按照党和政府要求他们做的去做。这也是另一个小队和大队领导人所处位置的最好说明，他们都是处在了保护或领导村民与传达许多中央的政策和行政命令之间的位置上（Chan 等 1992；Oi 1989）。"集体"同时也是一种地方性的权威、一种为自己的投资和为个人声望以及其官位的私人利益的资源积累，另外也是中央政府的一个前哨。

福建南部的村庄，包括北石头村及其宗祠在内，像所有都市发展的边缘村庄一样,村庄会把土地卖给县政府,用以建公寓楼、学校和工业企业等等。对各家各户而言,土地是被收上去了,但他们也得到了一部分卖地的收益。而这个村子划出第三部分作为集体基金,其中有些用于建造一座新的村委会办公楼,同时一家私有的村办企业也落户在这座楼里。

另一方面,保持土地由行政村来集体经营,毕竟比行政干预土地使用的情况少见得多。在我们1991—1993年的调查中,十个村子中没有一个由村来经营的集体农业企业。而在其他方面,集体又会积极地组织专业户在他们联合的土地上从事农耕协作,这就像我们1988年访问的北京市怀柔县的两个村子一样。一旦工业快速发展起来,并且,如果集体管理的传统得以保持的话,那么在许多村落当中,就可能出现村落行政扩大的局面。但似乎还是以种植口粮以及有经济效益的农作物更为常见。在我们1991—1993年调查的所有那十个村落中,就有一些私人的种植经济作物的企业存在,至少在云南和甘肃的一些村,其他多数是在福建和江苏的村,情况都是如此。但仅在其中的两个村中,这方面有一种较大规模的联合的存在。有一个村是所有村中最富裕的,在福建南部海滨。多数村民已经离开了土地。他们工作在他们自己或亲戚的工业(服装加工)企业中,生产经过香港出口的成品或半成品服装。但他们另一个异常高收入的资源是虾床养殖。这些是村里私人持股的家户合作企业。村干部们对他们或其他村里的民办工业企业不起任何作用。相反,他们也会建立自己的私人企业,包括村委会里的人,如同福建其他村子那样,把电力供应站变成由私人来经营。

与福建南部的那种村行政和干部们都分散到了私人企业和非政府的集体组织中去的情况不同,在从公共事务到私人利益的转变当中,在我们所调查的安徽南部的两个村中的一个村子就采取了完全不同的形式。在那儿,村行政被一个村办公司有效地接管了。当耕地承包给家庭时,大片的过去属于公社的森林,也被开价卖给了家庭(而由更高一级政府控制的森林,是不能开价出售的)。有两个家庭,一个来自我们调查的村子,另一个来自我们没研究过的村子,他们都接受了那个价格,买了下来。两个人都把他们承包的责任田转变成了更大的生意。其中一个人在市场上销售木材,另一个人是我们调查过的村党支部书记。这个村子有一项传统的家庭手工业就是造纸。多数村都从事这一行业。1968年,在公社的行政领导下,成立了一个小型的手工造纸厂,以取代早些时候作为家庭副业的造纸活动。党支部书记将这个厂并入他的木材加工厂,并向他自己村及周围村出售股份,以增加造纸机器以及一座新楼房上的资金投入。从那时起,用银行贷款和县里的投资,这个小厂已经扩大成一个村综合性的工业企业,并在县城有一个分厂。而在其他村,通过独自经营和投资,企业得到发展和蔓延,这里的一个企业已经发展出了许多个企业来。

其他村的企业也属于这种情况,那就是企业会优先考虑雇佣本村人。的确,作为一种集体权利,村民期望受雇于这些村里的企业。但他们很快就取消了这种想法。雇佣的资格要求有企业所需要的某种技能、与老板的关系以及一份押金。如果雇佣对村民们来说并非是普遍受益的,那么由这一公司修建的水库和灌溉规划却使大家普遍受益。而且,党支部书记也在用他村里公司的收益来向外发展,并扩展到远处的贫困邻村,甚至还有扩展到更远的山里去的。这一贫困村仅有一个作为集体企业的小型钩针编织车间,还有几户家庭从事烧炭以及销售木材的生意。另外,所有的家庭都为口粮要从事耕种,但产量并不高。出外打工的人以及农业季节工用挣来的钱买国家供应的粮食,这样能使生活保持在贫困线以上。1992年,这位党支部书记开始跟他们那里搞林业方面的合作,并在1993年,由他的公司投资修建了一条窄路,使这个村可以往来机动车的运输,由此还可以通往此公司的一座新建包装厂,这一工厂未来要雇佣这个村子的村民。这里我们看到的显然是一个从事公益服务的企业,但却是私人持有股份的公司,这在政治上也得到认可。当这个公司开始扶持这个贫困村时,那位党支部书记被指定兼任这两个村的党支部书记。通过这次公司重组和道路修建,一个新的地方便形成了。

随着他的公司的发展,可能会出现这样一种情况:两个村子把由居民家户界定的一个地方合并成为"他们的"村子。在此期间,相对富裕些的村子的居民会依赖于公司给这个村子的报酬,结果他们自己不再缴税。教育、照顾五保老人、患病和受伤的治疗,都由村福利基金提供,因而也就是由公司占用土地的"管理"费来提供。还有其他的雇佣式的和私人企业的种类,那也是由这个村子的居民从事的,但至今最大的雇主和投资人不仅是在工业方面,而且还在灌溉方面以及村社会基金方面。村一级公司的出现,在很多情况下是一种势不可当的趋势,它的领导坚定地认为,作为集体是与党一致的。公司的管理和较高级的雇员构成了村里的精英人物。

现在,我们来做进一步的比较。在江苏南部,集体经营传统的保持,愈来愈多地是以行政为中心了。我们调查的两个村的行政,仍保持着对村工业企业经营管理的实质性权力。它们指定经营管理人,决定他们的工资基金,监督他们的生产计划以及持有他们的利润股份等等。管理者本身也是村党支部的成员,党支部书记则是每个村最大企业的管理者。尽管所有的家庭都还在务农,但绝大多数有劳动能力的人都在工厂里做工。两个村子中有一个村子,其工业与农业有紧密的联系,而另外一个村子缺乏这种联系。在这个行政村,最大的企业就是缫丝厂,一个由镇里经营,两个由这个村经营。第三个村的企业是一个小型的酿酒厂。由于桑树是当地的主要经济作物之一,因而家庭务农收入的一部分就依赖于丝绸企业。但其余的经济作物(果园和养鱼塘)则不是主要的收入来源。而在余下的村子中,企业完全是工业性的,与农业无关。它们同样会带来更多收益。

除去保留他们对村民的雇佣之外,依靠企业的主要意义是他们与村行政分享利润。村里在对企业利润持有股份之外,公共设备的安装(两个村的水电以及在更工业化的那个村中的供气），建筑以及学校全体教职人员的工资，还有大量的社会保障计划，都是由村来提供基金。村民们既不再为这些公共设备及其维护上缴税款，也不再为村干部和教师们上缴税款。但在第一个村，村企业以及村领导最初的自豪与喜悦都已经消失了，而在那个更加工业化的村子，村民们尚保留有高昂的自豪与喜悦。其中一位村民就认为，这些企业的经营更多的是为了经营者自己的利益，而不是为了村的利益。而另一个村的村民，则对他们村的领导和企业的经营管理抱有信心。① 但在这两个村，都像在安徽的两个富裕村一样，行政村及其企业都被认同为是"村落"。在这三个地方，行政村的意义得到了体现。

而在较为贫困的安徽村，在非常富裕的福建南部村以及其他五个我们调查过的村子中，"村落"是由应答者根据自然与经济条件来描述的，包括风景的秀美以及谋生的可能性等，而没有提及村领导。在云南的两个村，唯一的企业是小建筑公司，作为村里的企业而记录在村统计资料里，不过完全是由私人来投资和管理的，而缴纳的管理费也微乎其微。甘肃的两个村，唯一大型的企业是附近一家从每个村雇佣一些妇女的塑料纤维厂，它的启动资金由乡镇投入，但它实质上变成是自负盈亏的，它的管理者自己来做决定，企业的利润则用来扩大生产以及从事多种经营。即便如此，他仍决定保留而不是用生产率更高的机器来取代一个车间里劳动密集的卷轴工作。这表明他对乡镇贫困居民的公益事业的关心，为他们提供就业的机会。不过对村民而言，这种以及其他这类服务还远远不够，这些都被认为是要么与国家一致，要么与公司本身及其经营者的利益相一致，而非与一个地方或任何意义上的集体或公共财产相一致。

---

① 我们调查的样本是从行政村的户口簿中随机选择的。问卷中包括有一个问题："你为你的村感到自豪吗？"然后要求回答理由。对这一问题的回答，就是有关村民对他们的村落有何感受以及他们是否将其与行政上的领导行为等同起来的这类以及其他那些评述的原始资料。

总之,赋予这种新集体本质特征以及使村民们集中在对行政村这样一个地方给予认同的是两样东西的结合,即工业企业以及作为一个党或村"集体"的村干部的参与。不过,这仅仅是在中国许多地方性政治文化中的某些文化中才会发生。

家户及其网络

"父系结构的乡村家户不仅仅保留了它的合作特征,而且也在用它的灵活性来满足 80 年代所出现的新的可能性"(Johnson 1993: 119)。

随着各类流动人口的增加,家庭通过社会支持的个人网络系统,扩展了他们有关重要地方与其他居住地之间重要关系以及观念的理解。在我们调查的最贫困以及最富裕的村落中,有一半或更多的家户都有成员生活在其他的省份当中。

在我们的调查中发现,对于企业家和村干部而言,亲属关系重于朋友关系,尽管这些亲属关系是通过母亲、姐妹以及女儿的亲属关系而建立,但与男性继嗣谱系建立的亲属关系一样重要。只有对工厂里工人的家庭而言,朋友关系才会重于亲属关系。

一些城市中心的近郊村实际上正在消失,因为许多家庭都已转为城市户口。另一方面,其他的村,甚至是在它们有了工业化之后,都强化了对一个村落的认同,并强化了更为强有力的以及资源丰富的家户之间的联系网络,尽管相距很远,但相互之间仍会保持联系。

这些个人的网络中也包括所谓客户(clientage)的那些关系。作为一位政治科学家,戴慕珍(Oi 1989)将注意力集中在个人联系与人情的等级而不是水平的关系上。我对这些关系所提出的一种看法就是,从她写她的著作之始,这些关系就已分散开来了。它们的分散也是下面同一过程的一部分,这个过程产生了不同类别的经济资源的等级、行政、政府与非政府的积累、政府与非政府标准的分离以及尊重与权威的等级。沿着这些路线,存在着一种村与乡镇精英的重叠。我要增加的深一层看法是,庇护人(patronage)的作用或客户主义(clientalism)是一种关系,它依赖于那种能够起作用的制度。一定要对这类关系在其中运作以及获得界定的制度与话语做出描述。中国乡村的制度所体现出来的并非是一种僵化的特征,就像戴慕珍的著作给予充分厘清的那样。

目前有关村落界定所关注的个人网络问题中存在相反的倾向。一方面,很显然,在亲属关系与朋友关系的网络中,村的重要性变得模糊了,而且下降了。这明显地体现在亲属关系以及朋友关系网络的扩展上,比如不同村的家户有着独特的相互支持的途径和网络,这些与其他家户的支持途径和网络在范围和界定上都不相同。另一方面,在所有这十个村落中,都有强化村落边界的倾向,在对其他村落的研究中也有类似的报道(如,Chan 等 1992:188 页以下),这缩小了婚配的范围,这也就是说,村内通婚有所增加。回到村里建立最有经济实力与政治影响力的网络,这也是很明显的。我认为,很大程度上,村落界定的特征不同于家户个人网络。它能够使分散的网络集中起来。其简明并有某种或他种配套的制度,使其不仅承载着一种浓郁的地方感,而且还承载着一种强烈的权威感以及由此而获得认可的领袖感,这自然会带来一种方向感,这是一种未来以及一个叶落归根的地方或者至少是常常提起的地方。作为庙宇或宗祠领袖以及盛大的欢庆,能够将另外的不同的风水观以及家族裂变分支之间或姓氏之间的竞争统合在一起,并将他们变成一个统一体内部的分化,这样一种统一体或者说集体性的权威,或者两者一起为其他模棱两可以及分散的网络建立起了一个中心。

集体的地方与传统的地方

在最近十年里曾有过一股建房风潮。在这十个村中,每个村都有些家庭请某位地方上的风水先生来为家里作护佑以及确定方位的仪式。依照风水来看,一个地域是能够变动的,这种观点仍然有效,偶尔还会得到应用。但在有较强企业与集体经营管理的三个村,没有一个村有过去这种看风水现象的抬头。那个贫困的安徽村也没有。我们发现了一种传统和集体对地方界定的变化范围,这是一种极端的变化范围,即从传统的支配及其对行政界定的彻底取代到集体或行政上对传统界定的废除这样一个范围。

在已经重建完成的庙宇和宗祠那里,庙宇和宗祠所拥有的只是在此之上建造这些建筑物的土地,另外再加上一座院落。庙宇以及祖先的公共基金尚没有得到恢复。重建庙宇和恢复节庆都要有赖于公共赞助。从每家每户而不是从土地及其收益上来敛这笔钱,这才是自然状态的地方上两种核心的重要体现。

在福建富裕的沿海村落,在过去十年中,大量公益性的事务和福利都是由行政来负担的,比如铺设公路和小路、重建小学和中学、重建两座宗祠,这两座宗祠兼作老年人活动中心。实际上,扩大基金以及对这些工作的管理,都有赖于另外一个组织。村里领导坦白地承认,这个权力不在他的村委会手中,而在另一个委员会手中,这个委员会是由学校管理委员会、村落家族委员会以及村落华侨委员会联合在一起的一个委员会。这个村的学校是在 1921 年由地方上的家族创建的,并由海外移民提供基金资助,带有共和人士的强烈的推进一种崭新的、民族文化的目标。今天,学校管理委员会又在村里的菲律宾移民协会的办公室中出现。全部三个委员会的成员都包括有前任的干部与华侨。这些都需要正规的政府认可,获得这种认可,当然不存在任何问题。在这里,我们把行政的地方并入到传统的地方中去。当然,它是"公共的",不过内容却是代理权的混合,其中有许多都是"私下"任命的,这不管他们是干部还是前任干部的家庭以及华侨家庭。但这个委员会,跟村民的工业和商业企业没有任何组织上的联系。这些企业的管理者和代理人之间的主要关系是亲属关系。有一半的注册户实际上居住在香港和海外,这是以他们的企业法人的身份在工作。其他的企业是朋友式的股份合作。这些人一起来对学校、宗祠、庙宇以及其他的公益性事业提供赞助。

这个村是对安徽南部那个在森林上采取新的合作方式的村的补充。安徽村是村干部也被纳入进来的一种新的股份合作;在福建的那个海滨村,这种组织还保留着传统的制度,一些私人企业的资源就通过捐赠的方式而投到公益事业上来,由此村干部们的官方角色就被消除了。

在我们的调查中,其他福建南部的村落,便没有这类丰富的海外联系,也没有行政与自发组织的合并,尽管村干部们都参与到这两者中去。像福建和广东的任何一个地方那样,庙宇和宗祠得以修建起来,由于公共的赞助,庙宇和宗祠的节庆也得以保留。在这个村落中,这些建筑由一些非正式的委员会来管理,委员会的权威领导是一位前任干部,他从一个贫穷的、没有文化的以及没有家族地位的农民,一跃变成一位负责该地区工作的党的干部。在50年代以及"文革"当中,曾因丧失立场而两次被抓,现在充当这个地方一家联合企业的管理人。尽管他不是一位传统型的领导,但他还是领导了他所在村的传统化过程,尤其是修建了庙宇和宗祠。另一方面,村行政的公益事业、修建村办公楼、加宽和硬化村公路,都是靠村行政征税的钱和向居民派工来组织和偿付的。学校则处在这中间。这所学校是在1932年由家族的族长们创立的,得到当年民国政府的"县"和"保"这样的权威机构的鼓励以及对全部课程的批准。然而现在,它却不是由自愿的捐赠,而是由政府和村民的各种费用来资助,在接受家族长老们传统上的支持的同时,凭借他们在重修宗祠上的行为,这些长老们的地位也得到仪式性的恢复。这是一所部分具有民国前和部分具有现代化村落历史的国立小学。

在这个村,有几个裂变成为两个家族的自然聚落,每一个都已成为一个独立的村。我已经提到过这些裂变分支中的一个以及两个传统家族村落中较小一点的家族村落的宗祠变迁。借助存留下来的权力以及来自征税和出售土地给县政府的收益,行政村仍然让两个传统的自然村结合在一起,并通过许多发展规划而与乡镇和县政府联系在一起,这里也包括所谓"北石头村"的规划。村民们受益是由于能到位于村落行政边界内的工厂里打工,但是并没有固定的名额规定。边界本身是在变动的。但是较大的传统村落的地域保护者的庙宇和节庆,业已变成了最生动的集体活动以及对这个地方的认同,而轮值的责任界定了与民国前相一致的次级单位。与福建沿海的村落相比,这里的村落因为极为靠近一个正在发展中的城镇,所以村干部们通过他们的行政权力和关系而得到的经济资源可能更多一些。但这些收益既不融入传统机构中,也不融入作为行政村落的集体组织中。在这中间,县、乡镇和村的行政干部,由于公路建设与发展规划而把传统村落的那部分加以城镇化,取代并重新分割了那两个家族。反过来,通过他们自己对权威的重新界定以及对此权威的重新恢复,既有的权威领导得到撤换。

村落行政有这样三个方面:第一个方面指的是由上级政府和党委派下的征税以及其他责任。第二个方面指村干部们的职业前景与个人利益,二者都以经济绩效作为主要的成功指标。第三个方面是指公益服务以及受到村民们欣赏的领导行为。在福建南部的那两个村落中,头两个村落在价值上远远超过第三个村落,第三个村落已经依据传统的村落和它们仪式性的界定而得以重新界定。

在云南盆地北部和甘肃谷地,村行政与领导行为中任何一个方面都极少有发展的可能。这一村落的两个聚落,每一个聚落占据一个地方,但都很小而且分散,其中包括有许多前后在这里不过四代家庭史的住户。甚至对这两个更封闭也更古老的村落的界定,较之我们调查的江苏南部和福建南部的四个村落而言,并没有什么意义。村行政和小组长们的活动更多地出现在云南村而不是甘肃的两个村,但是活动的积极性和权力是来自于乡镇或县里。而在甘肃调查的村落,村级行政处于休眠状态。这里的一些聚落对地方传统或者当地化的界定,集中在对小范围地域庙宇的缓慢重建上。但一个更生动的焦点是每年在山上的集会，这一集会举办地点是在山上的一系列庙宇那里，这些庙宇是由整个山谷以及远至省城的来访者捐献而重建的。在这里，一个多村落的地域，似乎成为一个要比传统上小的自然聚落这一单位更为重要的地方。与之相类似的，在云南盆地，有意义的地方似乎是整个盆地以及在其所属的坡地上重新修建的佛教庙宇，妇女们一年数次聚到这里诵经并一起吃饭。

仅仅限于我们调查的这十个村子，要找出什么是一个村落可能的范围，那真像要找出它的有趣一样让人坐立不安。唯一不变的是行政村，即所谓的"集体"。但是对于村民而言，它的财产和意义却依赖于其工业企业的规模以及对它们的管理方式。在两个江苏南部村，共产党的集体管理的传统取得了成功，由此而期望获得包括提供公用事业和社会保障方面的利益，这是其他村落当中所没有的。在富裕一些的安徽村，村办公司同样被认同为是集体，但却是一种私人持有股份和行政投资的混合，而且是私人管理和地方公共利益的混合，在这里，公共利益中的"公共"二字意味着的是一种村集体，这是远比分散开来的股东和对其加以投资的上级行政更为狭隘意义上的一种村集体。贫困的邻村很快就被这个村吸纳进去。这是否能够成为自1992年以来所宣传的新型股份制农村企业的一个先驱？他们这些人还会一以贯之地继续热心地方公益服务吗？

在飞速变化的中国农村经济改革中，不管他们是否真的会一如既往地从事地方性公益服务，这些现代化的集体村庄，仍是我们所研究的十个村落中未曾恢复传统制度中的少数几个。在这些村落当中，对祖先的祭拜都是在家里举行，而非在公开场合举行。庙宇及其过去在民国以前的殿堂，尽管在地方历史中有记录，村中的年长者对此亦有所记忆，但并没有得到重建。

相反，在福建南部的两个村，村中的庙宇及其殿堂都得以重建，节庆也得以恢复。现在它们提供了最有意义的对这个村落作为一个地方的界定,而其他对村干部而言有着实质性的余留下来的权力以及机会的"集体"界定,在每一个村落当中也是存在的。两种村落界定与活动之间的不一致,也是两种权威以及两种动员物质资源的手段之间的不一致。在这两者之间的缝隙,就是非正式的权力策略与由互惠和面子标准来判定人际关系以及责任的伦理空间。利用这些标准来获得权威的非正式权力,在行政以及其他等级中的各个地方加以运作,这其中包括最本质意义上的集体村落。但这在有些地方表现得很公开,如福建南部,那里明显地存在有多个村落制度,但其中只有一个是行政的"集体"村落的制度。

在江苏南部和福建南部,任何一种对村落的界定都是很鲜明的。但是在我们研究的云南北部和甘肃东部的村落中,在小的聚落之上,还有一种更弱的"村落"感,即使在那里,行政村只是诸多封闭的聚落中的某一个。村里的企业无关重要,倒是一个封闭的市场集镇(这也是乡镇的首府),或其他在山坡上被一片比乡镇更大和界定更加模糊的区域范围所包围的仪式中心,对"村落"而言更具有竞争上的重要性。由帕梅拉·列纳德所研究的四川的一个村落也体现了这一情形。然而,一个大型的乡镇企业仍然是为甘肃村的村民们提供支持和机会的一个地方性中心。

但如果村落总是一种两面行政,对村民而言,既代表他们自己的地方又代表国家,那么与乡镇、市场以及仪式的地方之间的其他关系,就会把这些对地方的界定分散开来,甚至变成一种对立。中央政府的地方办事处、中央银行的下属分行、国家的粮库和税务所,这些都是村民们所说的不是他们自己的责任而是国家责任的核心。这些都由非自愿的征税来提供资金,并由上级权威来加以控制,相反,仪式活动及其建筑物却是由自愿的捐赠来提供基金的。在改善他们自己的命运问题上,村民们表现得更为积极热情;相反,在处理他们中许多的人以及村还有乡镇干部们认为是上级政府的事务上就表现得没有那么积极,对此他们一般采取否定或消极的做法。从否定的意义上说,村民们通常不期望从国家代理人那里得到什么帮助，同时也不期望国家的代理人对他们干涉得太多。消极的含义是，他们知道要照章纳税，但如果看到使用税款不合理或滥用税款，他们又会对此加以抱怨。再有消极的含义是指，他们期望得到帮助，尤其在公路、卫生设备、灌溉系统的修建以及大规模的环境改善与维护上面。甚至一个吃饭和工作都在一起的一群乡镇干部也说，这类的事情是"政府"的事儿："如果政府没钱投资，那我们又能做什么呢？"

结　论

我不想以这种对国家关系上的相互矛盾的注解来作结尾。对在中国是否会出现一个市民社会的问题的偏见倾向于忽略农村社会，并且在一定程度上会将注意力固定在受国家所浸染的社会上去。这种其他人也描述过的国家与社会共生的现象，在我看来是过于重视"国家"在经济关系和组织的生成中参与和涉入多少的问题，或者是相反的问题，也就是国家政府逐渐变得自主的情形如何。

希望我已经指明，在超越家户之上的次级地方感（second-order sense of place）以及制度性的或混乱的界定的层次上，存在有两种类型的确认地方及其领导的制度，其中一种类型的制度只是基层政府的行政，另一种则是由下而上的"传统"权威以及他们在文化知识与地位上的声望等级。二者都经历了政治变迁与经济增长过程的转型。从政治上来看，对私人企业的扶持，正在产生出市场、承包与信贷的中心性地方等级。个人联系的水平关系对于绝大多数家庭变得更为重要，这样的关系触及到了在各种各样的点上进入到这些国家以及其他制度中去的那些等级关系。它们与并非私人的诉求或对政府的抱怨以及与其他同样并非私人的销售与购买的关系同时并存。它们也加入到更加个人化的有组织的庆典与娱乐活动的制度中去，尤其是参加到那些地方性的节庆与体育活动中去。

希望我也已经表明,存在有一个很大的,或许是令人吃惊的可能性范围,这可以像下表所总结的那样。

次级多重功能的地方界定

	传统的		现代集体（强的乡镇联结）	合作（弱的乡镇联系）	传统和现代的结合	传统和现代的分离
	村落	区域				
1.	+		—			！
2.	+			—		！
3.	—	—				！
4.		—				！
5.	—	—			！	
6.		—			！	
7.			+			
8.						
9.				+		
10.				—		

+ ＝强烈的感受，— ＝弱的感受，！＝是

1＝福建内陆村,2＝福建沿海村,3和4＝甘肃村,5和6＝云南村,7和8＝江苏村,9和10＝安徽村

在提供这一表格时,让我阐述一下它的用处。它仅仅是一个框架,一个外壳,它远不如我自己开始介绍所要求的以及我引证的说明性例子本身所暗示的那样具有实质性。来自基层的对于领导、权威以及尊敬的更为细致的研究,诸如列纳德和弗劳尔的研究,还有来自上面乡镇和县级水平的研究,如戴慕珍的研究,都必须予以考虑并接受,以此来为任何一个"村落"及其地方提供一幅较为完整的画面。当做到了这些之后,或许就得要对这个表有所修改,这也可能超越了目前我们的认识水平。同时,不管怎样,这个表的确提示了一种可能性的范围。这不仅存在于我们调查的村落基层组织当中,而且还存在于这些村落以外的基层组织中。

参考文献

Chan, Anita; Madsen, Richard; and Unger, Jonathan. 1992. *Chen Village under Mao and Deng*. Berkley: University of California Press.

Duara, Prasenjit. 1988. *Culture, Power and the State: Rural North China, 1900 - 1942*. Stanford: Stanford University Press.

Dutton, Michael. 1992. *Policing and Punishment in China: From Patriarchy to "the People"*. Cambridge: Cambridge University Press.

Feuchtwang, Stephan. 1992. *The Imperial Metaphor: Popular Religion in China*. London: Routledge.

Johnson, Graham E. 1993. "Family Strategies and Economic Transformation in Rural China: Some Evidence from the Pearl River Delta". In Deborah Davis and Stevan Harrell, eds., *Chinese Families in the Post-MaoEra*. Berkeley: University of California Press.

Leonard, Pamela. 1994. *The Political Landscape of a Sichuan Village*. D. Phil. dissertation, University of Cambridge, England.

Oi, Jean. 1989. *State and Peasant in Contemporary China: The Political Economy of Village Government*. Berkeley: University of California Press.

Siu, Helen. 1990. "Recycling Tradition: Culture, History and Political Economy in the Chrysanthemum Festivals of South China". In *Comparative Study of Society and History*, pp.765—794.

Wilkerson, James Russell. 1990. *Other Islands of Chinese History and Religion*. Ph.D. dissertation, University of Virginia.

中共中央文献研究室与国务院法制研究中心编,1991,《新时期农业和农村工作重要文献》,北京：中央文献出版社。

（赵旭东、孙美娟译）

附录二 克里斯玛理论与某些华人生活史的事例[①]

在这个讲座中,我想给大家提供一个例子,以期展示人类学的个案研究是如何发展和改造一个理论的。我们都曾经有过这样的经历,即偶然碰到一个非常特别的人,他的远见和目标的独创性令人钦佩。在英语中,现在常常把这样的人称作是"有克里斯玛气质的(charismatic)"。但是社会学所讨论的则是一种关系,即领导和追随之间的一种特有性状。克里斯玛这个词在起源上是与宗教有关的,意思是得到了上帝的恩赐。在汉语中,它经常被译作"神授能力",这就使它的宗教起源外显化了。

德国解释社会学家韦伯,把基督教的克里斯玛观念变成了经验分析的对象。[②]它成了三种纯粹的权威类型中的一种,这些权威要求自愿的服

---

① 本文曾以"克里斯玛理论和中国生活"为题收录于《二十一世纪:文化自觉与跨文化对话》,北京大学出版社,2001。英文部分内容散见于:Stephan Fetuchwang and Wang Mingming, 2001,*Grassroots Charisma in China*,London and New York:Routledge.

② 这个观念也早已被 19 世纪的欧洲思想家们改变成为关于天才和追求权力的愿望的理论——其基础就是人类的传承和人类的潜能。从它的宗教意义或它所拥有的神圣能动性来说,克里斯玛被心理学化或哲学化为一种类似人格的东西。在社会学中,宗教本身就是一个分类体系,是关于社会生活的事实而非对社会生活的解释。这是一种策略的最终结果,这种策略从 15 世纪欧洲的人本主义出发,而且一开始就是政治性的和智识性的;它也是一种外交语言的最终结果;或者一种既是基督教的同时又是反对经典的古希腊罗马传统的哲学的最终结果。但是这并不能弥合西欧教会中清教徒和天主教徒——他们在欧洲帝国(转下页)

从,这种服从可以是对某个人个性中的特殊力量之类的天赋的服从,也可以是对呈现在某个人身上的上帝的恩赐的服从。另两种类型之一就是传统的权威,是由因为经常这样做因而应该一直这样做下去这样的想法而导致的服从。第三种权威的纯粹类型是对规则和它们的管制的服从,比如对法律的服从。当规则和程序被理性地而非人格化地当成效率来认可时,这种权威也就是科层制。传统权威和法理型权威都倾向于变得常规化和制度化。与这两者相比,克里斯玛型权威在韦伯的分析框架中具有特殊的和优先的位置,因为它是创造、发明和革新的准则。

克里斯玛可以是毁灭性的,也可以是创造性的,但它无疑是历史中的活跃力量,而其他两种权威则代表了历史上的死寂。克里斯玛型人格和它的追随者崛起于其他两种权威类型内部产生危机的时刻以创造一种新的合法性。两者之间的关系可以用热诚来概括,这种热诚有时候将会达到一种狂喜的状态。克里斯玛仿佛是身处社会机器之外的而能推动社会改变的造物主。①它是社会发明和创造历史的原则。

五十年前,格思和米尔斯(Gerth & Mills,1948:72)已经注意到了克里斯玛概念在韦伯那里是作为"历史上人类自由的一个形而上学的媒介"来使用的。这是一个表明凭借人格获得领袖地位的概念,和上帝的

(接上页)的君主们和政客们当中各自拥有支持者——之间的裂隙,也无法试图在三十年战争中通过武力重新统一基督教,这场战争对欧洲大陆的大片土地造成了毁灭性的打击,人口也大量减少。但是在威斯特伐理亚条约(1648年)——该条约结束了三十年战争的创伤——中使用的策略就是建立起一个拥有固定领土的,并把人民加入宗教教派看做是由君主或王子来做出决定的事情,从而使得基督教成为一系列的宗教教派,而宗教也成为与个人信仰有关的事情,服从于国家主权或国际体系。通过宗教的这一分离和臣服,逐渐地就使一种普遍性的人道主义扩展成为经验社会科学。它们之中的社会学提供了一种表达世俗容忍的语言,使得把原先相互排斥的真理和遵循真理的实践结合在一起。

① 我认为这种纯粹类型有两种主要来源:一种来自于希腊和罗马的宗教,以及它们的英雄故事,这些英雄作为人具有某些神的力量,或者能够在主显节之类的节日里和神相斗;另一种来自于一神论宗教,比如犹太教、基督教和伊斯兰教的圣人和预言师。克里斯玛指的是一种混合了武士的狂热、圣人的庄严和救世主的承诺的品质。但是韦伯在此之外加上了他从自己关于世俗政治的知识和对多神论社会的阅读中得来的其他例子:煽动性政治家的情感诉求、萨满教的通灵和中国皇帝的天命。

选择这一概念十分相似。我认为这是政治传统的一个特色,在这一政治传统中,韦伯看到了他自己。①我想看看当我们从人类学角度出发把克里斯玛作为一个概念来对待时,它将会是一个什么样子。接下来,我将在一个更接近于其他人类学家所使用的理论来源的背景中,而非韦伯的理论来源的背景中来考察它。在我论文的摘要中,大家可以看到几个人类学家对韦伯的理论的处理。在谈论我自己的个案研究之前,我想先集中谈谈其中的两个人类学家的工作,这两个都是欧洲之外的个案研究。

唐纳尔·克鲁斯·奥博莱恩(Donal Cruise O'Brien)在为他自己主编的关于非洲伊斯兰苏菲教派(即伊斯兰教中倡导泛神论和神秘主义的教派)的兄弟会的研究论文集所写的引言中,挖苦似地提到说,要想在关于穆斯林或关于基督教圣人的研究中找到韦伯的纯粹类型的例子是多么的不可能。人们只能找到 NQC,即并非十足的克里斯玛。书中的所有个案都是对那些在韦伯看来只是常规化了的克里斯玛的研究,但这种常规化了的克里斯玛经常爆发成为叛乱性的社会运动并产生新的社会继替线路。从苏菲教派的案例中得到的最重要观点之一就是,在克里斯玛感召力的形成过程中包括了禁欲主义的训诫。我们可以一次又一次地在这些例子或其他例子中发现,精神和肉体的修炼(这些修炼有时候借助于药物,以及学习圣经和仪式表演技术的艰苦实践)既是创造性,又

---

① 作为一种前现代的公共组织形式,韦伯把克里斯玛描述成为选举一位独裁者,在选举过程中,天恩是由一个虔诚的追随者团体给予的,后者拥有随时收回的权力。在一个现代国家,此一现象的最常见例子就是政党领袖,他们被韦伯描绘成为"克里斯玛权威的一种类型,其权威要素是伪装的"(1947:388)。相反,失望的怀念人本主义自由情怀的个体者被看做是另一种类型的政治家,既使没有追随者也具有良心和对天职的责任感。韦伯心中职业政治家的形象就是拥有坚定的信念,克服他自己对人民的失望,追求不可能实现的东西,"在硬木上钻洞"(1970:128—9;394—5)。也许有人能从这里看到在内在的热诚之外的冷静外表。职业政治家是一个政治上的禁欲者,遵循自己良心的戒律,以劝说的手段而非通过一个狂热追随团体的自愿献身,或像一个政治煽动家一样玩弄人们的感情,来期待获得大众的支持和追随。选举的出来的独裁者和职业政治家两者都是存在于韦伯称之为由伟大的资本主义利益、它们的国家和制度带来的"新的奴役"中的自由的掌管者(Gerth & Mills,1948:71)。

是权威性革新的基础。①事实上，我们可以发现，NQC 并不是常规化了的克里斯玛，而是关于克里斯玛的种种传统。

奥博莱恩的书中收入了人类学家缪瑞·拉斯特（Murray Last）的一项研究。这项研究描述了某地克里斯玛传统的转型，这个地方就是商业和军事城市卡诺，坐落在现在的尼日利亚北部。这是一个关于某个以军事起家的国王的传统，国王不仅保卫着这个贸易和商业首都，而且保卫着自己的克里斯玛源泉，真主默罕默德。这是一个讨伐异教徒的圣战的传统。拉斯特的资料来源是穆斯林学者所记录的关于这个城市的统治者的一本编年史，作为克里斯玛式的权威，这些学者既是军事统治者的保护人，又是他的教导者。换句话说，这可以看做是当地的彻底克里斯玛传统在讲述他们自己的故事。卡诺的军事统治者在行使武力的时候从来就不是没有顾虑的。武力的行使必须伴随着穆斯林学者的巫术和符咒。但是，甚至后者也不一定就是保证。正如拉斯特评论的，这个城市处在长期的不稳定之中，因为与邻近的王国相比，它没有农业的基础。因而，按照他们的穆斯林编年史，国王们的战败和没落，尽管有时候是由于敌人军力庞大，但更经常的却是导缘于国王的克里斯玛权威的失败，

---

① 这里，最明显的一点就是，一个学生与老师（比如初窥佛学门径的人和一个禅宗大师）之间的个人关系是高度戒律性的，然而经常也是具有感召力的，或者不如说是处在一种把受启蒙（enlightenment）看做一个获得解放（emancipation）的时机的期待中。禅宗大师的不可预见性（unpredictability）是这一时刻中的触机（goad），它依赖于某一传统中的创新力（inventiveness）。一个演示性的例子就是音乐作品，尤其是在爵士乐的传统中。保罗·布莱纳（Paul Bliner，1994）在他开始撰写他的关于爵士乐的权威性的民族音乐志（ethnomusicology）之前，就已经完成了关于津巴布韦索那人（Shona People）的音乐和传统的一项主要研究，强调在"爵士乐传统"中，"作为谱曲基础的训练和宗教性音乐思考"的重要性（页 15）。他自己把索那人的生活方式和集体创作乐曲的表演同某些苏菲教派团体的音乐文化加以比较（页 498）。两者相同的利己主义伦理，加上被韦伯当做克里斯玛型权威的特征之一的对大师的深刻崇敬，本身就是一个传统。在爵士乐中，正如在任何一个围绕祭师的小团体中，包括了对大师的充满热情的模仿。"克服种种困难试图掌握爵士乐的求学者们经常从与偶像们的个人交往中获得灵感，正如他们从这些偶像们所拥有的信息中获得灵感一样"（页 41）。在爵士乐的传统中，甚至连自我独立和寻求个人表述都可能是很寻常的目标，尽管在苏菲教派的文化中，这一些并不是很受重视的。

或者导缘于他们敌人的符咒的强大力量。在这里,克里斯玛是由学者们自己的职业和经历,统治者对待学者们的慷慨,以及统治者自己的个人强力所共同培育出来的通灵力。同时,它也有赖于克里斯玛药咒的创制,而这,正是人们期望那些穆斯林学者们所能够做到的。对以上三者,即通灵力、符咒处理和武力的信赖,是使商人们为维持国王和他的学者的生活而支付税收变得合法化所必须的。不然的话,这些商人将跑到另一个城市,或者把他们的忠诚转向另一个统治者。正如拉斯特写道:"一个又一个的国王,都以努力追求避免军事失败,保持或扩展政治权力的面目出现。他们的追寻激起了许多创新和实验,其中的大多数无疑没有记录下来。"(Last,1988:190)①

被基督教徒击败之后,西非人受到了殖民势力的统治,这一变化对这种克里斯玛传统产生了巨大的影响。伊斯兰教成了反抗殖民主义的堡垒,但这只是在意识形态的意义上如此,非军事的意义上情况则不同。独立以来,对武力的垄断转移到了世俗国家手上,依赖大众追随的政客们开始寻找穆斯林信徒和其他种种符咒式处理手段的支持。关于领袖拥有一种强大的符咒式医治处理能力(圈外人称之为魔力)的流言和恐惧,现在成了培养苏菲教派所注重的圣洁无欲的替代方式。所有这些,加上生物性的医术和与欧洲人相联系的世俗的怀疑主义,在大众文化中是十分流行的。而且所有这些都是和一个得到法律认可的穆斯林国教的正统传统同时并存的。符咒式的医治方法于是得到扩展,这些医治方法包括精神着魔教派,而着魔信仰用于应对和促成任何一件事情,包括

---

① 拉斯特追溯了该世纪之前五百年时间内这一传统的转型阶段。首先,克里斯玛的源泉来自祈祷者本人和学者们的药咒,以及它们在首都的仪式性游行中的出现;然后就是在此之外,再加上把放在一个从未打开过的方舟中的记载天启的圣书的复本出示给人们看,该复本被认为是具有辟邪能力的。随着 17 世纪苏菲教派兄弟会的扩展,在同一个人身上出现的原始武力和克里斯玛的结合——因此,可想而知,这个人是既年轻又强壮,而非虚弱且智慧的——使得在某个国王或他的学者的身上得以融合了原先相互分离的权力的两种源泉。神圣武士们、武装学者和祈祷者以及战役所表现出来的圣者风度(saintliness),意味着在圣战中获胜本身就是他们具有神力的标志。这样我们就进入了目前这个世纪。

从生孩子、做生意到为政治追随者带来身体技能等等。拉斯特总结说，"这一扩展只是一个更大范围的对成功的追寻的一部分，更多地和运气而不是禁欲苦行相联系，它是繁荣，而不是衰退的产物。但是，在这些条件下取得的成功并不是'运气'；克里斯玛也不是一个偶然的'恩赐'，而是个人行使权力的能力中的一个基本组成部分"（Last，1988：204）。他看起来是在说，大众政治和资本主义经济已经使得克里斯玛的权威来源多样化了，也使得行使权力以支配人们生活的期望得到了传播，无论对成功的追寻其规模是大还是小。克里斯玛成了借助于符咒式的疗法获得的个人力量，而且在这类符咒式的处理中，只有一部分是和道德教导与宗教权威相联系的。同时，后殖民国家所行使的武力的合法性，建立在一个相信国家将在扩展着的克里斯玛权威的源泉中获得成功的信仰联合体的基础上。

现在，我们接着来看看一个更早的人类学研究，这个研究既不是关于伊斯兰教的，也不是关于一神论宗教的，尽管正是一神论宗教，才使韦伯得以凭借上帝选择的概念把克里斯玛引入了他的理论中。斯坦利·塔姆比亚（Stanley Tambiah）引入了一个关于克里斯玛式生涯的观念，以便弄清韦伯所写的和他自己在泰国佛教传统中所发现的东西的意思。泰国的丛林圣人追求一种禁欲训诫的生活，借此来达到塔姆比亚所说的超越状态，在这种状态中，早已跳出悲天悯人情感之外的圣人们接受凡夫俗子的捐赠。根据佛教的解释，一块产生奇迹的农田是围绕着一个圣人而向外扩展的，在这块田里，凡俗者可以耕种并收获土地上的产出。那收获好像就成了人们收集起来的护身符，其作用就是不时提醒大家记住圣人的德行。这是和卡诺城的穆斯林学者的符咒式处方差不多的东西。简而言之，一个丛林圣人的佛教克里斯玛生涯，与一个穆斯林苏菲教派的圣人的经历一样，要求对克里斯玛重新进行定义。于是，我们不得不再次谈到一个克里斯玛的传统，因此，我们也必须对韦伯关于传统权威的观念本身进行再思考。因为圣人的生涯是在一个包括了创新，而非仅仅重复的传统中展开的。①

　　塔姆比亚总结说,很简单,存在着不同的克里斯玛传统,它们每一个都有着自己独特的宇宙观(天地观),有着独特的关于超越性现实的观念以及独特的伦理。在那个例子中,克里斯玛的传统并不是常规化了的克里斯玛,而是一个和常规决裂的传统。这听起来象是一个悖论,但是企求拯救和奇迹出现并希望创造一个更加美好的世界的传统无处不在,这却是一个事实。在卡诺城的苏菲教派的圣战传统中,它是禁欲苦行生涯同武力和社会性符咒式处方或疗法的结合。在泰国丛林圣人的传统中,它是一个达到了慷慨状态的禁欲修炼,正是由于这一慷慨,他们赢得了凡俗者的追随。②每一种权威的传统都被政治领袖用来帮助他们获取成功或证明他们的成功。每一个传统也是对转变的期盼,它使现存权威的

---

① 塔姆比亚对韦伯(的思想)做出了人类学家至今为止所作的最完整和最深刻的重新阐释。除
　了我所强调指出的之外,他还提出了以下几个论点。一个佛教宗师,在他朝着净化道路前进
　的过程中,是由其他和尚做出任命和评价的。正如塔姆比亚所指出的,这一点与韦伯关于基
　督教中牧师职衔和圣人之间的区别的论述相比是完全不同的。关于佛教圣人的知识也不能
　支持韦伯在隔世的(other-worldly)狂喜与现世的(this-worldly)对天赋的服从之间所做出的
　区分。佛教圣人既有僧侣们有组织的追随,也有现世俗民的追随(1984:327)。塔姆比亚也
　以充分理由拒绝韦伯关于情感性(affective)行动和理性行动的二元对立。这一二元对立一
　直存在于韦伯关于克里斯玛权威的理论和他关于资本主义精神之起源的理论中,在这些理
　论中,他运用了他的万能的关于异世和现世禁欲主义的区分。塔姆比亚指出,对于韦伯来
　说,甚至连理性行动都是具有情感性的,也即非理性的、禁欲的源头;或者甚至在经典的关于
　异世神秘主义和现世禁欲主义的基督教个例中,也包含着这一二元对立的另一层面的极大
　成份。韦伯试图阐明犹太－基督教传统和它的资本主义将来的愿望在这里看来是咎由自取
　的。使塔姆比亚花了大段篇幅来做出阐述的克里斯玛传统之间的异同正是犹太－基督教传
　统中由神性做出选择和在常规化了的克里斯玛传统中由一个科层制化了的教会或国家来指
　定的使徒式的继替之间的差别。他指出,在佛教或印度教的传统中,禁欲生涯既是一种职
　业,又是一种标准,其来源不是一个嫉妒的上帝而是由佛祖留给这个世界的获得拯救的规
　则。在这里,顶替发号司令的神祉的是把人们从地狱拯救出来的种种方式和一系列的轮回,
　或者说菩萨的转世。在印度教传统中,对于神创的婆罗门的举止行为和他们的直线继替,都
　有严格的规定。
② 与苏菲教派的圣人们不同,泰国丛林中的圣人们组成了由一个个使徒小团体构成的网络,而
　不是一个从某个中心出发呈发射状向外扩散延伸的信仰团体。然而,最出名的丛林圣人,和
　苏菲教派的长老一样,成为种种集会场合中不可抗拒的力量,使政治创新合法化;或者被
　权贵和财富阶级塑造成为他们的保护神,为他们在泰国现代国家中已经占据的职位,或者他
　们对职位的追求赋予权威式的认可。

替代物得以合法化,或是对创新的期待,纵使它有时候可能以倒退的面目出现。

一个中国例子

现在我想描述一个台湾扶鸾教派的历史。这个例子可能离韦伯的克里斯玛领袖的版本更远,但它在任何方面都够资格作为一个具有宗教权威的领导权的例子。这个例子,既含有神灵的感召力,又含有大众忠实的追随,而且又是富于创新的。它们之间的距离不仅仅是台湾和韦伯所处的西欧的地理距离。这一例子所涉及的是较低层次的领导权,而韦伯关心的则是他和他的家庭所属的较高层次的政治等级。

我将要考察的传统和圣人启示录十分相像。与塔姆比亚所描述的佛教传统一样,我在这里把一系列佛教菩萨包括进圣人的行列。但是这个传统更多的是一个道教仙人,特别是吕洞宾的传统。与苏菲教派和泰国佛教的圣人相比,这里有一个很大的差别,即:中国的这个传统所讲述的并不是作为活生生的人存在的圣人,它所讲述的是作为神启的"作者"的神秘的书写,以及由那些神启赋予权力的那一类权威。①在这个传统中,神启是由通灵者,即乩童用一个分叉的木棍,也就是"鸾笔",在一个装满谷糠的盘子里画出来的,旁边有书记员记下痕迹所代表的每一个字,就是"鸾书"。

尽管神启经常可以追溯到一个更为古老的源头,它无疑是一个创

---

① 扶鸾是中国宗教史上展示神启的多种技术中的一种。对文字的崇仰,使得它和那种神灵附体的技术相区别。在神灵附体技术中,神启是通过一个活生生的身体和它的声音来显示的,而非通过扶鸾的书写。这两种技术却都为另一类神启——即道教大师的仙术——的支持者所反对。但是道教圣典中所编入的许多文本本身就是天启的结果:对《老子》一书的再阐发;或者一个神仙的法术,这个神仙处在他冥思和修炼生涯的高峰,达到了一种完美的并通晓世事的状态;或者道教大师对皇帝枕头上的神秘文字或他梦中的意象所作的解释。我之所以选择现在时来描述这些关于神启的传统,是因为,当帝皇们从中国历史上消失时,扶鸾活动、灵媒们和道士们却依然存在。

新。扶鸾活动使得新的宗教教派和复兴的社会运动获得了权威。我想做的就是显示它是怎样和领导权相联系的,但是首先,我必须描述这个传统本身。为了做到这一点,我利用了人类学家乔丹(D. Jordan)和历史学家欧大年(Daniel Overmyer)的研究成果。①

欧大年找到的第一本完整的记录神启的书其年代是 1622 年,接近明朝末年。②和当代台湾的扶鸾活动一样,它的作者也是手持分叉木棍在谷糠盘里划字的通灵者,或称灵媒。该书是按照已经很正规化了的"宝卷"的形式编撰的,其通灵作者的名字叫"纯阳",是道家炼丹者兼神仙吕洞宾的另一个名字。③记载下来的神启具有身体的和精神的双重治愈力,这一结合在许多医学传统,包括穆斯林的和北尼日利亚的那些传统中是

---

① 事实上,乔丹是在说,许多信从者,正如他们自己所说的,只不过是"喜欢崇拜"而已。他们愿意相信但同时却很多疑(Jordan & Overmyer,1986:270)。他们总是动不动就把自己的心思从日常生活和日常事件的场景转到乔丹所称的恐怖场景中去,在这一场景中到处充满了恶意伤害的迹象和神灵行使干预的庙堂。但是在这样做的时候,并不是所有人都在同等程度上备着进入这种转向。一个比其他人更容易发生这种转向的信从者,为我们提供了一个极其普通的例子:王太太在一次外出购物时被自行车撞倒,除了她刚买的三个菠萝摔坏了之外,她本人却没有受伤。她说是一个神灵让她去买菠萝的,因此救了她(Jordan & Overmyer,1986:272)。但是其他信仰者却认为她太迷信了。对一个关于克里斯玛的研究来说,更为重要的是,追随们同样愿意接受证明他们的教派领袖损害他们的利益投机牟利的证据并把他赶走,以便挽救教派自身的圣洁性(Jordan & Overmyer,1986:275)。换句话说,追随们检验神迹和现世事件之间关联的现实性。他们愿意相信它,愿意相信神灵感召的奇迹,但是受神灵感召的领袖需要证据,这一证据需要领袖自己提供说明。某些说明是从他们教派的教义中引导出来的故事和结果。但是另外一部分就是这些领袖们的行为举止了。
② 向一个神或仙祈求,之后在一种入神的状态下书写神启的做法,早在宋代就已经存在,但是在接下来的几个世纪里却一直成为那些试图猜中科举试题的考生和试图获得创作灵感的文人画客的追求。在最大众化的拜求对象中,被认为已经获得了作为一个神灵的完美性或在天庭里爬升上了高位的是三个到今天为止仍然在最重要之列的拟人化了的神或仙:关公、文昌君和吕洞宾。从这时候开始,这一传统成了社会底层和广泛流传的文学中的传统之一。
③ 作为对正统的热忱的一个标志,宝卷中甚至包含了对建立邪教的警告(Jordan & Overmyer,1986:46—7)。乔丹和欧大年能够追溯到的第一个展示宗教道德的小册子——与当今台湾以同样方式编成的那些十分相似——是 1792 年关于四川一个以"妖言惑众"为名——正如官方学者所记载的——被逮捕的男子的报告,该男子因为把一些据称是一个汉代皇室后裔所写的反叛诗文编集起来而获罪(接下来的就是来自杭州的 1815 年的一本记载了一个以扶鸾式神启预告一个姓朱的明朝新皇子的诞生从而蛊惑民众的男子的历史文献)(Jordan & Overmyer,1986:44—5)。

很常见的。①正如奥博莱恩针对苏菲教派的兄弟会所说的那样,我们也可以说中国的秘密教派自身挑起了一种对道德生活和社会生活的当前状态的焦虑感。清代的官方报告将证实这一点。但是,同样明显的是,他们在动荡的时代蓬勃地发展起来,这些动荡可能是由其他原因,比如日本占领台湾引起的。②

在日本占领之前不久的 1891 年,在一个名叫后山的产茶的山坡上开设了一个供奉吕洞宾的鸾堂,离当时新设的台北道的首府很近。这个厅堂后来逐渐扩建成一个很大的庙宇,当地人称"指南宫"。11 年后的 1902 年,一个名叫吕林乌木的药商走访了指南宫之后,建起了一座名叫"明善堂"的扶鸾教神坛。日本殖民政府在 1908 年禁止了扶鸾活动,但是在石碇和其他地方,人们违抗禁令把这一实践延续了下来。事实上,1914 年吕林乌木重修并扩建了神坛,使它和隔邻的石碇村庙相接。③

在日本占领的早期和中期,石碇有两个军事领袖需要人们记住他们。他们是土匪流氓,但参与抗日活动。其中的一个,陈捷升,后来为了金钱和房子放弃了抵抗,并且当上了石碇新设立的庄政府的头头。④吕林乌木是贪心的陈捷升的一个政治同伙。正如陈捷升既强大又贪心,既好

---

① 在中国,当道教成立时,它也是政府的一种形式(韦尔奇 Welch,1958)。

② 台湾扶鸾教派编撰的最早的道德书册之一,其年代是 1896 年,日据的第二年。它的神圣领袖是岳飞,一个宋代的军事英雄,他对国家的忠诚和贡献是该书第一部分的主题(Jordan & Overmyer,1986:31)。

③ 在台湾南部地区,类似的反抗走得更远。1915 年,一个扶鸾神堂的领袖领导了一场反抗占领者的叛乱,该神堂的乩词中包括了反日宣传、以魔力抵挡子弹,以及对胜利和一个新的中国皇帝的即位的预测等内容(Jordan & Overmyer,1986:34)。叛乱最后被镇压了。在石碇,没有出现像南部地区那样的直接武装暴动。但是,关于在日人统治之下,台湾住民能够提供何种类型的领导和追随的问题,在石碇和它的扶鸾教派的活动中,是十分活跃的。

④ 1995 年的访谈中,吕林乌木的一个养女认为陈捷升仍然是一个有良心的男子,利用自己的公职来保护地方利益。但是他的承担公职同时也是一个令人遗憾的错失,背离了他作为一个爱国土匪起家的形象。另一个土匪陈秋菊并没有犯这样的过错。他的一个母系后代在 1995 年把陈捷升和他作了一个比较,认为如果不是贪心损害了名誉,陈捷升将会被载入史册。这一点在台湾学者 1979 年编辑的抗日英雄事迹中得到了证明:在那本书中记载了陈秋菊的战斗事迹,却没有提到陈捷升。

又坏一样,吕林乌木也是虚弱和力量的混合体。1995年,他的养女用了一句话来形容他俩,即"他们是特别能干的人",这是用来谈论干练的首领的口头禅。但是吕林乌木没有在政府里任职。他沉溺于吸鸦片和嫖妓之中,他的养女把他的这些行为看做是软弱和固执的表现,把它解释成是对日本人的消极抵抗。尽管日本人发起了消灭鸦片和他们所认为的不科学的中医的运动,吕林乌木一直坚持着他的上面两种嗜好。但是在中国亲属关系方面,吕林乌木是底气不足的。他原本姓林,很小的时候就被吕家收养成为上门女婿。在家谱中,谈到他的婚姻时所用的词是"嫁",这是描述女人结婚的用词(谈到男人结婚时用的是"娶")。

在吕家的家谱中讲了一个从弱小到强大的故事,这可以被看做是一个克里斯玛式的生涯。[1]前言里描述了在他的一生中,吕林乌木是怎样卷入商战的。最后他积劳成疾。他向神灵请求帮助,但却没有用。他去看医生,但是医生的药物也不起作用。于是他就遭到了难以忍受的痛苦,甚至无法应付日常生活。这时候,他的兄弟吕新进建议他吃素以使身体得到净化,并以此表示对神灵的虔敬。他照办了,并到指南宫去向孚佑帝君(也就是吕洞宾在神谱上的尊称)企求保佑。……一天,神仙显灵并写道,吕林乌木这个人一无是处,但是如果他许愿从今以后能够在他的余生中做善事,他的行为和忠诚将会使神灵感动,他的病就会痊愈。兄弟俩在神像前的供桌上郑重许愿。许愿被接受了,神灵给下了指示,吕林乌木必须建立一座明善堂,并编辑一套五卷的书,每一卷以仁义礼智信五常中的一个字来开头。如果这些都做到了,那么这将被看做是一个一千年的功德。[2]吕林乌木确实建立起了一个鸾堂,并如他自己所许愿

---

[1] 这也是一个从商业到天恩的生涯,与西方传统十分相似。

[2] 据吕氏家谱记载,正是出于母亲让兄弟俩去参拜指南宫的请求,才使得他们最后许下心愿以期获得拯救。家谱的另一篇前言中记述了道德复兴的思想:"近世奸情淫风愈烈,大道黯弱,民人无逃于灾病;昏乱之途何时尽头?所幸石碇之凤凰圣贤(即乱童)无畏于艰难,本乡士绅勇于直面坚时。"

的,出版了五卷本的在那里记下来的"鸾书"。从印在其中一卷上的一个执事人员的名单中,我们并不清楚吕林乌木自己是否亲自扶乩,但是我认为他更有可能是一个组织者和政治领袖,由于他和灵媒的关系而不用自己亲自通灵而成为克里斯玛式的领袖人物。但是他的故事具有和灵媒或萨满相类似的模式,即从某种痛苦被一个导引的神灵治愈开始,纵使这样做需要通过另一个身体和工具(这里所指的就是灵媒)而不是他自己的身体,到后来被治愈者成了一个治疗者,或者如在吕林乌木的这个例子中一样,成了一个推进扶鸾活动的人,通过这些活动,其他人也能像他一样在道德上和身体上得到治愈。

就这样,吕林乌木通过一个中国式的扶鸾传统,通过指南宫里的道士给他的处方,而不是在日本官员建议他去的日本人开的戒烟馆里治好了他的鸦片瘾。在家庭的意义上来说,扶鸾是自我强化的,通过他的所作所为的功劳,吕林乌木把他的养父和弟弟从赎罪中拯救出来。我们可以从吕氏家谱中看到是神灵把信息传递给他让他这么做的。[①]吕林乌木自己的解脱可以被看做是通过同样的程序达到的。事实上,看起来由于他已经为收养他的家庭完成了孝道,所以他才觉得有回复本姓的自由。[②]他所建造的神坛是献给一个和收养他的家庭有同样名字的神仙的,但是当他把神坛传给儿子时,他的儿子只姓他生身父亲之姓,也即姓林。

到此为止,吕林乌木的忠诚看起来好像还是私人性的,出于修复家庭这一目的的,是一个限定在家庭义务范围内的公益行动。但是这一扶鸾教派的成员大大超越了他的家庭的范围。事实上它的执事人员同时包括了爱国的土匪陈秋菊和由土匪摇身一变而成的庄长陈捷升。他们

---

① 一开始是吕林乌木的母亲梦见他死去的弟弟在阴间活得很惨,她就让吕林乌木去指南宫通过灵媒与他弟弟见面,看他需要家里人给他做些什么。后来又去和他父亲见面。消除他们俩在阴间受苦的办法是吕林乌木在石碇建一所指南宫的分庙,这就是后来吕林乌木建立明善堂的缘起。

② 吕林乌木一直和他的生身家庭保持着密切关系,但是在此之前,这一做法是和他的吕氏养母的愿望相违背的。

对神龛的捐助都在最大的几笔捐献之列。此外,吕林乌木为乡里修建两座公路桥的捐款也得到了他们的配合。作为这一扶鸾神殿的创始人和首领,吕林乌木成了一个与官方的政府平行并且包括了政府头面人物在内的组织的领袖。①

吕林乌木确实曾经与日本当局妥协过。②他大力提倡办学,即使是使用日语来教学也罢,以此作为儿童,包括他自己的儿子和其他人的孩子的晋身之道。他甚至筹集资金帮助他们,使他们能够负担得起学费。但是他的爱国使命却是在传播一个信仰综合体时承担起地方性的事务,这个信仰综合体逐渐成了台北市区最受欢迎的庙宇的拜神模式,这些庙宇和指南宫都是有联系的。对吕林乌木来说,这是一种教导和一种礼拜仪式,用来使他和他的其他识字的同胞恢复健康。这是对经典的甚至记录神启的中国史料编撰学的新的回归。正是由于这一执著和这些开创性的成就使得他的养女记住他是一个特别能干的人。吕林乌木死于1942年,当时正是抗战时期。现在,在他的家庭之外,他已经很少被人记得了。但是他的儿子林清标,却被活着的崇拜者们很好地记得,其中的两个崇拜者是能干的当地的领袖。③他们向我们提供了一整套与关于宗教启示和林清标从他父亲那里继承来的使命的词汇表相联系的描述个人

---

① 扶鸾教派参照天庭和地狱设置了一个帝王官员的系谱。最重要的是灵官,是指南宫和石碇村庙的主神。还有六个神灵,即监察神、司礼神、户部司、吏部司和兵部司等。接下来就是扶鸾神堂的天庭政府:吕洞宾是主席,被称作孚佑帝君;他的三个分身充任了神堂的官员。监督鸾书是否正确的总理是关公,作为战神和财神,他还有一个名字叫"恩主公"。有一个副总理司职保护庙宇;另一个副总理,当地人称王灵官,司职编辑鸾书并作宣传。除此之外,还有两个部长,分掌刑工。

② 除了政府大楼和警察所之外,日本人行使权力的其他两个中心分别是初级小学——教学语言为日语——和西医诊所。1915年,学校的日本校长手书了一份关于村庙的报告。从报告的第二到最后一段,我们可以看出学校和村庙之间存在的长期紧张关系:1912年,村庙的建筑被学校用来作教室,但是两年以后,村庙重新进行了装修,庙执要求学校搬到其他地方去。学校搬走了,但是仅仅一年以后,又重新借用了村庙的部分房间用作教室。日本校长评论说,从这些事情当中,"我们可以看到教育和培养的影响力,它的任务之一就是要注意到迷信式的曲解(misinterpretation)的存在并消解它"。

③ 其中一人把自己和另外一人描绘成林清标死后石碇仅有的两个能人。

品质的词汇表。

在这些崇拜者当中,有一个名叫方贺田,说村民们是因为林清标直率才尊重他。当乡里的头头因为不给老百姓办事而犯错时,林清标总是大声叫唤他们的名字。尽管他很粗鲁,乡里的头头还是很尊重他。方贺田说自己喜欢林清标这个人。林清标是他的一个伟大的朋友。[①]另一个领袖,高笔能,是因为林清标的另一种品质才崇拜他的,他以为林清标是一个慈善家。但是林清标只能依靠自己的行动来宣扬自己,这是必须的,因为作为一个精干的领袖,粗鲁待人实在是一个令人遗憾的品质,虽然方贺田十分崇拜这种品质。[②]

和他的父亲一样,林清标也从未担任公职,但是由于他同他父亲的大众宗教活动的联系,他受到了日本人的尊敬和重用。[③]可是,从 1937 年到 1945 年,这一合作的基础不存在了。扶鸾活动最终被禁止了,村庙主

[①] 方贺田已经把林清标放入了一个神话式的过去之中。"像他那样的人再也没有了"。一个听到这话的年轻人接口说:"像林清标这样受人爱戴,行事尊严的人都是好人。现在人们越来越不关心别人的事,也不像原来当地人那样互相帮助。"

[②] 由于长期受到林清标粗鲁言辞的影响,高本人也认为当自己站在当地人一边反对外来者的时候,表现出了同样的品质。当他还是乡长的时候,他有权任命自己的官员,其中大多数是当地人。"国民党试图加以干涉。我成功地抵制了他们……当我挑选官员时,我考虑当地人的意见。当国民党建立起一个服务站的时候,它的主席是从外面派来的,而且经常更换。我年轻时脾气很坏。我要求每个新上任的主席在就任前先来见我。有一次一个新来的家伙不知道我的脾气,没来见我。我就把他叫到办公室,用骂人的话朝他吼,一遍又一遍地叫他的名字,直到他哭出来。后来国民党任命了一个台湾人当主席。他来见我,但他只说国语。我很生气地告诉他:'你不能说台湾话怎么能在这里当国民党的服务站主席呢? 滚回去再找另一个来。'这一招很管用。国民党又派了一个新主席来……我年轻时很孬。我很会咒人,大家都害怕我。现在还有人说老乡长很坏。"和林清标一样,高笔能也把羞辱他人的本事和为当地公益服务的强烈责任感——用高笔能的话来说就是"以老百姓的意见为自己的意见"——结合在一起。但是在高笔能的例子中,这一地位来自于他担任的当地政府高位,而对林清标来说,则来自于地方政府之外。

[③] 受到父亲的鼓励,林清标在石碇初级小学学习了日语,得到殖民当局的高度评价,被任命为许多由殖民政府赞助的公共组织的负责人。他是初级小学学生和家长协会的主席,当地农业信用协会的监察主席,以及一系列准政府委员会(调解、地租和税收等)的成员。他还是当地青年团的首领,负责维持当地秩序。但是这里有一个原因值得指出,就是他受过传统武术的训练,而且通过跟随他父亲参与当地村庙的节日活动而和当地两支戏乐团保持了紧密的关系。

神的节日也遭到了同样的命运。①林清标的克里斯玛权威来源被粉碎了。1995 年,从他儿子的口中,我们得知他的克里斯玛权威的复苏有它自己的传说。当时林清标请一个道长吃饭。酒酣之际,那个道士坦率而又激动地大声责骂林清标说:石碇的村庙年久失修破烂不堪,石碇丢人现眼了;你林清标自称是地方首领,这该是多大的失职啊。

　　与他父亲一样,林清标也和其他比较富裕的村民们一起为公共事业捐资。他的独特之处在于他还身体力行地投入到公共善事中去。比如说,他会亲自跑去修复被洪水冲垮的公路。但是,林清标现在自己承担起了他的主要的公共事务,即从 1956 年开始的重建村庙的长期计划。三年之后他就去世了。②这次重建使得原先用于扶鸾活动的神坛变成了一个供奉吕洞宾,当地人一般称之为"仙公"的公共厅堂,林清标给他重新取了名字,叫明德宫。当地人生活很穷以至于无法筹集足够的资金,于是林清标把已经收齐了的准备用于村庙落成庆典的钱先拿来救急,不够的部分由他自己承担。

　　林清标不太赞成大摆宴席和游神之类的节日开支,这与日本人和中国政府的态度是一致的。于是他发明了一种传统,这一传统一直延续到现在。这是在吕洞宾生日那天举行的一种新型庆祝活动,叫做"吃健康",这是在村庙里为孩子们准备的素食宴,这些孩子们立下字据把吕洞宾当做他们的精神父亲,或者如当地人发音叫作"吃父",这是孩子们可以依赖的父亲,从字面上来理解,在没有吃的时候,可以从吕大仙那里得到吃的。正如林清标对他的儿子所说的,鸾堂是大仙和其他神灵驻脚之

---

① 1937 年,扶鸾教派终止了活动。当时殖民当局发起了一场猛烈的战役,利用警察和学校来取缔当地教派,并在公共诊所里设立日本神道让当地人敬奉。

② 1958 年林清标去世之后不久,他的儿子就编定了家谱,在他献给父亲的颂词中这样写道:"他为人直率公正。他嫉恶如仇,一心为公,忠心耿耿。家教甚严。待人诚恳,生活简朴。鞠躬尽瘁,死而后已"(林德胜,1960:9)。清标死后不久修建起来的祖厅门上的对联这样写道:"马跃高处斗四夷,英雄美名传后世;两袖清风留汗青,尽忠报国永不移。"这一铭词是某类英雄传记的典型用语:是对正直坚强,勇猛有力,但却是非官方的人的描述,这些人以他们自己的标准向帝国尽忠。

处,在那里他们保护着孩子们的健康和精神纯洁。这是对学校教育的补充,因为在学校中,孩子们学到的是不同类型的知识。但是,正如他所指出的那样,日本人把台湾人看做是帝国中的二等公民,同时又试图通过学校教育来断绝台湾儿童和本土文化的精神纽带。战后,林清标重建了他和石碇国民小学的联系。在日本人统治时期,他就鼓励他的儿子当一个老师。1947 年他的儿子在台北的一个学校里找到了工作,但是林清标说服他的儿子回到家乡,让他担任石碇国民小学的校长。他们俩决定吕大仙生日那天学校应该放假,让学童们能够有空参加素食宴。①

无疑,我们可以说吕林乌木是一个领袖人物。他作为一个扶鸾神坛的领导者赢得了人们的追随,这一扶鸾神坛后来成了村庙的一部分。他自己并没有亲自舞动用来书写神谕的鸾笔,他只是组织了这一精神活动,而正是这才是他蒙受神恩的标志。证明他能够成为领袖的,就是他把神坛建到村庙这件事,以及他对公益事业做出的其他贡献。以一个更为公开,更为人们知晓的方式,他的儿子林清标延续了这一家庭传统,并使这一传统成为当地的一个地方性传统。②重建村庙这件事被他的道士朋友看做是石碇村的面子,林清标通过承担起这件事,就在当地打上了他自己家庭的面子的烙印。③

在村庙的诞生和重建这样的公益事业中,石碇村的面子和与有求必应的神灵相联系的非凡的灵力结合在了一起。在这一地方性面子的表达中,吕林乌木和他的儿子又加上了吕大仙的特殊灵验。他们自己呈现出来的作为他们自己的面子或形象的,以及他们被他们的崇拜者认为已

---

① 来自大陆的教师们住在重建起来的村庙里。当清标的重建工作和生命完结时,他的儿子仍旧担任校长之职,同时接管了村庙。

② “在石碇”,清标的崇拜者和朋友方贺田说:“清标名头很大”。为了证实这一点,方指出人们叫清标为“乌木标”,因为清标具有和他父亲乌木同样的性格。“他确实像乌木一样直率正直”。

③ 林清标的面子是一个精英的面子。另一个面子,村庙的面子,是第一个保护神,以及在神的名义下举行的更为包容性的花销庞大的游神赛会的面子。这里没有时间详细讨论这两种不同的面子,也不能探讨它们之间的张力对当校长的清标儿子的影响究竟如何。

经得到证明了的,是一系列个人特征的结合:比如说话粗鲁、强而有力、禁欲苦行、公共的使命感等等,这些个人特征可以以不同的组合形式在其他领导者身上发现,这些领袖人物往往非常干练。这些特征之所以能够在石碇村的这个例子中成为一个关于克里斯玛型领袖的独特传统的一部分,是在于它们的传递方式和它们所显示出来的对公共利益的关心。在这种传统中,家庭利益是作为范围更广泛的社区公益之中的内部公益而存在的;在这种传统中,一个人的名字(或者说名声)可以是一种表演性的力量,被人们大声呼喊责骂;也可以在颂词中被记载下来传给后代;在这种传统中,物质力量和道德疗法以内部的和外部的两种形体存在,人们可以在庙宇内,也可以在关于神仙的故事中找到它们。

结　论

我在这里讲给大家听的,只是一个关于克里斯玛领袖的小小例子。同时我也企图把它当做一个看似有理的个案,以此表明,个性特征的某一特定组合能够构造出一个精明能干的领袖人物的形象,这个领袖人物是人们所期待的,并且能够获得人们的尊敬和服从。我的目标并不在于提供一个中国式克里斯玛的详尽陈述,而只是想为大家提供某种传统的一个例子,这一传统也是对精明能干的领袖人物的一种期待。在这种传统中,领袖人物通过对殖民政权的不完全抵抗,以及开创性的公益事务证明了自己的价值。后者更为这种传统注入了新的因素。

我还必须告诉大家我所观察到的一个更进一步且更重要的事实:自从60年代以来,随着经济的快速增长,机会和风险也在迅速增加,而且由于政治控制的进一步放松,石碇这座山街吸引了不同种类的庙宇前来建立分庙,从而造成了庙宇数目的剧增。每一座庙宇都以一个灵媒或仪式专家为中心,他们拥有创造或利用种种机遇以提高生活机会的成功率的特殊能力,包括让人们成功地赢取选举或获得政治高位。这是一个与穆瑞·拉斯特在北尼日利亚的案例中所描述的情况十分相似的发展进程。从这些相距十分遥远的例子中我得出一个最后的推断,也即:随着期望和成功资源的扩散,克里斯玛传统也将扩展和多样化,支撑这一扩展的物质条件就是支撑市场经济和社会流动性的那些条件,当然也包括这些条件所带来的障碍和挫折。和在欧洲一样,世俗国家的语言和学校教育已经把死亡和不朽问题与宗教传统分离开来,转到了历史记忆和社区之中。每一个国家都和许多宗教有联系。即使它和某一个宗教的关系要比和国土内的其他宗教的关系更为接近,它也总是裁决它们之间争端的仲裁者,无论是公正的还是不公正的——或者是鄙视它们,把它们看做是落后的,或者是把它们培育成国家遗产的一部分,并把它们归入到该国家自己的历史话语中去。从相反的方向来看,宗教式的克里斯玛权威在国家之下变得零落了,但是它仍然是导致政治变迁和获得政治声望的一种手段。

这样,我就得出了关于克里斯玛的一个定义和三个结论,这是和韦伯的定义和结论正好相反的。这个定义就是"克里斯玛是对非凡人物的期待"。三个结论是:(1)并不存在初始的克里斯玛状态,有的只是关于克里斯玛权威的不同传统和不同修炼方法。在受人敬重的领袖人物身上表现出来的出众能力和他的举止行为坚定了追随者对一个他们所期待的改变生活的力量的信任。在这些传统中,关于克里斯玛的观念,包括韦伯自己的观念在内,都是关于恢复或重返某一权威源泉的观念。(2)狂热的发生是被诱发的,或甚至可以说它是在修炼和仪式中被表演出来的,这些修炼和仪式本身就是嵌入在禁欲苦行的和医药的传统以及关于热情的修辞学中的。(3)克里斯玛传统的扩展是和以下两种趋势相伴随的,即现代国家和法团机构的科层理性的产生,以及对社会和管理科学的应用的信赖的增加。对从疾病到健康,从贫穷到繁荣的解救的期待,事实上是由那些关于希望和伟大领袖的克里斯玛传统,以及由科层制和因人任事的意识形态所承诺的公平理念所推进的。按照这种方式来重新界定,克里斯玛理论既可以用来讨论韦伯自己的传统,也能够用来讨论其他的传统。它同时指出,传统是创新的源泉,因此,确立领袖地位不仅和人格有关,而且还和认知有关。

注　释

缺 Last 的引文。

(刘能译,王铭铭校)

附录三　三个政权之下的台北城市寺庙①

　　城市寺庙和节庆当属中国城市中最令人瞩目的制度之列。本文将以这些制度与自 19 世纪以来相继统治台湾的几个政府之间的关系为主线,来叙述台北一些重要的民间宗教(popular religion)的寺庙。

　　我主要的发现可以简要概括如下。在清代,包括台北寺庙在内的台湾的寺庙,其功能主要是充当政府的雏形(proto-government)和社会公共领域中的集合地点。在 19 世纪晚期的几十年中,在政治大环境稳定的形势下,台北的非官方寺庙可以被细分为三个互有交叠的类型:基于同乡关系的、基于地域关系的和基于同行关系的寺庙。在这三个类型中,庙产管理上封闭和独断的特点与庙会管理上相对开放和讨人喜欢的

---

① 译者按:本文译自伊懋可和施坚雅主编的会议论文集《两个世界之间的中国城市》(*The Chinese City between Two Worlds*, Mark Elvin and G. William Skinner ed., Stanford: Stanford University Press, 1974),注释有部分删节。该文集系 1968－1969 年召开的中国城市研讨会产生的三部文集中的第二卷,另外两卷分别为《共产主义中国的城市》(*The City in Communist China*, John Wilson and Lewis ed., Stanford: Stanford University Press, 1971)和《中华帝国晚期的城市》(*The City in Late Imperial China*, William Skinner ed., Stanford: Stanford University Press, 1977),后者已有中文译本(叶光庭等译,中华书局 2000 年版)。

特点恰成对比。日本统治者(1895—1945 年)和国民政府(自 1945 年以来)对寺庙组织实施了更为严格的控制,使得这一对比更为突出。早先各类型寺庙之间的区别在这两个时期中大为失色,同时出现了新的区别,最值得注意的是曾经与行会联系的佛教寺庙现在却与中央政府联系紧密,而道教寺庙则保留了同乡或地域色彩浓厚得多的组织形式。同时,在城市中新发展起来的富裕地区也出现了新的寺庙,这些寺庙的特征在于调和论的信仰、信众组织成集会(congregation)、具有很强的政府取向,在大多数情况下与某一特定地方没有明确的归属关系。

我的论证材料主要来自 1967—1968 年间对台北香火最旺的寺庙的亲身观察和调查①。我希望建立一个关于变迁的宽泛模式,该模式的背景陈述使用的则是二手历史资料。

1895 年以前的台北

台北位于淡水河东岸,新店溪和基隆河这两条支流的入河口之间。这些河流在群山间冲积出了一片肥沃而湿润的盆地。环抱盆地的群山只在西北方空出了一个缺口,淡水河从那里朝大陆方向流入台湾海峡。正是在淡水河入海口的港湾附近,即今天淡水镇的地方,于 17 世纪上半叶建立了台湾北部的第一个汉人聚居点,该地早先可能是海盗的巢穴。继淡水之后,汉人又移入台北盆地,然后往东扩张,这一过程一直持续到 19 世纪中叶,之后再没有建立起新的聚居点②。

---

① 通过伦敦-康奈尔计划向卡内基和奈菲尔基金会申请的奖学金为我的田野工作提供了保障。另外我还要感谢施坚雅教授,是他鼓励我写作这个题目;感谢伊懋可博士就本文的会议草稿提出了细致的意见。
② 这一段和接下来的简要的历史总括大部分基于李添春:《台北地区之开始与庙宇》,《台北文献》,第 1 期(1962 年),67—77 页;和黄启木(音):《分类械斗与艋舺》,《台北文物》,第 2 卷,第 1 期(1953 年),55—59 页。

当最好的地方被占尽，只剩下山地可供进一步扩张的时候，可能曾频繁发生过边界纠纷。无论起因为何，1760—1870 年之间几乎每十年这一地区都会爆发大规模的骚动或叛乱，当事者从讲同种语言或方言、来自同一个地方的人群那里寻求支援。其后果之一就是强化了言语集团（speech-group）和同乡关系，而整个台北盆地正是依照以此为基础的聚居地来划分的，比如说，一个聚居地住的大多是来自福建省同一个府、同一个县、甚至同一个乡的移民的后代。我用"同乡意识"（compatriotism）一词指代的正是这种组织和认同的原则。

另一个后果是军事成为政府的主导职能。艋舺作为今日台北的一部分（见地图 1），原本是作为军事驻地建起来的，然而 1809 年，新庄的一个县丞还是被调任此地负责管理民事，而此时距新庄开设衙门不过十年。艋舺还成了与泉州、福州通商的一个港口，而新庄虽然是个老聚居地，但在河边偏上游的地方，发展得就没这么快，也未能成为对大陆贸易的中心。但即使艋舺拥有中心机构（1831 年起设公共粮仓、1841 年起设书院）以及为控制人口而设立的保甲制度，骚乱仍然继续，并在 19 世纪50 年代早期的一系列争斗中达到高峰。

此时艋舺已超越了台南和鹿港，正在接近它作为台湾最重要的商业中心的全盛时期。定居在这里的移民来自福建泉州府的五个县，艋舺作为港口发挥的功能中也包括维持他们与大陆的联系。有两个商业行会（郊）是对大陆贸易的主要组织。泉郊垄断着对泉州市（既为泉州府治也是晋江县治）的贸易。

厦郊（厦门行会）把持着对厦门的贸易，还与同安县保持着联系。因此这些行会不单是商业组织，而且还是同籍组织，也正因为如此，它们处于地方骚乱的中心。实际上，这些骚乱名为"顶厦"之乱。"顶"指的是泉郊及另外两个与之结盟的行会，一个叫做"顶郊"，拥有对上海以北中国沿海港口的贸易垄断权，另一个是"北郊"，拥有对上海当地的贸易垄断权。顶帮还是晋江县及两个邻县惠安和南安的同乡组织，三县合称"三邑"。两个集团的区分体现在行业和住地两方面,同安人住在与艋舺毗邻的八甲庄。

泉州在艋舺的第五股势力来自安溪县。虽然安溪人后来和茶叶贸易息息相关,但因为它是一个内陆县,所以此时显然还没有码头行会或者任何其他的商业组织。在艋舺的同安与三邑之争里,安溪人竭力保持中立。虽然他们一度的确站在三邑一边,但在当时及以后的台北的发展中,大多时候他们仍然设法既能与三邑人为邻,又能与同安人共居。

地方争斗以同安人被击败而告终,他们和厦郊一起离开了艋舺一带。其中部分人只往下游迁移了几公里,在那里建起了另一个名叫大稻埕的贸易中心,其他人移往更下游的一个同安人聚居点大龙峒①。

表1　1850年前后来自泉州府的台北移民组织

祖居地(县)	居住地	所属行会	贸易地区
晋江	艋舺	泉	泉州
惠安（三邑）	艋舺	顶（顶帮）	上海以北
南安	艋舺	北	上海
同安	八甲庄(后为大稻埕和大龙峒)	厦	厦门
安溪	不定	(茶叶贸易)	——

资料来源:本表及本文中所有其他表格都依据李添春:《台北地区之开始与寺庙》,《台北文献》,第1期(1962年),67—77页。

台北盆地的骚乱到了19世纪60年代终告平息。1866年,艋舺发展成为一个职能齐全的县治,组织起了亲政府的军事力量。根据1860年

①亦即大隆同。——译注

的条约①,淡水向外国人开放;1862 年,艋舺也被划入开放口岸范围,因为外国人发现大多数交易都是在艋舺而不是在入海口完成的。在此后的三十年中,艋舺和大稻埕对大陆和海外的出口量不断攀升,超过了台湾所有其他港口出口量的总和,最大宗的商品是茶叶。1866 年,宝顺洋行(Dodd and Company)的陶德(John Dodd)从安溪给台湾带来了茶树的插条,并鼓励在台北盆地周边的山上种植。正是这种主要销往美洲的茶叶使得贸易量不断膨胀。可能是因为厦门市场吸纳了台湾茶叶出口量的一大半,于是大稻埕而非艋舺就成了茶叶贸易的中心以及主要的外国货栈和加工厂的所在地。到 19 世纪 80 年代大稻埕(见地图 1)在商业上的重要性已经超过艋舺,茶叶出口占 1880—1892 年间台湾出口总量的 80%以上②。

　　艋舺和大稻埕不断增长的商业重要性和当地外国人的存在似乎对中国中央政府产生了更大的吸引力。1875 年台湾北部置府,为了管理在艋舺的腹地建起了一座新的城池(台北府,见地图 1)。后来的巡抚刘铭传在 1884—1885 年对法战争中即以此地为军事总部,1894 年台湾升级为省,治所台北。翌年中国在甲午战争中落败,台湾被割让给了日本。

　　当年被割让给日本时的台北由四个部分(subcities)组成:艋舺,在 1760—1860 年间一个世纪的骚动和叛乱中发展起来,居民源自三邑和安溪;大稻埕,1860 年之后西方和中央政府的势力不断增强,大稻埕正是在那些年代里发展起来的;新城池,除了它的市场和商业之外还包括中央政府本身;以及比其他三处都小得多的大龙峒,那是同安文化和学术的中心,以出过众多获得功名的人士而著称。

---

① 1860 年签订的《中英北京条约》和《中法北京条约》提及增开福建省的台湾等为通商口岸,具体条款可见王铁崖编:《中外旧约章汇编》,第一册(1689—1901),北京:三联书店,1957。——译注

② J. D. Clark, *Formosa* (Shanghai; Shanghai Mercury Press, 1896), p. 56.

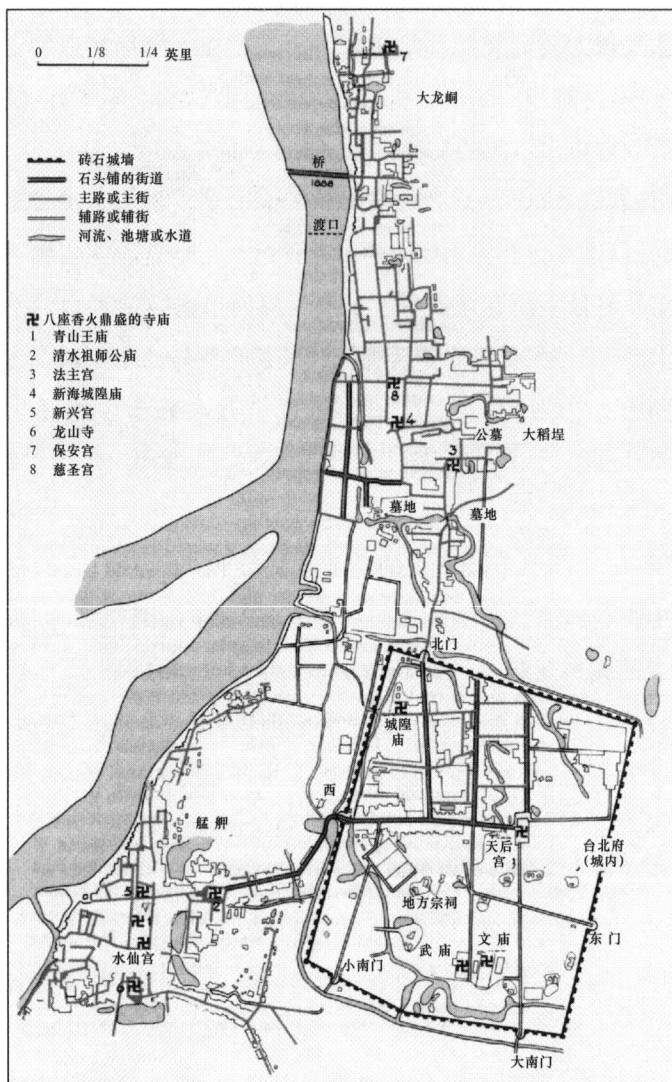

地图1　1895年台北香火最盛的八座寺庙和官庙

作为同乡凝聚中心的寺庙

层层的行政管理从国家首都向下辐射到最小一级单位——县,但仍留下了大片管理不到的社会生活空间。宗教是低层的社会系统相互勾连的主要方式之一。与天主教不同，民间宗教的机构是从下而上建立起来的，就像市场体系一样。在民间宗教内部没有集会①。有专门的宗教从业者家族将宗教文本和传统代代相传，大大小小的教派各有渊源。这两方面彼此分离，信奉各种神灵的形形色色的教派传承发展，为这些神灵所建的寺庙没有神职人员，只凭民间的口碑和效果的应验（灵）。

一个地方教派可能起初只是一个神社（sect），对其神灵的信奉只限于确定的成员之中。如果神社继续发展就会演变成一个参拜中心，而且如果位于市镇或村子里的话它会变得更富包容性，其寺庙和节庆向所有在当地生活的人开放。许多村落以及几乎每个市场体系中——简言之，每个地方社会系统中——都有这样一个地方寺庙，其定期举行节庆的费用摊派到每个当地人头上。寺庙往往建在市场体系的中心处，庙前有定期的集市或一排固定的店铺。清代艋舺、大稻埕和大龙峒的每个主要寺庙都是如此。

一个古庙通常有几个支庙。主庙和支庙（寺庙和周遭的民间家祠[domestic shrines]也是如此）通过分香或分灵仪式性地联系在一起。这一仪式的内容很简单，就是从主殿的香炉中取出香灰放到支殿的香炉当中。这样对香炉的参拜就会回溯到原来的神殿，即所谓的更新联系（renew the link）。台北主要的清代寺庙都是由来自福建的移民建立的，他们从大陆当地的神殿中带来了香灰，这些香灰通常还被当作他们横渡台湾海峡的护身符。嗣后他们和他们的后人朝拜这些主殿，重新编制历史和仪式的谱系。大陆各教派的分支就是这样成了台湾同乡社区的中心。

清代末期之前，台湾一直属边疆地区，中央对此鞭长莫及。寺庙在政府官员来到之前很早便矗立在该地的各个中心位置了。正如台北盆地以南的新竹城隍庙里的老人们对苏海涵（Michael Saso）所说的，没有

---

① 我在这里所说的集会（congregation）指的是，人们因认为他们加入了某种信仰或教派（cult）并须虔守教规而经常聚集在一起。

官方政府的时候"神仙就是我们的官"①。在福建和广东,地方组织常常以父系亲属为基础。但是,与基于共同祖籍而形成的大范围团结不同,亲属团结不容易带到台湾,也不容易在当地很快就发展起来,部分原因在于清政府在 1875 年之前限制赴台移民携家属同行。早期的方志编纂者曾谈及,台湾移民邻居众多,却甚少亲戚。这些邻居们相互支援,共御外侮。从同一个地方出来的人就像血亲一样亲密,在病患和丧事中互帮互助,还联合起来接济穷人②。寺庙,或者究其实质来说就是以香炉为中心的组织,正是当年联结这些邻里组织的主要方式之一。正如林衡道所总结的,民间寺庙是移民聚居点进行自我管理的一种形式③。即使到了台湾人口逐渐稠密,中国中央政府的稽查也更加严密的时候,寺庙在地方组织中仍然十分重要。1896 年,日本第一任台湾总督就曾以寺庙乃秩序和治安之本为理由,保护它们免遭破坏④。

台北的每一个同乡社区都有一座寺庙作为其核心。艋舺龙山寺是顶帮行会和三邑人的总部以及供奉行会祖师爷的神殿。大龙峒的保安宫是同安人骚乱时的总部,其后则成为了一个文化中心。同安行会祖师爷本来栖身于八甲庄⑤,后迁至大稻埕的慈圣宫。另一座寺庙霞海城隍庙一开始也同样是八甲庄的同安人建立起来的。骚乱中三邑人和安溪人把大殿付之一炬,同安人救出了主神的神像,在大稻埕为它另建了一座寺庙,这座庙成了当地的地域性寺庙(territorial temple)。安溪社区将艋舺的清水祖师公庙作为其核心标志。这座庙在暴乱中被焚毁之后又在原址重建。其后茶叶贸易兴盛起来,茶商在大稻埕建起了法主公

---

① 得自私人交流。

② 参见《(康熙)诸罗县志》,卷八,(原版,1716 年;台湾银行版,1962 年),145 页。关于台湾移民聚居点和官方限制移民的后果的资料,可以参见 1966 年 9 月社会科学研究会(SSRC)关于中国家庭和亲属关系的会议上,陈绍馨提交的论文《台湾的家庭、世系群和居住模式》。

③ 林衡道:《台北市的寺庙》,《台北文献》,第 2 期(1962 年),54 页。

④ 《台湾省通志稿》,第 2 卷,第 1 册(台北:台湾省文献委员会,1956 年),217 页。

⑤ 为行文方便,我会用原来的地名指代如今的地方,即使这些地名目前已经不再使用了。

宫,主持当地安溪人信仰的一个教派①。

表 2　1895 年前后台北的同乡庙宇

庙宇	所在地	起源地	所属行会
龙山寺	艋舺	三邑	顶帮
慈圣宫	大稻埕(原在八甲庄)	同安	厦
保安宫	大龙峒	同安	—
法主公宫	大稻埕	安溪	(茶叶贸易)
清水祖师公庙	艋舺	安溪	—
1885 年以前的同乡霞海城隍庙	大稻埕(原在八甲庄)	同安	—
1868 年以前的同乡青山王庙	艋舺	惠安	—

所有这些台北的寺庙,还有 1895 年台湾划归日本帝国之前建造的其他几座寺庙,至今仍然繁荣兴盛。在 1895 年以前就发展起来的这一部分城区中,1/3 以上寺庙的历史可以追溯到清代,而以艋舺的寺庙最多最集中②。实际上,所有的寺庙都至少有一个一年一度的节庆是从清代流传下来的③。简而言之,台北大多数最有人缘最具开放性的寺庙都经历过都市高速成长的整个现代时期,并在两次重要的政府更迭中保持了原先的特质未被触动。

晚清的地方寺庙

我手中的材料显示,今日台北有 29 座寺庙的历史可以上溯到清

---

① 《台北市志稿》(台北:台北市文献委员会,1965 年),第 4 卷,22—23 页;李根泉(音):《艋舺寺庙志》,《台北文物》,第 2 卷,第 1 期(1953 年),40—47 页;李添春:《台北地区之开始与庙宇》;黄启木(音):《分类械斗与艋舺》。
② 林衡道:《台北市的寺庙》,《台北文献》,第 2 期(1962),53—81 页。
③ 《台北市志稿》,63—73 页。

代①,其中的 18 座在艋舺,11 座在两个同安籍移民的聚居区(subcities)大稻埕和大龙峒。这 29 座寺庙中有 8 座地方寺庙香火尤旺(见地图 1)。以下将对它们详加考察②。

节日游行可能是所有寺庙仪式中最公开的、当然也是组织得最好的部分。游行是展示节庆的资助者们和他们的教派的一个机会。游行的路线界定了社区的地盘。8 座寺庙不同凡响的特点之一就是它们的游境③。在其中 6 座至今还保留着游行的寺庙中,每一条路线都至少经过如今台北市一个区里的所有街道。

游行为了给出资者和教派增光添彩使出了浑身解数。除了出资者组织的各种市井娱乐节目——乐队、舞狮、管弦和耍杂技的——之外,与其他教派或私人或正式的关系都获邀加入游行队伍的行列,以壮其声势。游行体现了教派所代表的地方集体势力,还体现了该年度出资者们的个人财富和声望。声誉和光彩是神明的灵验和地方风水在社会上的彰显。正如家中的神龛是屋里的焦点一样,应该尽可能调整方向以最好地利用所在位置上的能量,使得地方寺庙的祭坛处于该地区力量——常以龙形表示——最为集中的地方。游行、演戏、宴会是节庆的外在方面,无论在公共场合还是在当地每户人家中;祭拜和礼仪则是其内在的方

---

① 林衡道:《台北市的寺庙》;李根泉(音):《艋舺寺庙志》,《台北文物》,第 2 卷,第 1 期(1953年),40—47 页;李根泉(音):《大稻埕寺庙志》,《台北文物》,第 2 卷,第 3 期(1953 年),78—83页;刘枝万:《清代台湾之寺庙》,《台北文献》,第 4、5、6 期(1963 年)。

② 余下的 21 座当中大部分供的是瘟神、土地神和厉鬼及其看守。这些民间宗教中的神灵与地方联系相当紧密,在宗教等级中地位很低。在像艋舺和大稻埕这样的中心地区的地方庙宇里面,对这些神灵的崇拜很难发展成为核心。相反,他们的神殿只占据着重要市镇庙宇所在地的一部分。最后剩下的庙宇中,两座是庵(temple of retreat)(皆是佛教徒的斋房),两座是读书人建来供奉文昌的,还有两座庙宇里面的坛和大的地方庙宇的特征类似。最后两座是在日本人统治之前的几年才建起来的,或许是因为在特色上和大的庙宇相去无几,缺乏额外的吸引力,所以没有获得较大的发展。也许在任一等级水平上,中心地所能支持的公共的地方庙宇在数量上有一个功能性的限制。当然,虽然地域团结中可能有其他的联合或者主导因素,比如同乡或同行关系,但只有一座庙宇才能够真正代表一个地域单位的整合。

③ 不同地方的不同的人都曾经提及日据时期存在游行,而庙宇现在的管理者和秘书都不记得他们的父辈说过游行是日据时期开始的,这可以作为清代存在游行的根据。

面,包括庙中的香火和家里神龛中与之相关的香火。

仪式中最能增进寺庙的地方色彩和包容性特征的是献祭和定期更新——"醮"。这是一种道教的仪式,举行的地方四周标以四象——具备法力的卫士,寺庙居于正中,祭坛和香炉放在龙头上,在"醮"的过程中当地得到净化。除了社区的代表之外,寺庙谢绝所有来客。道士在庙里升起祭坛,坛的周围除了他们之外不许任何人进入。通过冥想、与高级神灵或者代表社区的代言人和守护神的宇宙生物进行协商来调和当地的超自然力量,他们将食品献给游魂野鬼和瘟神,加以安抚,再将之驱除,通过一种秘密仪式来保住当地的龙气。这种更新包括一种熄灭所有灯火、然后从神圣区域重新燃着灯火的礼仪,牵涉到所有居住在标志地区中的人。要求他们至少要戒荤腥,劝说每一户人家捐钱给醮。所有捐了钱的人家的名字都张贴在庙外,表明醮已经大功告成。地方领袖(在现代还包括地方政府公职的候选人)捐得最多,他们的名字被写在最显眼的地方,这样他们的财富就转化成了声誉,也许还有权力。

地方寺庙主神的诞辰是规模次之的一类醮。神明的游行经过当地每一户人家,有驱挡恶灵之功,跟随其后的当地人带着香,或是为了忏悔并挽回财物损失,或是为了感谢神明带给自己的财富。到目前为止,我所说的地方寺庙指的是一个人所知道的最近的寺庙。这是他居住地的寺庙。他给它捐钱,向它祭拜、问卜或利用它募集财物。某地区内拥有地方寺庙作为其中心的最小单位要依土地神——土地公来划分。它是一个村或者市区地方寺庙的一部分。这种地方寺庙像所有其他寺庙一样,除了主神之外还有自己的土地神。村庙或市区寺庙本身又是中央地区等级体系中更高一级的地方寺庙之一部分。但是属于一个镇那样的中心地区的地方寺庙,它的节庆代表的范围就只限于这个镇本身,不会兼及以它为中心的整个体系。而且正如我将展示的那样,选择和分层影响了对更高级别的各类地方寺庙节庆的参与。

现在,民间寺庙绝不能再被视作严格意义上的地方寺庙或曰地域性寺庙了。因为在实践中地方寺庙和非地方寺庙之间并没有严格的分别，所以我上文概述了区域性的仪式，它们的出现很可以被看作是寺庙地方特色的一个标志。这里讨论的所有八座寺庙都有大规模的游行，显示出它们的公共特色。但是其中龙山寺和清水祖师公庙的两个大型游行并不周游该地区。事实上，游行中人们将提灯带到河边，放灯顺流而下，邀请孤魂野鬼来分享七月份的宴会。这个以梵文命名的节日（汉语叫盂兰盆节，得自 ullambhana 或 avalambana）至今还带有浓厚的佛教色彩①。这两个游行以及从保安宫出发的第三个提灯游行是台北市各区和街道组织的众多七月游行中规模最大的三个。因为这三者是三邑、安溪和同安移民各自的仪式活动中心，他们的游行于不同的日期分别举行，在时间长度、奢华程度以及挂灯笼的架子的高度方面处处争先，互不相让。

保安宫和其他寺庙原来在主神的诞辰那天都有游行，这种游行至今仍在继续。保安宫的神祇在大龙峒巡行。可能是因为大龙峒这个聚居点太小，保安宫就把地区守护和同乡联谊两种功能集于一身了。

大稻埕附近有两座寺庙至今还保持着自清代就有的大规模游行。它们是霞海城隍庙和慈圣宫。不过只有霞海城隍庙供有范将军和谢将军的塑像②。地方寺庙神明的游行特意绕着事先划定的区域，就像一个帝王巡游他的国土，又像行政长官巡游其辖区一般，构成一种世俗的模式。对这种模式奉行得最为彻底的地方寺庙当属行政首府的城隍爷庙。城隍爷的游行首先是审判性和管制性的。他的职位是地方官员在阴间的对应物，他的游行队伍中总是有两个人物，一个又高又白，一个又矮又

---

① 苏海涵对台湾的节庆做了完善而简明的描写，*Taiwan Feasts and Customs*（Hsin-chu Chanabel Language Institute, 1966），pp. 66—69。盂兰盆节期间游行和宴会的竞争可参阅片冈岩：《台湾风俗志》，台北，1921年，61—62页。
② 大的城市游行几乎总是包括范将军和谢将军的塑像，即使他们并不来自庆祝诞辰的神仙所在的庙宇，因为这一地区其他庙宇会借出他们的辅神的塑像，让它们坐在轿子里，旁边跟着由扈从和乐队组成的队伍。这些神明中的一个须是地区性的守护神，而且它的乐队就会抬出二位将军的塑像来。实际上一些乐队自己就有两位将军的塑像，它们不属于任何庙宇。

黑。这就是索命的神祇范将军和谢将军,他们负责捉拿濒死的灵魂,使它得到应有的奖赏或惩罚。在县级以下的中心地区和市场体系的或曰"自然"的中心地区,地方寺庙的神祇和他的游行更具军事色彩。但是无论队伍从何处出发,范将军和谢将军的形象、刑具或是军事随从以及神明自己的信物都是地方寺庙游行的明显标志。霞海城隍庙顾名思义是供奉城隍爷的,只不过供的不是官方的城隍,因为大稻埕从来就不是一个行政首府。"霞海"是同安县的一个地区。城隍代表的是与大稻埕一道发展起来的同乡宗教联系,城隍庙也因此成了地方的守护寺庙。

慈圣宫是厦郊的总部。为寺庙和行会共同供奉的神灵是妈祖——她同时还被为数众多的其他行会所供奉,这位生于福建的女性是航海者的庇护人,也是福建商人最敬爱的神祇。像许多其他类型的团体那样,在台湾一个行会是围绕一个香炉组织起来的,下面我们很快就会描述这种组织形式。行会通常将庆祝恩神诞辰的节庆作为年度大聚会的良机,节庆上还有游行和戏剧表演。为抚恤孤魂野鬼和穷人举行的盂兰盆节同样是行会一年一度公开展示的场合。虽然霞海城隍庙和慈圣宫与同安来的大部分大稻埕居民联系紧密,但还是能看出至少在日治时期厦郊消亡以前,它们也发挥了地方寺庙的功能。霞海城隍爷能守护地方,为地方居民谋求福祉,而妈祖则能够庇佑一个行当中最有实力的组织,保护地方上的商业利益。

在艋舺的两座寺庙之间同样可以看到类似的区别,它们的年度游行都要巡行当地。艋舺的地方守护神是青山王。他的寺庙里还塑有范将军和谢将军的神像,游行的时候庙里的乐队会把他们抬出去。打头的两班八位将军由忏悔者及其幼子们扮演,他们是神明的亲随。他们的面容勾画得颜色鲜明,迈着仪式化的威武步伐在前开道,挥动刑具驱赶恶棍、妖魔和不洁之人。历时三天的游行会行经艋舺的所有街道,路线也因之分成三段。新的艋舺区划不包括旧时的一些地区,但游行根本无视这种界限。

另一座寺庙是艋舺最古老的一座妈祖庙——清代称为新兴宫。但是没有因为年度游行而供奉范将军和谢将军。即使最近一次(1957年)

重修该庙,贸易协会(比如鱼市协会和西门町商人联谊会)出的钱也比重修青山王庙时(1938年)出的多。新兴宫作为商业仪式核心的功能在清代要显著得多,当时修建和维护它的是艋舺的行会,庙前的渡口有艋舺地区最大的市场之一。这座寺庙从一开始(1747年)就是行会商人的联盟,而不是同乡组织。另一方面,青山王庙自创建之始(1846年)就是从惠安县(三邑之一)来的生意人的组织,还在它变得广为人知、呈现出地方保护神的特色之前,它是供奉青山王的教派在该县的支庙。1868年淡水厅的长官为缓解台湾北部的干旱向这位神明祈雨,三日后果然天降甘霖,青山王庙在地方上的职能就此得到确认①。

上文中已经提到法主公宫是在大稻埕的安溪人和茶叶商人的庙,因为它的游行(1967年我曾亲眼目睹)在台北当地人心目中是六个最大的游行之一,所以它也跻身于前八座寺庙之列。这一游行包括庙里的范将军和谢将军。但是我会把这一游行和整个节庆都放到后面,作为发展(民国时期的特点)的一部分来描述。游行很可能从日本人接管前不久就已经开始了,因为1895年专门为法主公起了一座庙,以褒奖他显圣拯救了左邻右舍,使他们免于传染病的威胁。法主公宫和安溪人的主要寺庙清水祖师公庙之间形成了鲜明的对比,后者既不是商业的也不是区域性的,而且从来没有举办过游行。

这样,台北的地方寺庙大致上就可以依三类联系来区分——同乡的、地域的和行业的(见表3)。坦白地说,这些联系在分类上的区别并不非常显著。它们至多只强调了同时体现三种特点的制度的某一方面,这三种联系在历史上不同的地区内持续演变,而这些地区的居民主要来自泉州府的不同县份,其职业结构主要是从商。八座寺庙彼此之间有一些共同的特点,并且在当地都很受欢迎。

---

① 官员求雨总是和城隍有关。参见我的《学宫与城隍》一文,载施坚雅主编:《中华帝国晚期的城市》(中译本),699—730页,中华书局2000年版。

表 3　1895 年台北主要的八个地方庙宇

庙宇的类型和名称	神祇	宗教取向	游行		盂兰盆节	支庙或相关的节庆
			游行中抬着自己的将军塑像	游行中没有自己的将军塑像		
仅为同乡的清水祖师公庙	祖师公	佛教	—	—	√	√
同乡和商业的						
龙山寺	观音菩萨	佛教	—	—	√	√
慈圣宫	妈祖	佛教和道教	—	√	—	—
仅为商业的新兴宫	妈祖	佛教和道教	—	√	—	—
同乡、商业和地域性的法主公宫	法主公	佛教和道教	√	—	—	√
同乡和地域保安宫	大道公	道教	—	√	√	√
霞海城隍庙	同安城隍	道教	√	—	—	√
青山王庙	青山王	道教	√	—	—	—

　　此处,可能地域寺庙与同乡寺庙之间的对比最为明显。1967 年青山王庙的执行委员之一曾说过,他的庙里有一类道教游行名为"统一"。还说龙山寺和清水祖师公庙是佛寺,所以就没有这种游行。龙山寺的主神是观音菩萨;安溪的祖师公则是在该县山中修行成佛的隐士。然而并非

所有的同乡组织的寺庙都是佛寺。保安宫的主神是 11 世纪一位吴姓名
医。吴是同安人，所以他的捐助者也是同安人。他没有佛教背景，却和
同安联系极为紧密。据保安宫里一位老人说，当新庄的同安人为别的神
唱戏时，几间屋子竟会突然起火。卜卦的说这位同安的神很生气，因为
这样的热闹却没邀请他参加。但是确切地说来，在像艋舺这类大到足以
产生不止一个地方寺庙的镇上，像同乡会这种建立在文化派系上（cul-
turally sectional）的会社总是会与佛教联系在一起，因为中国的佛教缺
乏基于地方和大众参与的道教传统。

地域寺庙与同乡寺庙之间还有一个组织上的区别。即前者很少或
基本上没有支庙，而后者有几个支庙，或在台北盆地相关的同乡社区中
有与之有关的节庆。抛开城外的三邑社区不谈，龙山寺在台北盆地同样
有几个支庙，过去和现在皆是如此。

寺庙管理和节庆管理

现在我们且把诸地方寺庙之间的差别放在一边，专心探讨它们共有
的形式：香会。我们将看到在会社的节庆与作为法人的会社本身之间的
差别。我们可以把地域性寺庙与地域性模糊的寺庙、一般的地方寺庙与
庵（temples of retreat）、以及道教取向与佛教取向之间的关系比喻为存
在于节庆组织与合股的寺庙会社管理之间的关系。节庆组织相对开放、
民主；会社组织则相对内聚、排外。

一开始，香会①要定期宴请所有成员。在酒席上依轮值表或卜卦来
选择下一次宴会的主人，但这种选择在任何情况下都必须通过卜卦、得
到主神的恩准后才能确定。新主人负责保管香炉，如果会社有神像的话

---

① 在台湾，一个香会可以为多种聚合关系提供正式纽带。我手中的资料显示，围绕一个香炉和
主神除了可以形成结拜兄弟、同乡集团、同姓集团和商会以外，还能结成共同储蓄圈子、戒赌
圈子和丧事互助会。

还要保管神像。主人的称号一般是"炉主",他得等到会社里所有其他人都轮过一次之后才能再次执事。会社决定进行的任何祭拜都由他领头。

成员们可能会决定把他们的神祇从为他建立的寺庙中请出来。如果会社足够有钱或者人数够多,那还会请一个戏班来唱戏娱神并自娱。炉主负责请戏班、选剧目、向会众收钱来支付整场演出。如果会社组织得比较完善的话,游行中香炉就会从老炉主家传递到新炉主家,所请的神像届时也会到达。假设如此,组织游行队伍就归炉主负责了。这时候尾随神像的当地人很可能越来越多,最后定期的宴会不但会在炉主家举行,甚至还会铺排到每个跟随者和会众的家中,并顺便祭拜他们家中的神坛。然而拥有会社香炉的炉主家的神坛才是中心,在它面前决定会社献祭的地点,并选出下一届的炉主。上述情况是一类会社发展中的特色,这类会社以一小部分先导的移民为开端,随着他们自然增长和更多移民的来到而成长。最后会众们的宴会便成了节庆,耗费大量增加,同时还要选择名为"头家"的助手们作为主事,以负起更多的责任。

会社的共有财产——以及耗费——也会增加,起初的香炉已经不能满足需要。首先必须雕刻一座神像来供奉。其次,即使很小的会社也要买些地产,租金通常用来支付宴会的开销。最后,成员人数多的会社需要为它的香炉和神祇建一个永久的供奉之所。寺庙和地产作为本钱既可以用来为会社谋取利益,也可以用来为其管理人谋取利益。共有财产越多,就越不能和节庆一样统归炉主管理,其管理模式会更制衡、更排外、更长期。

香炉和宴会的理想模式是平均主义的。"香火盛兄弟喜结福缘/焚香后你我何分彼此"得自三合会入会仪式上的对联[1]。正如1967年艋舺一个参加青山王宴会的人所说:"说不定明天你就会当官,我呢还是一介

---

[1] 引自 Kung-chuan Hsiao(萧公权),*Rural China:Imperial Control in the Nineteenth Century*(Seattle:Washington University Press,1960),p.472。(此对联乃据英文转译。)

草民,但在酒桌上,咱们平起平坐"。当一座寺庙建成并成为了当地的地方保护寺庙之后,如果该地太小、相对贫穷而且节庆的开销不太高或者组织工作不太复杂的话,那么炉主和头家甚至会从该地方所有户主的名单中来选拔。

但是,在大的城市寺庙那样节庆花费较多的情况下,在依传统排除了女人和那些非户主人员之后,还有选择性原则的干预。在现代的台北,为了筹办艋舺和大稻埕的地区保护神的节庆,为选择炉主而提交给神祇的名单上只有那些志愿的参加者。在这类情况下节庆组织者会坚持要花很多钱,除了用于他家中举办的宴会之外,还要雇乐队,请戏班子唱至少一天的戏。他在做这一切的时候都用的是神明的名义,当然也就是全社区的名义。他的回报就是在这种义举中得以扬名。例如在艋舺,人们会把他的一个年幼的儿子作为他的代表抬在游行的神像之前。感谢神明带来好运通常是这种志愿参与的仪式性原因。

对于庙产管理的选择而言还有一个正式的原则。在台湾这些管理者常被称为"老大",施舟人(Kristofer M. Schipper)已经指出,这一名称源自"耆老"或"三老",指的是在 2 世纪的道教运动中乡间有德行的长者和地方公舍的头领。① 实际上,在节庆管理和寺庙管理中还有一个世俗原则同样在起作用,那就是倚财得势。的确,资助一场节庆或者捐资修建一座寺庙是使自己的财富和权力获得合法性的一个好办法。但是即使这些选择性原则同时支配着两类管理,比较起来还是庙产管理更排外一些,节庆管理更倾向于面向寺庙所在社区的所有阶层。寺庙管理者任期较长且不太惹人注意,而节庆组织者一年一换,名声在外。除了主神的节庆之外,一年当中可能还有其他的节庆,其根本在同一座寺庙,但牵涉到的是别的神祇及其香会。一座寺庙一旦建了起来,就会被视为当地

---

① 参见施舟人:《旧台南的街坊祀神社》,载施坚雅主编:《中华帝国晚期的城市》(中译本),795—796 页,中华书局 2000 年版。

会社的神祇们的栖身之所。而且任何一个节庆都会唱几天的戏,长短取决于这次节庆的游行分别是由多少家会社资助的。概言之,台北八大地方寺庙的节庆情况同样如此。但是这些寺庙在管理上还是保持着连续性,明显区别于所有节庆团体的管理。

八大寺庙中至少有六个在其早期发展过程中体现了这种特点,这种特点的成因是原来拥有香炉的人将他们在教派的信徒中的核心地位永久地固定了下来(我没能找到关于龙山寺和保安宫的始建者们的详细资料)。在这六座寺庙中,会社共同奉祀的香炉和神像当初乃是某位成员家的。这位成员的家就成了会社的中心。据悉当初为清水祖师公、青山王和霞海城隍爷捐资修建了寺庙的捐赠者,他的家里原来就有三位神祇的神堂(shrine)。霞海城隍庙甚至到现在还由当年家中供奉神坛的那位店主的后人主持着。但是每一次关于寺庙的建造、重建和大修的提议都为某些人创造了机会,他们会出足够多的钱成为主要资助者,同时在为修建或重修、以及紧接着的打醮仪式而捐献的资金的管理中发挥重要影响,并在今后寺庙和庙产的管理中成为举足轻重的人物。

每一次寺庙翻新和为翻新而进行的捐献同样还使得寺庙的信徒队伍趋于正规,信徒的地域则由打醮仪式来划定。因此 1738 年当一名商人组织人们始建龙山寺时,他筹集的 2 万元钱里不但作为发起者的晋江县人有份,还包括了所有的三邑人。几年之后,寺庙扩建了一个新殿来供奉泉郊的妈祖神像,这为它赢得了新的香客(constituency),并获得了新的特色。那以后不久,北郊也开始供奉这个神殿。1814 年,一个曾被中央政府赐以黄马褂的地方名士出面,负责管理用于修复地震中该庙受损部分的资金,此举大大提升了这座寺庙的声誉和在本地的地位。然而,在寺庙的香客数量与地位一次次上升的同时,普通香客也逐渐丧失了对寺庙的管理权,与之相伴的打醮和随后的节庆更巩固了这种管理格局。

官方寺庙和文昌庙

若要论述清代的台北寺庙，就必须考虑官方教派及其与民间宗教的联系。无论是由官方出资还是地方绅士负担，在中央政府建造的所有寺庙中，城隍庙和奉祀孔子的文庙是最基本的①。

国家宗教（state religion）是中心化、等级化和排斥性的，它同时还对民间宗教起着意识形态控制的作用。城隍庙是这两类宗教发生接触的主要地点②。地方寺庙的发展仿照官方的城隍庙，而有时候民间教派和寺庙也会被国家仪礼（rites）所接纳。起源于福建兴化府地方教派的妈祖崇拜就是一例，1720 年这位女神受封为天后（或"天妃"），被纳入官方仪式中。除了在周边的自然市（natural cities）中有众多奉祀她的寺庙之外，在作为行政市的台北城内又为她修建了一座官方的寺庙（见地图 1）。

即使民间寺庙没被正式纳入官方仪式，官员和地方的士绅同样可以出入其中。为了提升神明的声望，他们可以写上一篇颂词称赞他或她的灵力，颂词会被镌刻在石碑或木匾上，陈列在庙中。他们甚至还可以向中央的礼部荐举这些神祇，为寺庙、为它的管理者和整个社区赢得皇帝敕封的荣耀。台北所有主要的地方寺庙都有刻着这类颂文的碑牌——民国政府的官员们沿袭了这一制度——某些庙还有皇帝的敕封，恩准其为名胜。在淡水府，向青山王祈雨的祷词与一篇颂文一起被镌刻在青山王庙中。龙山寺、清水祖师公庙和霞海城隍庙都接受过朝廷的旌表，褒扬它们在 1884—1885 年驱逐法国人的行动中显灵，尤其是龙山寺，因为行会里的商人和地方士绅曾将总部设在这里，集合武装支援刘铭传，从

---

① 正如我在《学宫与城隍》一文中报道的那样。对设立台北府的完备描述，参见哈雷 J. 拉姆利：《修筑台湾三城的发轫与动力》，载施坚雅主编：《中华帝国晚期的城市》（中译本），176—241 页，中华书局 2000 年版。
② 参见我的《学宫与城隍》一文，载施坚雅主编：《中华帝国晚期的城市》。

而打消了他南迁的计划。

即使一个自然市还没有升级为行政首府,该市的士绅和商人通常也会自发地组织起更为排外的、体现文人统治阶层文化的宗教机构——孔庙或庇护士人的文昌庙,附设有学堂或者书院。大稻埕的一座文昌庙就是这样。总而言之,清朝末期台北盆地及其中心地带和中央政府的距离已经不那么遥不可及了。事实上它们已经变得非常接近大陆地区的典型情况。大龙峒成了士人的胜地,与繁荣的大稻埕的商业气息颇为疏离。虽然它的历史非常短,但是这里获得举人功名的人数(六位)是艋舺的两倍,据说这主要得益于该地的好风水。在获得功名的人中,当数大龙峒和大稻埕的两个本地陈姓家族最为显赫,两家族的人曾经多次负责在大稻埕建造文昌庙和学堂,管理新城区中毗邻文庙的陈姓祠堂,还题写了刻在保安宫大门上的对联。龙山寺大门上的对联则是艋舺一个获得功名的名士题写的。

在日据时期以前,龙山寺在泉郊的资助下已经成了一个具有强烈佛教色彩的机构,1845年泉郊重建了台北附近一座更为古老的佛庵,庵里的主持同时也成了两座寺庙共同的主持。这表明至少在行会和龙山寺的管理者中,早年的同乡意识和狭隘地方观念(parochialism)正在趋于淡漠。这并不意味着龙山寺(或者保安宫)正在失去它们的乡土和地域凝聚力,不再是地方寺庙了。即使到了本地商人和士绅能够往来于国际和省际的时候,他们还是与本地保持着紧密的联系,同时龙山寺和保安宫正在演变成一种令人景仰的场所,用来调解国家与地方之间的关系。

殖民政权和民国政权统治下的清代地方寺庙

日本人摧毁了官方城池里的所有寺庙,只有少数寺庙躲过了此劫。这一举措使得地方士绅和商人们失去了他们宗教和文化制度的正统典范,但是日本人没有触动绅商们自己的制度,并把他们从清代官方的意识形态控制下解脱了出来。日本人的确建起了神道教和佛教的神殿,推行逐步向日本文化转型的政策,但因为他们是外来文化和殖民政权,所以在其统治的五十年内从来没有获得过前中国统治者所拥有的那种文化合法性。

日本人比清朝政府更多地使用直接的、法律的和监管的手段来控制寺庙。虽然比起对寺庙的文化来,他们对寺庙的组织更感兴趣,但是他们对前者显然不可能无所触动。民国政权同样缺乏前中华帝国政府的那种意识形态控制,至少在一开始是这样,他们同样求助于法律的和直接的控制。在这方面清代以后的两个政权可以放到一起来考察。总而言之,对寺庙的控制是中央政府权力在台湾县级以下的延伸,它减少了士绅和商人在地方上的政治自治权,日本人最先推行这一政策,但民国政府同样将其延续了下来。日本人的诸多政策还因为冲击地方寺庙,有另外两个长期后果值得注意。其一是阻断了移民和对大陆的商贸,其二是用世俗商会取代了行会,这种商会是依所经营的商品来划分的。这两个后果削弱了同乡的乡土观念,这种观念曾经是台北盆地的聚居地及其海外贸易组织的鲜明印记。台湾的经济被"理性化"了,好让这个海岛生产出尽可能多的剩余物资供应日本本土。作为这些政策的结果,同乡寺庙尤其是行会寺庙失去了它们早先在社会上的重要性。

只有厦郊存活了下来,在 1908 年重建慈圣宫的时候得以复兴。但是这个特例本身恰恰体现了日本人控制寺庙的策略。我们在上面曾看到,一个寺庙的翻新能够促成管理者中领导权的更迭。日本政府和国民政府为了给军队提供住处,几乎翻新了台北所有的地方寺庙。日本人接管保安宫和龙山寺之后立即将军队驻扎了进去。台湾回归中国后,这两座寺庙和清水祖师公庙、青山王庙以及慈圣宫先是被用来驻扎军队,后来又被用来接待退伍军人。1908 年日本人的城市规划和道路拓宽计划拆毁并在异地重建了慈圣宫。台北地方政府在出资重建这座寺庙的同时也恢复了厦郊的香会,把它作为台湾岛宗教组织的楷模。虽然这个实体"神明会"只在寺庙的前院里有一幢单独的建筑,但该庙管理委员会的所有十二个成员都隶属于它。在寺庙的前院里还有半官方的部门"佛教青年会",以及一个研习儒教经典的学院。上述组织没有一个向该庙缴纳租金。

新建的慈圣宫很受客居台北的日本人欢迎。打醮仪式和往常一样,在寺庙的新所在地的四角和中央建起了许多多层的户外神坛,当地人几乎把他们所有的宝贝都拿了出来,炫耀本地的声望和富庶。其中的一个神坛在这种场合下装满了来自各日本博物馆的藏品,有日本警察看守着。现在的庙监(temple-keeper)的父亲在日据时代担任过同样的职务,据他说,随后举行的节庆也会处在警察的密切注视之下。

复兴后的厦郊成员中有两个人的势力最大,一个是台北茶商会的执行秘书陈天来,另一个人据那位庙监所说,则对台北的大米业和盐业握有实际的垄断权。这一点颇为可疑,因为复兴后的行会是否依然能发挥出商人协会那样大的作用还未可知。无论能起到什么作用,它们都没能在太平洋战争中延续下来。与此相反,前身是1889年在刘铭传总督鼓动下成立的一个茶商组织"台北茶商会",如今仍然有"台湾茶业出口商协会"作为它的后继者存在。而无论是茶商组织还是今天的米商协会都没有宗教上的功能。

陈天来还是以台北为首府的"台北州"的议员。在日本统治下,台湾人要在政府中任职只能靠任命,负责的还都是一些咨询工作。然而即使政府是在利用这种联系来加强监管或者收集情报,但与政府保持这种联系对于寺庙而言还是相当必要。要筹集资金、动工兴建或者扩建房舍都必须事先得到许可。现在这些活动同样需要经过批准。与之相似的,像节庆中举行的那种集会和游行也需要警察的许可。如果地方政府里有人兼任寺庙管理委员的话,事情就比较容易得到批准。

可能是因为必须与政府发生关系,很多寺庙都有管理委员。可能清代也同样如此,但是这种情况在20世纪的两个时代里显然更为突出,当那些多重身份的委员本身就代表了与政府的联系时,管理委员会的运作当然会有利于对寺庙施加更强的控制。模范香会——慈圣宫的神明会同时祭拜霞海城隍庙和保安宫。陈天来是龙山寺、法主公宫和慈圣宫的管理委员。此外,辜显荣也是一个交游广阔的人,他靠做茶叶生意致富。他在总督-上将的顾问委员会中工作,那是台湾人在日本人手下曾担任的最高官职。1938 年重建青山王庙,管理方正是向他申请集资和开工的。他本人捐献了 2 万元。那时他已经是龙山寺的管理委员和保安宫的名誉理事了。民国时期的一个例子是吴永年(音)。除了担任第六信用合作社的社长和管辖艋舺大部分地区的区长之外,吴还任青山王庙、当然还有龙山寺的管理委员。他的三个兄弟在龙山寺的委员会中任职,其中一个还是台北市议会的代表。

政府要求寺庙(或任何其他会社)必须在地方有关当局那里注册,这才使对管理委员们进行渗透的控制方式成为可能。这意味着要有一个正式组成的管理委员会向政府负责税务,而在早先庙务管理既未经正式确认,又不稳定。注册过的委员会其成员资格可以终身拥有,通常不要求进行选举,而且可以继承,这种实践甚至一直延续到现在。比如上面提到的吴氏兄弟就是 1913 年管理龙山寺修葺资金的吴昌才的儿子,而吴昌才本人又是 1892 年打醮仪式的总管理者的儿子。龙山寺 1965 年的管理者则是辜显荣的儿子。

在现政权下,选举退休委员的替补者必须在政府代表的监督下进行。事实上如果一个委员席位空缺或者被放弃的话(比如当委员的儿子中没人愿意承袭父职的时候),这个席位多半会就此消失,不再选举接班人。官方记录——比如台湾历史委员会的记录——列出了寺庙的信徒人数,看起来好像他们组成了一个集会似的。但实际上总是有一些人参拜寺庙比别的人来得更勤快些,在访谈中庙监和管理者透露,选举的时候只有他们来投票。

这种政府干涉寺庙组织的后果之一是助长了管理委员中本来就已

经存在的排外趋势。另一个后果则是使得寺庙更像一个宗教机构了,以前它们对地方社区开放,由神祇的名声带来的宗教界定非常模糊,而如今寺庙正在变成更强调成员身份的组织,不再关注整个社区。下一节中我们将会看到这个后果进一步的发展。

一些寺庙把注册类型从"会"改成了"财团法人"。青山王庙的管理者,说这么做的好处是不用缴税,同时寺庙活动更容易得到官方的许可。然而,非营利地位意味着当权者不但要监督选举,还要检查庙里的账簿。青山王庙还没有这么做。那些做了转变的寺庙(见表4)似乎都要服从一定的组织标准,其中之一就是要进行慈善活动。然而,还没有正式变为慈善组织的一些寺庙也开始有一些小规模救济活动。包括一年一度募集钱、米和衣物分发给寺庙所在地的穷人,在政府里有名单记录着这些生活在某一社会经济水准以下的人。当地的国民党支部或当地政府机构监督抑或干脆接管救济活动的分发环节——实际上国民党本身就有冬季救济工作。但是募集活动最好交给庙里来做,因为寺庙的道德吸引力显然比党或政府要强得多。

民国政权采取的另外两个措施看来也对寺庙有影响:土地改革和地方选举。土地改革减少了一个会社或者社团可以拥有的土地数量。遗憾的是,我无法找到台北寺庙持有土地的资料,只知道寺庙的前院是属于它们的,在左邻右舍还有一些房产出租。有很多方法可以绕开土地改革,在寺庙的土地拥有量确实因改革而减少了的那些地方,其结果是寺庙管理委员们的兴趣转向留住庙里每天的大部分香火钱,以补足年度节庆的开销。

为地方政府机构进行的选举造成了当地政客的尴尬地位,他可以说被夹在外来的独裁政府和他的本地选民之间。寺庙作为本地社区的焦点,是使地方势力合法化的工具和提高知名度的有力媒介。虽然在台湾的其他城市中,比如台南和鹿港,地方寺庙被用作地方派系争强斗胜的符号中介,但是就我所知,还没有一个政客能够像农会(Farmers' Associations)那样利用寺庙或者寺庙网络作为其权力的基础①。然而,正如在寺庙管理中显示出来的那样,至少在名义上,慈善活动或者节庆对于赢得地方上的支持而言绝对必要。青山王庙和龙山寺的吴氏兄弟通过选举进入了地方政府机构。而所有青山王庙和保安宫的管理者也都是里长(同样是选举出来的公职)。

甚至连结拜兄弟这种传统形式也在编织地方关系网中发挥着重要作用。有一类地方势力就操弄在人称"流氓"的年轻人团伙手中。他们常以结拜兄弟来确保忠诚,以收取正当的保护费为生。这些团伙平日里当然秘密行事,但在节日游行的乐班里,他们或舞狮、或演武,总能找到表现自己的机会。充当志愿救火队员的男人们也经常组成舞狮或舞龙队加入节日游行。节日里狮队之间一争雄长,衡量胜负的标志是居民或商家请他们去做私人表演的次数的多寡。最要紧的是他们都受到节庆管理者的资助。所以简而言之,节庆游行是地方上拥有非正式权力者展示自我的场合②。

非正式权力很难向官方权威转化或与之联合。国民党早先虽然对秘密会社的力量颇多倚重,但这类会社以及其核心结拜兄弟关系现在如果不是全被禁止的话,也大部分是在禁止之列的。清政府偶尔也会禁止结拜兄弟。日本政府则不遗余力地要求每个宗教组织都到警察局登记,这一手段本身就属于更成功地抵制这种现象的运动的一部分。在这个坚实的基础上,现在的政府甚至动用了更大规模的警力来密切监察宗教组织,以防它们成为政治活动的幌子。同时,要求地方警察和政府官员减少他们辖区内的节庆数量,表面的原因和清代一样,是因为节庆铺张

---

① 一位庙里的文书在访谈中作了一个比较,台北地方寺庙典礼上没有地方政客的个人参与,只要把他们的名字公布出来他们就已经很满意了,相形之下台湾南部地方政客的个人参与就要多得多。

② Margery Wolf 曾经刻画过日据时期一个人在台北盆地行使这种权力的例子,见 Margery Wolf, in *The House of Lim: A Study of a Chinese Farm Family* (New York: Appleton-Century-Crofts, 1968), pp. 47—48。

浪费,戏文轻浮浅薄——简而言之就是虚掷钱财与光阴①。然而,就像我们已经知道的那样,正是这些宴会、游行和戏曲表达并申明了地方上的团结。

结拜兄弟和宴会没有停止,事实上它们仍然是巩固盟约和编织关系网的重要手段。这些行径依然遭官方谴责并在某种程度上被削弱了。地方政客如何能在利用它们的同时,又在国民党和政府中当一个好党员/官员呢?寺庙组织隐含着节庆与社团在管理上的反差,在这个背景下问题的解决之道也只能到这个反差里去寻找。节庆的管理者及其助手仍然一次节庆一换,而寺庙管理自身正如我们前面看到的那样,日益成为一个稳定且排外的集团。节庆是当地社区的一个开放和外显的场合,而政府促成的那种管理将寺庙转变成了一个自足的机构。节庆并不是本质上——或者从实际上来讲就是在一个香会发展之始——就非要和寺庙联系在一起。两者看来很容易分开。但是只要寺庙仍然资助节庆,那么节庆的和寺庙的两类管理模式就会提供两个独立却互相联系的平台,使得非官方和官方这两种源自同一个地方基础的权力获得各自的合法性。

当然,管理者们站在官方一边。他们不屑于铺张浪费,蔑视那些向神灵祈求财富和健康,并相信它们的实际效用的人。在这些管理者看来,祭拜不是为了实际的效用而是为了道德上的保护,为了心灵上的慰藉而静思何为善行,为了祛除心中的邪念和妄想。这话是他们对一个为外国人类学家当助手的陌生人说的,这位助手也可能是位基督徒,隶属于政府下面的某个机构。然而,宴会和戏剧演出则是献上的祭品,目的在于请求或者感谢神灵赐予财富和健康。尽管官方努力加以劝诫,时至今日,文中提到所有的寺庙中仍然满是来自当地和台北盆地腹地的民

---

① 在台湾中部和北部,对结拜兄弟和奢侈宴会的指责可见于《诸罗县志》,卷八 (1716/1962 年版),146—147 页。

众,因为他们相信他们的神祇确实灵验。

中学教育的理性(台湾人的大众中等教育是在现政权下得到推广的)及其对民族文化和儒教伦理的重视加强了管理者的官方立场。这种教育在年轻人一生当中的某个重要时期里几乎占据了他们所有的时间和注意力,然后把他们送到行政的、专业的、管理的工作当中,断绝他们与迷信和民间宗教之间的关系。在这种教育下潜藏的基本理念拒斥大众参与和地方社区的狂欢。它强调以善心对待众人,强调个人奉献的举动。它呼唤儒教和佛教式的自我节制。1967年印发给台北所有主要地方寺庙的布告是该理念在具体操作中的一个实例,布告上有台北市长的签字,这位市长很明显是个在官方和非官方势力之间玩弄手腕的行家。布告一开始,陈述盂兰盆节的意义在于纪念奉母至孝的目莲。举行宴会并把上天作为祖先的化身来祭拜有悖节庆原来的主旨,也是对明代忠臣国姓爷(Koxinga①)的不敬,因为在台湾举行这个节日就是为了纪念他早逝的儿子。宴会上衣冠狼藉、状若疯癫,严重损害健康和体力、家中财富和社会秩序,满清和日本人允许举行宴会实为大谬。真正的佛家反对杀生和饮酒。如果出于表达自己对创造了民族文化精髓的祖先们的孝道和感激之情的话,只需要在家中献上鲜果香花等祭品就够了。最后,正如我解释的那样,布告宣称宴会与新生活运动的精神相抵触,尤其在国家戡乱时期更是极大的浪费。

可能是政府意识形态影响的结果,上述八座地方寺庙中除了一座(法主公宫)以外,向世俗佛教实践转化的趋势日益强烈。从逐步繁荣的50年代中期开始,当有了更多余钱可以花费在礼仪活动上之后,佛教典礼上的诵经人开始出现或逐步增多。这些主要由妇女组成的团体在僧人的带领或指点下唱诵佛经,并在一个月里的某几天中戒荤腥。甚至连霞海城隍庙这样没有供着哪尊有佛教名字或背景的神的庙里也有一个

① 即郑成功。——译注

小规模信女团体在活动,她们一个月在庙里唱经九次,做一些小小的善事。过节时,居民团体互相去对方的庙里诵经,互相赠送花圈和果篮,这些都是寺庙管理方表达他们之间的联系的方式。同一时期内台北的醮的次数也逐渐下降,有别于其他城市。实际上,战后除了1963年在市郊有过一次之外,整个台北只举行过一次醮。这大概反映了政府在首府中的影响更为强大。

法主公宫是个例外,日据时期佛教僧侣常光顾这里,但从那之后就再也不来了,反而是道士还在这座庙里为个人举行仪式求取福泽。战争结束后不久,为了庆祝台湾光复,以这座庙为中心举行了醮,覆盖的地域遍及该市的所有地区。醮之后是一年一度定在农历某一天的游行,接近阳历10月25日台湾光复节,游行历经该庙所在的地区。醮的规模和佛教僧侣的缺席可能与庙里带有反日情绪的会社有关。选择这座寺庙显然是因为它是无声的反抗日本人的象征。当年日本人重新规划城市时想要拆毁这座寺庙,因为它挡了马路的道。据说在毁庙之前,一个台湾人想把神像搬出来,可是正当他努力这么做的时候却开始流鼻血。于是他停了下来。然后一个日本人决定开始干的时候他同样也开始流鼻血,他就把神像留在庙里。后来日本警察来拆庙。可是他们刚爬上梯子准备干活就摔了下来。最后,寺庙幸存了下来,只拆了后殿给马路让道。

应该注意到,这个事例和当时慈圣宫被彻底拆迁的命运形成了鲜明的对比。两座寺庙之间的对比还体现在慈圣宫如今的管理走的是亲佛教、反道教的路线。而且作为非营利社团,它处于政府更严密的监督之下。

战争时期日本人想要拆迁法主公宫,将这一地区清除干净以便遭空袭时的交火和撤退。但是只是周围的房子被拆掉了,这座寺庙却又一次幸存了下来。这次它的命运和新兴宫形成了强烈的对比,后者真的被日本人以上述原因拆毁了。它的妈祖主神像被放在龙山寺,战后又暂时移往一座日本神祠,由三名政府指派的人员保管。1957年建起了现在的寺庙,并组织起了"妈祖会"来主持庙务。因为管理者亲佛教,结果请来了佛教僧侣,还资助了台北最大的慈善团体之一以及与之相关的一个诵经会。

寺庙即使只迁往几条街以外,也会脱离它原来的香客。这就把真正的皈依者——寺庙的信徒——与那些只是偶尔求助于庙里的占卜和其他便利的人区别开来了。新兴宫和慈圣宫现已不再位于艋舺和大稻埕那不太繁荣的中心地带了,当地还保留着区域性的寺庙(分别是青山王庙和霞海城隍庙)。如今它们都坐落在最近发展起来的边缘地带,所在的街道上都有着更豪华的店铺。

从日据时代至今,政府的密切控制和佛教取向之间的相互关系已经昭然若揭(见表4)。龙山寺为这一现象提供了一个例子。自从清代以来庙里一直居住着许多僧侣,而且事实上在1919—1938年间正是庙里佛家的主持或方丈在管理着它。辜显荣、陈天来和吴昌才(吴氏兄弟之父)也是同时期龙山寺的管理者。他们在庙前买了一大块地清成一片空场,作为艋舺民众消闲的去处。还组织起了一个娱乐会社(recreation association)来管理这一项以及其他项计划的资金。战后复兴的娱乐会社的管理者同时也是龙山寺的管理者,该寺变成了一个非营利社团。1967年龙山寺被指定为旅游胜地之后,他们组织起来在空场远离寺庙的一边修建了带顶篷的市场。至今所有横越艋舺的游行还要穿过空场,但是已经没有哪个游行以龙山寺为基础了,它的最后一次醮是为修葺寺庙而举行的,那是在1927年①。

---

① 于长义(音)编:《台北龙山寺》(台北,1968年),第53页、68页。

表4　民国时期台北八座主要庙宇的地位

庙宇的名称和组织	宗教取向		保留游行		正式的行会联系	新地点	官方旅游和休闲地
	仍保持道教	佛教现在仍占优势	有自己的将军塑像	没有自己的将军塑像			
非营利社团							
龙山寺	—	√	—	—	√	—	√
慈圣宫	—	√	—	√	√	√	√
新兴宫	—	√	—	√	√	—	√
私人会社							
清水祖师	—	√	—	—	—	—	√
公庙							
保安宫	√	—	—	√	—	—	√
法主公宫	√	—	√	—	—	—	—
霞海城隍庙	√	—	√	—	—	—	—
青山王庙	√	—	√	—	—	—	—

　　比较之下,法主公宫、青山王庙和霞海城隍庙仍然由私人会社掌管。这三个寺庙都容忍道士的存在。在霞海城隍庙的案例中,两个道士的后人获许在庙里继续操持他们家两代人以来一直从事的职业。三个庙里还都供奉着范将军和谢将军的塑像,是台北最大的节庆游行的中心,而且都没有被指定为旅游胜地。简言之,他们仍然还是地域性的地方

寺庙。

看来在台北八个主要的清代寺庙中,与行会商人最有认同感的龙山寺、新兴宫和慈圣宫已经变得比大多数地域性的地方寺庙更为认同清代之后的两个政权了,其中至少有部分原因可以归结为管理者的策略。伴随着对政府的认同,寺庙更逐渐呈现出背弃道教靠拢佛教的趋势,同时趋于自足而不是开放。

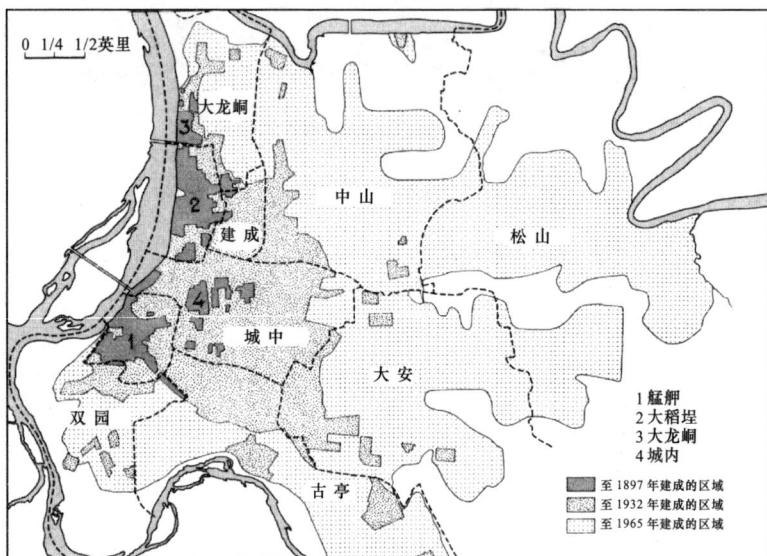

地图2　台北从1895年的四个聚居区开始发展起来的各个城区

与龙山寺而不是别的寺庙相仿,两座仍然以籍贯纽带为基础组织起来的寺庙——清水祖师公庙和保安宫——与近些年政府推行的文化复兴运动密切合作。它们与政府的其他一系列娱乐和旅游计划配合,联合举办一个为正月十五的灯会而举行的灯笼制作比赛。但是它们对政府的认同不像三个前行会寺庙那么紧密。它们都由私人会社主持。清水祖师公庙已经具有亲佛教的倾向,但保安宫还是大龙峒的地域性寺庙,仍然允许道士活动。

台北的盂兰盆节游行已不再具有竞争性,因为它们的日期被合并了起来。部分原因是殖民政府和民国政府减少节庆数量的政策,部分原因是台北市从大陆迁来许多移民,他们来自最先建立起寺庙的那些人的家乡以外的广大地区,除此之外从台湾其他地方更迁来许多居民,这些因素使得籍贯纽带的作用大为削弱。

20 世纪建立的五座寺庙

包括艋舺、大稻埕、大龙峒和建成(日据时期大稻埕的延伸)在内的现代市区是台北人烟最为稠密的地区,也是少数几个台湾本地出生的人口超过半数的地区(见地图 2)。艋舺和大稻埕的贫穷户的比例比台北其他地区高,表明这些地区从事交通业和商业的工薪劳动者或小业主的居民比例高。现在这三个旧城区有相当比例的居民在当地工厂中工作:包括艋舺南部和大龙峒的五金业、大稻埕的食品加工和纺织业。仍拥有大部分政府部门的城墙以内的市区,以及从太平洋战争时期开始建设起来的中山区,这两个地区以金融机构众多、居民中的专业人士以及就职于饭店和餐饮业、私企和文职的人员比例较高而著称①。

下面我要开始讨论五座 20 世纪的寺庙,其中一座在城墙以内的市区,一座在中山区,两座在包括了大龙峒的一个区,它们至今仍是代表属于地方士绅和商人的下层官僚(sub-official)文化的胜地。第五座位于郊区。它们目前是台北地区最有名最兴盛的 20 世纪的寺庙。它们的地址远离除保安宫以外的上面讨论过的其余七座清代地方寺庙。这种疏离首先与阶级有关,其次是与政府和被管理者之间相互分离的状态有关,这种分离在日据时代又因种族间的隔离而强化,而到如今,它甚至还反映了台湾人与大陆人之间的亚族群(subethnic)歧异。但应该记住的是我在这里描述的所有寺庙,包括五座新庙,都是台湾人的。它们的管

---

①《台北市社会基图》,台北:"国立"台湾大学社会学系,1965 年。

理者以及大部分的资助者和光顾者都是台湾人,虽然政府官员对新庙更有兴趣,他们中间有来自大陆的人,但这种兴趣正如我所主张的那样,竭力鼓吹那种掩盖种种社会分歧的宗教象征主义和意识形态。当然,同样的分歧也存在于台湾人之间,寺庙组织既体现又模糊了这些分歧。

距 1896 年官方文庙被毁之后二十一年,人们创立了崇圣会(Association for the Veneration of the Sage)。日本会长和两个台湾人副会长在龙山寺和保安宫等临时处所组织了春秋祭典,孔子庙直到 1925 年才在三个台湾人的操持下在大龙峒落成。台北州地区的首长和教育部部长出席了儒家祭典。

原会社的副会长是李景盛(音),他在台北州的日本政府机构中任职,开设有新高(Hsin-kao)银行。他是茶商买办李春生的长子,李春生靠扩张他经营的茶叶出口生意成了台北最富的人之一。李老大在清代的行政市区和大稻埕中拥有大量房产,事实上行政市区的城墙和寺庙都是他出资协助修建的。除官方寺庙之外他还捐资修建了大稻埕的教堂,因为他是个宣过誓的基督徒。他曾经这样表达他的宗教调和论:"孔夫子的教导用来管理国家,耶稣的教导用来拯救世界,两者互补,没有矛盾"①。他的儿子显然继承了他对孔子的信仰。孔子庙是宗教调和运动的一部分。虽然这场运动宣扬一种拥护基督教道德的普世伦理,但它没有包括耶稣。如果用释迦牟尼来取代李春生宣言中的耶稣的话,就很符合台湾的中产阶级经常表达的那类观点了②。

在日据时期,由于拥有龙山寺和地方寺庙的某种管理关系网的背景,1925 年孔子庙建成时辜显荣又成为执行管理者之一,我们前面介绍过的陈

---

① 刘隆康(音):《埕江人物小志》;和郭小舟(音):《哲人李春生翁》,同见《台北文物》,第 2 卷,第 3 期(1953 年),103—104 页和 107—108 页。
② 我没有研究过与这次运动相关的文献,但是正如与这些庙宇里的教派相仿的那些调和教派人士经常宣称的那样,他们的话同样为我在这里的观察提供了根据。一个扶乱会的人说他能召唤耶稣,但要真是那样的话他们也没法理解他的回答,因为耶稣写的是希伯来文。

天来和吴昌才也在委员会中。孔子庙的另外两个执行管理者是黄赞钧和
陈培根。黄是新宗教调和主义的主要理论家,对教育特别有兴趣,他建立
了一所学院,在孔子庙建筑群中增加了文昌殿。他管理保安宫长达五年,
并撰写了保安宫史和大龙峒的文化成就史①。从陈培根的名字就可以知
道他是陈培良的兄弟,后者是扶乩会(spirit-writing group)的创建者之一,
扶乩会后来发展成了觉修宫,那是新宗教形态重要的宣传中心。孔子庙、
保安宫和觉修宫三者都位于大龙峒,彼此相距不远。

　　战后国民政府复兴了崇圣会及其寺庙孔子庙,并把它们置于台北市
长的官方管理之下。协助管理者包括台北教育部的部长和辜显荣的儿
子。秋祭作为一个旅游卖点实在是被吹嘘得过分,其体例仿照在清代所
有行政城市的文庙中举行的那样,仪式上主要的祭祀者总是市长或同等
级别的官僚。孔子庙建筑群中还包括战神兼财神关帝的大殿,供奉他的
官庙(state temples)自清代以后被称为武庙。最近台北市和中央政府的
高官们开始资助另一座供奉关帝的寺庙行天宫,而历代都只有孔子庙才
能得到政府如此公开的资助。从每天来祭拜的人数判断,行天宫同样是
台北最有人缘的寺庙。1958 年一年当中,香客们每天施舍的香火钱累计
约有 35 万新台币,足够储备起来在台北以外另建一座巨大的支庙了,这
座支庙正位于朝向淡水的山上,很快就成为了朝拜中心和旅游胜地。另
外,行天宫的宗教形态也吸引了台湾的富人们的资助(最富的一位捐了 5
万新台币),这使得它甚至可以在另一处地方为自己新建了一座寺庙,那
是台北市最大的一座庙。在 1968 年的落成开放仪式(不是醮)上,由国
民政府内政部长担任主祭,还有一些身份显赫的祭拜者,包括台北市长
和市政府中的高官们。其时至少有一家报纸开始称这座庙为武庙。

　　关帝在台北及其周边地区(也包括行天宫)通常指的是恩主公。事实
上这座庙里供奉着包括关帝在内的五位神祇,恩主公这个头衔可以用来指

---

① 《台北市志稿》,第 4 卷,第 36—37 页。

其中任何一位。殖民时代和民国时期,为三位或五位恩主公建造的寺庙遍及整个台湾。在台北最早有两座,一座是建于 1908 年的觉修宫,供的主神是吕洞宾(封号为孚佑帝君),一座是建于清代的指南宫,本来是一座隐修院,后来几乎在觉修宫建成的同时转变为民间信仰的寺庙,同样供奉孚佑帝君。指南宫坐落在卫星镇木栅的山上,俯瞰台北,颇得台湾几家主要旅行社的青睐,长期以来一直是台湾的进香朝拜中心之一。

恩主公众神几乎总是包括关帝、孚佑帝君和司命真君(灶神)在内。最值得注意的是它们都是全国性的神祇,没有显著的台湾或者大部分台湾移民的大陆祖居省份的地方特色。实际上代表佛教、道教和儒教的释迦牟尼、老子和孔子的塑像经常被供奉在偏殿中,使得该教派在信仰的范围上除了向全国性发展之外也更富综合色彩。行天宫、觉修宫和指南宫的情况正是如此。一方面,这种调和论类似于过去地方士绅和商人在几个中心地带建起来奉祀关帝和孔子的寺庙所崇奉的信仰,接近清代国家宗教的样式。另一方面,这类调和论教派在清代是国家严禁的[①],尤其几个寺庙在其发展之初,完全就是扶乩吃斋的半秘密教派。幸亏旧时代帝国政府缺乏宗教权威,也没有宗教控制的中心。而且,新的形势摧毁了同乡会的狭隘地方观念,官方教派和调和论神社的普世论或曰面向所有中国人的姿态,恰恰适应了一部分人的利益,这些人常在高于地方政治经济水平的层面进行活动。

恩主公的头衔很重要。"恩"意味着仁慈,对于那些追随和奉持行天宫和觉修宫教派的人而言意味着"公意"和"慈善"。神祇们是民间道德的化身,信徒们从他们那里得到领悟并付诸实施。包括在庙里背诵善书(moral texts),这相当于地方寺庙中斋戒妇女团体唱诵佛经,以及行善事,这在地方寺庙中通常由信佛的女性来做。实际上,行天宫的前身就

① 比如 1744 年河南查禁"三教堂"的布告,见 J. J. M. de Groot in *Sectarianism and Religious Persecution in China* (Leiden: E. J. Brill, 1901; Republished, Taipei: Literature House, 1963), pp. 108—9。

是 1937 年在大稻埕主要的商业街道上建起来的一座斋堂,目的在于培养德行和破除迷信①。1949 年它从这个传统的台湾人聚居区迁到了中山区。它的最后一次搬迁仍在中山区内,但搬到了一个最新发展起来的地方。

或是在过去的大陆地区,或是在寺庙自身发展的早期阶段举行的集会上,扶乩得来的文字成为善书的源头。我曾经听说过这类善书,以及与之相伴的被行天宫和觉修宫的神职人员称为"儒道教"的典礼,这个典礼比较偏向文人的和前统治阶级的宗教文化。一位把这种新宗教叫做"儒道教"的人说它遍及全岛,旨在鼓励八种美德。它是一种现世(this world)宗教,所以不强调佛教的涅槃。我的报道人同时还负责指导在新(意即民国的)城隍庙举行的一个典礼的主祭,这座"省城隍庙"就建在城墙以内的市区中、被拆掉的官方城隍庙旁边。这个人和这场典礼的另外两个指导同时也是孔子庙主祭的指导,此外我的报道人还是觉修宫的一名管理者。当我问他哪些寺庙属于儒道教的时候,他说行天宫、指南宫、省城隍庙和觉修宫都是。虽然这些寺庙彼此之间有很多联系——比如互遣诵读善书的人、交换礼仪专家作为典礼的指导等等——但他说它们不属于任何联合式或者中心化的组织。

表 5 台北的五座 20 世纪庙宇

庙宇	地点	主神和宗教取向	游行	支庙
孔子庙	大龙峒	孔子/调和的儒教	—	—
行天宫	大稻埕,后为中山区	关帝/调和的	—	√
觉修宫	大龙峒	孚佑帝君/调和的道教	—	—
指南宫	木栅(郊区)	孚佑帝君/调和的佛教	—	·
省城隍庙	城中	城隍/调和的	√	—

注:它们或是受政府资助的庙宇,或者是非营利性法人社团,或两者都是。

---

① 台湾省文献委员会:《台湾寺庙登记》(未刊稿)。

如果说有个与中心近似的寺庙的话，那就是觉修宫，因为新的宗教形态正是从这里发展起来的。在行天宫开始培养自己的神职人员以前，觉修宫一直为其提供礼仪专家，而且它至今还在向省城隍庙输出这些专家。觉修宫始建于20世纪10年代，一开始是一个扶乩和改革者的会社（后起的行天宫也是如此）。但它同时也是一个给人治病的教派（curing cult）、一个中医中心①。觉修宫不断地完善其特有的仪式，培养新宗教形态的神职人员，这种宗教形态摒弃了道士们那些仪式化和神乎其神的技巧，但仍自称为道教，同时在很大程度上以官方教派的民间仪式（civic ceremonial）为基础。看来它已经不再致力于治疗活动，但是仍然举行扶乩的集会，会上不但创作出新的善书以供宣讲，而且个人的问题也可以提出来向神灵祷告。民国时期以来觉修宫变成了非营利性法人社团，下设三个部，一个管讲授、一个管慈善事业，还有一个负责出版。它的几种善书已经印刷成册并免费发放，尤其是通过那些在本节中提到的现代寺庙。人们把资助出版陶冶道德的书看作一种善举。台北市议会的主席就资助了很多这类书籍，并担任了觉修宫月刊《正言》的名誉发行人。同时他还在保安宫管理委员会中任职。还有些地位更高的中央政府官员也都纷纷为刊物题词、写贺文。

这些寺庙之间的另一种联系体现在黄赞钧身上，到1952年逝世以前，他似乎一个人就发动了一场中国文化复兴运动。他不但管理保安宫、捐资建立孔子庙，还为修建指南宫捐资并出版了许多探讨文化和伦理的杂志。后来他参与了许多大陆来台的文化和慈善组织的活动。其

---

① 大稻埕的普愿社是此类综合道德改革和医药治疗的先例，成立于1884年的这个基金会成立之初旨在集体念诵善文和推动端正礼法。创立者是两个禁欲并素食的兄弟，他们同时还是颇有口碑的医生，一个中医一个西医。现在该社不再强调念诵善文了，只是专心拜神，包括孚佑帝君、关帝和文昌。李根泉（音）：《大稻埕寺庙志》，《台北文物》，第2卷，第3期（1953年），81页；刘隆康（音）：《埕江人物小志》，《台北文物》，第2卷，第3期（1953年），104页。

中一个是"万国道德会",该会一度在慈圣宫和省城隍庙也建立了支会①。

接受善书和教导可以转变成、而且的确也转变成了接受关于个人和实际事务的劝导,就像人们常常向霞海城隍庙和保安宫道士们咨询的那样,改良道德、反对"迷信"的意义已经在发展过程中完全消失。事实上对于大多数参拜行天宫和指南宫的香客而言,做善事的实际意义就是希望神明会给予好报。在这些庙里他们不用付钱给那些传统宗教的神职人员,不用为昂贵的供品而破费。新形态宗教的解说是免费的。他们被教导要加强五伦的自我修养并积极宣传这套行为规范。他们必须洁净,在寺庙的典礼上身穿蓝色长袍,完全遮住世俗的西式服装。强调个人与神明之间简单而直接的交流,不需神职人员中介,不需精心准备供品或冥纸——只要香、鲜花和水果就够了。在行天宫认可的方式中,以抽签式自助问卜最为盛行。来为个人和实际问题求解的人们拿着以这种方式挑选出来的签文(以传统的诗体写成)②,到一个像邮局一样的小亭子里,穿蓝袍者会帮助他们解签。他们捐献的香火钱会集中到一起,因为新的建筑已经完成,这些钱会用于慈善事业。大梁上还有一个扩音器,向人们长篇大论地布道。

但是除了这大多数的朝拜者以外,与地方寺庙的定期朝拜者们相比,训练有素的神职人员和定期朝拜行天宫和觉修宫的人更接近于集会(congregation)。觉修宫有一个信徒会,1968 年时每月会费新台币十元。行天宫的"集会"肯定规模更大。另外,它们都有些近似于基督教堂每周的聚会(assembly),像台湾所有的议会大厅一样,在大厅里一边挂着总统像,另一

① 《台北市志稿》,第 4 卷,第 36—37 页。关于 1921 年济南成立万国道德会的情况,参见 Wing-tsit Chan, *Religious Trends in Modern China* (New York: Columbia University Press, 1953), p. 163。

② 艾伯华(W. Eberhard)已经考察了台北其他庙宇传出的谕言。它们大多出自民间剧目或者中国历史名人的生平。W. Eberhard, "Oracle and Theater in China," in his *Studies in Chinese Folklore and Related Essays* (Indiana University Folklore Institute Monograph Series, vol. 23, 1970)。

边挂着国父孙逸仙像,开始的时候(也和所有的议会一样)要唱国歌,向两肖像鞠躬。和地方寺庙不同,这两座寺庙以及指南宫、孔子庙都没有游行、戏剧和乐队,也没有职业礼仪人员。孔子庙和省城隍庙在价值观上更加认同旧式的清代国家宗教,在台湾有一个地域上固定的社区。然而它们是自治的机构,大部分香客对它们都没有太多的忠诚和归属感,只有特定的仪式性需求。来行天宫和指南宫的人则遍及全岛,没有地域差别。

就这一点而言,在本文考察的 20 世纪寺庙中省城隍庙是唯一的例外。它具有地方性,有戏台(theater)和周游所在城区的游行,队伍中包括范将军和谢将军,游行的日期以阳历计算(有别于法主公宫以农历计算的做法),所以总是在 10 月 25 日光复节那天。但是它的地方性部分来自所有中央政府机构都有的地方性,部分来自于它所在的地区,另有部分来自台湾的主要金融和商业机构的地方性。城区的里长轮流负责管理游行。据现任管理者之一说,光复后区里的官员推动建立这座寺庙,目的主要在于恢复爱国心。如果考虑到它的选址和缘起的话,那么把它归入由更为显赫而普世性的觉修宫、行天宫及孔子庙所构成的网络中也就不足为奇了。

结　论

这些 20 世纪寺庙看起来似乎正在发展成类似帝国时代国家宗教的民国版本。它们的宗教形态当然与地方寺庙的宗教形态有着显著的差别,所以显赫的政府官员们才不惮于与之公开接触。在地方寺庙中,旧行会寺庙(详见表 4),也许还包括保安宫,已经在朝着五座 20 世纪寺庙的宗教形态转型,即将成为其中的一员了。政府对旧行会寺庙管理的控制在某种程度上正在加速这一发展趋势。

新的宗教形态与帝国的国家宗教最根本的分别在于它有大量信徒追随。尽管所有的寺庙里都只有固定而训练有素的团体成员在定期积极参与典礼,但对于前来祭祀和寻求指点及回报的香客们,都是天天都开放的,只有孔子庙例外。

　　台北在很短时间内变成了一个大都市(见地图 2)[1],便宜的现代交通方式吞没或瓦解了早先的地方社区。新寺庙的善书吸引着广大的读者群。贯穿全岛的交通正变得越来越快捷、越来越便宜,台北的工业不但吸引了大量岛内的移民,还有大陆移民。新寺庙的神祇们既没有地方意义,也不是旧的地方教派的延伸。它们代表的是一种遍及全国范围的力量。以它们之名申明的道德与它们的宗教形态所强调的一样,都着重在个人这一普适的最小单位,在于接纳"社会"和"中国文化"并对之负责,以行善为己任。

　　这一切等于是被许多社会科学家称之为"现代化"的自然过程,或者更直白点说,就是西化。但是对于一个从大陆流亡到台湾的国民党政府而言,也许资助那些能吸引众多信徒、同时其神祇和典礼都超越地方忠诚的寺庙的确是一个清醒的政治决策,因为这样能够增进它自身的合法性。

　　值得惊讶的可能是地方的地域性寺庙居然还保持兴盛。不过重温一下本文中提及的所有寺庙便可知道,一面是地域性寺庙在台北又穷又旧的地方举办节庆,一面是普世性寺庙在城市新开发的富裕地区实行自我管理、举行着密切认同中央政府的典礼,这两者之间的区别何其鲜明。

参考文献

Berliner, P. 1994. *Thinking in Jazz: The Infinite Art of Improvisation*. Chicago and London: Chicago University Press.

Gerth, H. & Mills C. Wright 1948. "Introduction: the man and his work" in Weber, 1948.

Jordan, D. & Overmyer, D. 1986. *The Flying Phoenix: Aspects of Chinese*

---

[1] 据估计台北 1920 年的人口为 153 318 人,在此后的二十年间增加了一倍还不止,1940 年达到 313 152 人。参见 George W. Barclay, *Colonial Development and Population in Taiwan* (Princeton, N. J. : Princeton University Press, 1954), Table 24, p. 116。加上市区范围的扩展,到 1961 年台北的人口已经激增至 923 985 人。参见台湾省民政部和台湾人口研究中心 (T. C. Hsu 和 Ronald Freedman 指导):《1961 年台湾人口实情》(台北,1963 年),53 页。

Sectarianism in Taiwan. Princeton, New Jersy: Princeton University Press.

Lin Desheng, 1960. Linzhu Pian（林主篇）.

O'Brein, D. B. Cruise & C. Coulon（eds.）1988. *Charisma and Brotherhood in African Islam*. Oxford: Clarendo.

Tambiah, S. 1984. *The Buddhist Saints of the Forest and the Cult of Amulets: A Study of Charisma, Hagiograph, Sectariansm and Millenial Buddhism*. London, Cambridge and New York: Cambridge University Press.

Weber, M. 1947（1964）. *The Theory of Social and Economic Organization*. New York: Free Press.

——, 1948（1970）. *From Max Weber*. London: RKP.

Welch, H. 1958. *The Parting of the Way*. London: Methuen.

（杨春宇、胡鸿保译）

译后记

　　大约是八九年以前，我有幸在一次会议上认识王斯福教授，他的英文名字是 Stephan Feuchtwang。据说，他是犹太人的后裔，高挑的鼻梁上架着一副金丝边眼镜。当跟他谈论一些中国乡村的新变化时，他总会惊讶地睁着本来就很大的眼睛看着你。记得 1996 年的春天，他在北大以"农民抑或公民"为题，报告了一些他对中国乡村庙会组织的看法。听后使我精神为之一振，当时给我留下一个很深的印象便是，对于自己同样熟悉的乡村庙会组织，竟然还可以从"国家与社会"的视角来对其象征意义加以剖析！当时我似乎想过，若有一天自己能从事田野研究，也应当循着别人没有想过的视角来看待别人已经熟悉甚至有些麻木的社会现象，那也许才叫作真正的学术研究。

　　后来对王斯福的名字更深入的了解，是在王铭铭教授的引导下实现的。我从王老师那里知道，王斯福先生不仅学问上独树一帜，而且在政治上还有自己坚定的信仰，青年时代曾因为坚信马克思主义而愤然离开伦敦大学，后来一直在伦敦城市大学发展自己的学术。直到最近才有转变，进入向来以现代人类学发源地著称的伦敦经济学院（LSE）从事教学和研究，并荣任教授。他以自己 60 年代在台北市郊石碇乡（他为之起的学名为"山街")所从事的将近三年的人类学田野研究为基础,写下了《帝国的隐喻——中国民间宗教》(*The Imperial Metaphor—Popular Religion in China*)这本提纲挈领却极具启发性的著作。此书田野是在 60 年代,出版成书却是在 90 年代。期间虽有相关的论文发表,但是成为一部前后连贯的人类学著作却经历了一个比较漫长的间隔,此书到了 1992 年才得以正式出版。

我自己大约是从 1997 年开始断断续续地将此书译成中文的。中文初译稿 1999 年秋天基本完成。后来因忙于其他研究,细致的校对直到千僖年初才开始。又过一年,此书出了新版,题目跟原来的正颠倒了一个个,变成《中国民间宗教——帝国的隐喻》。此书新版虽然在体例上没有大的变动,但每一章都有不同程度的删减或增加,另外书后还新增一章,其中大部分内容是专门讨论大陆和台湾两地民间宗教复兴的诸多理论问题的。我在 2002 年春天得到王斯福教授的赠书,并决定按新版重新译校。但这项工作真正开始却是在 2002 年深秋,那时我有机会得到英国科学院"王宽诚英国学术院奖学金"的资助,来到伦敦经济学院从事五个月的访问研究,并在那里完成了此书的重新校译工作。在伦敦我有更多机会向王斯福教授当面请教他书中我不懂的问题以及翻译上的难点,而他每次都耐心细致地回答我的疑惑。即便如此,我还是不敢确保对他书中的每一个字、每一句话都有了准确的翻译,但我相信,通过无数遍阅读他书中的文字,我已经能够领会一些他所要表达的见解了,这是最令我感到快慰的。

在书中,王斯福教授关怀的一个核心问题就是,民间宗教组织如何将分散开来的个人组织在一起? 他避开了汉学人类学在对社会组织加以研究时所经常提到的宗族研究的范式,径直从民间宗教当中来理解中国社会的组织形式,这是汉学人类学的社会组织研究所未曾过多涉及的领域。但王斯福教授并非像研究宗教本体的学者那样,钻到民间宗教的里面去而不能够将自己置之度外,他更多考虑到的是一些具有社会人类学理论意义的问题。简言之,他既是一位民间宗教的实地观察者,同时也是一位怀有理论抱负的思考者。从他的表述当中,我们时时会感受到他对一般人类学理论建构的雄心。

王斯福教授通篇的文字一直在讲述的一个问题就是,在民间社会的生活实践中,人们是如何通过隐喻的修辞学途径来模仿帝国的行政、贸易和惩罚体系,并且他相信,在这种模仿之中,意义会发生逆转,而不是一模一样的复制。他通过引证诸多大家习以为常的民俗生活的例子,如烧冥币、灶神传说、城隍庙的崇拜等,向我们逐步揭示了这些习俗背后隐含着的帝国隐喻的逻辑。

由此,王斯福教授引出了一个极富启发性的话题,那就是,民间社会可能有着极强的模仿能力,但这种模仿不是通过一一对应,而是通过具有象征意义的隐喻来实现的,即所谓神似而非形似。隐喻式模仿的逻辑,一直是中华帝国与民间社会之间能够进行沟通的主要途径。通过这种模仿的实践,帝国的运作逻辑得到了民间的认可和发生了转化。否则,民间如果缺少了这种能力,或者说是通过一种强制力而试图扼杀掉这种能力,那么民间与帝国之间的沟通或许就变得不大可能了。

最近偶然翻阅到达尔文的航海日记,在那里有一章就专门描述作为白人的海员第一次与火地岛上的土人发生接触时的情形。达尔文突出地描述了当地人超凡的模仿能力,他说:"他们最善模仿。我们每次咳嗽、打哈欠或其他稍微不同的动作,他们都立刻模仿。同行中有一人特地侧目斜视,于是一个青年土著亦随时仿效。这人满脸涂了黑粉,眼盖上画出一条白线,所以他做出的怪像更可怕。我们对他们说话,他们把每个字都能学得惟妙惟肖……"(《达尔文日记》,黄素封译,商务印书馆,1955年版,第299—300页)达尔文或许是带着进化论的观点在看待这些火地岛土人的模仿能力的。如果抛开殖民主义的意识形态背景,单单去欣赏这些土人的这种模仿他人的能力,或许也是极有意义的。模仿在这里成为了人与人交流的基础。白人和土人第一次接触,能够有一些相互的理解,靠的也是这种能力。就像欧洲的白人将土人的这种能力贬斥为一种"未开化人的特征"一样,我们似乎也曾把民间的这种模仿能力标定为一种封建迷信而试图使其减杀掉。这样做却恰恰封杀了民间的通过模仿而有的创作力和理解力。

模仿的过程显然是一个再创造的过程,甚至有时是一个颠覆和创新的过程。在中文版序言中,王斯福对此做了明确说明,以回应许多读者把他误解成一种复制观的始作俑者。帝国的隐喻并不是帝国的复制,进一步说,它不是帝国科层制的翻版。今天,帝国的科层结构改变了,但是民间帝国的隐喻依然在起作用。另外,在帝国那里通过仪式建构的权威,到了民间宗教那里,就被改写成一种具有威胁性并且如魔鬼一般的控制力,在这里,帝国权威的隐喻逆转而成为民间社会对权力的再定义。

1966年,因为特殊时代的缘故,王斯福教授不可能径直来大陆从事田野研究,只好取道自英伦去了台湾,从事他三年之久的人类学田野调查。三十多年以后的今天,我在读着他对三十多年以前中国台湾省的一个乡村社区生活的描述。三十年前的山街和三十年后的山街,或许在外貌上已大不一样,但王斯福曾经描述的民间宗教的仪式活动,随着经济的发展也得到了同样的兴盛和发达,这是王铭铭教授三十年后追随王斯福的足迹而对山街所做的再调查的文字表述中给我留下的深刻印象,这些都写在了《山街的记忆》这本简洁明快的小书当中。这样的结论多少使我确信,民间通过象征性的隐喻方式所能够展现出来的生机勃勃的发展力量。

我想,读完《帝国的隐喻》这本书,有一个似乎重要但实际没有意义的问题就可以搁置起来了,那就是有关民间宗教是否算作一种宗教的问题。所有有关中国民间宗教的实地研究材料都可以看成是对这类无知问题的嘲弄。我相信这样的问题定会在特定的场景下被再一次提出来,引起学界的哗然和注意。不过,谈论事物有无的问题,还是谨慎一点好,这终究是哲学或方法论的问题,也是你如何界定你要找的东西的问题。

当一位先知恩赐于你,告诉你在太平洋的某个小岛上有一种叫"宗教"的东西的时候,你费尽心机,和土著厮混在一起,同吃、同住、同劳动,呆了很久的时间以后,你还是没法找到你的先知向你描述过的"宗教"那件东西,最后你只好绝望了,但竟然在绝望中你有了顿悟,原来他们,这些土著在说"Taboo"的时候,那就是他们的宗教,只是定义不同罢了!

人类学家的全部工作离不开翻译,这种翻译就是文化的翻译。其内涵要比不同语言之间的对译复杂得多,但道理是一样的。把你在其他文化中表达某一现象的语汇用你自己熟悉的文化中代表类似文化现象的词汇来表达。这是一种翻译同时也是一种解释,有的人解释得好一些,惟妙惟肖,有的人说了一堆废话,还不知道自己在说什么。人类学家似乎可以从民间艺人那里学点吸引观众的本事,民间讲故事的人天天在重复一个故事主题,但是听者云集,从未间断,原因也许就是他用最恰当的语言表达了实际的生活。

中国的读书人向来喜欢说而不大愿意去做,也许反过来也是一样,喜欢做的,未必都能说。我实在不愿意落入到此二类人中的任何一类人中去,但终究也不过是说说而已。所以哪一项也没有做好,留下了许多误读误说之处那就在所难免了。这是我在翻译完成这本书之后的一点杂乱的感想,写出来,供大家把玩。

最后需要说明的是,书中多用"中国人"这个词,但他的研究地点是在汉人所在的地区,准确一点的称谓可以叫"汉人",但即使是用"汉人"也一样不准确,接下来的问题与问"中国人"这个词的问题一样,什么是汉人? 当地人称自己是汉人吗? 如果不是,缘何给他们一个不伦不类的"汉人"称呼呢? 我想作者是在遥远的西方,把中国看成一个整体来称谓的,细究起来,问题自然会有,但不妨碍基本的理解。为了尊重作者的理解,还是用"中国人"这个笼统的概念来翻译似乎较为稳妥一些。

涉及中文典籍回译的问题,这一定是困扰每一位回译本土研究的本土翻译者的难题。如果能够查到中文原文,那是最好不过的,直接抄来即可,不用费力翻译。但是这也有麻烦,这样一种做法往往会忽略作为文化翻译者的人类学家自己对于中文典籍的理解和翻译,也就是忽略了他对这些典籍的真实理解。汉语典籍是一种理解,而英语写作者的英语翻译则是另外一种理解,两者之间并非能够真正地一一对应的。最好的办法也许是既列出汉语原文又能够直接译出英文的翻译,两厢对照,文化的理解和误读才可以得到彰显,由此呈现给读者一个不偏不倚的思考平台。不过,由于版面的问题,这样的做法往往很难实现。况且有些在一个小地方搜集上来的资料如何能够到图书馆里查找到?这几乎是不可能的事情。也许责任最终是在写作者本人,也就是最初的书写中国文化的书写者不仅要呈现出自己的英文翻译,还要附上汉语的原文,这也许是从事异文化研究的学者基本的学术态度,早期的民族志工作者不厌其烦地罗列当地人自己原始的语言与象征符号,并对照有英文的翻译,这样的烦琐的做法,目的之一就是害怕文化翻译中的讹误。这一点有时会被当今的过于重视文化解释的人类学家所忽视。即便有这样的认识,我依旧还是采用一种比较方便的做法,能够找到汉语原文的就引述原文,实在找不到就照直翻译,好在英文的原文到处都可以找到,有兴趣进一步研究者可以拿来相互比较,洞悉真伪。

翻译此书前后算来经历了近十年的光景。1998 年夏天王斯福先生来北大演讲,我曾就译文有过诸多讨教。王铭铭教授也曾对初译稿有多处指正,受益匪浅。书后附有两篇王斯福先生最近写的文章,一篇"什么是村落?"先由孙美娟女士译成初稿,由我做了细致的校译,许多地方几乎是重新翻译;另一篇"克里斯玛理论与某些华人生活史的事例"由刘能博士翻译,王铭铭教授做了校对。此书翻译过程中,赵丙祥博士曾提供许多民俗学方面的知识。罗劲博士经常在网上给予鼓励,不时会说"文章千古事"。此类的语言支持,令我不敢有稍许马虎。在此,对上述各位同道的敬业和助人精神表示感谢。另外,最近,北京师范大学的岳永逸先生因为作博士论文研究的缘故,借去翻译稿浏览,发现许多错误,激发我又从头到尾校对了一遍,对此我要表示感谢。

最后对中文版序言补充一句。1999年9月,王斯福教授曾经专门撰写了一篇中文版序言,其中有几段文字后来转录到英文新版序言中。经与王斯福教授商量,他把原来的中文版序言以及新版的英文版序言做了合并和删改,统称为现在的"中文版序"。

赵旭东

2005年9月7日于北京西二旗寓所

"海外中国研究丛书"书目